主　　　编　苏宇明
副 主 编　刘士喜　罗　毅
编委会成员（以姓氏笔画为序）
　　　　　　朱万彬　刘小萍　刘冀婷　杨　淘
　　　　　　罗　部　郑银凤　秦元刚　鄢万春

追梦·逐梦

——2016年四川省国家奖学金获奖学生风采录

四川省学生资助管理中心 ◎ 编

Zhuimeng Zhumeng
2016nian Sichuansheng Guojia
Jiangxuejin Huojiang Xuesheng Fengcai Lu

四川大学出版社

责任编辑:蒋姗姗
责任校对:谢 鋆
封面设计:墨创文化
责任印制:王 炜

图书在版编目(CIP)数据

追梦·逐梦:2016年四川省国家奖学金获奖学生风采录 / 四川省学生资助管理中心编. —成都:四川大学出版社,2018.7
ISBN 978-7-5690-2077-9

Ⅰ.①追… Ⅱ.①四… Ⅲ.①大学生-模范学生-先进事迹-四川 Ⅳ.①K828.4

中国版本图书馆 CIP 数据核字(2018)第158941号

书 名	追梦·逐梦
	——2016年四川省国家奖学金获奖学生风采录
编 者	四川省学生资助管理中心
出 版	四川大学出版社
地 址	成都市一环路南一段24号(610065)
发 行	四川大学出版社
书 号	ISBN 978-7-5690-2077-9
印 刷	四川盛图彩色印刷有限公司
成品尺寸	170 mm×240 mm
印 张	25
字 数	472千字
版 次	2018年7月第1版
印 次	2018年7月第1次印刷
定 价	42.00元

◆读者邮购本书,请与本社发行科联系。
电话:(028)85408408/(028)85401670/
(028)85408023 邮政编码:610065
◆本社图书如有印装质量问题,请
寄回出版社调换。
◆网址:http://www.scupress.net

◆版权所有◆侵权必究

教育部关于 2015—2016 学年度本专科生国家奖学金获奖者的公告

(教财〔2016〕12 号)

根据《财政部教育部关于印发〈普通本科高校、高等职业学校国家奖学金管理暂行办法〉的通知》(财教〔2007〕90 号)和《教育部财政部关于印发〈国家奖学金评审办法〉的通知》(教财〔2007〕24 号)规定,教育部、财政部联合成立了国家奖学金评审领导小组,设立了国家奖学金评审委员会,按客观、公平、公正的原则,对各省(区、市)计划单列市及新疆生产建设兵团教育部门,中央有关部门(单位)教育司(局)和教育部直属各高等学校报送的本专科生国家奖学金评审材料进行了认真评审。经评审确定,北京大学魏宏济等 49990 名学生获得 2015—2016 学年度本专科生国家奖学金,每人奖励 8000 元,现予公告。

希望全国高等学校学生以获奖学生为榜样,勤奋学习、积极进取,力争在德、智、体、美等方面全面发展,成为中国特色社会主义事业的建设者和接班人。

附件:2015—2016 学年度本专科生国家奖学金获奖者名单

教育部
2016 年 12 月 26 日

2015—2016 学年度本专科生国家奖学金获奖学生名单

（四川 1441 人）

西南石油大学（41 人）

张家丽	宁学文	耿晓燕	刘诗桃	吴禹雄	邓瑞	张紫芸	江程舟
李孟渚	孙中懿	彭勇	陈添	乔凯	郑冠祺	李艳香	陈廷露
龙婷	王亚男	刘丽艳	陈泽民	戚敏惠	文钊	邓志鹏	李佳
罗远红	蒲江林	彭靖宇	张川	罗澜	徐晓蓓	孙颖	卿春丽
梁牧云	魏远廷	武爽	薛德生	徐寄尘	高敏	唐思佳	王丽
黄元洁							

成都理工大学（48 人）

秦照原	刘佳丽	赵凯培	吴倩	夏子寒	黄健	孟仁帆	肖炜波
李伟	刘振宇	米艳霖	王李娜	程奕涵	杨茜娜	赵磊	丁力
杨静	任楠	陈俊宇	聂志鑫	杨楚瑶	刘璐	何富琨	戢春兰
叶凯玲	何昊轩	周康利	赵静	王岚	张承蒙	陈杰杰	赵文博
刘昱伶	刘泽宇	肖茹予	于淼	郑荧洁	余璐	徐嘉忆	常乐
李子溪	刘洋	陈小波	葛鑫	秦丽圆	张雪	王胜冬	欧阳代富

西南科技大学（47 人）

袁杰	陈际舟	罗凤	王垚	胡彬	赵婉怡	卢怡	李林飞
王祥桂	蒋倩芸	刘强	黄志鹏	王宇	田珅	曾艳清	林芸
高经纬	尤子蓁	贺丽	冉方圆	胡文翔宇	沈玉妹	覃馨莹	薛祝缘

夏羽　邓桃　赵佳英　费正彬　杨子欣　张希为　杨馨　丁瑶
谭佳敏　钱莎　袁梦　徐苗　蒋涛　温盼盼　周中衡　段岚芯
蔡倩　王亦男　李芷晴　靳珂　谢忆　郑磊　顾凡强

成都信息工程大学（30 人）

姚钰玲　王双双　印玉明　卞成琳　李倬涛　李明夏　于文涛　林莹
房蝶　赵鑫　袁源　何亚情　王丽丹　王新媛　李娟　郑心蕊
何苗　李玉洁　苏心雨　卫晓　高艺菱　张瑾　金娉婷　胡宸雨
刘伟　张世豪　张景秋　杨雨舒　胡麟　施晓蕾

四川理工学院（45 人）

何伟　杨刚　陈艳云　范沐易　易涛　刘友红　李俊余　王武
李锐　付豪　裴云强　钟婉婷　刘冬梅　曾润洁　赵婷　赵亚林
李铭傲　戴承霖　胥娟　黄景伟　向莹　梁晓冰　孔萌　谢伟
叶凌志　冯俊春　刘伊蝶　屠若昀　银登铃　龙婷　杜生琴　牛欢
李香美　王梅　林丽　毛春丽　黄吉　郑诗玥　刘万祥　董明显
蒋丹　高露　邓丽君　王小宸　毛雨薇

西华大学（57 人）

李蓉　万顺莉　周海燕　胡乙胜　武秋雨　金世林　何立邦　胡斌
王鹏　左益芳　凌秋霞　梁翔　刘舒娜　周子豪　陈雅惠　袁子越
包海峰　吴尚晏　华丽　严锐　王小雪　杨钦智　汤鑫榆　王浩
梁潇月　胡新悦　魏俊旭　母玉泽　陈中舒　刘建勇　刘鑫　尹诗燕
张译丹　段雪莲　黄静妮　袁怀宇　张培　梁敏凤　陈文茜　黄小桐
蒙怡帆　司远　韩美玲　上官晴天　廖梦铮　陈聪　蔡里蒙　林成
李宗春　尹帮吉　魏瑶　谭侃　黄银　赵雯捷　杨燕利　杜权友
李正俊

四川农业大学（63 人）

黄琦　高瑶　刘天池　孙靓琪　赵雨晴　陈佳伦　龙翔　梁雪

王毅豪	卢梦瑶	陈荻	周莉	吴怡	汪韦怡	王满玉	郑凯源
屈扬	刘美	钟瑶	郭紫微	蒋采夏	梁琼	邓冰冰	邱世庆
谢艾轩	俞筱筝	闵洁	郑艺蕾	赵松	喻萧桦	唐婧	伍炫蓓
冯中雪	何娟	俞琳飞	胡瀚文	朱莹莹	艾静	周婉琳	高成旭
李芸梦	刘炎周	余爽	何昕彤	张红亮	何婷婷	曾祥锐	王嘉
雷巍	黄楚梨	罗书敏	莫雨轩	郭彬彬	付萍	张冰爽	徐旸婕
逯卓奇	游晶越	黄诗云	杨梦娇	徐映帆	胡慧敏	简晓彤	

西昌学院（23人）

李望宇	吕开颜	曾晴雨	陈勇	陈静	杨晨曦	罗紫薇	梅睿
任杰	童园园	洪星	王钰鑫	汤佳	李晨希	王文豪	郑潇
陈思含	高晓雪	杜雪梅	刘凯勤	霍家豪	马青	石一阿佳	

西南医科大学（26人）

华思瑞	伍雁琦	段美帆	熊文举	卓茜	段宏基	甄宁新	戴雨钊
彭良驹	黄玉颜	王小花	罗超	殷凤	付娟	王媛媛	刘佳丽
曹英	刘雯	孙瑗艺	杨蝉荣	代谣谣	黄棋	金玥	陈静聪
刘梦圆	杨玫						

成都中医药大学（30人）

王颖旎	夏子昊	韩小曼	王瑞	李永盛	方晗语	曾艳玲	彭思涵
刘慧敏	刘磊	谢余	米粒	陈雅兰	陈晓玉	朱琳	杨倩瑜
何悦	周小霞	钟珊	樊思	任明	杨桐	胡静	敬一佩
唐真迪	赵芡	廖美玲	陈巧玲	邱菲	谢玉华		

川北医学院（25人）

李铖	袁宵潇	杨阳	刘生伟	张雪	胡兰	王艺蒙	常钰涵
许桂文	何琳	高海兰	郑可	范云婷	余江	张勋	石睿
鲜欣欣	刘明玉	钱文磊	熊兴兰	苏丽	冷丽	刘俊江	唐华阳
朱阳慧							

四川师范大学（60人）

黄春岚	余新雅	郭武卿	李　凡	邓鈜升	胡婕莹	王　苹	段雨伶	
李玉娇	张　瑶	胡蔓莉	刘小丽	赵葶葶	李　涵	谭武霜	吴馨悦	
彭弋殊	施雅琦	樊艺蕾	岳馥莲	蒲若帆	朱　晨	俞仕琳	陈雅慧	
阳佳伶	张晋磊	杨依婷	王竟远	徐添桧	雷　婷	蔡　何	陈伏娟	
黄敏芳	杨珊珊	周小栋	吴涵悦	吴婷婷	徐文雅	张艳琳	陈红宇	
陈美聪	徐代翔	邱　月	王宇晴	李　涛	肖世英	李　青	代春兰	
任春雷	甘馨月	潘　博	张钟云	何梦颖	龙海容	刘梦倩	罗皓英	
张　兰	吴　冕	邓颜彦	曾甜甜					

西华师范大学（48人）

赵海蔪	刘露蔓	杨　雪	冷雨航	葛　琴	蒲文杰	何秋冬	余佳萍
王香蒙	向自由	李浩铭	陈　丽	张展望	徐　凤	史明川	张　湉
张　程	罗应清	张凤琼	童佳惠	李春梅	林晓娟	王雪梅	彭　宇
黄一航	曾亚军	周凯江	万　媛	王思懿	江　雪	楚浩然	罗芳梅
杨馨媛	谭嫣艳	彭紫微	文德萍	李梦雪	游志林	黄　兰	冯志远
赵嘉丽	张雄远谋	王晓茜	胡思思	马凯莉	郑兰芳	陈兴才	黄　兰

绵阳师范学院（26人）

唐　静	龙　萧	袁　丹	黄下苏	田　乾	高惠玥	向　婧	严静雯
赖远玲	王　萍	陈欣怡	唐　平	周俊熹	赵　丹	夏　丹	罗　维
杨宇红	史　洁	陈亚玲	谢　静	舒　江	胡柏钒	郭傲霜	陈佩伶
周　佳	张静文						

内江师范学院（24人）

冯　瑶	郭　婷	秦　倩	李约翰	石　玺	王雪冬	李孝华	邓忠晶
包立君	曾　洁	黄　城	肖　娟	李巧宏	陈　俊	喻小惠	辛坤宗
李小芬	安加佳	兰月秀	柳亚莉	秦雪颖	李　垚	何春梅	卢　佳

宜宾学院（22人）

陈 美	曾德恢	魏 潘	赵中友	柳 行	李佳芮	张秋雨	张谣谣
万昭富	袁义琼	邓 琴	邱静思	邓丽君	李余彭	黄 玲	周宇婷
罗 垚	邓莉莎	杨 婷	彭杨洋	胡晓霞	黄意贡		

四川文理学院（17人）

侯 俊	邓丽慧	李斯丝	余张飞	王 萍	向金芳	陈园园	段英捷
吴叶兵	刘 静	张艺林	李 波	许晓瑛	汪 丹	陈虹全	吴 俊
慕玲利							

阿坝师范学院（8人）

罗 彬	张 聪	谯飞扬	王海阳	李子芥	冉 兵	龚仕明	汪 静

乐山师范学院（22人）

高军燕	孙仲秋	王博文	曾雪婷	何 路	钱红艳	张 艺	吴 磊
王 珍	卢聪聪	周米雪	陈 文	邓 静	魏 昊	艾思媛	黄文玲
杨 静	丁行琴	王 敏	黄佳伊	张 燕	周 劲		

成都体育学院（14人）

何 勇	周煜皓	韩俊田	宋思琦	王艺婷	李 楠	卢 爽	范新刚
蔡铭轩	何金洲	夏鹏宇	阚梦卿	文 林	高伟杰		

四川音乐学院（20人）

丁乾城	梁凯杰	王杰南	刘桃妍	杨绍文	戚加意	何 琴	任天宇
刘川玉	钟 莉	冯金雪	杜宣成	闫 涵	杨舒瑶	高煜翔	赵越男
邱 敏	郭嘉艺	赵天艺	张爱莲				

成都学院(31人)

王双　吴节节　胡林　李欣晏　范启云　刘鋆　梁勇　彭梅
宋朝　刘思宇　刘宇韬　冯豪乐　罗韵　朱祉妍　喻晓玲　梁雁林
何玉雪　蔡佳慧　唐洋　吴茜宇　闵盈　杨远梅　杜彦炳　贾俊杰
罗晓　雷蕾　赵逸秋　孙敏　陈栖旭　杨悦　杨春桃

成都工业学院(15人)

刘建　戴世鑫　陈思璇　王刚　刘学东　何柯　王巧玲　彭高强
朱西子　田欢　刘智豪　赵静　严旗丽　杜林　张旭

攀枝花学院(22人)

王俊　奚永清　廖勇　税静　罗良　李茂华　涂媛雅　陶尧
李琴　王嘉晏　李绍鸿　杜建君　林佳莉　李斌　王博维　邓楠
陈美凤　邓琴　陈剑霞　史梦杰　姚树乾　邱翠

四川旅游学院(11人)

李国琼　胡茂芩　唐艳　王君宇　骆光文　李刚　黄琴　向利君
李金和　刘晓俊　陈丹

成都纺织高等专科学校(9人)

张欢　廖云华　李前华　张诺谦　倪阳阳　谢静　蒋瑶　方红
葛梦玲

四川民族学院(12人)

俄尔甲　蒋玉萍　古琴雯　周莹莹　彭祖欣　顾鑫　陈俊志　马彦瑛
郭佳佳　杨月　罗春艺　扶旭敏

民办四川天一学院（8人）

吴启秀　王莉婷　汪小娟　蒋佳玲　代明鑫　何　鹏　李　林　唐莉琳

四川警察学院（11人）

廖礼婷　王森杨　李婕婷　邹　诚　敖瀚月　李　岚　段朝阳　刘　杨
叶玉婷　唐浩荣　罗桂春

成都航空职业技术学院（11人）

李　婷　龙　文　黄丹丹　汪思灼　熊　成　赵　婷　杜　坤　邓德川
青　波　李　宁　雷雅涵

四川电力职业技术学院（1人）

王　杨

成都职业技术学院（10人）

蒋　欣　周惠珍　任　然　付静晶　袁敏学　高　娱　龚桂英　王珊珊
周灵芝　赵曼婷

成都东软学院（11人）

刘　康　王　建　何　鹏　张　浩　蒋翼龙　黄乙丹　严红菊　刘　玲
王婉云　王冰雪　程　潇

四川化工职业技术学院（6人）

林杰祥　杨朝柳　刘俊芳　孙　军　张　弛　张　林

四川水利职业技术学院（8人）

陶诗鑫　林　森　阮登兰　曾桃红　宋　宇　冯摇丽　伍彩云　张春成

南充职业技术学院（7人）

谢巧玉　王　婕　张丽平　曹　玉　明晓月　黄健涛　袁　逍

内江职业技术学院（7人）

耿莉翠　沈　翔　魏勇军　黄静松　常明玉　张连浩　刘成林

四川航天职业技术学院（9人）

周　鹏　梁淇淋　何林婧　唐福成　许德虎　孙绍美　黄鹏程　李崇权
李欣悦

四川邮电职业技术学院（4人）

罗玉萍　张　丽　付　军　张　蓉

四川机电职业技术学院（8人）

李　楠　唐　玄　李红君　蒋　冰　鲜皓辰　曾搏威　徐　欢　梁植鹏

绵阳职业技术学院（11人）

李佳倩　邬佳佩　周帝宏　李嘉媛　龙治荣　李　聪　吴宇鲜　张家琼
刘　文　刘恺越　孙　翠

四川交通职业技术学院（12人）

宋雨静　周　翔　曾宣翔　刘　欢　罗　杨　方　欣　张鹤锦　雷志银
高新巧　吴秋红　罗　科　李　敏

四川工商职业技术学院（7人）

王瑀聖　舒灵筠　葛方艳　钟云舒　陈俊汝　彭荣友　赵　娇

四川工程职业技术学院（11人）

谯 攀 陈海童 钱唐露嘉 肖 云 李小宁 柏 杨 梁 琪
蒲发韦 彭自莉 焦瑞明

四川建筑职业技术学院（15人）

罗建玲 张 磊 赵 月 罗兴玲 刘 永 肖化癸 赵 雄 冯厚强
张玲玲 李枝彦 冯 健 黄存方 杨 攀 汪民敬 何 雷

达州职业技术学院（9人）

钟晓晴 冯诗轩 张 蓉 郭 晶 李 环 刘婵月 袁学莉 侯平川
刘 俊

四川托普信息技术职业学院（7人）

陈 宝 杨 睿 黄 俊 余 鹏 李剑峰 贺 斌 王文鑫

四川国际标榜职业学院（6人）

黄 娟 黄 燕 蒋严卫 曾 雪 管 萍 李 艳

成都农业科技职业学院（7人）

李 黎 宋仕玲 张 慧 阿苏尔哈 罗卫东 汪雅琳 范 卓

宜宾职业技术学院（9人）

孙 裕 唐 攀 刘玉龙 卢学华 周雪飞 方蜀翔 张 俊 纪均燕
彭思涵

泸州职业技术学院（7人）

陈俊佐 赖钰伶 郑 婷 曾 瑱 张 露 颜松林 刘玉银

眉山职业技术学院（5人）

尹佳琪　金芷伊　肖立燚　成亚君　杨银飞

成都艺术职业学院（6人）

谢明星　肖　月　唐晶晶　任文婷　邓国俊　吴映虹

四川职业技术学院（11人）

陈非儿　彭　舒　黄　静　陈宇阳　胡　评　刘　青　黄晨晨　周海霞
汪　亚　向贵香　李洪燕

乐山职业技术学院（7人）

龙永红　童诗雅　姜　艺　赵星月　李梦来　贾　晋　向思含

雅安职业技术学院（8人）

黄慧敏　孙梦玲　唐　萌　宋　雪　张雨曦　肖　遥　胡　江　周　露

电子科技大学成都学院（19人）

董　了　魏俊成　陈　俊　李月笛　杨沂琨　潘宇航　陈妃奋　何显卓
龚海诚　王婷婷　王通晓　毛雪东　王　容　林　焱　曹小丽　向　征
洪子童　王　越　刘　倩

成都理工大学工程技术学院（19人）

何　旭　吴　梅　梁咏林　朱　冬　严　卫　何玉凤　罗　婷　汪　霞
高　扬　邓　浩　袁在材　杨家欣　李有治　廖文涛　马辉强　戴纯燕
易香兰　胡　岚　余　昌

四川传媒学院（26人）

靳晓沛　赵子健　胡　垚　冯　菲　李美清　赵伟光　王彦雯　赵仵丽
陈岳美文　汪子琪　徐御坤　丁婷宇　王晓冬　聂佩元　王元昕　刘雨蝶
任　豪　李　阳　王心怡　杨糖萍　董星光　李梦恬　张　婷　王思雨
张　洪　张　爽

成都信息工程大学银杏酒店管理学院（10人）

张　贺　梁腾予　邱　婷　罗　倩　李　双　马汝岑　徐　敏　汪亚青
夏　康　吴析桂

成都文理学院（22人）

吴雪瑜　林　芸　陈佳佳　苏家豪　张　叶　朱旎珂　杨璐瑗　牟秘瑶
杨　妮　张晓燕　王子然　卢　瑶　马　利　李　彩　王艺桥　唐艺菲
谭雪莲　刘　畅　唐玉兰　马晓珊　曾淑影　张欣瑶

四川工商学院（20人）

杨　苓　高晓玲　唐雅欣　张凤林　周　瑜　刘　雪　陈小丽　黄建锋
万　芳　王　珍　王诗超　王　娜　吴　芬　张　胜　胥清清　华琪琪
王瑶玲　王淑娟　程远梅　钟秋霞

四川外国语大学成都学院（16人）

陆寒月　段　芮　谢文娟　朱书伶　温国卉　杨博舜　谢靖雯　陈安妮
张晗钰　赵伟宏　唐　廷　周歆可　陈滕聪　康惟妙　赖成阳　李小燕

成都医学院（16人）

牛英杰　李盈洁　王　娜　王　雪　罗　兰　游淋玉　唐艺菱　王　瑶
王浪涛　王　颖　刘可容　姜夏梅　周　娜　曾国丹　董　科　许　婷

四川商务职业学院（7人）

李行婷　黄紫琳　胡富霖　明　会　杨雪倩　田欣冉　龚　慧

四川司法警官职业学院（3人）

曹　莉　马文轩　万　宇

广安职业技术学院（7人）

谢永琼　董春蓉　邓良敏　黄媛媛　饶章雪　肖　磊　邓明菊

四川信息职业技术学院（6人）

陈　国　李林洪　蔡　攀　李念军　杨　燕　刘嘉陵

四川工业科技学院（10人）

王用波　胡帮良　王国宝　谌　杨　周　游　刘显义　杨飞虎　唐可鑫
韩华珍　钟万英

四川大学锦城学院（23人）

吕希蕴　梁　俊　胡　超　曾祺植　张婷婷　张　浩　江　芮　张蓝天
周光智　龙施佳　李红林　蓝绚译　雷　雪　韦文武　李果果　马　林
刘　波　林　曦　苟鸿伟　蒲葳锐　沈俊男　翁悦涵　陈若天

四川文化传媒职业学院（2人）

魏陈丹　冯　渊

四川华新现代职业学院（5人）

龙胡全　陈永秋　侯前锋　杜　兴　杨秋侠

四川管理职业学院（1人）

胡 月

四川艺术职业学院（4人）

陈垭君　余　芳　徐　杨　李小鹏

四川中医药高等专科学校（6人）

周荣文　王莉娟　刘平玉　刘露梅　邓博文　胡　磊

西南财经大学天府学院（27人）

肖雅丹　刘杭柯　杨　玲　季　佳　彭　茜　巫欣钰　杨豫虎　鲁彩玉
陶俊羽　刘　洁　贾春玲　李　巧　范亚萍　袁艺迪　杨　琼　任碧勤
郑青青　任　倩　梅月平　张琳岚　陈亿峡　王　景　许文文　侯佳利
黄　萍　何爽爽　吴俊宏

四川大学锦江学院（18人）

何治韦　熊运婷　王玉玲　段茂君　刘　鹏　蔡　青　杨　超　成泽远
伍飞燕　徐青柳　严晓丽　苏晓菲　黄晓凤　于　杨　李　玲　杨县刚
李　虹　杨茜茹

四川文化艺术学院（11人）

郭倩炯　张涵玥　邓圆宏　邱海雷　陈　希　曹梦圆　方官琪　梁　涛
解翔轲　陈晓彤　李洪波

西南科技大学城市学院（10人）

袁　汀　吴俊伟　杨　杰　陈　渝　陈铁兴　廖　丹　黄正辉　易佳鑫
曾榆婷　陈　翱

四川科技职业学院（9人）

曹大磊　曾　杰　张秀芳　周吉凯　刘　晴　岳小琪　谭　力　胡新华
焦汪艳

四川文化产业职业学院（7人）

张　鑫　赵茂阳　李金莲　王惠璇　卓如霞　王　航　刘巧玲

四川财经职业学院（5人）

杨钰婷　杨义炜　鲜琳玲　王雪珂　高　雅

四川城市职业学院（10人）

文碧池　陈施璇　罗焱鑫　喻　鑫　陈　嘉　何　鑫　朱星宇　胡怀煜
何　燕　陈瑞琪

四川现代职业学院（7人）

李　英　邓慧琳　苟　玉　牟芷静　高鑫贝　杜卓伦　钟庆芳

四川幼儿师范高等专科学校（5人）

王铃雨　孔　弋　魏雨薇　邹　洋　陈映汝

西南交通大学希望学院（14人）

费建文　谢启斌　甘耘川　卫　骏　王梦阳　徐荷雨　卫荣兰　杨亚南
李　倩　曾远航　王德贵　黄　炼　张婷婷　向　谦

四川长江职业学院（7人）

申　婷　李　燕　范晓霞　雷伟强　陈世彬　李莉鹃　龚恩红

四川三河职业学院（3人）

王 瑞　刘雨佳　夏明媛

成都师范学院（15人）

刘鑫卓　杜沂霖　黄 倩　葛智桃　陈 桢　雷银琴　王荟源　袁培源
桂雨柔　刘晓锐　金世杰　曾昱皓　游 玲　胡 欢　张心怡

川北幼儿师范高等专科学校（4人）

石 阳　周利萍　孙冬梅　王俊梅

四川卫生康复职业学院（3人）

甘翼凤　凌 洁　何莉萍

四川电影电视学院（5人）

朱 鑫　董爱华　方晓艺　龙 菲　李佳欣

四川汽车职业技术学院（3人）

曹发辉　王富豪　黄 磊

巴中职业技术学院（2人）

余长黎　陈 扬

四川希望汽车职业学院（3人）

杜 天　张 英　邬宏扬

四川电子机械职业技术学院（3人）

周琦宾　解爱琳　韩佳宏

四川文轩职业学院（4人）

倪 琴　鲜 莪　杨 丹　吉 瞻

川南幼儿师范高等专科学校（1人）

曹 婷

四川护理职业学院（2人）

田世艳　余 潇

成都工业职业技术学院（1人）

杨昌浩

四川西南航空职业学院（2人）

叶敏思　陈美如

成都工贸职业技术学院（1人）

乐思敏

四川应用技术职业学院（1人）

汤冬雪

中国工程物理研究院职工工学院（1人）

葛 宾

目 录

坚持，让我遇见更好的自己 …………………… 西南石油大学 陈泽民（1）
向着光亮的远方前行 …………………………… 西南石油大学 乔 凯（5）
青春之行 创业之路 …………………………… 西南石油大学 文 钊（9）
与梦相拥的蜕变 ………………………………… 成都理工大学 程奕涵（12）
用智慧和勇气扬起理想的风帆 ………………… 成都理工大学 丁 力（16）
无悔青春，晓峰巾帼 …………………………… 成都理工大学 刘昱伶（20）
坚守独立人格，为他人的幸福拓展纵深 ……… 成都理工大学 赵文博（26）
科研凝聚智慧 创新点亮人生 ………………… 西南科技大学 蒋 涛（29）
从平凡人生到科研之路 ………………………… 西南科技大学 李林飞（33）
永不言弃，让梦想发光 ………………………… 西南科技大学 覃馨莹（36）
矢志向学，敢于胜利 …………………………… 西南科技大学 郑 磊（40）
追梦途中，风吹不倒 …………………………… 成都信息工程大学 卞成琳（44）
以梦为马，不负韶华 …………………………… 成都信息工程大学 林 莹（48）
万丈高楼 思想为基 …………………………… 四川理工学院 付 豪（52）
仰望星空，脚踏实地 …………………………… 四川理工学院 李铭傲（56）
在执着中绽放无悔的青春 ……………………… 四川理工学院 龙 婷（59）
双脚丈量城市，实践认知自我 ………………… 西华大学 包海峰（62）
带着梦想出发 …………………………………… 西华大学 刘建勇（66）
不忘初心，继续前进 …………………………… 西华大学 上官晴天（70）
青春诗赞 燕舞西华 …………………………… 西华大学 尹诗燕（74）
追寻漫漫公益路，成为照亮别人的小太阳 …… 四川农业大学 冯中雪（78）
"国 奖" …………………………………………… 四川农业大学 刘炎周（81）
活，该出色 ……………………………………… 四川农业大学 郑凯源（85）
我的"临床兽医梦" ……………………………… 四川农业大学 郑艺蕾（89）
癌症激发奋斗的青春 …………………………… 西昌学院 陈 静（93）

追梦途中	西南医科大学	杨蝉荣	（96）
厚德博学　精思笃行	成都中医药大学	陈晓玉	（100）
追梦若冷，就用希望去暖	川北医学院	刘生伟	（103）
把生活过成你想要的样子	川北医学院	唐华阳	（106）
尝试　我的法学征途	四川师范大学	胡婕莹	（110）
一只蛹的自述	四川师范大学	李　凡	（114）
咬定青山不放松　任尔东西南北风	四川师范大学	俞仕琳	（118）
不忘初心，方得始终	西华师范大学	黄一航	（122）
正青春的诗	西华师范大学	江　雪	（126）
破茧成蝶，无悔青春	西华师范大学	王思懿	（130）
万物生长，不悔青春	西华师范大学	杨馨媛	（134）
坚忍不拔，我不能停下前进的脚步	绵阳师范学院	赖远玲	（138）
砥砺前行，不负韶华	绵阳师范学院	张静文	（141）
用真诚拥抱未来	内江师范学院	安加佳	（145）
你的努力将成为别人的希望	内江师范学院	秦雪颖	（150）
风雨无阻，成就自我	宜宾学院	李余彭	（154）
越努力才会越幸运	四川文理学院	邓丽慧	（158）
乐享人生　我心飞扬	阿坝师范学院	谯飞扬	（162）
踏梦精彩之旅　青春蓄势待发	乐山师范学院	卢聪聪	（166）
艺海无涯　舞无止境	乐山师范学院	魏　昊	（170）
因为梦想，我向远方	四川音乐学院	杜宣成	（174）
用音乐成就未来	四川音乐学院	咸加意	（177）
勤能补拙，终有所获	成都学院	李欣晏	（180）
筑梦自强，无悔青春	成都学院	梁　勇	（184）
轻吟浅唱，画笔追逐梦的旋律	成都学院	闵　盈	（188）
奔跑在追求卓越的路上	成都工业学院	戴世鑫	（191）
我的成长在大学	攀枝花学院	李　琴	（194）
勇　者	四川旅游学院	李金和	（198）
追逐梦想初心不忘，为理想努力奋斗	四川警察学院	段朝阳	（201）
用双脚走出自己潇洒的姿态	成都东软学院	程　潇	（205）
青春，是用来奋斗的	电子科技大学成都学院	董　了	（209）
当青春走过，现实已不再失落	电子科技大学成都学院	毛雪东	（213）
青春有梦，勇敢去追	成都理工大学工程技术学院	马辉强	（216）

在人生路上绽放绚丽的青春梦之花

………………………………………… 成都理工大学工程技术学院 朱 冬（220）

给自己定个小目标 ………………………………… 四川传媒学院 靳晓沛（223）

坚持中盛开 ………………… 成都信息工程大学银杏酒店管理学院 夏 康（227）

支教让大学生活如此美丽 ………………………… 成都文理学院 林 芸（230）

最美的青春遇到最好的自己 ……………………… 成都文理学院 张晓燕（233）

志存高远，为理想努力奋斗 ………… 四川外国语大学成都学院 陈滕聪（237）

未来，请见证我创造奇迹 …………… 四川外国语大学成都学院 李小燕（240）

可汇流成海，却非要滴水穿石 …………………… 成都医学院 曾国丹（244）

一分耕耘，一分收获 ……………………………… 成都医学院 游淋玉（247）

顽固的人不喊累 …………………………… 四川大学锦城学院 韦文武（251）

行走在建筑文化调研的路上 ……………… 四川大学锦城学院 翁悦涵（254）

怀揣梦想，勇往直前 ………………… 西南财经大学天府学院 鲁彩玉（257）

命·运 …………………………………… 四川大学锦江学院 严晓丽（261）

以学为本，立志馈人 …………………… 四川电影电视学院 龙 菲（265）

坚持+努力=实现梦想 ………………… 成都航空职业技术学院 龙 文（269）

我的成长路 ……………………………… 成都职业技术学院 袁敏学（273）

情怀天下，技艺人生 ………………… 四川化工职业技术学院 张 弛（276）

让梦想在奋斗中闪光 …………………… 南充职业技术学院 王 婕（279）

不屈于荆棘密布的起点 ………………… 绵阳职业技术学院 刘恺越（283）

让坚持之花在枝头绽放 ……………… 四川交通职业技术学院 张鹤锦（287）

弦歌不辍，匠心相传 ………………… 四川工程职业技术学院 李小宁（291）

志存高远，为理想努力奋斗 ………… 四川建筑职业技术学院 罗兴玲（295）

放飞梦想，成就未来 ……………… 四川托普信息技术职业学院 陈 宝（298）

服务三农，我的梦想终将成功 ……… 成都农业科技职业学院 张 慧（301）

勇于实践 勇攀高峰 …………………… 宜宾职业技术学院 唐 攀（304）

追梦而行，奔跑在青春的路上 ………… 四川职业技术学院 彭 舒（308）

与青春共创新 …………………………… 乐山职业技术学院 赵星月（310）

展开双翅，迎风飞翔 …………………… 雅安职业技术学院 肖 遥（314）

志存高远，振翅高飞 …………………… 四川商务职业学院 李行婷（318）

奋力拼搏，走向成功之路 …………… 四川司法警官职业学院 曹 莉（321）

少当志存高远 …………………………… 广安职业技术学院 肖 磊（324）

逆境磨砺，不忘前行 …………………… 四川信息职业技术学院 陈 国（327）

不羁的年龄更需要拼搏 ………… 四川文化产业职业学院 王惠璇（331）
梦想在风中飞扬 ………………… 四川财经职业学院 高　雅（335）
过往一切，皆为序章 ……………… 四川城市职业学院 朱星宇（340）
让青春无悔 ……………………… 四川现代职业学院 钟庆芳（344）
人生进行曲——奋斗 ……………… 四川三河职业学院 王　瑞（348）
天道酬勤　青春在奋斗中绽放 ……… 四川卫生康复职业学院 何丽萍（352）
怀揣梦想，扬帆远航 ……………… 川南幼儿师范高等专科学校 曹　婷（356）
厚积薄发　铸就天使梦 …………… 四川护理职业学院 余　潇（360）
以梦为马，莫负韶华 ……………… 四川西南航空职业学院 陈美如（364）
扬帆已经起航，梦想就在前方 ……… 成都工贸职业技术学院 乐思敏（368）

　　后　记…………………………………………………………（373）

坚持，让我遇见更好的自己

西南石油大学 陈泽民

陈泽民，男，汉族，1995年9月出生，中共党员，西南石油大学材料科学与工程学院新能源材料与器件专业2013级学生。曾获国家奖学金、孙越崎奖学金、全国机械创新设计大赛一等奖、中国"互联网+"创新创业大赛银奖等省级以上奖项共12项，发表SCI论文2篇，授权国家实用新型专利6项。

三年，三个四季轮回，1095天，不知不觉我已在西南石油大学度过了三年。回首过去的三年，我总是为宿舍点亮清晨的第一盏灯，夜晚在室友鼾声的陪伴中继续学习。我怀有一腔热血，恪守赤诚之心，追求理想信念，从学习积累、大胆尝试到突破自我、沉淀蜕变，感谢当初坚持本心、苦中作乐的自己，更感恩西南石油大学塑造了如此坚韧的我。

日积跬步，方至千里

大学是一个大熔炉，我希望能用刻苦的学习、丰富的知识来充实和武装自己。三年以来，我的学分绩点和综测始终名列前茅。对专业的热情，让我立志去改善生活、改变世界；对知识的渴望，使我在短短三年内阅读课外书籍超过200本。古人云"读万卷书行万里路"，或许成功就是日复一日的坚持，就是平凡却又充实的日积跬步。

为了提高自己的英语能力，我每天早晨6：00开始学习，对于我来说，晨读是必修课，图书馆是第二课堂，手机里是各种各样的听力、阅读、翻译的学习App，就这样，我坚持了一个月、一学期、一年、两年、三年……

入学时最令我头疼的是实验，幸运的是，大学给予我更多的机会让我进入实验室，拓宽我的眼界，但对于不擅长操作的我来说这同时又是一个严峻的挑战。为了培养自己的科研思维，我几乎每天都黏在师兄身后，关于实验的笔记写了厚厚一本。功夫不负有心人，现在我成功发表了2篇SCI论文。勤奋和付出也让我收获了国家奖学金、孙越崎奖学金、国家励志奖学金、优秀学生一等奖学金、三好学生等诸多荣誉。

  大学不仅要重视理论知识的学习，还要关注实践能力的培养。实践于我，是坚持三年的学生工作。从大一向老师毛遂自荐，卫生打扫、资料整理，到最后负责大型活动、统筹管理学生组织。周围的很多人都和我说，绩点和学干不可兼得，我根本不可能将有限的时间投入到两件都很重要的事情当中。可是人有自己的思考、判断、抉择，别人说不行你就放弃，不就成了别人的牵线小木偶吗？我没有放弃，还将学生工作做得越来越好。当我无意中了解到被人类残害、濒临灭绝的黑熊时，我深刻地体会到，作为当代青年，我们肩负的不仅是个人的荣辱，更有社会的发展，于是我建立了我校与亚洲最大的黑熊保护中心的实践合作关系，积极呼吁保护动物；那时候的自己为了一个活动名字彻夜难眠，为了活动的策划而通宵达旦。后来，为了让大家能获得更好的学习机会，我又在学校的支持下创办了西南地区第一个以实践教学为主旨的Prezi协会、创办了与教研室对接培养人才的新能源发展协会，也组织开展了众多在校内富有影响力的活动……

  三年的热情，让我收获了"四川省大学生综合素质A级证书""优秀学生干部"等一系列殊荣，每一份证书都让我热泪盈眶，因为这里面不仅装满了老师同学的肯定，更承载了我始终的坚持和无悔的付出。

敢于尝试，勇于拼搏

  知识的积累、能力的构建和一点一滴的努力汇聚成了我厚积薄发的扎实基础。在"大众创业，万众创新"的时代背景下，我充分利用学校学院搭建的创新创业教育平台，不断强化创新创业能力训练，在各类相关竞赛中不断挑战，崭露头角。

  我第一次参加的比赛是全国机械创新设计大赛，开始之前，我坚定地对队友说："既然要做，我们就做到最好。"比赛前三天，我们不眠不休，每一个零件都经过我们无数次的讨论、改进和调试。凌晨三点，在只有团队几人的创客工作室里，最后一次调试的失败将我们的希望之火浇灭，随后划破寂静的是争吵、放弃、泪水和摔门而出。我一个人在工作室尝着自己泪水和汗水的苦涩，那时我才明白绝望的滋味。我出门和队友一起瘫坐在走廊，夜安静得让人害怕。良久，我说："走吧，继续！"这句话重新点燃了大家的斗志，对啊，一年的努力怎能说放弃就放弃？我不甘心！我们整个团队不甘心！一切从头开始，一切也是全新的开始。经过一次又一次的调试，最终我们设计出了世界上第一条硬币U型传送带，精度更是达到100%。随后，我们一鼓作气开发出了世界上第一台便携可挂放的超市用多功能硬币清分机等一系列作品，被授权三项专利的同时也夺得了全国大赛的最高荣誉"第七届全国大学生机械创新设计大赛一等奖"。

一次次的成功给予了我莫大的信心和鼓励，随后我又投身于省级、国家级各类比赛：全国"互联网+"大学生创新创业大赛、第三届"创青春"四川省创新创业大赛、"全国大学生节能减排科技竞赛""中国大学生高分子材料创新创业大赛""全国大学生机械创新设计大赛"等十二项大赛。其中令我收获最大的是去武汉参加全国"互联网+"大学生创新创业大赛决赛。第一次和投资人交流，第一次参加满是闪光灯的投资洽谈会，第一次见识创业成功青年的风采……太多的第一次让我眼花缭乱，也让我认识到了止步于银奖的自己的差距与不足，我明白了，只有和优秀的人并肩，你才会进步。对我而言，这些不仅仅是比赛，更是自我价值的体现和升华，在这一次又一次的打磨中，我变得强大，也更加勇敢。我们的作品受到了《人民日报》等多家媒体的报道，也收到了来自三家天使投资公司的投资意向，意向融资金额已超过5000万，但我深深地认识到，比赛获奖只是冰山一角，只靠智慧和激情创业也是远远不够的，现阶段的我们更需要学习、历练和成长，我坚信，将来有一天自己一定会重新回到自己的创业队伍，用更加成熟的经验和技术开启创业的征程。

此外，我积极参加开放性实验和各类项目，承担了国家级重点创新创业项目、四川省油气田材料重点项目等，现正担任省重点项目《染料敏华太阳能电池光阳极表面修饰》研究项目负责人，已于2016年6月成功发表SCI《Chemical Research in Chinese Universities》一篇，于2016年9月成功发表SCI《New Journal of Chemistry》一篇。

始于创新，忠于初心。回想第一次接触专利，我彻夜自学专业知识、绘图软件，不断重复地设计图纸、查阅资料、做模型，一步一个脚印地成长，最终我的第一个作品《一种用于修饰碳纤维材料的波浪形剪切装置》成功申请专利。这一次的尝试，让我开始迈向了真正的创新实践之路，也是这样的突破让我发现，创新其实就在身边，只要乐于发现、敢于尝试、勇于实践，拥有多项国家专利也不难实现。

沉淀自我，勇往直前

"辛勤的耕耘是收获之本，良好的付出是成才之道。"在西南石油大学的三年，我用燃烧的热情谱写了这首大学生活交响曲，那是对青春的礼赞，对理想的歌唱。如今我已步入大四，大学本科生活即将画上句号。我感谢那个没有辜负青春的自己，感谢那个用汗水坚持初心的自己。

我有时受学弟学妹们邀请做经验分享，我会告诉他们，越努力越幸运。我希望我能够感染和带动身边的每一个人，向他们传递正能量，告诉他们，一步步做好眼前的事，就能一步步规划好未来的人生。我要告诉他们，大学需要沉淀和奋斗，需要创新和勇敢，每个比我优秀的人都在提醒着我一定要快点跑，再快点，为了未来，为了那所谓的成功，为了遇见更好的自己。

我的前21年，因为热爱，而优秀；因为优秀，而奋斗；因为奋斗，而无悔青春！对自己狠一点，离梦想近一点。任何高远的理想和澎湃的激情，只有化为脚踏实地的行动，才能获得最后的成功。即使是大四，我也不会止步，我有新的目标、新的开始，在未来的日子里，我将始终牢记"明德笃志，博学创新"的石大校训，继续秉承"为祖国加油，为民族争气"的石大精神，用奋斗点亮青春，以自信勇迎未来！

师长点评：日积跬步，方至千里，在平凡点滴中方知"越努力越幸运"是最简单而有力的道理；敢于尝试，勇于拼搏，在绝望中寻找希望，体会"不抛弃不放弃"的力量。即将站在人生的新起点，向后看，他告诉我们，青春不老，未完待续。

西南石油大学党委副书记　赵正文教授

向着光亮的远方前行

西南石油大学 乔 凯

乔凯，男，汉族，1995年8月出生，中共党员，西南石油大学机电工程学院2014级本科生。曾获国家奖学金、宝石机械一等奖学金、第九届全国慧鱼工程技术创新设计大赛全国一等奖、第七届全国大学生机械创新设计大赛全国一等奖、第五届全国大学生工程训练综合能力竞赛四川省一等奖等荣誉。

自然有四季，人生有四季，大学也有四季，只有经历过春播、夏耕、秋收、冬藏，才能自在享受"春有百花秋有月，夏有凉风冬有雪"的无限美景。通过高考选拔，我离开家乡，来到中国第二所石油院校——西南石油大学。至今我还清晰地记得那天离开家乡时父亲默默流下的眼泪，也还记得那时的我曾对自己说的"没有梦想，何必远方"。

有了目标，才有了远方

大一像春天，春天是一个播种的季节，播下希望的种子，播下目标的种子。

大一时的我和大多数同学一样，想要进入学生会或社团去提升自己的各项能力。然而也许是性格比较内向的原因，我没能如愿以偿。就这样，大一上学期，没有进入学生会的我选择了每天去图书馆的生活。

刚刚结束高考的我们，也许并没有想清楚当初为什么选择了自己目前的专业，没有对自己的未来进行规划。但幸运的是，在图书馆每天看书的日子里，我渐渐地了解了自己的专业，知道了将来的自己会做什么，也知道需要哪方面的能力才能在未来从事的行业中站得住脚。在对自己的未来有规划和目标之后，我感觉大学生活又充满了生机。

对于学机械的我来说，首先要精通自己的专业知识，学好专业课程，其次就是需要提高实践创新的能力。我认识到，工科学生不会动手是不行的，此外，要精通专业知识还要把各种基础课和专业课学好。我其实不太喜欢别人叫我"学霸"，因为我投入学习的时间并不是最多的，我只是按自己的方式，把我觉得重要的知识掌握好，有些科目我也只是尽最大努力考得好一点，没有一心去争绩点排名。我一直认为这个社会不缺学习好的人，只要肯投入时间，一遍遍重复，谁都能学好。我认为这个社会缺的是有能力的人。

当我有了自己的目标，知道自己需要什么之后，最大的困难就是不知道通过什么渠道去提升。大一下学期，我担任了机电学院的实验室助理。很幸运，在实验室我遇见了大学里的第一位导师。从老师那里，我知道了大学里有开放实验项目，还有大学生创新创业项目，工科学机械的我可以参加各种大学生机械类比赛提升自己，也可以尝试发表论文、申请专利。在老师的指导下，我参加了学校重点开放实验，有了自己的第一个实用新型专利，获得了校级重点开放实验一等奖。接着，我参加了大学生国家级创新创业训练项目，并以第一作者的身份发表了一篇论文和两项实用新型专利。那时的满足感和兴奋感让我享受到了研究的乐趣。

有了远方，才有了奋力前行

大二像夏天，夏天是一个耕耘的季节，用力去耕耘，挥洒汗水，经历风雨。

大学生机械创新设计大赛对于机械学子来说是最有含金量的比赛之一。虽然刚上大二的我还缺乏机械原理等相关的专业知识储备，但我不想错过两年一届的比赛，因而我迅速组建了自己的团队。经过一番了解，我选择了自己并不熟悉但是较有研究意义的慧鱼项目。我们设计的参赛作品是一个定制纸箱自动包装装置，主要用于解决电商和快递人手少但工作量大的问题。在设计过程中，我们经常需要花费很多时间去思考如何实现一个小功能，熬夜于我们而言也是家常便饭。每当有人想要放弃时，我们就会相互鼓励。我们不断地修改作品，完善作品，将作品升级，只为更好地实现装置的功能，提交给组委会一份满意的答卷。

功夫不负有心人。在2016年4月，我们参加了在北京举行的第九届全国慧鱼工程技术创新设计大赛，获得了全国一等奖。我们也因此有幸被《中国教育报》记者采访,报纸以"大学生创新机械设计,直击电子商务和物流'痛点'"为题对我们的作品进行了报道,这篇报道同时也被新华网、中国青年网等多家媒体转载。当报纸上第一次出现我的名字时,我的欣喜无以言表。

2016年7月,我们团队作为四川赛区唯一一支慧鱼组代表参加了在山东举办的第七届全国大学生机械创新设计大赛,再次获得了全国一等奖。之后,2016年12月,我的团队又一起参加了第五届全国大学生工程训练综合能力竞赛省赛,以单项第一名的成绩获得了四川省一等奖,同时得到了第二年代表四川赛区前往合肥参加全国比赛的入场券。

成熟的水果会散发乙烯催熟未成熟的果实,所以不甜的柿子跟甜梨待久了也会变甜;不起眼的稻草捆住大闸蟹,在海鲜市场也能有高昂的身价。我们曾错过一些人,使人生就像经历了漫长的阴天。但当自己的世界放晴的时候,你就会发现,跟你在一起的,一定都是那些散发着光热、深藏着智慧、有着伟大梦想的人。所以,我也很感谢和我一起奋斗的队友,缺少他们任何一个人,我们都不可能获得成功。

有了奋力前行,才有了如今的自己

如今我已大三。我把大三当作秋天。秋天是一个收获的季节。大三和着秋风的旋律翩然而至,舞出一池丰收的美丽。

因为总觉得自己没有参加学生会是一个遗憾,我就不断参加学校大大小小的文体比赛来提升自己。作为班委,我曾代表班级参加优秀班集体答辩并获得"院级优秀班集体"称号。那是我第一次穿正装上台,这一经历给我带来了很多收获。后来我又担任了机电学院学生第一党支部的宣传委员,在院网站上发表了数十篇新闻稿。我还作为班级宣传委员,在校团委网站上积极报道班级活动,为班级争取荣誉。

虽然自己获得了不少荣誉,但其实我也只是普通人,没有先天优越的条件,没有养尊处优的环境。我的每一天,都要靠自己的努力。我常常会想要在漫长无涯的人生中,寻找些微光。我有时就像卖火柴的小女孩,在严寒的冬天里,伴随着"哧"的一声,在一次次燃起的火光中,看到温暖的炉火、喷香的烤鹅、美丽的圣诞树。我想这未尝不是接近幸福的一种方式。当我们上坡的时候,总会感觉比较累,但我们要学着去做一个吃苦努力的人。我的学业之路还长,走过的路已经过去,现在我要重新播下希望的种子,再规划将来的路。我希望未来会有一个丰收的季节，我希望把握这一段光华灿烂的生命旅程！我呼啸着，向着光亮的远方前行！

师长点评：乔凯同学作为95后当代大学生，好学上进，视野宽广，开放自信，实践与创新能力突出，秉着一颗朝气蓬勃、奋发图强的心致力于自己的学业，取得了不错的成绩，是一名优秀的当代大学生。

四川省学术和技术带头人、四川省有突出贡献优秀专家、博士生导师
黄志强教授

青春之行　创业之路

西南石油大学　文　钊

文钊，男，汉族，1994年出生，中共预备党员，西南石油大学计算机科学学院软件工程专业本科生，2015年9月入学。大学发表国家级期刊论文3篇，先后获得西南石油大学一等奖学金、西南石油大学优秀三好学生、优秀学生干部。现在2015年10月成立的成都森下科技有限公司担任公司CEO。

创业，是一个充满诱惑而又危险的字眼。它为年轻人提供了成功的机会，同时也可能让人跌入失败的陷阱。对于大学生来说，创业，可以让前途迷茫的人重新找到方向，也可以让人更加坚定前进的步伐。

兴趣＋学习　播撒创业种子

2015年9月，我进入西南石油大学计科院软件工程专业就读，对于我们计科院的学生来说，每天要做的就是写代码和研究计算机，枯燥乏味的课程使很多同学对未来感到迷茫，在课余时间，有很多同学不是利用计算机写代码，而是玩游戏和看视频。

然而我对游戏不感兴趣，而是对研究计算机充满了好奇心。每天晚上逛各种技术论坛成为我大学期间一直坚持的习惯，同时我很快就进入了专业课程的学习状态。通过对互联网的了解，我发现"互联网＋"时代的到来给了我们程序员很多机会，"大众创业，万众创新"的口号让我对互联网计算机创业有了信心。怀着对专业的热爱、梦想和追求，我在2016年寒假正式加入了由学长创办的公司——成都森下科技有限公司，并成为股东之一，开启了自己的创业之旅。

在很多人眼里，"学习"和"创业"相互冲突，而我认为，学习和创业之间存在着平衡点，依靠所学专业进行创业，将我学习的知识运用到创业项目中，既可以巩固课程知识，也可以开展项目工作。依靠这种学习方式，我曾在国家级刊物上发表论文三篇，整个大一学年，我的学分绩点排名均位列年级前三，综测为年级第一。专业课的考试成绩均在90分以上，其中一门获得满分。在年终奖学金评定中两学期均获得了校级一等奖学金，并被评为"优秀三好学生"和"优秀团员"。

学生工作　积累团队管理经验

除了学习和创业，我还在班级中担任班长的职务。在有条不紊开展班级工作的同时，我还积极组织和策划让班级同学一边学习一边参加相关兴趣活动，和同学们一起实现全面发展。在期末综合考评中，我们班有近1/6的同学获得了国家级奖学金，占专业人数的1/3，我自己也获得了校级优秀学生干部的称号。正是拥有学生干部社会活动和管理经验，我才得以在创业时有能力组建和管理一个团队。

创业刚开始时，我是一个"光杆司令"，既是程序开发员，也是程序架构、设计师。我常常为了接一个项目，四处奔波，好不容易有了项目，又要自己设计开发，真可谓苦不堪言。有了当班长的经验，我深知"众人拾柴火焰高"的道理，经过近半年的苦心筹办，2016年6月，"云上西柚"团队正式成立。第一次招募，就有近50名新生加入我们的创业团队中来，为团队注入了新鲜的血液，也为公司的人才输送和后续发展奠定了坚实的基础。刚开始组建团队时，新进人员缺乏技术，专业知识跟不上市场需求，为了确保产品符合客户需要，我常常在自己先熟悉操作掌握先进的技术框架后，再教授团队中其他成员，团队梯队人才建设日趋成熟。

刻苦拼搏　开启创业之旅

丘吉尔曾经说："能克服困难的人，可使困难化为良机。"创业的道路充满坎坷，处在创业初期的我，遇到过学习与工作无法平衡的情况，遇到过找不到新项目的窘境，遇到过别人的冷眼相对。记忆最深刻的是在刚创业的时候，为学校开发一个科技项目申报系统和一个学生综合管理平台时，面对系统逐级审核的工作流程设计思想，为了简化技术，我足足熬了两个通宵，才将系统设计满意。

我深信，在困难面前，唯有找准方向与认真坚持才会迎来最终的成功。公司要发展，产品是根本，没有适应市场的产品做保证，公司就没有希望，我们在开发中不断探索，寻求创新、简单的方式解决各种问题。比如，由于创新创业的大量兴起，越来越多的人加入创新创业，但其中很多企业缺乏资金和技术，公司迅速抓住这一机会，与一些初创团队进行合作，共同开发互联网产品，从而为公司的后续发展提供了保障。

目前，公司正着手为两个创新项目申请软件著作权，与十余个大学生创新创业团队进行项目合作开发。创业近一年期间，公司开发项目达到了六项，除去员工的薪酬，公司盈利接近2万。对于一个成熟的公司来说，一两万可能只是冰山一角。但是对于一个刚刚成立运营期不足一年的公司来说，却是一个莫大的鼓励，也是我们走下去的定心丸。

"小企业、大梦想"，这一年是公司从无到有的一年，是公司积累经验的一年，也是我个人不断成长的一年。不经历风雨，怎么见彩虹？不断拼搏，迎难而上，我坚信，在未来，我和公司都会越来越好。

师长点评：一个执着的青年，一颗求知的心，一段创业的历程；他是学习大咖，他是发明达人，他是创业青年；他用创意点燃生活，用创新引领学习，用创业成就梦想；他是90后，更是耕耘者、创业者和收获者。

西南石油大学党委副书记　赵正文教授

与梦相拥的蜕变

成都理工大学　程奕涵

程奕涵，男，汉族，1994年10月出生，中共党员，成都理工大学地球物理学院应用物理学专业2013级学生。大学期间以第一作者发表SCI收录论文1篇、核心论文1篇；获得2项实用新型专利。先后获美国大学生数学建模竞赛三等奖、"理工杯"英语写作大赛二等奖、成都理工大学优秀学生、成都理工大学优秀团员、国家奖学金、四川省优秀毕业生等荣誉。2016年9月被免试推荐为北京大学物理学院直博生。

"物理中的第一秒末就是第二秒初，那么所有的结束都是开始，绝望也是重生。"第一次看见这句话，我的心灵便受到了剧烈的震撼和冲击，很少有哪个学科的研究领域，在时间和空间上的跨度像物理学科这样宽广，小到电子和夸克，大到星系和宇宙，快到阿秒，慢至百亿年。奇妙的物理学就像是被朦胧的雾掩藏着的清幽小径，宛如通向真理的世外桃源，置身其中，满眼是万千世界的奥妙，让人忍不住想要去探索。它夺走了我的目光，唤起我生命的热情，在我心里埋下一颗火红的种子，种子慢慢开始萌芽，生长，让我的余生只想要与它相拥。

钟爱物理　励志追求

物理学是科学发现与技术创新的基础和源泉，也是我对人生充满憧憬的起点，对物理学的浓厚兴趣，引领我来到了成都理工大学应用物理学专业，让我第一次与梦想亲密接触。但我知道，这并不是一个结果，而是一个开始。于我而言，大学是崭新的平台，它是汇聚了全国各地优秀人才的大熔炉，不同的学习环境和激烈的竞争让初来乍到的我感受到巨大的压力，迷茫与不适应让我备受挫折,但我鼓励自己不能放弃,不能退缩,梦想还在前方等待着我,我不能在迷茫中被它吞噬,而应该在其中浴火重生。

在老师的帮助和指导下,我开始调整自己的学习状态,慢慢寻找前进的方向。我把学习当作挚友,把阅读当作我最好的交谈者。关于物理学的书籍,网上有关物理的科普知识,图书馆珍藏的物理学方面的期刊,都让我受益匪浅。在它的陪伴下,我对钟爱的物理学有了更深刻的理解,也产生了更浓厚的兴趣。慢慢地,我明确了自己的目标,物理学成了我想实现的梦,我想要用自己生命的热情去抓住它,以优异的成绩去探索它,以坚定的信念去拥抱它,无论追梦的过程多么辛苦,我,都不会放弃。

热爱科研 注重创新

纸上得来终觉浅,绝知此事要躬行。我知道自己离物理梦仍旧很远,除了汲取和吸收课堂上的知识外,参加科研和竞赛活动也是必不可少的,因为这不仅是对课堂知识的一种升华,更让我对学科的形势发展有了深入的了解。在大学期间,我经常登录科学网以及一些学术期刊的主页,了解物理学的发展和当今物理学的前沿和热点问题。每一次的深入学习,都让我感觉到离它更近了一步,与它相伴的点点滴滴就如被时光刻在心头一般,每每想起都记忆犹新。还记得在大二的时候首次参加科技立项活动,早出晚归地做实验,绞尽脑汁地悉心钻研,从中收获的不仅仅是研究出来的科研成果,更是在努力坚持中获得的心灵成长。那段在实验室里茶饭不思的生活,现在回忆起来仍旧历历在目,虽然十分辛苦,但在项目有所收获时,我第一次体验到科研的乐趣,那些流淌的汗水和不懈的努力都化作甘甜的泉水,滋养着我的希望,孕育着我的梦想,让我对物理科研的热爱之火熊熊燃烧。

参加科技立项和科技论文的写作让我逐渐明确了自己的研究方向,我开始对物理学中"表面吸附"这一领域有了十分浓厚的兴趣,希望自己能够在凝聚态物理方面继续深造,尤其是分子动力学、第一性原理等内容,就像一个未知的仙境,吸引我不断靠近。我查阅了许多这方面的文献资料,并努力学习一些与计算材料相关的软件,结合储氢材料的知识,研究氢分子在六角氮化硼中的吸附特性,在《Frontiers of Physics》发表了题为"Hydrogen storage in Li-doped fullerene intercalated hexagonal boron nitrogen layers"的论文。我还运用类似的软件和研究方法,研究了铝和银在铱表面的吸附问题,并在《原子与分子物理学报》发表了论文《铝和银在铱（111）宽范围吸附的稳定性、原子构型及电子特性研究》。同时，我对科技小发明也有着浓厚的兴趣，在做物理实验的时候，我得知水银具有较好的反射性能，能够代替传统的镜面。按照这个思路，我设计了一种在矩形塑料盒里装水银来代替传统反射镜面的装置并获得了实用新型专利。

每一次的成功创作，都让我感受到无比的快乐，一点一滴的积累，为我通向梦的彼岸搭建起坚固的桥梁，科研就是我前进的一砖一石，让我走得更加勇敢与坚定。除了参加科研训练，我也积极地参加各种竞赛，以求不断完善自我。2016年，我参加了美国大学生数学建模竞赛，获得了三等奖，在参赛过程中，队友们默契配合，互相支持和鼓励，大家共同奋战四天四夜却仍然精神抖擞，让我第一次体会到专注一件事情是如此的美妙。在英语方面，我以535分的成绩通过了英语六级考试并顺利通过了大学英语四、六级口语考试；参加英语写作并获得了第五届"理工杯"英语写作大赛二等奖，完成了英文论文的写作和美国大学生数学建模竞赛的论文写作。时光不负人，汗水与努力最终换来的是丰收的喜悦，在不久前推荐免试研究生的过程中，我通过扎实的基础功、清晰的逻辑思辨能力以及流利的英文答辩获得了北京大学凝聚态物理专业老师们的认可，获得保送北京大学直博生的名额。

奔赴前方　与梦相拥

才能与品德都是梦想的种子成长的养分，从小便对党有着崇敬之情的我，立志要成为一名中共党员。我深知中国共产党是工人阶级的先锋队，要想成为一名合格的共产党员，就必须严格要求自己，在同学中发挥先锋模范作用。我确立了自己的理想和人生奋斗目标，努力地想要把自己培养成为中国特色社会主义事业的建设者和接班人。大学期间，我积极参加学校和学院组织的"两学一做"教育活动，获得了2016年"12·9全国大学生廉洁知识竞赛"三等奖。而对于需要帮助的同学，我也一定尽自己之力去热情相助。我热爱生活，不断提升自我，终于以优异的成绩获得了成都理工大学优秀学生、成都理工大学优秀团员等荣誉。

流年似水，一去不返。许多人做了时间的奴隶，匆匆前行，却忘记了自己最初想要的梦，迷失在短暂的成就中。我深知，自己现在所取得的成绩，与老师的指导、同学们的帮助是分不开的，在这里我要感谢学院领导一直以来对我的关心和鼓励,感谢物理系老师们对我的传道解惑和无私关爱,感谢学院辅导员老师的谆谆教导和殷切希望,感谢我的父母和朋友们的默默支持和鼓励!不管曾经取得怎样的成绩,都只是代表着过去,我知道自己还有很多不足,在以后的学习中我会再接再厉,力争取得更大的进步!我明白,梦想的彼岸还很远,脚下的路仍需踏踏实实地走,我应当携着希望奔赴前方,直到蜕变为蝶,与梦相拥!

师长点评:程奕涵同学以中共党员的标准严格要求自己。在大学期间勤奋学习,成绩优异,热心帮助同学,具有团队合作精神。荣获国家奖学金、四川省优秀毕业生。以第一作者发表SCI收录论文1篇、核心论文1篇;获得两项实用新型专利。在同学中发挥了引领示范作用。

成都理工大学地球物理学院物理系博士生导师　王华军教授

用智慧和勇气扬起理想的风帆

成都理工大学 丁 力

丁力,男,汉族,1993年12月出生,中共党员,成都理工大学核技术与自动化工程学院机械工程专业2013级本科生。大学期间荣获国家奖学金、国家励志奖学金等20余项奖项,授权7项专利,发表3篇论文,负责2个国家级大学生创新创业训练计划项目。

家贫志坚

俗话说:"穷人家的孩子早当家!"我来自贫困的农村家庭,家庭的影响使我形成了坚韧的性格。从小我就要比同龄的孩子们懂事,当他们还在嬉戏玩耍时,我已学会了干家务,如煮饭、炒菜、洗衣服等。我还记得,在我读小学二年级的时候,由于灶台很高,人够不着,就垫个凳子在脚下煮饭炒菜,然后送到爸妈工厂。每当看到父母拖着疲惫的身躯回到家,累得瘫坐在地,我心里都很不是滋味,感觉自己所做的太微不足道。我决定用自己弱小的肩膀承担起家里的所有家务。然而命运总是捉弄不幸的人们,爸爸因工作失误赔偿了工厂2万元损失,奶奶患上了直肠癌,大伯眼睛失明。这些事对我们全家来说无疑是雪上加霜,但爸爸没有向命运低头,而是勇敢面对,这也造就了我坚强刚毅的性格。困苦的家境,磨砺了我的意志,改变了我的人生,使我敢于迎难而上,自立自强,刻苦学习,始终脚踏实地。

手不释卷

学习是学生的第一要务,这一点我时刻牢记。在学习生活中,我告诉自己

"再走一步就是成功",有志者,事竟成!从大学第一学期开始我就坚持每天早上六点起床学习英语,不管刮风下雨,用别人休息的时间弥补自己的不足。虽然看到人家都还在自己的被窝里做着美梦,自己有时也有放弃的想法,但是想要成功的信念支持着我,当我拿着英语四、六级证书路过曾经早读的绿荫大道时,仿佛还依稀能听见自己晨读的声音。在过去的三年里,我刻苦勤奋,努力务实,抓紧分分秒秒努力学习专业课程,在知识的海洋里遨游驰骋。在大学三年多时间中,我以优异的成绩通过所修课程,专业排名第一。此外,我在学好主修课程的同时,还不忘拓展其他领域的知识面,先后自学了Proe,Matlab等软件,为专业领域的设计创新等打下了基础。

正如我一直用以激励自己的箴言那样:用智慧和勇气扬起理想的风帆,用青春和生命奏响时代的强音!抛弃迷茫,把握航向;勤字当头,不懈努力,成功的时刻终将到来!

躬行实践

"实践是检验真理的唯一标准",在大学里面,只学习理论知识是不行的,我们应该将所学的知识灵活地运用到实践当中,真正做到学以致用,只有这样,我们才能实现全面发展。因此,在学习好专业知识的同时,把专业知识付诸实践成了我另一部分的生活内容。在导师的带领下,我每天都利用课余时间和小伙伴们在科研室里完成科研任务,并组织小伙伴们相互交流各自的科研灵感。在我分享了我的第一个科研灵感之后,我们小组花了整整2个月的时间待在科研室,埋头苦干、刻苦钻研,争取将我的灵感变为现实。最终,我们迎来了第一个属于自己的专利。那一刻,每个组员的脸上都露出了明媚的笑颜。很自然地,我们每个组员都越发积极地分享自己的科研灵感,每个组员都竭尽全力将这些灵感变为现实。令我惊讶的是,到大三结束时,我已经拥有了7个专利。同时,在小组的齐心协力下,我们发表了3篇论文,成功申报2个国创项目,获得了机械创新设计大赛省三等奖。一个个成果不仅让我巩固了理论知识,学到了实验技能,也让我发现很多事其实并不像想象中的那么难。我用自己的行动,向父母诉说着我是他们的骄傲。

尽其所能

现在社会,能力是个人成长的最好凭证,良好的自我能力不仅仅是个人发展的需要,更是一个团体、一个组织成功的必备素养。因此,在短暂的大学生活中,我希望自己的能力也能得到较大的提升。我不希望自己只是一枚学霸,更希望自己能获得全方位的发展,成为一名新时代的合格大学生。我兴趣广泛,喜欢不断尝试新的事物,在学习之余,还积极参加各种文体活动,争取抓住每一个展示自己、提高自己的机会!在理工学子"母校行"志愿服务活动、校运动会团体操《科技点亮未来》和我校生涯 & 创业服务系列活动中都有我的身影。尽管在这些活动中我会遇到各种各样的困难,也会占据一部分的学习时间,但这些丰富多彩的活动让我受益颇多,可以帮助我在学习之余放松心情,从而有更多的激情和活力投入到学习中,达到事半功倍的效果。或许每个人对自己的要求不一样,但是臻于完美,止于至善是我一直以来的信念,希望自己每次都做到最好,我想,那些证书就是对我最好的肯定。然而,这种种的荣誉代表的仅仅是我在学校里的收获,作为新时代的大学生,我不希望自己做温室里的花朵,我渴望接受更多的磨砺。

高奏凯歌

通过大学三年多的学习,我不仅收获了知识,更收获了未来。正是通过大学前三年的努力学习和刻苦科研,我以专业第一的成绩获得了保送研究生的资格,被保送到哈尔滨工业大学机械电子工程专业。大三时,我就规划走保研这一条路,这条路很难,但是我从未放弃。实现这个梦想,除了要有极佳的成绩和科研成果,还要有未雨绸缪的意识——积极参加高校保研夏令营和面试。暑期全国各地、大江南北都有我的身影,我不断地参加各大高校的夏令营和面试,希望为自己赢得一个更好的发展平台。在这一过程中,我收获了太多的欢乐和笑靥,品尝了太多的忧愁和悲伤。最终,我获得了丰厚的成果,哈尔滨工业大学、北京航空航天大学、四川大学、重庆大学和湖南大学等高校都同意录取我。在9月,我拿到了本校的保研资格,被保送到我最心仪的哈尔滨工业大学。"每个人的生命只有一次,人的一生应该这样度过:当我回首往事时,不因虚度年华而悔恨,也不因碌碌无为而羞愧。"我立志,以激情为旗,用青春作注,拼一个无悔的人生!这一切,将是我人生中非常宝贵的记忆与经历。这几年,我获得了些许荣誉,但是我深知,"成功属于过去",应该将目光着眼于未来。我会继续努力,用汗水浇灌青春,让理想在校园飞扬!作为一名大学生,要回报社会、为国家贡献一份自己的力量,就必须有良好的专业知识做基础。我热爱机械工程专业,作为一名机械工程专业的大学生,我会更加努力,志存高远,全面发展,为我国的制造业发展贡献自己的力量。

师长点评:丁力同学思想政治素质过硬,政治立场坚定,理想信念浓厚,时刻与党中央保持一致;学习勤奋刻苦,专业基础扎实,成绩优异,先后获得国家励志奖学金等多项荣誉;他积极参加各类科技竞赛与创新创业实践活动,学术能力突出,生活勤俭节约,自立自强,团结同学,热心公益,是一名品学兼优的大学生。

成都理工大学核技术与自动化工程学院党委书记 张训涛

无悔青春,晓峰巾帼

成都理工大学 刘昱伶

刘昱伶,女,汉族,1994年8月出生,中共党员,成都理工大学传播科学与艺术学院广告学专业2014级本科生,四川省"优秀青年马克思主义者培养工程"第一届大学生班学员,第三届中越青年大联欢中国代表团学生代表,成都理工大学60周年校庆晚会执行导演。大学期间荣获国家奖学金、第七届中国大学生服务外包创新创业大赛全国二等奖、第三届"创青春"四川青年创新创业大赛铜奖、四川省第二届"互联网+"大学生创新创业大赛银奖、江苏卫视"未来金话筒"主持人大赛成都赛区十二强、四川省第八届大学生广告艺术大赛三等奖、四川省大学生综合素质A级证书、成都理工大学第一届"互联网+"创新创业大赛银奖、成都理工大学优秀学生干部、院"新生杯"辩论赛冠军及最佳辩手等荣誉。

成长是一片汪洋的大海,惊涛骇浪无法阻挡我漂洋过海寻找未来的脚步;成长是一抹落日的余晖,即使地平线的帷幕即将落下,我依旧激情昂扬地不放过任何展示自己的舞台;成长亦是一条绵延无尽的通道,黑暗里的恐惧像狂风暴雨般汹涌而来,而我却一如既往地用明亮的眼睛寻找希望的曙光。

"和我在成理的校园走一走。"进入成理已经三年,感恩成理带给我的小幸运。我始终牢记"穷究于理,成就于工"的校训,践行"不为人后,敢为人先"的理工精神,坚持"博学之,审问之,慎思之,明辨之,笃行之"的务实求真观。在成都,在成理,我始终铭记这片土地,在这里,我留下了"挥斥方遒,中流击水"的青春、热血和拼搏。

博观而约取，厚积而薄发

　　大学三年里，我始终坚持德、智、体、美全面发展。在文化知识学习中，秉承"泰山不辞细壤故能成其大，江河不拒溪流故能成其深"的态度，勤奋刻苦，努力钻研。大学期间，我综合成绩排名年级第一；在专业学习之外，于艺术、教育等方面，也多有涉猎。2016 年 6 月，我作为全省唯一一名非播音专业的学生获得了 2016 年江苏卫视"未来金话筒"成都赛区十二强的荣誉。在大学期间，我主持了"逐梦计划"四川省大学生交流分享会和"两学一做"文艺汇报演出等 100 余场省级、校级大型晚会及会议。去年 10 月，我作为导演负责了连续三场的 2016"理工之光"新生文艺晚会，有了晚会导演和以前负责校"理工杯"辩论赛的实践，我获得了更多幕后导演的经验。2016 年，正值我校 60 周年校庆，我有幸作为我校 60 周年校庆晚会的执行导演，全面参与筹备校庆晚会的相关工作。从 7 月暑假到 10 月 28 日正式演出，从节目编排、舞台设计、晚会宣传、视频制作、嘉宾邀请、后勤保障等各方面精心准备，无数次方案修改和推翻，无数次的熬夜和通宵，无数次的专业课请假，在过程中无论得到批评还是表扬，无论收获汗水还是欢笑，在我看来，一切都值得，因为这凝聚了我们全体工作人员对学校的爱与感恩。台前幕后，我都坚持塑造一个优秀的自己，也更愿意奉献自己。

　　在学生工作之余，我也没有忘记一名学生的本职工作，我努力学习，综合成绩连续三年年级排名第一，曾获得国家奖学金、校级一等奖学金等多项奖学金和校"优秀学生干部"等荣誉。在我看来，成为一名优秀的大学生，并不能仅仅停留于 45 分钟的课堂和书本，也不只是专业成绩的优异。因此，我通过学生工作、创新创业、文体艺术等多方面来充实自己的大学生活，全面提高自己。人一能之，己百之；人十能之，己千之。在不断提高自我综合能力的同时，谨记"满招损，谦受益"，做到不卑不亢、不骄不躁，宠辱不惊。"天下有大勇者，卒然临之而不惊，无故加之而不怒；此其所挟持者甚大，而其志甚远也"，这便是我所不断追求的人生境界。

任重道远,上下求索

　　学生的主要任务是学习,不惜寸阴于今日,必留遗憾于明日,从小我就对科学知识充满着浓厚的兴趣。虽然是以文科生的身份考入理工大学,但是对于科研,我始终拥有一分好奇与探索之心,也许这就是我和理工大学的不解之缘。非学无以广才,非志无以成学,因此,虽然我选择了文科类专业,但是我依然想和理工科的同学们一起探索科学,以创新性思维引领创业高潮。

　　2015年,我第一次感受到科研的魅力,作为项目负责人参加了学院的"种子计划",积极学习各种调查研究、数据分析的方法。每天在图书馆与自习室的路途中奔跑,对知识的渴望与执着,让我越来越喜欢在课外拥有这份"小事业",让我一直在"好学近乎知,力行近乎仁,学如不及,犹恐失之"的回荡提醒中奔忙。次年,我在《探索科学》上发表了论文《茶艺在川茶品牌传播及塑造中的作用》。

　　学术研究的初次经历,让我对搞科研的信心更加坚定。人之为学,不可自小,又不可自大,谁说文科女生不如理工男？我偏偏要证明文科女生的实力！我和其他成员一起报名参加了第三届"创青春"四川省青年创新创业大赛,带着专利和项目产品,我们一路闯进总决赛,最终我们的项目《未来视觉科技》获得铜奖。项目从开始准备到现在,许多人付出了汗水和努力,也历经了太多的挑战与艰辛。我们项目团队成员大多是硕士生和博士生,而且都为理工科人才,作为一名广告学专业的女生,我凭着一股不服输的信念,在各项科研工作中不懈地努力。当困难一次一次被克服,当挑战一次一次被击败,我越来越对未来充满期待,也越来越对创新创业这个大浪潮充满兴趣。于是,我作为项目团队领队和团队成员一起参加了第七届中国大学生服务外包创新创业大赛和四川省第二届"互联网+"大学生创新创业大赛,我们的项目《机器视觉产品的研发与服务》分别获得了国家级、省级银奖。

　　学术理想的起步,不仅让我收获了相关成果带来的快乐与充实感,更培养了自身的研究思维和科研能力,培养了我处事认真、思虑全面、勇于尝试的品质,使我对未来的学术研究有了更多的热情和信心。

无悔青春，晓峰巾帼

有人说，大学就是"大概学学"，对于女生来说，可以谈谈恋爱、看看韩剧、逛街购物、享受美食电影等。但是，我在大学期间对以上的享乐全都没有兴趣。我深知，大学学习的精髓并不在于成绩单上那简单的分数和名次，于是除了学习专业知识，做自己喜欢的科研项目外，我还有一件喜欢的事，那就是——学生工作。在初中、高中，我都担任校学生会主席，除了平时忙碌的学习，我也愿意把剩余的时光全都奉献给我热爱的学生组织。我的工作伙伴们总是爱开玩笑，虽然知道我从来没谈过恋爱，但是说我早就不是单身了，因为我早已经爱上了学生工作，把自己"嫁"给了学生会。而说到自己的这段刻骨铭心的"爱情"，不得不提到我与学生工作、与成都理工大学这段永远割舍不掉的缘分。这要从我大学的三个"有意义"的生日说起。生日对每个人来说都有着重要的意义。我要感谢成理让我度过了三个"有意义"的生日，每一年生日，我都在自己的工作岗位上，和母校一起庆祝，这也是母校送给我的最有纪念意义的生日礼物。大一的生日，我因为学生会工作必须坚守岗位，那时我是一名学生会科技与学习部的干事；大二的生日，连续三个晚上担任"理工之光"新生文艺晚会的主持人，负责互动环节的采访，那时我是成都理工大学学生会培训与活动部部长；大三的生日，学校迎来了停滞10年的第七次团员代表大会、第三次学生代表大会，我作为负责人，组织安排我校的团学代会，也就是去年12月，那时我正式当选为成都理工大学学生会执行主席、校大学生艺术团团长。在团学代会结束的当天晚上，我马不停蹄地赶去参加四川省"青马工程"的两天培训。有人会问，这么忙，会不会不快乐呢？究竟是什么力量可以让我如此坚持地热爱我所做的一切？答案不是肩上的责任，而是一种情感的融入。因为责任可以卸下，但情感难以割舍。如今我已在自己的各个岗位上尽心尽力坚持到了最后，我觉得自己最大的收获不是得到了多少荣誉，而是在并肩进退、荣辱共担的过程中，与老师、同学、同事建立起了密切的情感联系。这份情感远比荣誉更有延展性，因为未来的路上我们仍将守望相助。感谢学校赋予我特殊使命，感谢每一年收到的这一份特殊又珍贵的礼物，同样我也期待着大学本科第四年的那份"生日礼物"。

同年，经过学校选拔，通过省委组织部和团省委的面试、体检等的层层考核，我成为四川省"优秀青年马克思主义者培养工程"第一届大学生班的学员。其中，95%的成员都正在或曾经担任校学生会、研究生会主席，我作为一名本科三年级学生，是班里年级最低的学员，作为成都理工大学的学生代表，与全省优秀的学员们一起进行理论学习和实践锻炼，也备感压力。省委组织部和团省委高度重视"青马工程"人才培养计划，我们有幸听到了包括原中央统战部副部长、胡耀邦长子胡德平，南海舰队副司令员陈俨将军在内的多位专家学者的"中国特色社会主义道路的开创与拓展""中国梦背景下的青年使命"等20多场讲座，对菁蓉小镇、高新企业等进行参观访问，赴阿坝州长征干部学院参加弘扬红军长征精神专题培训班，进行爬雪山过草地等体验教学以及参观红军长征纪念馆、小金两河口会议遗址等现场教学。虽然在青马班里，我是学历最低的本科在读大三学生，但我一直虚心学习，努力提升。努力不一定有回报，但努力做好每一件事，一定会有回报。在去年11月，我作为"青马工程"班级里唯一一名成为中国青年代表团成员的本科生，赴越南参加第三届中越青年大联欢活动。

一次次身份的转变，都离不开全校师生对我的信任和支持，我也愿意将我的青春和智慧奉献给理工大学，奉献给四川这片生我养我的沃土。无论学习任务有多重，我始终左右平衡，让自己的专业成绩始终名列前茅；无论学生工作有多累，我始终心甘情愿做好一切工作，服务集体，努力奉献；同时也不忘我的科研工作。专业学习、学生工作、科研工作，三者已经占据了我的秋冬春夏，我充实地过好一天24小时，让自己的综合素质连续两年始终名列年级第一，我努力在每年期末交出一张让家人、老师、朋友和自己都满意的答卷，不辱使命，不懈努力。激三千以崛起，向九万而迅征。

鸾凤直上凌霄，只为韶华本色

学习、工作都需要一个苦尽甘来的过程，这也是我的人生态度。我一直相信水到渠成，不奢求美好的事物，同时也不甘于现状，始终以奔跑者的速度积极面对生活，面对人生，并且从容地面对一切荣誉和得失。今年正值中越建交66周年，我有幸作为中国青年代表团成员之一随中共中央政治局常委、全国人大常委会委员长张德江同志赴越南参加第三届中越青年大联欢及相关活动。作为一名本科生代表，我也随访问团一同访问了越南雄王大学，参与了主题为"青年与文化传承、旅游与发展"论坛。论坛上，中越两国青年围坐一起谈论关于传承文化本色和旅游发展的话题，深化两国之间的共识共鸣。这也是我践行学校"三提一塑"中提升国际交流和国际竞争的能力的一次实践，对我的成长产生了重大的影响。

国际化的舞台和经历，更让我体会到了思维碰撞的力量和思想交流的重要性。今后，我将在学习和工作中更加努力，做好角色定位，不断提升自己的国际视野，积极参加更多的国际交流与合作。

过去的辛酸苦辣、辉煌灿烂都将成为历史。漫漫长路，我的青春里永远不会有"停止"两个字。有梦便去追，为自己的青春插上翅膀，理想便会自由翱翔。我将时刻铭记成都理工大学"穷究于理，成就于工"的八字校训，怀抱理想，风雨兼程，为母校、为社会、为国家，贡献自己的青春、智慧和力量。

师长点评：无悔青春只因有辛勤耕耘后的硕果累累。全面发展、多才多艺，闪亮的青春绽放夺目光彩。智慧与荣耀，眼界与思维，凝聚敢拼搏的青年学子为梦想奋进的汗水与喜悦！望坚持初心，继续前行，成就梦想！

成都理工大学传播科学与艺术学院党委副书记　汤敏副教授

坚守独立人格,为他人的幸福拓展纵深

成都理工大学 赵文博

赵文博,女,汉族,1995年4月出生,中共党员,成都理工大学文法学院公共事业管理2013级本科生。大学期间获国家奖学金、2016年度数学建模美赛二等奖、2014中国青年志愿服务项目大赛金奖;参加2014国家社科基金青年项目并撰写论文、主持2016年度四川省大学生创新创业训练计划项目;2014年暑假在达州市万源市溪口乡双龙庙村支教,被四川日报等多家媒体报道;四川省优秀毕业生,已推免至山东大学继续攻读硕士学位。

行走于路 勇于尝试

大一的我,成绩平平,懵懂无知,找不到努力的方向。我向专业课老师寻求帮助,并得到了答复——不断地去尝试,找到自己的兴趣所在。于是,我制定了一系列的尝试计划、不放弃任何一个融入社会的机会,主动和各行各业的人士进行交流……便有了下面的故事。

在我的尝试计划中,有一项是赴偏远山区支教。2014年6月,我和好友主动联系四川草根NPO组织,通过层层考核,获得了支教的机会。岂料途中生变,友人因故无法与我同行。同年7月中旬,我不顾父母的劝阻,独自一人从山东前往四川大巴山与支教队伍汇合。我们这支支教队伍的成员来自全国各个省份,以硕士研究生和高年级本科生为主,还有一位从教27年的小学教师,而我在支教队伍中是年龄最小的。在与队友们朝夕相处的一个月时间里,我渐渐发现了自己与其他人在眼界上和习惯上的差距,这使我倍感焦虑;同时,山区孩子们渴求知识的眼神也深深触动了我,我为自己没有利用好这么优质的学习资源而深感羞愧。

"知不足,然后能自反也",说者容易做者难。我硬着头皮看砖头厚的基础理论经典著作，多数著作晦涩难懂，很多时候看了后一部分忘了前一部分，需要反复地理解和深入学习；同时，我也不放过任何一场相关内容的讲座，这需要时时关注各高校的讲座信息，尤其在讲座时间集中、地点分散的时候要在公交车上解决午餐，这对于晕车的我来说非常煎熬；此外，关注学科热点和学科动态，需要集中时间翻阅大量论文，有时看电子文档看得我泪流满面（长时间看电脑所致）；我还主动参加各类比赛，最初的结果并不如人意，尤其是团队型比赛，从挑选队友到与队友的磨合都是技术活……然而，这些并没有难倒我，我深信此时的痛苦是暂时的，学不到的痛苦才是一世的。

积极主动　路越走越宽

尽管开头很艰难，但当坚持下去，渐渐入门后，我就发现道路越来越开阔，目标越来越清晰，可供利用的资源也越来越多。我越来越体会到，这个世界最不缺的就是资源，缺少的是具备想法、勇气和主动性的人。如果你有一个梦想，全世界都会帮你来实现它。

我很幸运，碰到了很多热心的老师。在多次主动地向老师请教问题后，一位老师答应对我进行了系统的学术训练，并邀请我进入他的国家社科基金青年项目。在老师的帮助下，我对科研工作有了更进一步的认识，对学科有了整体的把握，掌握了最基础的学术常识，完成了最基本的学术训练，更明确了自己的学术目标。

通过不断的尝试，我终于找到了那条属于我的道路。学术本身就是一种乐趣，尤其是在对所研究的东西有新的灵感时，简直不能自已。大概学术之于我，就如马克斯·韦伯所说的生命之弦的守护神，使我平实而简单。在有了一些积淀、可以独立解决科研工作中的常见问题后，我开始尝试着做一个独立的科研工作者。在老师的指导下，我自己组队申报四川省大学生创新创业训练计划项目并成功立项，获得了一万元的资助，目前已经具备了阶段性成果并顺利通过了学院的中期答辩。在做好科研项目的同时，我也很好兼顾了学习和社会实践，从大学二年级至今，我的学习成绩和综合成绩均保持全系第一名。

为他人的幸福拓展纵深

全球公认的公共管理学科排名第一的高校Syracuse University的人才培养目标是"培养合格的公民",同为公共管理学科背景的学生,我致力于做一个尽责的公民——能坚守自己独立的人格,并为他人的幸福拓展纵深。

在校园里,我担任2013级公共事业管理1班班长,并带领班级连续两年获得"优秀集体"称号;成为唯一被学院推选到学校的校长负责制班级。

在支教活动结束后,我运用自己所学为"吾乐志愿"(支教活动主办方,一家草根NPO)撰写了《志愿者手册》,方便志愿者熟悉当地环境、了解当地教育水平和当地村民的禁忌;并向该NPO负责人提出了自己对志愿者招募的建议和看法。第二年暑期,我与有意向参加支教活动的同学进行了经验分享和交流,鼓励更多的在校生以支教的方式充实暑假生活,以确保暑期支教的延续性和稳定性。目前,我仍与孩子们保持着密切的联系。此外,我还是成都市武侯区青少年发展中心"新市民子女城市融入项目"的长期义工,帮助更多的进城务工人员子女更好地融入城市生活,2014年底,该项目获中国青年志愿服务项目大赛金奖,我作为志愿者代表赴广州参加颁奖典礼。

在确定研究生方向的时候,我义无反顾地选择了继续攻读公共管理专业。我希望通过不断的学习,用理论联系实际,在更宏观的层面保护和捍卫公共利益。我愿把捍卫公共利益作为我一生的职业!

师长点评:赵文博同学以中共党员的标准严格要求自己,社会实践丰富、勇于担当起社会责任,做事沉稳、班级工作成绩突出;理论基础知识扎实、科研能力较强、科技竞赛成绩优异;综合成绩和学习成绩在全系双料第一,在同学中发挥了引领示范作用。

成都理工大学法学院党委书记　谢大欣副教授

科研凝聚智慧　创新点亮人生

西南科技大学　蒋　涛

蒋涛，男，汉族，1995年2月出生，中共党员，西南科技大学理学院光电信息科学与工程专业2013级学生。曾获国家奖学金、四川省大学生"综合素质A级证书"、西南科技大学涪漳特等奖学金，主持省级项目1项、主研国家级项目1项，发表学术论文4篇，申请授权发明专利和实用新型专利各1项。

经常有人会问我：蒋涛，都到大学了，你为什么还要这么拼？其实，我们若要自由，就得牺牲安稳；若要闲散，就不能获得别人评价中的成就；若要前行，就要离开你现在停留的地方。我们的人生应该有所抱负，青春年华也必须有些激情！

初生牛犊　百转千回

还记得2013年9月，我满怀着梦想和希望，来到了期待已久的大学——西南科技大学。郁郁葱葱的梧桐大道，热情洋溢的学长学姐，多姿多彩的校园生活……源源不断的信息从四面八方涌来，我对一切都既感到新鲜好奇，又感到有些陌生。

我没有优渥的家境，而"青春、梦想……"这些字眼是我无数次自卑失落时激励自己的词汇，所以我必须努力。在各个不同的角色里，我透支着自己的生活，泡图书馆、参加大大小小的竞赛、考证书成为我的一种日常。可是我并没有在这样的忙碌中感受到快乐，疲惫和焦虑更是加重了我对未来的迷茫。一连串简单却从未被我认真思考过的问题此刻强烈地占据着我的脑海：我究竟想要什么样的大学生活？我的大学与他人的有着怎样的不同？

"人的精力是有限的，要找到自己的兴趣，懂得取舍，并持之以恒，才能看起来毫不费力。"辅导员杨明芳老师的一席话点醒了我。是的，我需要调整自己，需要遵从直觉，更需要遵从自己的内心。于是，我放弃不太感兴趣的竞赛，与专业无关的证书也走出了我的生活。我开始立足于专业，广泛涉猎光电专业知识，多次到学校的科技创新班去蹭课旁听，参与学院的实验室实验，虽然还是一样的忙碌，但是我真正体会到了求知的幸福。

学业为基　科研为志

谈到学业，我觉得自己的天赋不够，于是，花更多的时间去钻研便成了自己的习惯。我喜欢穿梭在图书馆里一列列、一排排的书架间，闻着书香味，遨游在浩瀚无比的书海，坚持于宁静中品味，于喧嚣中守候。功夫不负有心人，大一学年我以平均学分绩点第一的成绩入选国家级光电卓越工程师班，也有幸加入了草莓团队，师从张克非教授，从事光纤通信方向的研究。

在这个班级里，我遇到了很多优秀的伙伴，他们每一个人的优秀都有着不同的表现形式，但是大家却有个共同点：都有着追求理想的热情和专注。他们深深地影响了我，为此，我决心在这里开启我的科研之路。

在张老师的悉心指导下，从理论学习到公司实地见习，再到研发部的产品开发，一系列工程能力锻炼让我意识到扎实的专业基础对于创新思维的启迪是何等的重要。只有不断地把专业知识与创新思维相结合并付诸实践，才能真正体会研究的乐趣。

凭借在工作上的踏实苦干，我与团队成员一起成功完成了四川省大学生创新创业训练计划项目，并且作为主研员，完成了一项国家级大学生创新创业训练计划项目。在参与公司实习的过程中，我与工程师们一同奋站在科研前线，研制成功新型单纤三向光组件，申请授权国家发明专利和实用新型专利各一项。同时，作为团队组负责人，我所带领的项目获得了第四届中国创新创业大赛四川赛区决赛第 8/152 名和绵阳市"农信杯"创业大赛十佳优质项目的好成绩。这些成绩就像是一颗颗种子，在我心底生根发芽，让我对科研充满了强烈的探索欲望。

不忘初心　越挫越勇

好景不长，在获得诸多成果之后，过于理想化的我遭受了一次又一次的打击：申请四川省苗子工程受挫，创业竞赛成绩平平，论文投稿屡次被拒……这些挫折一下子让我从之前的喜悦中剥离出来，陷入了深深的绝望，感觉自己仿佛中了"魔咒"一般。一次例会上在与张老师探讨这一"魔咒"时，我发现：以前我们只重视实际工程问题，如果将其转换为具有一定学术价值的问题呢？

思路的转变，让我看到了未来的曙光。为了全面理解光纤通信领域，我查阅了国内外大大小小的数据库和图书馆的相关书籍，重塑实验思路，调整实验方法。有时为了完成技术攻坚校对甚至在实验室通宵多天，一张折叠床，一个枕头，一床被子，成了我最忠实的伙伴。现在看来，这样的苦日子，反而是我这辈子难得的财富。

苦尽甘来，在专业基础方面，我的平均学分绩点连续三年保持在4.0以上并名列专业第一，在研究生推免排名中，我也凭综合成绩第一获得推免资格，并取得复旦大学、南京大学和电子科技大学等高校的录取资格。在科研上，我以第一、二作者身份成功发表学术论文4篇（CSCD收录2篇，EI收录2篇），其中以第一作者身份在国际光学学会主办的EI期刊上发表论文1篇。同时，我受邀参加了国际光电技术与应用系列创新研讨会，与掺铒光纤放大器发明人David Payne等国内外专家进行交流。在这个思维碰撞的平台上，我感受到了科研带来的无穷乐趣，这更坚定了我今后从事科研工作的信心。

因为科研方面取得的一系列成绩，我被评为"西南科技大学创新实践优秀学生"；因为综合能力的全面发展，我获得了"四川省大学生综合素质A级证书"认证。最终，我荣获了学校本科生的最高荣誉——"西南科技大学涪璋特等奖学金"。

我深知今后道路还很长，我的身上不仅肩负着自己的理想与责任，更肩负着家人和社会的企盼，我更应立志努力，争取成为这个时代的好青年！

陌上花开　不负韶华

如今，我站在大四的尾巴上，即将步入研究生阶段，开展更为深入的科学

研究。四年时间，匆匆走过，有欢声笑语，有波光泪影，从稚嫩到成熟，从襁褓到独立。非常感谢母校，感谢老师和同学，感谢你们让我一次次从磨难中收获历练，虽然我还存在很多不足，但我会更加努力，更加乐观地面对一切。

科研之路注定曲折坎坷，需要钻研的地方还有很多，但"厚德、博学、笃行、创新"将会是我不变的信念，"天行健，君子以自强不息"也会是我的生活主旋律。怀揣着最初的梦想，我坚信，自己会用实际行动谱写人生的青春之歌！

师长点评：该生脚踏实地，学习成绩优异；作为中共党员，坚持党的领导；工作认真负责，热心志愿服务；潜心科研，学术成果突出，具有当代青年人的自立自强精神。

西南科技大学理学院院长　彭煜教授

从平凡人生到科研之路

西南科技大学 李林飞

李林飞,男,汉族,1995年1月出生,中共党员,西南科技大学信息工程学院电子信息工程专业2013级学生。曾获国家奖学金、国家励志奖学金、全国大学生"恩智浦"杯智能汽车竞赛全国二等奖、"TI杯"四川省大学生电子设计竞赛省级一等奖、西南科技大学涪璋特等奖学金、西南科技大学十佳励志人物、西南科技大学优秀学生干部、亚太地区大学生数学建模竞赛优秀志愿者,主持校创新基金项目2项,发表核心期刊论文2篇。

2013年9月,我满怀着梦想与希望,来到了让我放飞理想的地方——西南科技大学。进入大学后,我开始慢慢规划学习和生活,并为之努力奋斗。我希望能度过一个充实而有意义的大学生活。一路走来,我风雨兼程,永不放弃,终历练出成熟,磨砺出品行。

初 探

大学初期,在经历了各种学习和活动之后,我焦灼的心情慢慢地冷静下来,也越来越明确自己未来的方向——科研之路。

大二时,在师兄的引导下,我加入了智能机器人创新实践班。实验室为我的科研之路提供了平台,同时让我遇到了很多志同道合的朋友。为此,我探索到了从未接触过的领域,大学生活更加完整,从此,我也更坚定了自己的大学规划。

在创新班中,我申报了学校创新基金项目"基于GSM的智能培养农作物装置"。在项目进行中,从最开始的寻找队员、老师,定题目,写申报书……到后来的中期报告、结题报告以及制作调试过程,我都全力以赴。这一年里,我和队友们共同进退，相互鼓励。我们团队不懈努力，用汗水替代泪水，将挫折化为动力，在困境中寻求方向，终于顺利地拿到了结题证书。

这次成功的经历再次坚定了我从事科研创新的信念。暑假中，我参加了电子专业认可度很高的电子设计大赛，我们选择的题目是风力摆控制系统。比赛期间，我和队友们在实验室奋战了四天三夜。但是在比赛中由于我们搭建硬件消耗的时间太久，导致调试软件方面的时间不足，作品的稳定性欠佳，最终未能在校赛中胜出。失败总是痛苦的，但这次失败却为我来年再次参赛提供了宝贵的实战经验。

奋　进

正当我行进在科研创新之路时，却传来父亲出车祸的噩耗，家里为此不仅花光了积蓄，而且负债累累。为了减轻家里的压力，我利用课余时间做兼职。学习和工作的双重压力磨砺了我锲而不舍的心性，锤炼了我吃苦耐劳的品格，使我日渐成熟，遇事更加稳重和理性，也养成了我对科研的执着追求和拼搏的精神。

为了进一步提升科研素养，我加入了"飞思卡尔"智能车实验室，并报名参加了"恩智浦"杯智能汽车竞赛。从最开始看着师兄师姐的赛车在赛道上飞驰，再到自己慢慢学习，做出自己的赛车并优化，我付出了巨大的心血。我常常会因为程序中出现的某个漏洞而陷入困惑，反复思考。为了争取更多的测试时间，我们经常都在实验室用餐和住宿，经常熬夜思考和分析问题。我真心感谢一年来对我进行指导的老师以及师兄师姐，更感谢一直陪伴着我共同钻研的队友。在这个过程中，我见证了许多团队从最开始的兴致勃勃再到后面的慢慢放弃，而我们团队从省赛到西部赛再到最后的国赛，一步一步地坚持下来，最终取得了全国二等奖的成绩。

暑假中，我再一次参加了电子设计竞赛，吸取了上一次的失败经验，这次我准备更加充足，心中也更加淡定。在选题上，我们依旧选择了控制类的题目。比赛中，我们充分地展现了自己的团队智慧，遇到困难一同解决，共同努力，不退缩。我们团队从各种方案设想到方案实现，再到方案论证，后面再到重新设计方案，都努力一步一步地去完善，最终获得了省级一等奖的荣誉。

进 取

光阴荏苒、岁月如梭，大学三年转瞬即逝。在得知被学校作为推免研究生免试升学的那一刻，伴着上进之心、奋进之志，我毅然选择了继续科研之路。

过去的成绩并不能说明什么，曾经的辉煌不足以成为放松和停滞不前的借口。我奉行"穷则独善其身，达则兼济天下"的准则，希望能踏踏实实地走好未来人生的每一步！大学教给我的不仅是知识，更是一份职责。生活总是在不断的创新和挑战中被赋予新的意义，在今后的人生旅途中，我仍需心怀梦想，志存高远，奋力奔往人生之巅。

师长点评：在校期间，该生思想品德优秀，学习成绩优异，科研能力突出。该生积极主动地参加各类比赛，不断探索自己的兴趣和爱好，并最终找到努力方向，取得了不错的成绩。希望在今后的生活和学习中能够戒骄戒躁，不断进步，取得更好的成绩。

西南科技大学信息工程学院副院长　姚远程教授

永不言弃，让梦想发光

西南科技大学　覃馨莹

覃馨莹，女，汉族，1995年10月出生，中共党员，西南科技大学环境与资源学院环境工程专业2013级学生。大学期间获得3次国家奖学金、西南科技大学涪璋特等奖学金、中国电信奖学金·飞Young奖、全国节能减排竞赛三等奖、全国环境生态科技创新大赛二等奖以及学校十佳励志人物等荣誉。

2013年9月1日，在父母的温馨陪伴下，我来到了西南科技大学。蒙蒙细雨给校园披上了一层薄薄的轻纱，在懵懂中，我开始了人生中最美好的青春时光。自入学以来，我努力践行着"学业为重，全面发展"的理想信念，体会着蜕变与成长，收获了温暖与感动。迷茫时，老师的叮嘱指引着我前行的路；困惑时，同学的鼓励帮助我渡过了难关。西南科技大学，坚定了我永不言弃的初心，让我体会到奉献与包容的美好，享受着奋斗与坚持的幸福。

学无止境　天道酬勤

犹记得2013年9月，我怀着对大学的美好憧憬来到了西南科技大学。那时，耳边总是回荡起高中老师说的那句话："大学好比一座森林，里面有许多的小鸟等着你们去追逐。"

刚踏入大学殿堂的我，虽不敢言"为中华之崛起而读书"，但是我知道，对于"为人生之辉煌而图强"的追求绝对不是妄想。大一是我们的励志岁月，也是我们迷茫和质疑的岁月，但绝不是我们颓废的岁月。因此，我一直保持着高中时良好的学习习惯，在第一次期中考试中，就以全班第一名的成绩脱颖而出，我大一学年的学分绩点为3.747，并有幸获得了国家奖学金。国家奖学金的光环激励着我要更加努力地前行，才能无愧于这个殊荣。我怀着一颗好学上进的心，积极进取，大二学年学分绩点为 4.17，再次获得国家奖学金。面对荣誉，我永远保持乐观、谦卑的心态，得之淡然，失之坦然。在之后的大学生活中，我继续保持努力学习的态度，大三学年学分绩点为 4.36，成绩在稳定中上升，我第三次成为国家奖学金获得者。

除了自身学习以外，作为班级学习委员，我也积极带动宿舍同学和班级同学学习，主动为他人解决学习方面的问题，为宿舍和班级营造了良好的学习氛围，我所在寝室也连续三年被评为"西南科技大学优良学风寝室"。由于在各方面表现突出，2016 年 11 月，我荣获学校本科生的最高荣誉——西南科技大学涪璋特等奖学金。与此同时，我也获得了学院首届"鸿鹄之星"的称号。我会珍惜这些来之不易的荣誉，将荣誉转化成不懈奋斗的动力，并认真践行"厚德、博学、笃行、创新"的校训，立鸿鹄之志，扬拼搏精神！

立志科研　开拓创新

在"大众创业，万众创新"的时代背景下，我积极实践，努力开拓创新，研究潜质也逐渐被老师发现，并有幸在大一的时候便加入代群威老师的课题组。翻开密密麻麻的实验记录本，我不禁想起在实验室奋斗的时光。刚开始，虽然只是帮助师兄师姐做一些称量药品、洗洗瓶子的简单工作，但这些点点滴滴的实验经历让我对科研产生了非常浓厚的兴趣。为了有充足的时间研究课题，在大二的寒假，我选择了一个人留校参与课题研究，过着老区宿舍楼、新区实验室、食堂"三点一线"的生活，这种生活看似枯燥无味，但对于我而言，每天都有惊喜等待着我去探索与揭秘。

有了寒假的积累，大二下学期，导师便让我独立负责课题研究。查文献、写实验方案、动手操作、数据处理、实验总结培养了我缜密的逻辑思维，让我变得独立自主、坚强勇敢。在实验过程中，失败是家常便饭，但不管成功还是失败，我坚持每做一次实验就进行一次总结，虚心向导师和师兄师姐请教。慢慢地，我走出了最迷茫的时期，自己的专业素养与实践能力都得到了很大的提升。后来，我加入了校"资源循环利用科学"创新实践班和教育部环境卓越工程师班深造，并作为负责人申报了学院实验室开放基金资助的"可吸入颗粒物赋存微生物特性研究"项目和四川省科技创新苗子工程培育项目，参与到了更多的科研项目中。

除了科研项目，我也积极参加科技竞赛，注重理论与实践的结合。2015

年11月，我作为负责人带队去南京参加了全国环境生态科技创新大赛的决赛，获得了全国二等奖、全国知识竞赛三等奖。2016年3月，我作为队长，组建团队参加了第九届全国大学生节能减排社会实践与科技竞赛。我清楚地记得，随着项目的推进，我们遇到的问题层出不穷，大家对此各抒己见，我们有过争吵，有过不愉快，但每个人都默契地朝着一个共同的目标前进。通过努力，我们最终获得了全国三等奖和校级一等奖，我的团队被评为"西南科技大学学生科技活动先进团队"，我个人也获得了"西南科技大学科技创新奖"和"西南科技大学学生科技活动先进个人"的荣誉。虽然比赛结束了，但那些一起设计装置参数、利用3D打印制作模型、准备作品校展、全校答辩、修改参赛材料的过程，永远是我最珍贵的大学记忆。

全面发展　快乐生活

我是一个幸运儿，充满爱而又不失严格的家庭培养了一个热情又积极向上的我。或许就是因为这样的性格，我才能积极参加学校组织的各项活动，这些经历培养了我的大局意识和团队协作精神，让我结识了很多志同道合的朋友，使我的大学生活变得丰富多彩。

大学期间，我在学院团学宣传中心工作了三年，从一个不谙世事的小干事成长为分管宣传中心的部长，这个温暖的大家庭让我收获了自身的成长和真挚的情谊。我不敷衍，不偷懒，挤出空余时间来平衡学业与工作之间的关系，切实地为同学服务，在忙碌中，我得到的是自身的充实与提高。在压力最大的大三，我带领宣传中心的伙伴成功举办了两个校级特色活动，同时，我还担任了矿物加工工程学生党支部组织委员、学生党支部副书记和班级学习委员，每一个职务都是我的选择，每一个选择都是我的修行，我努力做到最好，争取从中不断提升自我。

流年似水，太过匆匆，一些故事还来不及真正开始，就被写成了昨天。我不断督促自己，坚持，努力，不断用生命的激情去完成人生的答卷。不管是社会实践、志愿活动还是体育竞赛，我都积极参与，看着"绵阳市三好学生""西南科技大学优秀学生干部""西南科技大学优秀团学干部"等荣誉，我的内心充满了骄傲与满足；而"全国全民健美操三级""西南科技大学优秀社会实践报告""西南科技大学科技创新奖""中日农村污水处理技术与政策研讨会"优秀志愿者、西南科技大学第二届铁人三项宣传技能大赛"单项第三名"等荣誉，是激发我前进的动力，它们像是一块块基石，为我通向梦想之城搭建起坚实的阶梯。

珍惜现在　不畏将来

  2016年9月，学院公布了免试攻读硕士研究生的名单，我以94.510分的综合成绩获全院第一名。在确认获得推免资格后，我向清华大学提出了免试攻读硕士研究生的申请。当时，很多人都认为希望渺茫，但我始终没有放弃。最终，通过层层考验，我到达了梦想的彼岸。

  辉煌犹如过眼云烟，已经属于过去。在以后的学习生活中，我会继续保持积极的心态，怀揣一颗感恩的心，砥砺前行，坚持"学业为重，全面发展"，不畏困难，努力拼搏，迎接未来的无限可能！

  大学成长的点点滴滴，离不开老师们对我的辛勤培育，离不开学长学姐和同学们对我的帮助与支持，谢谢你们，一直陪我前行，助我成长，让我在西南科技大学，成为更好的自己。

  师长点评：覃馨莹同学学习刻苦，成绩优异，连续三年获得国家奖学金；全面发展，积极组织并参与各项活动；科研创新能力强，主研3项科研项目，获国家级竞赛二等奖1项，三等奖2项，是一名综合素质较高的优秀大学生。

西南科技大学环境与资源学院　代群威教授

矢志向学，敢于胜利

西南科技大学　郑　磊

郑磊，男，汉族，1993年12月出生，中共党员，西南科技大学国防科技学院特种能源技术与工程专业2013级学生。曾获国家奖学金、西南科技大学浍璋特等奖学金、西南科技大学十佳励志人物等荣誉，主持国家级大学生创新项目1项，参与校级创新基金项目1项，发表SCI论文2篇。

时至大四，临近毕业的我还在实验室埋头苦干，因为我喜欢去探索。当一个idea被完整试探出来，我就会有莫名的成就感和满足感。回首在西南科技大学三年多的本科时光，有辛酸，有无奈，但更多的是不变的坚持。我依稀记得自己初次踏入校园时的情景，虽不甘心旋又坚定下来。因为这种执着于科研创新的坚毅和信念，我在慢慢地成长，也慢慢地迈向科研的创新之路。

学无止境　天道酬勤

大一的自己很青涩，面对多姿多彩的大学生活，我反而有点手忙脚乱，不知所措。高考的失利永远是我心头的痛，我提醒自己一定要积极地准备大学生活。于是我把一次次的打击当作动力，放下所谓的自卑，开始走向崭新的大学生活。当时我眼中的大学丰富多彩，各个社团引领着一波潮流，让人眼花缭乱，目不暇接。看到学长们在社团中尽己所能，各领风骚，我也想要在努力学习专业知识的同时积极锻炼自己的其他能力。作为团支书，我组织了元旦游园活动，策划了团组织生活，通过自己的努力把班上的同学都凝聚起来，我感到了满足；作为志愿者，积极参与下乡支教，用自己的假期时间陪伴那些需要帮助的孩子们，生活虽然很苦，但看到小朋友们甜甜的笑容，我也感觉很甜；作为大学生预备役战士的一员，在暑期服役的两个月间，无论刮风下雨，我都坚持训练，这使我学会了坚持，也更加清晰地认识到自己所肩负的责任。我懂得了更加珍惜工作中的点点滴滴，我明白了不管未来遇到什么样的困难都应该勇敢地坚持下去，这些日子将成为我大学生涯中最亮丽的一道风景线。不仅如此，为了更好地发展自己，除了拼命学习课本知识，我还大量涉猎课外书籍……经过不懈的努力，目前我已经获得了国家励志奖学金、学院三好学生等5项荣誉。

生命不息　奋斗不止

从大二开始，我慢慢适应了多彩的大学角色。很荣幸，我担任了大学生记者团办公室副主任、校园电视台办公室主任等职务，虽然很忙碌但是也很充实。作为学生干部，印象最深的是我组织开展的记者团第一届篮球赛。那些日子里，为了比赛的圆满举行，我带着办公室的小伙伴们熬夜写策划、凌晨四点就赶到球场布置场地，虽然策划书改了不下十遍，虽然活动经费被不断地压缩，虽然拉赞助屡次被拒……但我依然不放弃。此外，我还带着新闻部一群大一的学弟学妹们积极参赛，勇夺第一。团队的团结、努力以及永不退缩的精神让我们收获颇多。这一年我荣获了西南科技大学优秀团学干部等36项荣誉。

学习上我也仍旧不放松。我白天在社团里面奔波，来回穿梭于新老校区，就连校车司机都认识我了，晚上就关闭手机开始学习，有时候学到晚上12点，有时候是凌晨2点……我的努力得到了回报，这一年我以专业第二的总成绩再次获得国家励志奖学金以及西南科技大学体育优秀奖等7项奖学金。当然，我最大的收获还是成功地加入了何毅老师的课题组，开启了我的科研之路。在实验室，我从开始触摸化学试剂，到了解化学仪器，再到仔细琢磨老师的研究成果，参与课题组的项目讨论。这些都为我后面的学术创新奠定了基础，帮助我真正迈向科研学习之路。

志存高远　致力科研

大三的我对于未来发展的认识更加明确，也有了更加坚定的目标。我决定继续学习深造，不断地提升和充实自己，以后更好地为社会做出自己的贡献。为了全身心地投入实验室学习，我辞去了所有的学生干部工作，以确保有足够的时间和精力。为了进一步提升科研素养，在跟进何毅老师科研课题的同时，我和实验室的小伙伴们还积极参加了全国大学生创新训练项目、四川省科技创新苗子工程培育项目以及西南科技大学创新基金项目大赛等。这些项目给我的第一感觉就是累并快乐着。我们的实验重复了上百遍，申报书也一次次被打回，就连答辩也被问得感觉自己一无是处。这些无论是给我们的身体还是心理都造成了极大的压力。但是我志存高远，我相信，这些挫折都是垫脚石，都是为我的成功在铺路。在汲取以往经验和教训的同时，我们结合实际问题与实验设备条件，在作品中融进了更多创新大胆的想法。最终，我们的努力终于得到了相关领域专家的认可。2016年4月，我参与申报西南科技大学大学生创新基金项目"基于金纳米比色法的可视化检测铬（Ⅲ）"并获审批，签订合同书；2016年5月，作为项目负责人，我申请了四川省教育厅2016年省级大学生创新训练计划项目"基于氧化亚铜纳米对Cr^{3+}检测新方法研究"，最终该项目获得西南科技大学全校排名第一的好成绩并于同年10月成功申报了国家级项目；2016年8月，作为负责人，我参加了四川省苗子项目"基于比色传感阵列的抗氧化剂试剂盒开发"。同时，在认真开展实验的基础上，通过总结和分析相关实验成果，我也进行了论文的撰写，在老师的帮助下，已在国际核心期刊上发表SCI论文2篇。其中，作为第二作者发表的"Manganese oxide nanosheets as an optical probe for photometric determination of free chlorine"已被美国《Microchimica Acta》接收，SCI二区，影响因子4.831；作为第二作者发表的"Creatinine-modified gold nanoparticles for highly sensitive colorimetric sensing of nitroguanidine explosive"已被《Plasmonics》接收，SCI二区，影响因子2.146。

俗话说，一分耕耘，一分收获。通过大三这一年的拼搏与努力，在成绩上，我脱颖而出，以4.02的学业绩点排名专业第一，四项综合测评指标均排名1/82。我荣获了涪璋特等奖学金、国家奖学金、中国农业银行奖学金等10余项奖学金，并同时被评为了西南科技大学2015－2016年度"十佳励志人物"。

不畏艰苦　不惧风霜

三年来我风雨兼程，最终以专业第一的好成绩拿到学校的推免资格。在大四开始前的这个暑期，我荣幸地收到了中科院、中科大等四所院校夏令营的邀请。经历了一个多月的夏令营生活，最终我选择了中科大苏州纳米技术与仿生研究所。这些经历使我有很大的收获，让我真正明白了什么叫作"人外有人，天外有天"。我最深刻的感受就是不怕别人比你优秀，就怕别人在比你优秀的同时还比你更加努力。所以我不会满足于之前的荣誉，而是要继续努力，向更多优秀的朋友学习。

很荣幸，我被和蔼可亲的老师与热情友好的同学鼓舞着，用汗水与执着换来了今天的成长与收获，在人生路上迈出了坚实的第一步，为自己的明天创造了充满挑战与机遇的无限空间！但过去并不代表未来，勤奋才是成功的内涵。进入西南科技大学国防科技学院，是我人生中一个极为重要的阶段。而我，就是这样，在这个阶段一步一个脚印、脚踏实地地从一个全面发展的方向迈向了科研创新之路，准备为科研奉献自己的一切。我相信，越努力越幸运，坚持自己的信念，绽放青春的光芒！

师长点评：郑磊家境贫寒却自强不息，学习成绩优异，曾获得涪璋特等奖学金、国家奖学金等荣誉；工作认真负责，曾担任学院学生第四党支部副书记；科研创新能力强，曾主持一项国家级大学生创新训练项目，参与一项校级创新基金项目，发表SCI论文2篇。

西南科技大学国防科技学院院长　段涛教授

追梦途中,风吹不倒

成都信息工程大学 卞成琳

卞成琳,女,汉,1995年9月出生,中共党员,成都信息工程大学资源环境学院地理信息科学专业2014级学生,国防生。曾获国家奖学金、第九届"认证杯"数学建模全国一等奖、第五届全国大学生GIS应用技能大赛二等奖、四川省大学生综合素质A级证书等。

向前跑 迎着冷眼和嘲笑
生命的广阔不经历磨难怎能感到
命运它无法让我们跪地求饶
就算鲜血洒满了怀抱

——《追梦赤子心》

小时候的我,体弱多病,经常动不动就晕厥。曾有医生说我没救了,可是父亲不放弃,坚持一遍遍掐我的人中,把我掐得满脸是血,直到我醒来。我始终相信,命运给了你苦痛,便也会给你以笑容。古人说"大难不死,必有后福",虽是夸张,却也是实情。我因为常年生病的缘故,记忆力不好,在学习上存在着很大的困难。别的同学下课回家了,我却还要留在教室继续学习。我因为始终落后于别人而被同学们嘲笑,但我无视他人的嘲笑,坚持自己的梦想,一直钻研、默默坚持。慢慢地,我的学习成绩好了,能力增强了,我开始变得自信、阳光。

大学的我,没有了高中的稚气,开始背负责任,挑战自我,积极参加训练、比赛;我主动与别人交流沟通、互相学习。大一学年,我参加了3s大赛、测量仪器大赛、第八届"认证杯"数学中国数学建模网络挑战赛等比赛。刚开始,很多比赛我都没有得到名次,但我不放弃,不断地积累参赛经验,提升实力。功夫不负有心人,我先后获得了2015年第八届"认证杯"数学中国数学建模网络挑战赛全国比赛第一阶段优秀奖、第二阶段三等奖,2016年美国大学生数学建模竞赛（MCM/ICM）三等奖，第四届"认证杯"数学中国数学建模国际赛二等奖，第五届全国大学生GIS应用技能大赛二等奖，2016年第九届"认证杯"数学中国数学建模网络挑战赛全国比赛第一阶段二等奖、第二阶段一等奖，成都信息工程大学数学建模竞赛三等奖，等等。

"成功的花，人们只惊羡她现时的明艳！然而当初她的芽儿，浸透了奋斗的泪泉，洒遍了牺牲的血雨。"成功从来不是一帆风顺，而是有着无尽努力汗水的铺垫，有着在别人看来微不足道的"打酱油"式的尝试与失败，只有这样，才能在成功的路上稳步向前。

青春路上，戎装作伴

你有你的花香浓　我有我的军旅情
你有你的七彩虹　我有我的军人梦

——《奔向风雨中》

大学第一天捧着军装，我便感觉到了那沉甸甸的责任，从此，我不只是一名学生，还是一名国防生，代表着军人的形象。作为国防生，我需要进行军政、体能训练。我一直积极努力地学习、训练，争取不负"国防生"的称号，争取在祖国需要我的时候不辱使命。

我一直努力提高自己的思想政治素养，积极向党靠拢，积极组织、参加、配合支部活动和国防生活动。因此，我先后获得国防生"践行当代革命军人核心价值观"演讲比赛特等奖和"第九届国防教育暨国防生活动月"征文比赛二等奖。在学校第50期入党积极分子培训班学习期间因表现突出，我还被评为"优秀学员"。

此外，我也在成渝地区国防生暑期集训基地集训中被评为"优秀国防生"。值得一提的是，我作为国防生集体的一员，获得了"强军杯"合唱比赛二等奖、队列会操第二名等荣誉。

我既然选择了这条路，便不会停下步伐。别人叹我匆匆，怎知我内心喜悦？为着真正想做的事情奋斗，苦点累点又何妨？军人不畏艰辛，巾帼不让须眉。一次次体能训练挥洒汗水，一遍遍不断重复的训练，一堂堂军政课的浸染，一次次仰卧起坐后仰望天空，这些，都将是我今后最美好的记忆、我的收获、我的储藏。

愿得干练，内心充盈

> 等到黑夜翻面之后　会是新的白昼
> 等到海啸退去之后　只是潮起潮落
> 别到最后你才发觉　心里头的野兽
> 还没到最终就已经罢休
>
> ——《裂缝中的阳光》

作为一名大学生、作为一名国防生、作为学校宣传统战部官方微信的负责人、作为国防生协会宣传部副部长、作为资源环境学院国防生协会科创部部长、作为地信142班学委、作为校跆拳道队的一员，我的每天过得无比充实。日出而作，日落不息。阳光剪影，勾勒出路上的身形，匆匆而精彩。

大一的自己莽撞而不知前路，跌跌撞撞害怕自己落队，这可能也是很多大学生都曾有过的状态。于是，我便给自己寻找事情做，让大学生活生动起来，精彩起来，让自己充实起来。我曾经觉得生活有点疲累，却在突然无事可做之后感觉无聊。原来"只有你工作堆积如山时，你才可能享受闲暇。当你无事可做时，空闲就变得一点也不有趣，因为空闲就是你的工作，而且是最耗人的工作。闲懒和吻一样，当它被盗走了之后，它的味道才是甜的"。

为了让大学生活动起来，我积极参加跆拳道训练，获得了2015年四川省大众跆拳道锦标赛跆拳成年组第一名；参加了2015年气象防灾减灾宣传志愿者中国行大型科普活动；参加2016年中国中学生跆拳道联赛志愿服务，被评为优秀志愿者；参加学校"五四"表彰文艺晚会，被通报表彰；参加学院第四届摄影文字展，获得三等奖……

大学生活不只是学习。因为担任学生干部，我在大学生活中有了更多的收获。从刚开始由学长学姐带领和引导，到我成长起来后带领和引导学弟学妹，我体会了薪火相传的感觉。我最喜欢在学校官微上推送文章。虽然制作、审查的过程都需要无比的细心、高度的专注，但只要文章得到读者的认可，我便心满意足。

拥抱未来，无悔年华

今天只有残留的躯壳
迎接光辉岁月　风雨中抱紧自由
一生经过彷徨的挣扎
自信可改变未来　问谁又能做到

——《光辉岁月》

你必须非常努力，才能看起来毫不费劲。

为什么要努力呢？

因为我喜欢"每次回头，就能看到身后每一个自己努力踏出的，掺杂着血汗和泪水的，清晰而坚实的脚印"。

当你去追逐梦想的时候，现实会有很多困难来阻挡你，困住你的脚步，但其实这些都不重要，重要的是你自己有没有那个决心，重要的是你能不能听到自己内心的声音。

我始终相信努力奋斗的意义。因为在追逐梦想的过程中，我会找到一个更好的自己。

我始终相信努力奋斗的意义。因为我依靠的只有我自己，我不想在年华老去之后鄙视我自己。

我始终相信努力奋斗的意义。因为未来的那个你，一定会感激现在努力的自己。

师长点评：卞成琳同学自入校以来积极向上，学习刻苦努力，成绩名列前茅；积极参加各项比赛，并取得优异的成绩；他参与多个团队管理，认真负责，工作能力强，综合素质高，发展全面。

成都信息工程大学资源环境学院14级辅导员　欧美娅

以梦为马,不负韶华

成都信息工程大学　林　莹

　　林莹,女,汉族,1998年2月出生,中共党员,成都信息工程大学通信工程学院通信专业2014级学生。曾获国家奖学金、美国大学生数学建模国际赛二等奖、第十届"认证杯"数学建模二等奖、四川大学生"创青春"比赛铜奖等奖项;被评为成都信息工程大学2015年度青春榜样"学习之星"、三好学生、优秀学生干部。

　　风华是一指流沙,青春是一段年华。大千世界,精彩纷呈,歌不尽的人生百态中,你有你的花香浓,我有我的军旅梦。不在青春的画卷上泼洒浓墨,不言心甘;不在时光的跑道上追逐梦想,勿言青春。最美好的时光最易流逝,唯有坚守住自己的梦想,不断地策马扬鞭,才能不负青春好时光!

追逐梦想,风雨兼程

　　金秋九月,桂香阵阵,满怀对大学生活的憧憬,对绿色军营的懵懂好奇,16岁的我背起行囊走进成信大门,成为通信工程专业的一名女国防生。当青春穿上绿色的军装,便把梦想装进了迷彩的背囊。国防生的生活异于普通学生,学习与训练任务繁重,时间紧迫。当别人在酣睡时,天还没亮,我们已起床训练,在训练场汗流浃背,迎接清晨的第一缕阳光,每天叫醒我们的不是闹钟而是梦想。当别人月下独酌静赏月时,我们伴着月光,萦环操场挥汗如雨。

　　飞扬的青春里,是谁曾充满雄心地想要赢得全世界,又是谁在失败来临时偷偷地抹去泪水。稚嫩的我总是争强好胜,渴望优秀,辉煌背后是无尽的汗水与泪水,然而这就是成长,既然目标是地平线,留给世界的只能是背影;既然选择了远方,便只顾风雨兼程。最初,时间的紧迫感让我无所适从,与普通同学生活的落差让我困惑彷徨，可是我渴望优秀与光荣，渴求知识与力量。我想像蚌中的沙子一样，在逆境中经过千锤百炼，在最终绽放出珍珠般耀眼的光芒。

我想通过努力改变现状，汲取知识丰富自己的人生，用双手创造出美好的未来。不管未来是平坦还是泥泞，只需热爱生命，生命不息，奋斗不止。为使学习训练两不误，我比别人花费更多的时间与精力学习知识，我勤奋努力，刻苦钻研，积极向老师提问请教，晚上挑灯夜战，清晨训练结束后也分秒必争。当身边有同学得过且过混日子并调侃这样埋头苦干的人生时，我也曾迷惘困惑过是否应该去追求所谓的自由和潇洒。渐渐地我学会了会心一笑，认真对待每一门功课，脚踏实地地学好专业知识。

时间沉淀了所有的努力，通过坚持不懈的奋斗，我在大一学年就一举通过了英语四六级、计算机二级，取得了普通话水平测试二级甲等证书，连续两学期蝉联专业第一，并获得特等奖学金、国家励志奖学金、三好学生、文体优秀奖和精神文明奖等荣誉，被评为学院的"学习之星"与"科技之星"。

勇于挑战，争先创优

学习固然重要，而全面发展才是学习的最高境界。大学，不仅仅是学习科技知识，还有思想以及坚韧不拔的品质。进入大二学年，我越来越意识到仅依靠书本的学习无法真正完全地掌握知识，实践是检验真理的唯一标准，所以在学好专业知识的前提下，我挤出了更多的时间投身科技比赛，通过广泛参加课外活动与各类学科科技竞赛来扩展自己的知识面。

第一次接触科技竞赛时我初出茅庐，畏首畏尾，但想做好的决心却是真实而坚定的。我和队员们不会就现学，翻阅资料，不懂就问，请教老师，不解就商量讨论，增强队伍的凝聚力和战斗力。第一次经历了参加数学建模"认证杯"时，第一次三天两夜的鏖战，有过争先创优的踌躇满志，有过等待结果的焦急紧张，也有过得知获奖时的欣喜激动。寒假留校半个月培训的那段时间里，我从早到晚在实验室对着电脑研究往届的比赛赛题并进行分析模拟，通过在实验室持之以恒的训练和四天三夜的坚持，我最终获得2016年美国大学生数学建模竞赛国际赛二等奖。自大一到现在，我持续参加了11次数学建模，每次建模都是一场精益求精的鏖战，一路起来，我们从校级三等奖到国际级二等奖，这个过程中队友不断更替，相互之间不断磨合，而我坚持到了最后。

自从踏上科技竞赛的道路，我在实战中不断变得成熟，学会了快速汲取知识，也学会了团队协作。熟能生巧，通过长期以来的磨炼，我也在学习科技竞赛领域取得了不少荣誉：第四届"认证杯"数学中国数学建模国际赛（小美赛）二等奖，第九届"认证杯"数学中国数学建模网络挑战赛二等奖，2016年创青春大赛四川省铜奖，创青春校级一等奖，"互联网+"校级二等奖，等等。而我也因在学习及科技方面成绩优异，被评为2015年度青春榜样"学习之星"、国防生"学习标兵"。

除此之外，我积极参加班级、学院及国防生内部组织的活动，力争实现综合发展，并于大二下学期获得了四川省大学生综合素质A级证书。我在国防生活动月中获得了征文比赛二等奖、摄影比赛三等奖，在党支部组织的一二·九知识竞赛中获得了团体一等奖。作为党支部的一名支委，我积极配合学院老师的工作，在工作中，我细心负责，严谨认真，服务同学，发挥模范带头作用，被评为优秀学生干部。平时在做好自己的同时，我也不忘帮助学习生活中有困难的同学，勤于工作，乐于生活，有良好的群众基础。

因为心中燃烧着斗志的熊熊烈火，不愿向命运妥协将就，所以任何苦累都不是我退却放弃的借口。不在青春的画卷上泼洒浓墨，何言心甘？不在时光的跑道上追逐梦想，何言青春？学海无涯勤做舟，我在追逐梦想的路上，忙碌并快乐着。

乐于奉献，学会感恩

作为班委中一员，我与其他班委积极配合，乐于奉献，并加入了同辈心理咨询团，希望能更好地为更多的同学服务。我乐于助人，多次帮助学习有困难的同学复习，积极主动为补考同学补习。我相信，这个社会上的每个人都有自己的价值，帮助别人就是自己价值的一种体现。大一下学期，我开始了半创业式的兼职生活，加入了微传公益团队，成为成都高新区"我为明天环保社"的一员。我在大二上学期担任通信153班班导，大三担任通信161班班导，帮助新生更好地适应大学生活，希望以自身的力量去感染他们，为他们指引方向。

生活需要一颗感恩的心来创造，一颗感恩的心需要生活来滋养。在微传公益团队中，我通过公众号传播环保知识、散播公益正能量。我在大一下学期担任天府环保之星颁奖典礼志愿者，并被聘为四川省"蓝天绿水"环保义务监督员，暑假我又参加了"三下乡"社会实践活动并获得优秀青年志愿者荣誉。此外，我多次参与协助"微传公益"团队联合四川各高校承办各种公益活动，如四川省大型助跑活动"为妈妈奔跑"活动、平安夜卖苹果并将募集的善款捐赠给孤寡老人等。点点滴滴，只要对他人对社会有一点意义，已足矣。

自己的行动就是对青春最好的诠释。我要勇于挑战自我，突破极限；不懈努力，勤奋刻苦，自立自强；通过点滴行动回馈社会，自立自强同时不忘感恩，用铿锵的脚步奏出生命的激昂乐章，报答家人生养之恩，回报社会的恩惠之情。作为90后大学生，我们学习的不仅仅是知识，还有感恩。

如今，已经步入大三的我，回首来时路，依旧感谢那个全力以赴不曾言弃的自己。我的努力和坚持带给我成长与荣誉。但我知道，一切荣誉只属于过去，在未来我将戒骄戒躁，不忘初心，继续前行。

师长点评：林莹同学平时刻苦努力，活泼开朗，勤奋学习，善于思考，乐于助人；积极协助老师开展班级工作，积极参加校内外各种活动；在专业知识、课余活动、学生工作方面都取得了优秀成绩，在同学们中起到了良好的标杆带头作用，是一名品学兼优、综合素质较高的大学生。

成都信息工程大学通信工程学院学生工作办公室副主任　贾淋

万丈高楼　思想为基

四川理工学院　付　豪

付豪，男，汉族，1995年1月出生，中共党员，四川理工学院计算机学院软件工程2013级学生。曾获全国Java程序设计省级三等奖、全国大学生数学建模国家一等奖、全国软件和信息技术大赛省二等奖、四川省ACM程序设计竞赛三等奖、3次一等奖学金、2次国家奖学金、优秀共产党员、四川省优秀毕业生。

大学时期是人生发展中最重要的阶段，这不仅是因为对于大多数人而言，大学是一生中系统学习的最后阶段，是我们走向社会的重要的一个环节，而且大学几乎已经成为一个人发展的起点。同时，大学生活是人生理想形成的关键时期，人生的道路将在这里起步，美好的生活将从这里开拓。我怀着美好的憧憬从高中走入大学，对美丽的"象牙塔"充满了好奇。

很庆幸我有一颗好动的心，因为这颗好动的心，我加入各种社团组织中，与同学们一起学习，一起工作，一起玩耍。其中，在学校党委组织部党校组织的各项学习活动中，我对党的性质、宗旨和党的历史等方面有了更深入的了解，通过与入党积极分子和党员们的交流，我领悟到了一些党的先进思想，并努力学习优秀共产党员的精神，积极向党组织靠拢。频繁的交流学习让我的思想观念有了很大的改变，我发现如果仅仅是专注学习的话，我的大学是不完整的，我应该努力让自己的大学过得丰富多彩，让自己的大学生活值得以后慢慢回忆。习近平总书记说：将来，青春是用来回忆的；现在，青春是用来奋斗的。就这样，我想要奋斗前行，想要拥有一段值得回忆的大学生活和一个精彩的人生。

学路漫漫　精于勤　荒于嬉

　　学习，使人成为万物之灵；学习，是真正的广才之道、成才之道！对于大学生而言，最重要的无疑也是学习，面对永无止境的学习，最重要的就是脚踏实地，坚持不懈。

　　我学的是计算机专业，为了培养自己的编程基础，我开始刻苦练习算法，每道算法题目都仔仔细细地去琢磨，力求算法更优化和编程结构更优雅。不仅如此，我还会再去查看每道题目的榜单，看一看最快的解决方式是什么，然后不断去学习高手们的解决思路。当然，算法只是个开始，我要学的东西还有很多，比如数学建模、网站开发、游戏开发等。我始终严谨认真刻苦地对待这些知识，力求精益求精。虽然不断学习的过程是有趣的，但肯定也有枯燥乏味的时候，在深入学习的过程中，我也会有遭遇瓶颈的时候。为了突破瓶颈，我常常会啃一些令人费解的书籍资料，希望尝试出最好的解决方案，并不断地对这些东西进行总结。有时候，我还会为了理清一个问题而思考到深夜，这不仅是对一个人体力、智力的挑战，更是对人毅力的考验。每当这个时候，我总会用居里夫人的话来激励自己，即"一个人没有毅力，将一事无成"。而"说一套，做一套"，永远都不可能取得成功，只有言行一致，朝着目标坚持不懈地去奋斗，去追求，才会有所收获。

　　天道酬勤，付出肯定会有收获。算法让我有了良好的编程习惯，学到了很多编程技巧；数学建模让我有了以数学的角度去思考问题的习惯……这些无不让我的思维得到了启发，视野得到了开阔，这些积累也为我以后学习更深入的知识打下了坚实的基础。如果没有前期的积累，我想我是没办法，也没机会接触网站开发、游戏开发等更深入的知识的。正是有了这样精益求精、脚踏实地的精神，我的专业知识不断得到丰富，我的实践技能不断得到提升。从此，我更加坚信，毅力是成功的基石，我也更相信屠格涅夫的那句话，"人要是想生存在这个残酷的世界，就要不断进取，不断挑战自己，超越极限，创造出一个个奇迹"。

考验重重　勿忘初心

能够称得上是对大学生活的考验的，便是就业的时候能否经得起用人单位的考验了。大学过得有无意义，学业是否有成，这些在直面就业市场的考核时，都会得到充分印证。对我而言，这又是一个转折期，或许比高考那会儿更让人忧心忡忡，辗转难眠。

面临就业，我总是担心时间不够，总是觉得自己的能力不足，离自己的目标还有很大的差距。我开始吝啬时间，不但减少了和朋友的聚会次数，甚至还减少了锻炼的时间，把大部分时间都用来学习，成了一个大众口中的"技术宅"，我甚至开始怀疑自己的能力，再没有了以前那样的自信。这，大概就是所谓的"毕业综合征"吧！转眼间，"春招"的时间来了，我怀着忐忑的心情去投简历、笔试、面试。然而，结果是残酷的，尽管我之前已经努力了，但还是没有找到满意的工作，这无疑给我造成了很大的打击。

成长之路，必定风雨兼程，这种打击对我来说是一个难得的经验教训。这种经验无疑是宝贵的，我从中总结到最真实的不足，我发现我对很多问题的理解还比较模糊。针对缺点，我改变了我的习惯，我不再急于完成一个项目，而是在项目的过程中精益求精，把每一方面都整理得清清楚楚；同时，我也开始找一些更为深入的书籍资料进行学习，努力提升自己，慢慢地把以前很多不理解的地方搞明白了，把以前一知半解的地方理解透彻了，甚至还"刷"了一大堆的公司笔试题，希望能通过这样的方式来了解公司所关心的问题，再针对这些问题来弥补自己的不足。

"春招"这段经历，让我的专业能力得到了极大的提升，为我"秋招"积累了宝贵的经验，让我在"秋招"中取得了满意的成绩。现在回想起来，我觉得很庆幸自己提早做了准备，提早有了经验；也庆幸当时我没有忘记自己的追求，静下心来理性思考。假如没有经历"春招"，我可能根本不会去认真思考自己的不足，再找到针对性的解决办法，更不可能在之后取得满意的成绩。

在那段不长但充满挑战的时间里，我的专业能力有了极大的提升，更为重要的是我面对考验的心态也随之而改变。面对残酷的筛选，只需怀着一颗赤子之心去追求最初的梦想，从容面对一切考验，珍惜失败的教训，积累宝贵的经验。所谓"自古雄才多磨难"，倘若不能正确面对考验，那将很可能在这众多的磨难中失去锋芒；而若从磨难中学习，那将得到最实在的成长。

茫茫人生　探索不止

回顾我的学习经历，其实有大部分时间是迷茫的，有时甚至不明确自己的方向。面对迷茫和选择，我花了很多时间去尝试，以求在其中找到真正适合自己的那条路。我知道，这其实就是探索的过程，可能人一生中的极大部分时间都会花在探索上。在大学，我们要不断寻求学习的方向，明确未来要做的事；工作中则要寻求产品的思路，创造价值的方法；再以后可能就是寻求如何实现人生的价值……生命不息，探索不止。

探索的过程是曲折的，人要不断地思考，不断地尝试，甚至会花去很多宝贵的时间和精力；但是，探索的过程其实是个积累的过程，在这个过程中，我们会在不经意间收获一份宝贵的经历，在某个方面得到一丝成长。积累是个缓慢而又重要的过程，缓慢地让人感觉不到，重要得让人为自己的改变而感到惊讶。

大学只是漫漫人生的一个开始，未来的路还很长，还需要做出无数的尝试，我，永远在路上……

师长点评：付豪同学在校期间各方面表现优异，有着强烈的爱国热情和高度的社会责任感，他思想进步，关心集体，乐于助人，好学上进，成绩优异，曾被评为四川省优秀毕业生、优秀共产党员等，是当代大学生学习的楷模。

四川理工学院计算机学院党总支副书记、副研究员　何洪英

仰望星空，脚踏实地

四川理工学院　李铭傲

李铭傲，男，四川理工学院生物工程专业2013级学生。曾被评为四川省优秀大学毕业生，自贡市优秀共青团员，校优秀学生干部，社会实动先进个人；曾获校一等奖学金、大学生微创业行动全国银奖、"创青春"中国青年互联网创业大赛全国铜奖、"互联网＋"大学生创新创业大赛四川省银奖。

用志不分，乃凝于神

四年前，高三的我正为通过了中南大学的自主招生考试而欣喜，在那之后，我慢慢地开始飘飘然起来，松懈到仿佛忘记我还需考上重本分数才能实现我的名校梦。结果可想而知，高考的成绩给我泼了一盆冷水，看着周围同学大多进入了自己理想的高校，心有不甘却又没有勇气复读的我告诫自己：高考只是人生路上的一件小事，无论在哪里，我都要努力成为最优秀的人。

进入大学的第一天，我仔细阅读起新生手册，在各项条款中努力寻找自己想要达到的目标，看到"国家奖学金"这一代表本科生最高荣誉的奖励和那近乎苛刻的评选条件，我下定决心要努力向这项荣誉靠拢。我吸取了高考的教训，戒骄戒躁，脚踏实地，认真对待每一堂课，钻研每一门课程，经常去图书馆翻阅各类书籍，充实自己的闲暇生活。在知识的海洋里，我不仅收获了专业知识，更从书籍中与古今名人对话中让自己得到成长。我不忘初心，一步一个脚印，在大学四年中，以优异的成绩两次获得校一等奖学金，并最终在大三学年中以专业成绩第七名、综合素质排名第一名的成绩获得了国家奖学金。之后，我又以学院大学四年综合素质排名第二的成绩被推选为"四川省优秀大学毕业生"。我知道，大学四年所付出的努力，将成为我一生的财富。

热心公益，传播快乐

　　生活虽有磕磕绊绊，但我始终认为自己是幸运的；国家为我们提供了优质的教育资源，父母一刻不离地陪伴着我的成长；我虽没能力为国家做多大的贡献，但我想尽我所能地去回馈社会。大一暑假，为了帮助留守儿童，让他们感受知识带来的快乐，我参加了团市委为响应团省委"平安留守，快乐假期"主题活动而组织开展的"快乐学校"志愿活动。我和来自四川省其他高校的七位同学组成了支教队，前往处于城乡接合部的老街子社区进行支教。在这里，我们零距离地接触到了留守儿童，通过走访了解他们的生活、学习现状，我们针对性地设计了许多辅导教育方案。我给孩子们描述图书馆的样子，分享大学生活的点点滴滴，演示有趣的科学实验，用我们健康、积极的心态去影响他们，陪伴他们度过快乐的暑假，走进他们的心里。我想通过我们的努力，在孩子们心中留下快乐与求知的种子，并在他们成长的过程中使种子生根发芽，茁壮成长。

为者常成，行者常至

　　大二期间，学校为鼓励我们积极投入到创新创业的浪潮中，通过立项的方式提供经费让我们去进行实践创新。我在得知这一消息后，便与志同道合的伙伴们着手设计了三个项目。在我负责的项目中，我和组员们调研了许多民生热点问题，总结出了诸多社会痛点，在反复衡量了可行性和社会价值之后，我们最终确定了以利用秸秆资源，降低空气污染为宗旨，用生物发酵技术将秸秆资源变废为宝的项目设计方向。在学校立项通过后，我们团队立即开展了秸秆发酵的实验，在炎热的夏天里，我们去农村寻找秸秆、牛粪等实验原料，检索查阅了大量论文和书刊，最终制订出了翔实的实验计划，完成了产品设计。学校非常重视我们的项目，不仅给予了我们最大限度的资金支持，还让我们组成暑期社会实践活动校级重点团队，前往宜宾孔滩镇进行社会调研。那年暑假，田间地头、猪圈牛棚里都留下了我们忙碌的身影，我们辛勤付出换取的宝贵资料，也为我们的项目设计打下了坚实的基础。

　　经过大半年的精心准备，我负责的意向创业项目接连传来好消息，作品

《自贡市晨曦农业科技有限公司》从全国12000多个作品中脱颖而出，进入全国100强，获得"创青春"中国青年互联网创业大赛全国铜奖；作品《孝心屋老年服务有限责任公司》进入"大学生微创业行动"全国50强，获全国银奖，我们也受邀前往阿里巴巴集团、北京大学参与创新创业交流活动；此外，其余的参赛作品还获得了"互联网+"大学生创新创业大赛四川省银奖、"创青春"四川青年创新创业大赛铜奖等奖项。我想，如果没有学校的培养与支持、老师的指导与帮助、同学的关心与鼓励，我也不能获得这些沉甸甸的荣誉。感谢大家的陪伴，让我的大学生活丰富多彩。

筑梦青春，畅想未来

  去年11月，我很荣幸地作为学校学生代表观摩了在电子科技大学举办的全国大学生创新创业的盛会——"创青春"全国大学生创业大赛。在开幕式现场感受到共青团中央、四川省各部门领导对青年成长、创新创业的重视，看到景海鹏、陈冬两位英雄航天员于天宫二号上向全国的青年创业者发出的问候与祝福时，我难以抑制内心的激动，我们要敢于追逐自己的理想，为实现强国梦贡献自己的力量。青年兴则国家兴，青年强则国家强。

  不忘初心，砥砺前进，我相信明天会更加美好！

师长点评：李铭傲同学思想积极要求进步，学习刻苦，成绩优异，积极投身社会实践，有着强烈的爱国热情和高度的社会责任感，曾代表学校参加国家级、省级创业类比赛获得优异成绩，充分展现了当代大学生的精神风貌和综合素养。

四川理工学院党委副书记　龚敏教授

在执着中绽放无悔的青春

四川理工学院 龙 婷

龙婷,女,汉族,1996年6月出生,四川理工学院经济学院2013级国际经济与贸易1班学生。曾获一等奖学金3次、三好学生2次、四川省综合素质A类证书、四川省第十三届"挑战杯"三等奖、大学生创新创业实践训练中获得国家级立项、校级运动会接力赛第一名等。

千里之行,始于足下

大学是人思想发展和成熟的重要阶段,我特别注重在大学期间培养自己正确的人生观、价值观和世界观。

刚刚踏入大学校门时,我主动提交了入党申请书,积极向党组织靠拢。我利用课余时间认真学习马克思列宁主义、毛泽东思想、邓小平理论以及"三个代表"和科学发展观等重要思想,努力学习党的方针政策。

通过党校的培训学习,我的思想逐渐成熟。在平常的工作学习中,我会时刻以一名优秀共产党员的标准严格要求自己,永记党的宗旨,拥护党的基本路线、方针、政策。我希望通过自己的努力,早日成为一名光荣的共产党员。

快乐学习,放飞梦想

在学习中,我时刻追求进步,以实际行动带动周围的同学共同进取。

在初入大学时,由于大学的学习方式与高中截然不同,我从最初的不适应和迷茫,到后来不断调整自己的学习目标,从中不断地体会和反思,我最终连续三年获得了一等优秀学生奖学金和国家奖学金。

身为一名理工学子，我在入学初就深刻感受到了浓厚的学习氛围，在"厚德达理，励志勤工"的校训下，我不断追求自身的进步与发展。大一时，我获得"黄岭优秀学子"的荣誉称号；2013—2015年，我连续两年获得"三好学生"的荣誉称号。

赠人玫瑰，手有余香

在生活中，我朴素节俭，性格开朗，乐于助人。2014—2016年间，我获得了励志奖学金。在平时的生活中，我参加学院组织的勤工助学，做兼职，摆地摊，以此减轻生活的负担。

我积极参加志愿者活动。主动为山区小朋友们募捐图书，参加学院组织的义务服务活动，跟随老师和志愿者们走进敬老院，帮助老人们打扫卫生、修剪指甲，给老人们及时送去社会的关怀。

我积极参加学校组织的大学生节能实践活动，成为一名节能实践小分队的队员，在2015年获得了"优秀队员"的称号。虽然我们的行动只迈出了节能的一小步，但是相信通过不断的努力，我们终将迈出节能的一大步。2016年，我又获得了"校级社会活动积极分子"的称号。

积极实践，勇于探索

在学习生活之余，我积极参加社会实践，参加院校组织的各类社会实践活动。

我参加了"挑战杯"、大学生创新创业实践活动、"三下乡"。参加的挑战杯课外学术科技竞赛"自贡市工业经济转型升级的绿色改造机制与对策"获得2015年四川省第十三届挑战杯三等奖；参加的大学生创新创业创新实践活动获得国家级立项；此外，我还积极参加了2015年"三下乡"大学生暑期社会实践项目（关于农村种植业农作物保险分析—以自贡市贡井区五宝镇为例）。

在做创新训练的时候，我明白了做学术项目不仅要脚踏实地地去完成，还要注重团队的协调与分工，增强团队的凝聚力。

我还积极参加文体活动。参加团体操比赛，获得了"突出贡献奖"，2014—2015年运动会获得了迎面接力40×68第一名，2015年运动会又获得了女子甲组4×400接力第四名。此外，我还加入了学校的记者团，在2016年学院"我心目中的好老师"的征文比赛中获得三等奖。

作为一名学生干部，我在工作中任劳任怨，生活中艰苦朴素，在同学中起到了一定的表率作用。我凭借认真负责的态度和无私奉献的精神，在2014—2016期间获得了优秀干事、工作之星和优秀部长的荣誉。我还和学弟学妹一起，策划了很多品牌活动和特色活动，如经济与管理学院特色文化月组织速算比赛、雷锋月组织学习雷锋系列活动等。在部门同事的共同努力下，2014—2016年期间我们部连续两年获得优秀部门的称号。

既然选择了远方，便只顾风雨兼程。所有的荣誉都已代表过去，更艰辛的挑战还在远方。在未来的人生道路中，我将勤勤恳恳做事，踏踏实实做人，在执着中绽放无悔的青春。

师长点评： 龙婷同学思想上进，积极进取，已于党校结业；她学习目标明确、勤奋刻苦、成绩优秀，并负责大学生创新创业等科技项目；担任学生干部，工作积极，组织或参与院、班级各种文体活动和志愿者等；生活简朴，诚实守信，有较强的亲和力。

四川理工学院经济学院党总支副书记　吕春霞副教授

双脚丈量城市，实践认知自我

西华大学 包海峰

包海峰，男，汉族，出生于1994年10月，西华大学土木建筑与环境学院2013级城乡规划专业学生。在校期间，荣获了2015—2016学年国家奖学金，并多次获得校内一等奖学金；获全国大学生BIM竞赛一等奖及专项一等奖；获"西部之光"大学生规划竞赛佳作奖；获全国大学生绿色建筑竞赛优秀奖；多次被评为校级"优秀三好学生"。

2015—2016学年，我有幸获得了国家奖学金。回望本科阶段入校至今的学习成长经历，我心中起伏万千，亦感任重道远。愿简述之与众位师长分享。

海阔凭鱼跃，山高人为峰。青春的舞台是广阔的，但是通往成功的路上却满布荆棘。但我相信，只要敢于拼搏，就能披荆斩棘，勇攀高峰。

在本科入校至今这四年饱含进取与向上的时光中，除了学习与掌握课程知识本身，我始终致力于不断强化课程之外的专业实践，力求拓展学科视野，丰富知识储备，其中包括综合学科竞赛、实际项目锻炼、交叉背景工作实践等。"双脚丈量城市，实践认知自我"是我给自己的课程实践之路定的小目标，为了实现这个小目标，我始终坚信"路在脚下"。

首先，作为城乡规划专业的学生，对于城市的感知很大程度上是专业素养必备的一部分。而作为专业素养，感知城市也绝不能仅仅着眼于城市的旅游名胜，而更要综合城市不同使用者的综合感受和心得体悟。其中不仅包括物质形态的建筑、道路、景观，也涉及城市经济发展、人文特色、社会文化等。那么，我所设想的"双脚丈量城市"，就包括以社会人的身份去感受、去体悟、去设身处地理解城市的每个不同角落，运用专业的学科知识和职业素养，去尝试分析现状的成因，以及可能存在的改善途径。

如果说"双脚丈量城市"是梦想开始的情怀，那么"实践认知自我"则是建立在梦想起航后，一步一个脚印丈量城市的基础之上。经历田野调查后，我开始尝试在实际的项目中运用专业的能力去解决问题或是改善现状。

2016年夏，作为组长，我和同组的同学参与了一场以"小街区，大生活"为主题的规划竞赛。我们选择了宽窄巷子所在的少城片区作为"城市更新"这一竞赛单元的范围场所。众所周知，少城片区是以宽窄巷子为中心、周边辐射人民公园、永陵等景地的成熟社区，常住居民、周边市民及外来游客三股人群在这里涌流交汇，日日来来往往、时时川流不息着的，是这座文化名城发展进步的节拍。可以说，少城是成都的缩影，是全国每座历史文化名城的缩影。在竞赛中，通过一次次用双脚丈量少城，我和我的伙伴们意识到这片历史文化街区的生活质量其实并不高，面对日益增长的游客压力、交通拥堵、城市公共空间减少等问题，当地的生活空间不断地趋于单一化。这使得我们开始反思，对于已成为成都城市精神抑或是城市名片的少城片区为何会出现如此激烈的矛盾，我们开始整理现状资料，剖析可能存在的问题并将其一一核实，最终以书面报告的形式集结成案。

对于第一次真正意义上着手做的城市更新竞赛，我并没有太多的经验，甚至以往在建筑单体或是景观方面积累的经验，在城市这一大的背景环境下也显得格局太小甚至策略零碎。与此同时，作为组长，我在方案方向选择上会有更多的隐形导向性，因而在起初会显得尤为犹豫。特别是前期，由于实践经验的缺少，我们处处碰壁。在基础资料的搜集上，由于当地居民不甚理解而产生的沟通调研上的困难可谓是连串出现，甚至在调研过程中，我们有位成员被警惕心较重的居民直接斥骂推搡拒绝沟通，同组其他成员的工作热情也因此受到打击而渐渐消减。面对这样的问题，作为城市的观察者，作为竞赛小组的组长，我认为我们需要从问题本身出发去探寻追根溯源，其中包括居民与游客或是居民与市民之间不断增强的疏离感和不信任感；同时也从侧面反映出居民对于生活环境现状的不满意程度很可能超出我们的预计；再者，我们也需要反思，作为调查发起者，我们的调查方式方法在合理性与被接受程度两方面，还有哪些可以改进的地方。

城市规划在很大程度上是多方利益之间的博弈与妥协。而作为规划者，我们的结论首先需要的是对最大多数使用人群负责，通过我们在物质空间上的设计来作用于他们的实际生活，越过生活本身，尝试去影响从而去引导精神层面以实现人文关怀上的社会效益最大化，而绝对不是为规划者增添履历，更不是越俎代庖。

越过宽窄今昔的时间维度，在如今少城居住和游憩冲突的情况下，我们选择采取小街区营造的技术手段使两者融洽共融。

我们从少城的城市性格以及文化背景切入，首先分析少城的街区在游憩方面的历史变革，与之形成对比的是如今少城片区的居住环境。采取问题导向，剖析如今少城的街区存在空间丧失的问题，其中分别包括在居住系统、道路系统、开敞空间、公共服务以及文化系统中存在的问题。在此基础上，我们提出了少城"居游"的核心问题，包括历史地区街区发展陷入困境，老龄时代街区空间面临转型以及机动交通时代街巷空间的失落。

与此同时，我们提出"宽窄今昔，居游共栖"的主题。

紧接着，基于居游行为的需求和活力评价，我们分别针对历史文化街区、老旧街区和新建大尺度住区分别提出活力挖掘的策略。总体策略分别包括：植入产业、文化和社区优化导向的公共秩序空间；构建安宁导向的街区交通网络；划定产业优化延伸，空间结构优化导向的复合功能片区以及叠加形成旧城更新的街区空间体系。在此基础上，我们又分别针对这些问题提出了空间、产业、文化、社区、交通和环境等方面的策略建议。

在小街区系统营造方面，我们分别提出历史街区、活力街区、便捷街区、安全街区、智慧街区和低碳街区的营造理念，试图通过这些理念的推进来改善少城的居住环境、完善服务设施、促进居民交流、活跃消极空间以及注入文化自信。

在竞赛中得到锻炼的常常是个体的专业能力、团队的协作能力以及领导力，而人文关怀这项素养则需要在实践之外的环境以及机会得以养成和习得。作为乡土建筑工作室的成员以及"西南青年学者论坛"的出书编辑，我有机会去认识一个历经时间濯洗而熠熠生辉的世界，不过这个偏居西南一隅的世界也是极为敏感和脆弱的，其社会结构流动性低，生态文化的不确定性日益增强，而我所能做的则是在专业范围内对此进行记录，并通过合适的机会和途径对其加以引导，而这样对于整体环境的改变相较于一对一具有更大程度上的社会效益。同时，作为无神论者，积极参与宗教建筑的研究，为此亲身参与宗教体验营的实践，在此基础上，对于城市的规划与设计拥有了更多人文史学的视角和眼光。

作为一名本科高年级的学生、一个拥有专业素养的规划师抑或城市实践者，又或是一位刚刚踏入这斑斓新奇之大千世界的新人，我衷心感激成都所展现的关于多元城市视角的背景，感激学校所提供的关于城建专业知识的储备，感谢师长所提供的关于完整人格的教导。我愿在未来的日子里，继续用双脚丈量城市，在实践中认知自我。

师长点评：包海峰同学诚实守信，遵纪守法，道德品质优良，在校期间学习成绩优异，多次获得校级优秀三好学生；积极参加各类专业竞赛并获各类奖项，创新能力、综合素质等方面特别突出；积极参与各项社会实践活动，成效显著。

西华大学土木建筑与环境学院院长 刘保县教授

带着梦想出发

西华大学　刘建勇

刘建勇，男，汉族，1994年4月出生，西华大学计算机与软件工程学院软件工程专业2013级学生。在校期间曾获国家奖学金、国家励志奖学金、2015年全国大学生信息安全技术大赛三等奖、第七届蓝桥杯全国软件和信息技术专业人才大赛二等奖。

在这如水般流逝的时光中，只有不断拼搏的人生才能迎来胜利的曙光，在回头追寻自己的足迹时，才能发现曾经的汗水在崎岖的险途上熠熠生辉。梦想的背后不是华丽的辞藻，而是竭尽全力奋战到底的决心和勇气。

艰苦朴素　茁壮成长

我的父母都是地地道道的农民，家里的经济条件不好。从我记事开始，爸爸就每天骑着三轮车去给别人送菜，每天起早贪黑地干活，有时候从吃过早饭就开始忙，到下午的时候才会吃午饭，午饭晚饭一起吃也是常有的事。尽管我们都知道这种不规律的生活对身体有多么的不好，但是，如果爸爸不做，就会被别人抢去做了，挣不了钱，家里的开支就成了问题。妈妈在家种菜，只能满足家里的基本温饱问题。沉重的生活压弯了父母的脊梁，满脸的沧桑诠释着他们坎坷的人生经历。父母身上勤劳、善良、朴实的优良作风深深地影响着我。

我深知，在这个充满竞争的年代，"强者生存，弱者淘汰"已成为最基本的生存法则，只有掌握了丰富的知识、娴熟的技能才能在社会上有一席立足之地。因此，无论是在以后的学习上，还是生活中，我都要严格要求自己，力争去做一个优秀的人。从上小学开始，我就很努力地学习，我经常告诉自己，虽然我没有其他同学的家境好，但我学习成绩一定要比他们好。就这样日复一日,年复一年,我终于考上了大学。从小学到大学这段时间里,我得到了来自家人、亲戚、老师和朋友同学的很多帮助,现在想来,心里依然无比温暖。

书山有路　以勤为径

　　学生的本职是学习,对于学习,我从来都不敢懈怠。华罗庚说过:"我们每个人手里都有一把自学成才的钥匙,这就是:理想、勤奋、毅力、虚心和科学方法。"正是带着这种信念,我抓住每一分每一秒,务真求实,刻苦学习。"一分耕耘,一分收获",作为大学生的我们都明白这个道理,我们只有不断积累,才能有质的飞跃。

　　每次上课,我都喜欢坐在教室前排,因为这样不仅可以很清楚地看到老师,听清楚老师的授课内容,而且自己有问题时,老师也会及时予以解答,我享受着我的疑惑能当场得到解决的愉悦感。在课堂上,我认真听讲,积极发言,做好笔记,课后认真复习,及时总结。无论寒冬酷暑,我始终坚持着晨读晚修的良好习惯。我秉着谦虚谨慎的学习态度,一旦遇到不明白的问题,便及时向授课老师请教,也乐于和身边的同学交流。在学习中,我除了注重良好学习习惯的培养以外,还特别注重学习方法的改进。我善于抓住知识结构,"重攻主干,轻击旁枝",主动灵活学习,以求不断提高学习效率。在学好专业知识的同时,我还拓展自己的知识面,努力提高自身素质。在课余时间,我充分利用图书馆的资源,广泛涉猎,多方面汲取知识的养料。我算不上是那种灵气到可以轻松学轻松玩的学生,特别在计算机组成原理、操作系统、数据结构等专业课的学习上,我甚至还感觉有点吃力。只是我习惯于在课堂认真听讲之后,课后继续下功夫,在寝室,在教室,一个人琢磨,向班级、年级优秀的同学请教,或者抽空到其他班级继续多上一次老师的课。我不怕失败,只怕自己不够刻苦,不够努力。

　　大学,是知识的殿堂,更是培养人综合能力,为其未来的成功积蓄能量的基地。大学,是一片神奇的土地。我深知,在这块土地上辛勤耕作,自会"种瓜得瓜,种豆得豆"。因此,在学好专业知识,提高实践技能之外,必须拓宽眼界,博闻广识,多方面提高,更深入地挖掘自己的潜力。于是,图书馆首先成了我的挚友。在这里,我尽情享受着自己喜欢的文章、杂志、报纸、传记;在这里,我看到了广阔的世界,读到了永世不朽的精神;在这里,我的情感得到了寄托,心灵得到了栖息。除了喜欢看书,我还是各类讲座的"常客",校内校外的教授、企业家、经理人在台上热情激昂地讲述着他们学术上的成果、奋斗的经历和感悟，我在台下静静地聆听着，用心跟着演讲人去游历他们的世界，也暗自希望自己有一天能成为和他们一样优秀的人。

为此，我制定了严格的作息时间，不论春夏秋冬，每天都坚持早起，合理安排学习时间，养成了课前预习，课后复习和自主学习的习惯。无论是寒风凛冽的冬天，还是骄阳似火的夏天，我都坚持每天按时去图书馆学习。那时候，我仿佛忘掉了寒冷和炎热，畅游在知识的海洋里，感觉自己的大学生活无比充实。作为一名工科学生，我深知实践能力对于我们的重要性。为此，我先后参加了校、省级数学建模大赛，取得了一定的成绩后，我还参与了蓝桥杯全国软件和信息技术专业人才大赛以及全国大学生信息安全技术大赛。这些丰富的参赛经历让我收获满满，在帮助我积累经验教训的同时，还为今后迎接各种新的挑战奠定了一定的基础。就这样，我充实地度过了大学的大部分时光。功夫不负有心人，在大三这一学年，我获得了国家奖学金，再一次体会到了收获的喜悦。

回望大学这近四年的时间，我深深体会到，无论是学习、工作还是生活，不仅要有自己的想法，更重要的是要有为之而努力奋斗的决心和坚持不懈的精神。

脚踏实地　　仰望星空

时光荏苒，转眼间已到大学尾声，我回想这些年的大学生活，虽然无比辛苦，但也非常充实，它们都将是我一生珍惜的财富，我的心里充满感激。我感谢催人奋进的校园，感谢充满温暖的班集体，更感谢可亲可爱的老师和同学们。我的每一次进步，每一次成长都离不开培育我的领导和老师，今天的成绩是对过往的认可，也是对未来的激励和鞭策，我只能将这满心的感激化作继续前进的动力，在未来的道路上不懈追求。

临渊羡鱼，不如退而结网。有梦便去追，为自己的青春插上翅膀，理想便会自由翱翔！一个人离开了勤奋，可能也就远离了成功。大学四年是人生最宝贵的时光，与其在消磨以后扼腕叹息，何不从现在开始为之奋斗。既然选择了远方，便只顾风雨兼程！我相信我们会用自己的双手规划属于自己的人生，创造属于自己的未来！学习须持之以恒，成功永远不会降临到懒惰者的身上。只有锲而不舍，不断努力，不断追求，不断奋进，才能在学习上取得一定收获。

我相信，每一份付出都会结出硕果，每一个理想插上翅膀都会翱翔！每一个青春因为奋斗都会变得精彩！

师长点评：刘建勇同学思想上积极进取，主动学习党的理论知识，积极贯彻党的路线、方针、政策，积极向党组织靠拢。学习上勤奋努力，认真刻苦，学习态度端正，学习目标明确，成绩优异，积极参加各类竞赛，综合素质与能力较强。

西华大学计算机与软件工程学院院长　何明星教授

不忘初心,继续前进

西华大学　上官晴天

上官晴天,男,汉族,1994年8月出生,中共党员,西华大学人文学院汉语言文学专业,2013年入学。在校间,获得国家奖学金、国家励志奖学金、唐立新奖学金、唐立新优秀学生干部奖学金、校级一等奖学金;获省级综合素质A级证书、西华青年五四奖章;获优秀党员、党校优秀班长、校级优秀学生干部等荣誉称号。

一路上风雨兼程,再回首已是万水千山。回首过往,学生干部的时光充盈了我的大学时光;学习路上,积跬步以至千里;践行党性修养,扬理想之帆……笃实而厚重的每一步,都见证了我的前行之路,时光告诉我:只有越努力,才能越幸运。

爱组织,爱生活——学生干部工作中锤炼自我

在大学三年的时光中,我先后担任学院团委组织部部长、团委副书记、第34期党校组长、第35期党校班长、第36期党校班长、13级汉文党支部组织委员、班级心理与安全委员、党支部书记、辅导员助理等职务。作为学生干部,我时刻严格要求自己,并积极向党组织靠拢。在大二上学期,我如愿加入中国共产党,成为一名光荣的共产党员。

回顾流逝的大学时光,我很感恩大学中有团委学生会、班级为我提供广阔平台,让我有机会在学生干部岗位上茁壮成长,使我明白责任与坚持的含义。我始终相信,只有不忘初心,一步一个脚印,用行动不断锤炼自我、实现自我价值,才能不辜负现在的大好青春。

团委学生会大家庭教会我点滴积累成长,继承中探索创新。青马培训、团

组织生活、五四表彰大会等活动的策划、总结至今都存档于心。我可以自豪地说：为基层团组织建设添砖加瓦就是我的团学时光。连续两年的党校经历，培养着我的严谨与耐心，让我在做每一件平凡的事中感受平凡的伟大。于党校课堂，体悟党性修养；于社会实践，书写公益魅力；在敬老院与老人分享快乐；在望丛祠传承蜀都文化。党校的收获让我铭记于心。除此之外，通过参与心理委员风采展示大赛、心理情景剧大赛，我也在不断地挑战自我，收获成长。从害羞腼腆到独当一面，我始终相信，只有做好每一件事，把每件事当作一件"艺术品"完成，追求卓越，才能"更上一层楼"。

"坚定信念，勇于开拓，才能绝处逢生"一直是我的座右铭。学院团委连续三年获得"五四红旗团委"称号，学院党校工作获得"综合测评一等奖"，我本人也荣获"优秀共产党员"的表彰。三年的学生干部时光告诉我，既要有"花开堪折直须折"的激情，更要笃信"车到山前必有路"的奋进信念。我想，正是因为这忙碌且充实的团委学生会工作，我才感知到作为一名学生干部的责任与担当。阳光正好，我们在路上。

长风破浪会有时——学习路上，不断求索

团委学生会忙碌的工作并没有淹没我学习的热情，我努力平衡好学习与工作的关系。作为当代大学生，学习始终是我们的重要的本职工作。我努力学习好专业知识，在汉语言文学专业中不断求索，感受中文系熠熠生辉的不竭魅力。

"疏瀹而心，澡雪而精神"，我在《庄子》里体味先哲旷达物外的超然情怀；"直面惨淡人生，正视淋漓鲜血"，我也在现当代文学与鲁迅先生一起坚定信念而"战斗"；除此之外，我在外国文学中学习司汤达《红与黑》中于连的个人奋斗史，也体会托尔斯泰笔下安娜·卡列尼娜的纠结与反抗。我认为只有真正爱自己的专业，才能正确认识学习的含义，也才能在学习的道路上不断求索。汉语言文学博大精深，诸子百家、文学流派、语言文字学、文艺学等一度让我觉得"压力山大"，需要记背的东西太多，丝毫不比理工科轻松。但好在，我能在学习中找寻到快乐。虽然复习的时候苦了点，但我更深刻地体会到了"宝剑锋从磨砺出，梅花香自苦寒来"的道理。

正当我在人生路上高歌猛进时，不幸降临。今年年初我的家庭遭遇重大变故，母亲饱受疾病的伤害，每个月要定期接受治疗，家里因医疗费负债累累。

我的母亲用坚强乐观的态度去面对生活，成为我精神的支柱，这也让我更加珍惜生活本身的来之不易。我知道必须更加努力才能对得起家人和自己。在过去的六个学期，我四个学期综合测评专业排名第一。在2014—2015学年度两学期综合成绩排名前列，荣获国家励志奖学金。在2015—2016学年度，我连续两个学期专业绩点排名第一，荣获国家奖学金。除此之外，我也发表了7篇专业论文，尝试在学术领域不断求索。我知道学习更重要的意义不在于结果，而恰在于学习本身。作为学生干部，我必须发扬"学海无涯苦作舟"的精神，发挥学生干部在学习上的模范带头作用，用自己的力量带动更多的同学，取长补短、共同成长。

志当存高远——一分耕耘，一分收获

生命的价值在于体验，志当存高远，厚积而薄发。虽然我知晓"不是耕耘就有收获"的道理，但只有努力才有可能看到"柳暗花明又一村"的曙光。感谢一路上帮助我的老师和同学，也感谢努力拼搏的自己。我坚信：只有越努力，才会越幸运。

榜样的力量是无穷的。只有"借人之智，完善自己；学最好的别人，做最好的自己"，才能做到"让优秀成为一种习惯"。我在大一的时候，认识了学院一个少数民族学姐，她通过自己的努力克服了学习基础薄弱的障碍，每个学期成绩名列前茅，学生干部工作也广受好评，最终获得了"西华标兵"的荣誉。当她走上红地毯的时候，我在想有没有可能我有一天也能够走一次。

通过第二年的努力，我作为学院团委组织部部长带队参与了"五四"表彰大会，又一次近距离地感受了榜样的力量。在第三年，我自己站上了四教报告厅的主席台，作为"西华青年五四奖章"获奖代表，在西华大学纪念"五四运动"九十七周年暨表彰大会上发言。我把它当作我对团委学生会生涯的"告白"，感谢自己没从我的大学时光"路过"。

今年，我们学校新设了"唐立新奖学金"。经过PPT讲述和结构化面试的考验，我获得了"唐立新优秀学生干部奖学金"面试第一名的成绩，并有资格参与"唐立新奖学金"的面试答辩。我知道参与此轮面试都是每个学院最优秀的学生，这让我颇有压力。但学习不可浅尝辄止，只有与强者较量，方能收获累累。于是我尝试调整自己的心态，做到"尽人事"，把自己当作最大的"对手"。答辩时，我的题目为：如何理解诗句"欲穷千里目，更上一层楼"。我认为它好比西华大学"求是,明德,卓越"的校训,实质上是一个不断追求卓越的过程。答辩之后,在忐忑与期待中,我再次收到了喜讯。在颁奖典礼上,我作为"唐立新奖学金"的获奖代表,在全体校领导、老师代表和学生代表面前发言,对此,我感到十分荣幸。这个经历告诉我,只有"仰望星空又脚踏实地",才能在未来"穷千里目"和"更上一层楼"。

没有一次经历会白费,没有一次叹息不会留下回响。我们或许会经历挫败,但梦想总会如旭日之升,点燃我们"努力才会幸运"的希望。很庆幸,我们当下的时代是一个尊重知识、尊重人才的时代,日新月异,英雄辈出,时代赋予我们的正是前所未有的机遇和挑战。现在,我已经成功"推免",被保送读研,今后,我将继续秉承"知难而进,自强不息"的西华精神,锚住努力,穿越奋斗之海,不忘初心,继续前进!

师长点评:上官晴天同学专业学习勤奋刻苦,担任学院学生会主要干部职务,品学兼优,获奖众多,是人文学院难得的优秀学生代表和优秀学生干部代表。大学期间,虽家庭遭遇重大变故,仍矢志不渝,逐梦追梦,堪称当代优秀大学生的典范。

西华大学人文学院院长、四川省教学名师 谢应光教授

青春诗赞　燕舞西华

西华大学　尹诗燕

尹诗燕，女，汉族，1995年3月出生，西华大学经济学院投资学专业2013级学生。在校期间，先后获得国家奖学金、校"优秀三好学生"称号（两次）、四川省齐力慈善基金会优秀志愿者。独立发表专业文章五篇，目前已收到国外九所大学（2016QS世界排名前150）的金融研究生录取通知书。

"市长先生，您好！昨天，我去了牛津镇，参观了牛津大学。剑桥镇和牛津镇都有世界上数一数二的知名大学，但是牛津却更加的现代化，城市也更加大，您觉得在人才的引进、旅游以及商业投资方面，剑桥有什么优势？"

市长："剑桥经历了牛津的现在发展阶段，变得更加内敛，剑桥更加注重科学与创新。"

"这是不是就像发达国家与发展中国家的区别，发达国家注重创新，而发展中国家注重基础设施建设？"

……

这不是记者提问，也没有事先设定，这是2016年8月，我代表西华4万莘莘学子，参加英国剑桥大学商业与经济背景实践活动，参观剑桥市长办公室时，与剑桥市长面对面的即兴对话。

"四川省齐力慈善基金会优秀志愿者，独立发表专业论文5篇，收到国外包括英国、澳洲9所大学（2016QS世界排名前150）九所大学的金融研究生录取通知书，就连世界排名前80的谢菲尔德大学也一改傲娇——商科专业非211大学不录的要求，给出了几乎是无条件录取的通知书。"这就是我的大学抒写的青春诗赞！

起航——燕栖西华

2013年9月，随着一纸录取通知书，我如燕子般，栖息在了西华大学这座象牙塔，在经济学院投资学专业起航求索，开始了青春诗赞的"呢喃"。

"60分万岁，多一分作废"，有人这样述说大学生活，可我却有自己的大学生活设计，坚信"书山有路勤为径，学海无涯苦作舟""要想获得成功，就要付出的比别人多"，"目标＋行动＋勤奋＝成功"，我将这句话郑重地写在日记本的扉页。

别人去游玩、去逛街，我去图书馆、去自习室；别人看言情剧、追星，我攻专业、习基础；别人谈吃、论穿、议美容，我看书、解题、记笔记；别人认为不逃课、不恋爱、不挂科，就不是大学生活，而我则以上课认真听讲为途径，以书本为恋人，以争取第一为目标……

虽然，投资学专业的课程文字性比较强，理论性比较多，显得较为枯燥和乏味，但我会在课堂上积极与老师交流，做好每一堂课的笔记，课后及时复习，充分利用课堂和课余时间，高效率、高质量地学习。

因此，从参加JA西华、驾照、会计从业资格证、大学英语四级、公益组织志愿者，到雅思6.5、发表文章、CFA考试，再到社团组织部门负责人、优秀志愿者；从班级排名靠前、年级排名前三，到综合成绩年级第一，两次获得学校一等奖学金，再到获取保研资格、国外知名大学研究生录取通知，我开启了属于自己的青春诗赞！

在大三日记本的最后一页，我骄傲地写下了这样一段话：知难而进、自强不息是青春的主旋律，只要去努力，梦想就会实现，你就会知道自己有多棒！

明德——人格养成

一本红色的荣誉证书静静地放在书桌上，轻轻翻开，一行清晰的黑体字跃入眼帘："感谢你长期关注空巢老人生活，希望能继续为推动公益慈善事业发展己力。"看着这本四川省齐力慈善基金会颁发的证书，我的眼角泛起了些许晶莹。

明德，是西华的校训之一，作为西华的学子，我将它理解为"予人玫瑰，手留余香""这样的青春生活才有意义",并深深地铭记着、实践着。

我为家里 80 高龄的奶奶端茶、倒水、喂饭、穿衣,如"小棉袄"般贴心侍奉。正是通过对奶奶的悉心照顾,我理解和了解老人需要什么。

古人云:"老吾老,以及人之老……"于是,2015 年的 6 月,我加入了四川省齐力慈善基金会,成为"关爱空巢老人"的爱心志愿者。

从此,我的生活里又多了许多的爷爷、奶奶。

利用空余时间和节假日去看望老人们是我的常态,不管基金会是否组织,无论学习多忙,我都会抽出时间,送上慰问品、鲜花和小礼物,拿出自己省下的生活费;打扫卫生、洗被子、叠铺盖、梳头发、倒痰盂……

每次,那些爷爷、奶奶都亲热而又心疼地对我说:小燕子,就知道你会来,又辛苦你了!

我还会主动为生病缺钱治疗的人捐款,帮助不相识的老人过马路,把自己的雨伞让给怀抱婴儿的妇女,给贫困山区的小弟弟小妹妹寄去图书和学习用品……

对待老人和其他人是这样,对待同学,我也会主动借学习笔记给他们,主动给同学讲解难题、分享学习方法和学习体会;同学病了,我帮着买药、打饭;同学之间不愉快了,我也会耐心地在中间"和稀泥"。

对于自己,我却是极其"苛刻"。一件衣服,从大一穿到了现在,一部手机,从大一用到了现在……

实践——锻炼能力

不能"一心只读圣贤书",更要"两耳要闻窗外事",这才是锻炼大学生,助其实现理论与实际能力相结合的有效途径。

所以,入校之初,我通过竞选加入了西华 JA 组织,在人际交往和团体协作中"张开了嘴,迈开了腿,动起了手",不断地成长。

以此为平台,我主动给自己"加码",进入国资委下属的特级大型央企——中国电建中国水利水电第七工程局有限公司,在内控与风险管理、投资、经营管理、会计等岗位上,咀嚼理论与实战的饕餮大餐;在中国农业银行青羊支行的综合管理岗位上,品尝理论和经验的甘洌……

通过实践,我不断地收获、总结、提炼,《浅谈青年家庭理财的现状及如何理财》《"双降"后普通家庭如何科学理财》《国企改制对公司金融的影响》

等五篇文章相继发表在了《商场现代化》《财经界》等省部级及国家级刊物上；还通过了 2016 年 12 月 CFA 注册金融分析师在中国举办的考试。

看着我的成长，父母宽慰：孩子长大了！

看着我的表现，老师骄傲：你为学校争了光！

看着我的通知书，同学自豪：这是我们系的，是我们专业的，是我们班的，是我们寝室的！

时光飞逝如白驹过隙，"已往不可谏，未来犹可追，理想其未远，振翼而腾飞"。

我是一只在西华大学谱写了青春诗赞的燕子，相信，今后一定会飞得更高、更好、更远，飞出更靓、更美、更炫的人生诗赞！

师长点评：在知识的追求上，尹诗燕同学有良好的学习习惯和较强的英语阅读能力，也具有较扎实的数学、经济学功底。该生善于接受新生事物，能够虚心接受各方面的意见但又不失自己的独立见解。她致力于知识的转化，在公共刊物上发表了多篇论文，是同学们学习的榜样。

西华大学经济学院院长、计财处处长　卓武扬教授

追寻漫漫公益路，成为照亮别人的小太阳

四川农业大学　冯中雪

冯中雪，女，汉族，1995年2月出生，中共党员，2014年9月考入四川农业大学园艺学院园艺专业。曾获国家奖学金、优秀学生标兵、寒梅飘香工程"公益之星"、优秀学生干部、暑期三下乡社会实践"先进个人"等20余项奖励；独立资助家乡4名儿童上学，累计资助金额5万余元。

我是四川农业大学园艺2014级2班的冯中雪，出生于下雪天，成长在一个偏远地区。由于家境贫寒，我一度几乎辍学，幸运的是我受到了社会各界爱心人士的资助，通过自身的不懈努力和大家的帮助，我如愿以偿地拿到了四川农业大学的录取通知书。为反哺社会，我决定从大学开始走一条自己梦想已久的公益之路——创业并资助贫困儿童。

突破阻碍　实现梦想

中学时，由于家庭贫困，且家里还有弟弟上学，父母负担不起两姐弟的学习及生活费用，我的读书梦受到了重重阻碍，甚至一度面临退学的窘境。幸运的是，我及时得到了很多好心人的帮助，感受到了无数的温暖。初二的时候，班主任龙老师得知了我的情况，便主动为我提供了部分的学费，还帮我向学校说明情况申请贫困补助和学费减免，这是我第一次得到外界的资助。之后，我陆续得到了老师、学校和社会各界人士的资助，他们在为我提供学费的同时还不忘鼓励我好好学习。众多的帮助与关爱就像阳光雨露一样陪伴着我感恩而又坚强地成长。我能够如愿到四川农业大学读书，完全得益于社会各界好心人坚持不懈的帮助，他们让我拥有了能够实现梦想的机会与勇气。我决定，决不辜负自己的努力和好心人的期望。从那时起，回报社会的种子就在我的心间悄悄

发芽了。

进入大学的第一年,我综测排名专业第四。在成绩排名未出的情况下,我希望通过国家励志奖学金来缓解学费压力,却在做好了详尽准备之后发现自己由于成绩没达到标准而连申请资格都没有。在这样一场"致命"打击下,我开始拼命学习,上课时争坐前两排,犯困时就会使劲地掐一下自己,每天往返于图书馆、寝室和食堂之间。那时,我的目标就是拿下国家励志奖学金。功夫不负有心人,大二下学期我的加权成绩从专业第十六名一跃成为专业第三名。我也因此顺利拿下了2015—2016年度"优秀学生标兵"的称号。

自力更生　投身创业

为了缓解学费压力,我不仅仅只是努力获取奖学金,还选择了"大众创业,万众创新"的道路——大学生创业。我希望能够靠自己的双手打拼出一条路,缓解家庭经济压力,走出靠贷款缴纳学费的困境。经过认真分析,我利用自己的学习优势,创办了一个覆盖中小学各年级各学科的补习教育机构。

创业是辛苦的,道路是曲折的。开始的时候,机构尚未成型,加之力量弱小,我的创业道路频频受阻。机构招纳不到好的老师,也难以拥有生源,在窘迫的境地里,我权衡利弊之后,仍坚持走高品质教育的道路。为了节省成本,我总共就买了两块黑板,然后将自己的家收拾出来做了一个简易的教室。学生家长不信任,我就一家家地走访。随着时间推移,加上我的努力,我渐渐得到了学生和家长们的认可与好评。

目前,我的补习机构逐渐趋于稳定,优良的教学质量和良好的口碑使其拥有了较为固定的生源,也为孩子们提供了一个宽敞明亮的学习环境。在有了一定的经济基础之后,我产生了回馈社会的念头。我在教育机构中开设了公益班,为家境贫寒的孩子免费提供补课的机会,也由此逐步走上了公益之路。

热爱公益　感恩社会

受人滴水之恩,当涌泉相报。我很感激社会各界人士对我的资助,也是因为他们,我感受到了社会的温暖,并开始懂得了感恩。为此我愿尽我所能去做些什么,这也是我做公益的初衷。一开始,我甚至没有"公益"这个概念,只是纯粹地想要帮助别人。凭着这个简单的信念，我已用创业所得的大部分资金资助了四个小孩上学。

我和当地村干部讨论资助事宜并达成共识：在我有能力的情况下，能资助他们多久就资助多久，我毕竟是个还在读书的学生，很多事情还没有保障，在我没有能力继续资助下去的时候，政府将继续资助下去。四个孩子上学的大大小小的事情都落在了我的身上，这时我才发现，"公益"远比所想象的要艰难得多，我的肩膀时刻都感到沉甸甸的。每当看到孩子们逐渐走出封闭的内心愿意接纳别人的时候，每当看到孩子们眼中的期待时，都让我无法轻言放弃。在我看来，自己是他们人生的希望，今天的他们一如当年的我。

我一步步走来，坚持到今天。对于未来的公益计划，我充满了无限的向往。在投身公益的同时也实现了儿时的梦想，并将自己热爱的园艺专业坚持到底。我希望能够出国深造，成为一名大学老师，并有机会去偏远地区支教。我愿结识更多志同道合的人，也希望更多的人一同参与到公益事业中来。

尽管这一路的艰苦只有自己才能完整知晓，但我仍然希望能将漫漫公益路坚持走下去，成为照亮别人的小太阳。

师长点评：冯中雪同学虽然家庭贫寒，但她独立自强、不怕困难、勤奋好学。入学以来学习非常刻苦，成绩优异，同时懂得感恩社会，热心公益事业，用自己创业所得资助家乡4名儿童学费及生活费，且爱心还在延续，是广大同学学习的楷模！

四川农业大学园艺学院党委书记、副研究员　聂坤伦

"国 奖"

四川农业大学 刘炎周

刘炎周,男,汉族,出生于1994年1月,中共党员,2013年9月考入四川农业大学经济学院金融学专业。大学期间曾获国家奖学金、"挑战杯"全国大学生创业大赛全国铜奖、全国大学生数学竞赛四川赛区二等奖;主持"国家级大学生创新训练计划"1项,以第一作者发表CSSCI、北大核心收录文章多篇。

起点——不甘平凡的大学生涯

记得大一刚入校时,我常常思考大学生活和高中生活有何区别,怎样才能让这四年时间过得精彩一些,但一直没有得出理想的答案。大一开始的一段时间我也并不适应,迷茫、消极等负面情绪不可避免地先后出现。幸而在后来与师兄师姐们交流的过程中,通过了解他们的大学经历,我明白了一个道理:其实有些想法和理想并非空想,确立之后是可以坚持并落实下来的。或者说当我们还像一张白纸的时候,经历与见闻并未能让我们能够站在一个较高的视角上去审视自己的未来。就像王国维先生在《人间词话》里提到的那样,如果没有"昨夜西风凋碧树,独上高楼,望尽天涯路"的经历,又怎么能为目标理想而"衣带渐宽终不悔"呢?多想无益,彷徨费时,干脆就加入几个学生部门,同时认真学习专业课,看看会怎么样。当时的我就是这样想这样做的。

这样很快便到了大二,大二是我大学生活的转折点,也是我科研的起点。整个大一的经历让我有了反思的"本钱",自己想从大一时只专注于专业课的状态中挣脱出来,去更多地经历一些事情,找到自己所真正热爱的事业,并成为一名能够通过自己的能力为社会创造价值的有用之人。大二时我参加数学建模、科研项目、管理咨询培训、与朋友联合创业等,大二便成为我大学生涯中最为充实的一年。一方面,我开始反思在接触项目的过程中什么让我感觉最拿手和快乐——是科研;另一方面,由于大二基本是在项目和比赛中度过的,我实证计量方面的能力、团队合作能力在此过程中得到了提高,也为做科研奠定了一点基础。

但这不是一条太容易的路,做科研更不能一蹴而就,得要先积累。准备的过程很重要,于是我在大三开始广泛但有所筛选地涉猎经济、管理类的书籍,以为科研提供思路。实践方面,农业经济领域的田间调研自然是一门必修课,我们时常深入到农村基层进行调研。遇到不识字的农户,我们常常需要把问卷念给农户才能完成调研。除了要面对不愿接受调查农户的拒绝,我们还免不了自己判断所获得数据的真实性、是否对项目有研究价值等。这些过程中,我经常熬夜到两三点,整理数据,修改论文。"走到农村第一线调研是比较困难的,我也会做好失败的准备,但是即便自己不能改变现状,也总想着为改变做一点贡献。"这就是当时我自己的一些想法。另外,我也曾在论文写作方面出现问题,一篇论文被对方编辑提出了200多个修改建议,大多都是针对文章的语法、标点和表达方式,那时也没有别的办法,只能一个个地改,以耐心和踏实攻克科研的阻碍。

每天总要成长一点吧,哪怕只是一点,这样的节奏一直持续到我依托前期项目筹备自身的论文,甚至直到现在还保留着,以后也会坚持下去。总而言之,现在看来,这些经历最宝贵的并不是使我获得了所谓的奖状和文章,而是给我提供了足够的经历素材,为我确定自己真正热爱的事业并为之奋斗提供了基础。只有有自己的原则、热爱事业和追求的人才能成为一个无可取代的、能够为社会带来贡献的人。

中点——伊始的科研新平台

除了自己在科研上的一些尝试,现在大四的我希望能成为一个"引路人",去鼓励周围更多的同学,特别是师弟师妹,去经历科研的过程,为他们确定自己的方向提供更多的素材,我希望同学们能做出比我更好的成果。

于是在我校经济学院各位老师的关心、指导和帮助下,我和几个朋友筹备并创建了计量经济协会。协会的创立,最困难的部分包括两个方面。

一方面是日常培训。特别是对于大一的新同学而言,由于缺乏数学等专业课的基本必备知识,要学习计量经济学方面的课程也就比较困难。因此对于培训,我们需要先为大家普及专业课的基本知识,这在大部分课程都是自己筹备的情况下,着实带来了一定的挑战。我们需要根据同学们学业进度的不同,不断地琢磨培训内容的深浅难易,调整自己的培训思路和方法。从论文到数学工具,从思想方法到数据查阅或收集,我们都为同学们做出一定的铺垫,也为他们后期学习更专业的知识打下基础。

另一方面便是协会主干之间的团队合作问题。关于这一点,我认为,自己要有足够的实力,遇到问题冲在前面,要身先士卒才能被人信任。培训之外,我也希望把协会做成一个科研项目和资源共享的平台,包括自己做科研的伙伴都会尽力为协会成员们提供帮助,让想做项目的同学自愿参与。不管是调研、数据收集整理,还是论文撰写方面,都为成员们提供足够的锻炼机会和帮助,让成员们在学习计量知识的前提下通过实际科研活动去巩固自己所掌握的知识,做到学以致用。

最后,我会定期组织大家一起讨论成果和想法。我把所有好的想法、方法等资源都积累起来,为学院同学日后的科研提供借鉴的素材。这就是我现在正在做的事。在学校获得成长的我,现在也想来做点小事。

待续终点——通向科研之路

现在回想起来,大学三年就好像一个故事,说不上有多好的剧情,但至少也不算一部肥皂剧。而谈到未来的科研道路,我认为,在展望未来的同时把握现在更为重要。目前是一个打基础的阶段,对于农业经济领域的研究,一方面需要对我国农村基层实际情况做深刻的了解,另一方面也需要扎实的理论功底和技术,缺少对农村实际情况的认识未免纸上谈兵,而缺乏必要的理论技术则显得不规范。对我个人而言,我准备先夯实必要的理论基础,再通过实践增强对我国农村问题的认识。

谈到科研理想,因为农业经济在西方国家属于应用经济领域,而国内的研究范式则不同,我在思考能不能将两者结合起来。在深刻结合我国农村实际情况的基础上,利用西方经济学的研究范式阐述问题,一方面解决实际问题,另一方面使我国农业经济领域的研究范式标准化。这是我的一个展望,不管有多困难,我都会尽力去做。

来到川农是一件特别幸运的事,我得到了很多的锻炼机会和机遇,也找到了自己所喜爱的事业。在未来,我还是会坚持这条路,仍将继续经济方面知识

的学习,努力提升自己的科研能力,不断地规划和完善自己,希望能做出一些让自己满意,也确实有一定意义的研究。

师长点评:刘炎周同学成绩优异,科研兴趣浓厚,参加科技竞赛屡获大奖,主持国家级大学生创新型计划,并在中文权威期刊发表学术论文。可谓兴趣是最好的老师,热爱是世界上最强大的力量,源于内心的热爱给予他无穷的动力。

四川农业大学经济学院党委副书记　何仁辉

活，该出色

四川农业大学　郑凯源

郑凯源，男，汉族，1994年3月出生，中共党员，2013年9月考入四川农业大学水利水电学院农业水利工程专业。曾获国家奖学金2次、"挑战杯"大学生创业大赛四川省金奖、四川省优秀大学毕业生等30余项奖励，曾赴泰王国参观皇家开发项目，2016年9月被保送至浙江大学直接攻读博士学位。

去时雪满天山路

2013年9月，对大学一无所知且对未来一片迷茫的我，从福建福州来到了两千多公里外的天府之国寻找答案。

入学的第一天：当闽南语遇上川普。曾经在熟悉的八闽大地听着人们在茶余饭后用闽南语交谈日常生活的点滴，如今初入巴蜀，四川同学们摆起的川普龙门阵着实令我耳目一新，但新奇过后，方言差异带来的交流障碍便充斥于我的学习与生活中。

入学的第一月：当沿海平原遇上川藏高原。曾经习惯了江南"小桥流水人家"画风的我，仅入学一个月便在军训中感受到了川藏骄阳"赤日炎炎似火烧"的粗犷。

入学的第一年：当"低头思故乡"遇上"蜀道之难，难于上青天"。曾经"少年不识愁滋味"，到如今千里之隔，一年归家两次，我体会着"独在异乡为异客，每逢佳节倍思亲"的无奈。

从第一天的不习惯，到摆正心态入乡随俗的学习川普；从第一个月的遍体鳞伤，到适应并深入山川峡谷考察水利工程；从第一年的"而今识尽愁滋味，欲说还休"，到化思乡情感为奋斗的前行动力，在万事开头难的第一年，我顺利通过了大学英语四、六级考试，明确了自己大学四年要学有所成的目标，我

想知道拼搏的自己到底能够走多远。

曾经求而不得，苦寻如何圆梦未果。这一年的一切都告诉我，这里有我起步的事业，有我未尽的青春，有我尊敬并铭记的师长，来川无悔！

小荷才露尖尖角

"一万年太久，只争朝夕。"初入大二，我在懵懂而稚嫩的年华里迎来了第十三届"挑战杯"四川省大学生课外学术科技作品竞赛，这是我第一次带队参加比赛，机遇与挑战并存。"初生牛犊不怕虎"——只知道"挑战杯"竞赛被誉为中国大学生学术科技"奥林匹克"盛会的我，希望通过这次机会，全面提升自己的综合素质，特别是独立思考和发现问题、解决问题的能力。为此，我积极准备并组建了一支跨校区、跨年级、跨专业的团队，我们和导师共同确定了"水库消落带生态治理研究"的科研课题。作为团队负责人，为了带领团队走得更远，我强迫自己用更多的课余时间去学习消落带治理、数值模拟、边坡工程技术、数据统计分析等之前根本不会的东西，同时把阶段性的学习成果分享给大家。

2014年9月至2015年6月，我始终奋战在四川省农村饮水安全重点实验室、四川农业大学教学科研基地和四川省汉源县瀑布沟电站水库消落带野外试验点。这一年，我春节前三天才回到福建。这一年，我已记不得自己在实验室里多少次通宵达旦，记不得多少次在冬天冰冷的池水中监测试验数据，记不得多少次毫无头绪的绝望，更记不得多少次茅塞顿开的灵光乍现。这一年，经过前后坚守的二百七十余天鏖战，我们的作品从全省51所高校的828件省赛作品中脱颖而出，最终我们将四川省金奖收入囊中，而这也是2015年四川农业大学雅安校区唯一的省级金奖。

而我们的十个团队成员中先后走出了一位2015年及2016年国家奖学金获得者，一位2014年及2015年国家励志奖学金获得者，一位四川农业大学"优秀学生标兵"；团队中有两人在四川农业大学自主创业，六人分别被保送至中国科学院大学、浙江大学、四川大学和北京交通大学等高校。

桃花今始为伊开

"试玉要烧三日满,辨材需待七年期。"经过黎明前的黑暗,厚积薄发的后两年悄然到来。我大三学年的加权成绩及综合素质测评均位于同年级同专业第一,大三、大四连续两年获国家奖学金,顺利考取国家计算机四级数据库工程师,获得了四川省大学生综合素质 A 级证书,等等。

勇于创新使我不懈奋斗。我主持了 2015 年四川省科技创新苗子工程校内项目,主要研究汉源瀑布沟电站水库消落带生态治理技术,以及 2016 年四川省大学生创新创业训练计划"绿百合环保科技"。现分别以第一作者和第二作者的身份被收录 EI 核心论文两篇。与此同时,我也积极参与发明创造,其中以第一发明人授权专利达四项。

在国家"大众创业,万众创新"的东风中,我凭借"秸秆循环利用"项目,带领团队创业,获得了北纬网专访、雅安市第三届大学生创业大赛决赛一等奖、温江第四届青年创业大赛决赛一等奖及最受关注奖和最具投资潜力奖。

作为一名中共预备党员,在社会实践中,我积极参与、奉献爱心,奔赴邛崃高何镇留守儿童之家进行支教;在学生干部工作中,我担任水利 2015 级 1 班的班主任助理,注重小班学习氛围建设,获"优秀班主任助理"荣誉称号;在担任学院卓越工程师计划班班长期间,我协助老师同学们考察了汉源消落带、瀑布沟电站等项目,共同加强专业认识。

"欲穷千里目,更上一层楼。"2016 年寒假注定是一段难忘的记忆。经推荐选拔,我同其他四位同学代表学校赴泰王国参观皇家开发项目,其中茵他暖山、淮洪边疆区、慧那林、骅沙家、婆娜芭捕惹等皇家项目,让我了解到泰王国通过建立皇家园林和研究中心,发展科学研究以满足各区域的不同发展需求,尤其是解决流域保护、森林再造以及农业发展等方面的问题。同时,清迈府及巴蜀府的拜访之行、与清迈大学师生的学术交流盛会等都加深了我对"一带一路"建设中"中泰一家亲"的理解。

不破楼兰终不还

"有志者,事竟成,破釜沉舟,百二秦关终属楚;苦心人,天不负,卧薪尝胆，三千越甲可吞吴。"2016年9月，我与来自武汉大学、南京大学、重庆大学、中南大学、华中科技大学等高校的优秀学子齐聚同济大学和浙江大学，大家同台竞技，极力展现川农学子求真务实、脚踏实地的风采。经申请—考核，我收到了同济大学和浙江大学的直博通知，最终我选择了誉有"东方剑桥"之称的浙江大学直接攻读博士学位。

同年10月，经院级选拔校级答辩，我以第一轮答辩满票通过的好成绩获评2016年四川农业大学"优秀学生标兵"荣誉称号。而全校仅30人获此殊荣。同时，经评选复核，我最终获评四川省优秀大学毕业生。

"大学之道，在明明德，在亲民，在止于至善。"经过四年的努力，我在学术研究、创新创业、社会实践、志愿服务中累计获奖三十余次。一名砥砺前行的追梦人始终在用实际行动践行：爱拼才会赢——活，该出色的信念。

今天，我依然记得第一次撰写实验方案时的夜不能寐，第一次投稿被拒时的暗自心碎，然而我感谢这些经历带给我的一次次崩溃，才让我明白了做事情不能半途而废。

人生有崖而恩情无边。此刻，我心中充满感激，感谢巴蜀大地给了我成长成材的沃土，感谢学校对我的四年栽培，感谢抚养我的父母、培养我的老师们、陪伴我的同学们，感谢我生命中遇到的每一个人。

此刻，在川求学已接近尾声，但，我的梦想之路却才刚刚起步，"既然选择了远方，便只顾风雨兼程"，我将坚信"爱拼才会赢，活，该出色"的信念，勇往直前！

师长点评：郑凯源同学理想信念坚定，学习目标明确，特别能吃苦、特别能战斗；不管是深入山川峡谷考察水利工程，还是在实验室里通宵达旦，他都用拼搏和创新诠释了川农大精神。

四川农业大学水利水电学院党委书记、副研究员　曾小波

我的"临床兽医梦"

四川农业大学 郑艺蕾

郑艺蕾,女,汉族,1995年5月出生,中共党员,四川农业大学动物医学院动物医学专业2013级学生。曾获得国家奖学金2次、四川农业大学学校特别荣誉奖学金、全国大学生英语竞赛C类特等奖2次、全国大学生英语口语测评大赛一等奖、四川省优秀大学毕业生等荣誉。

动物是世界上的精灵,而我,想要成为精灵的守护者。

——题记

与梦初遇 暗许芳心

每个人的人生都像是一场旅行,只是所走的道路各异,所选择的方向不同,所付出的努力不同,因而所发生的故事亦不同。缘分让我与医学相遇,那一刹那的心神交汇,注定了我与它一生的羁绊。怀揣着一颗炽热的心,我坚定而勇敢地奔赴向前,只为与"临床兽医梦"的一个约会。

我第一次知道医生,是在三岁的时候。看着一个个"白蝴蝶"一般的人围绕着卧病在床的母亲飞舞,然后母亲苍白的脸上就恢复了神采,是那些"白蝴蝶"赶走了她的病痛。八岁时,因为中毒住院的我,再一次与他们相遇,复杂的病情难住了他们,整整两年,那些温柔可亲的"白蝴蝶"坚持不懈地努力,日日夜夜地陪着我,关心和鼓励我,终于也把我的病痛赶走了。懵懵懂懂的我,只知道那些"白蝴蝶"的名字叫医生,他们有着一双神奇的手,可以带给不幸的人幸福和快乐。

而后,禽流感的暴发让我意识到,原来动物疫病会给人类健康带来毁灭性的打击和伤害,亲身经历过病魔困扰的我,萌发出一种奇妙的想法,我想要成

为动物的"白蝴蝶"。强烈的好奇心和热情在我心里燃烧起熊熊烈火,那件整洁的白大褂闪着光,吸引着我不由自主地前进。我立志,要加入临床兽医的行列,成为一个能给动物治病的"医生",让那些可爱的小精灵也不再遭受病痛的折磨。

为梦驰骋 所向披靡

林徽因说:"我们应当相信,每个人都是带着使命来到人间的。无论他多么的平凡渺小,多么的微不足道,总有一个角落将他搁置,总有一个人需要他的存在。"我想,我的使命,应该就是为那些动物治病除痛。十八岁的天空,是充满激情与梦想的。秉承着"通过预防和治愈动物疾病,进一步保护人类健康"的信念,我毫不犹豫地在高考志愿上填报了四川农业大学动物医学专业。

刚刚来到四川农业大学时,我感到十分迷茫,特别是面对很多错综复杂的病例无从下手时,我开始疑惑,不断问自己:我究竟想成为一个怎样的人?为了解答自己的疑惑,我更加努力地学习,抓住各种机会和老师交流,去基层实践,通过对所参加活动和项目进行总结,我的困惑慢慢解除了,在知识的积累和不断实践中,我再次体悟到兽医的重要和神圣。

我深知,扎实的专业知识和实验技能是对医生的最基本的要求。大学期间,我勤学好问,专业成绩和综合素质测评成绩均名列专业第一。从大一开始,我便进入实验室,先后参加校级科研兴趣小组计划和创新性试验计划,带队主持科研兴趣小组计划(校级)和导师分配的科研项目,研究制备的中药复方鸡蛋保鲜膜有良好的抑菌效果,现已投入生产实践。基于以上研究,我在《中国兽医学报》等学术期刊发表《竹叶黄酮颗粒对肉鸡的安全性检测》等6篇论文,申报国家发明专利一项。

春种秋收,成功永远不会降临在懒惰者的身上,精彩的收获背后必将有无数的汗水与付出。为了我的"临床兽医梦",我积极参加各类社会实践,我曾经在21天内,出色完成了学校团委民乐团专场演出、学院团委青年志愿者协会志愿服务、三场专业技能比赛、大学英语六级考试和两场专业课考试;仅用了三个月的时间准备,就考出 GRE 323+4 分(居同批考试全球前28%)、托福106分的好成绩。同时,我还担任了国际公益组织 TED×SICAU 的负责人,坚持志愿支教,连续三年参加暑期"三下乡"社会实践,并担任队长带队深入雅安农村地区,免费发放药品,调查禽畜废物利用情况。此外,我以恒心和毅力坚持学习古筝13年，取得了古筝十级证书。我相信，每一个选择总能带给自己不断的进步，每一次坚持都会有一定的收获。

以梦为马　永不止步

生活是一场没有彩排的表演，每一个人都是自己的主角，用百遍练习换来的完美演绎，需要用足够的时间去反思和沉淀，才能让自己更强大。我想要将我的"临床兽医梦"演绎得精彩绝伦，即使前路未知，旅途坎坷，也不能阻挡我一颗火热的心。

大二暑期，我在澳洲农场实习时发现，农场兽医用很巧妙的办法，让一头原本痛苦不堪的生病的母牛很快恢复了健康，这再次激起了我"成为一名兽医，在临床实践中拯救动物性命，保护人类健康"的热情，我也由此萌生了出国深造再回国效力的念头。于是我开始关注国家公派"中美联合培养执业兽医博士（DVM）项目"——美国执业兽医教育的标志，作为美国最热门的专业，它是公认的最严格、最规范、最高水平的训练体系，在美国本土超过90%的申请者落选，竞争非常激烈。我国启动的中美联合培养DVM项目，是与美中动物卫生中心以及美国6所高校联合立项培养DVM学生（每年不超过7人，2016年4人通过申请）。项目要经过两轮全英文选拔与面试考核，考察学生的专业能力、个人品质、团队合作能力、抗压力、领导力等综合能力。

当我决定申请时，离2017届计划的选拔仅剩1个多月的时间。要想实现梦想，我只有破釜沉舟，背水一战。在翻阅了近百篇文献、数本专业书籍、修改了数十次材料后，我向DVM项目组提交了四份书面材料，通过了中美专家的审核，最终获得了面试资格。在准备面试的近百个问题期间，我细心思索自己的人生经历，精心组织问题的答案，吃饭走路都在模拟面试，甚至是夜晚睡觉说的梦话都是英文的自我介绍。历时三个月时间，我终于顺利通过两轮全英文面试，成功成为四川农业大学乃至西南地区高校被"DVM"项目录取的第一人，获得260万全额奖学金。2017年7月，我前往美国堪萨斯州立大学攻读5年职业兽医博士学位，迈出了实现我"临床兽医梦"、成为一名技艺精湛兽医最坚实的一步。此外，经过充分的准备和良好的面试发挥，我还成为首位获得国内选拔研究生最严格项目之一的"北大－清华－北生所联合培养博士（PTN）项目"直博生资格的川农学生。这些收获让我明白"机会永远留给有准备的人"，整个大学期间的锻炼和积累，使我具备了成为一名兽医必备的基

本素质。

  时光飞逝,转眼间我的大学生活即将结束。我深知是母校川农大和动物医学院为我提供了成长平台,是师长们的谆谆教诲,让我的"临床兽医梦"越来越清晰。未来五年,我会踏着更有力的步伐,奋斗在崭新的征程上,不辜负党和国家的培养,不辜负母校的培养,用信念和努力谱写青春的乐章,力争早日学成回国,在国家的兽医行业做出自己应有的贡献。我的"临床兽医梦"将永不止步!

  师长点评:郑艺蕾同学志存高远,孜孜不倦,勤学好问,成绩优异;热心公益,积极参加科学创新实践,不断提高自身综合素质和能力,发展全面。希望她能以荣获"国家奖学金"为新的起点,为早日实现"临床兽医梦"继续努力!

四川农业大学动物医学院院长　程安春教授

癌症激发奋斗的青春

西昌学院　陈　静

陈静，女，汉族，1993年11月出生，中共党员，西昌学院汽车与电子工程学院2014级数学与应用数学专业学生。曾多次获优秀学生奖学金，2016华迪杯中国大学生计算机设计大赛分别获四川省一等奖和国家三等奖，并荣获三好学生、优秀学生干部和SYB创业培训优秀学员等荣誉称号。

时光总是在我们不经意间悄悄地流逝，蓦然回首，我已在大学度过了三个春秋。回顾过去的大学生活，感触颇深，我没有虚度时光，迈出的每一步都坚实有力。因为奋斗，所以充实；因为成功，所以自信。

自立自强，乐观向上

我出生在一个六口之家，父亲患病在家务农，母亲长年在服装厂工作，家中年迈多病的爷爷奶奶需要常年服药，丧失了劳动力，弟弟正在上高三，家里的经济条件十分困难。一直以来，我都希望能通过自己的努力来改善家庭经济困难的状况，以减轻父母的经济负担。我不仅要处理家里大大小小的事，还要在学习上帮助弟弟。我在农村长大，父辈吃苦耐劳的精神一直植根于我的思想深处，我养成了不畏艰难险阻的品质。

初三毕业后，由于身体不适，我去医院检查，发现自己竟然是癌症中期！经历了长达一年多的治疗，在高一和高二的生活中，我几乎每天都是戴假发去上学，感受着别人异样的眼光，忍受手术后伤口的疼痛，化疗的煎熬。在医院的病房里，我见过很多患各种癌症的人，听着他们的经历，感叹着他们的人生，甚至亲眼看见他们的离开！躺在病床上的我，思绪万千，生命真的好脆弱。

只要有希望，就一定要坚强地活下去。病魔是打不倒我的，我还有好多未完成的梦！

在大学期间，我积极参与勤工俭学和兼职。我利用周末和寒暑假做酒水促销、房地产客户咨询、家教等兼职，在赚取生活费的同时，也为自己积累了丰富的社会经验。

追求进步，服务社会

我一直坚持向党组织靠拢。大一时，我被确定为入党积极分子，参加党校学习并顺利拿到了结业证书。在平时的学习生活中，我处处严格要求自己，思想上积极要求进步。大二下期，经过党组织的培养与考察，我成为一名光荣的预备党员。

我参加了一系列志愿服务活动。我去敬老院看望老人，陪他们聊天，为他们做丰盛的午餐。去贫困山区支教，帮助那里的孩子读书识字，带他们做活动，鼓励他们走出去看看外面美好的世界。在参加社会实践活动中，我感受到了帮助他人的快乐，并荣获"社会工作奖"和"社会实践先进个人"等荣誉。

学有所得，学有所获

大学期间，我的学习成绩一直名列前茅，并多次获得校级"三好学生"和"优秀学生干部"等称号，多次获得"优秀学生奖学金"。

在认真学好专业课的同时，我还积极参加学校举办的一系列活动。我参加了校级"达体舞"荣获"团体一等奖"，参加校级五四文艺汇演《爱·友善·圆环》荣获非舞蹈"团体第一名"。同时，我还积极参与科研立项和竞赛活动，在科研立项课题中我对"青少年的少年白问题"展开了较深入的研究和调查。除了参加校内各类活动，我还参加了2016华迪杯中国大学生计算机设计大赛，分别获四川省级赛一等奖和国家比赛三等奖；又参加了四川省教育厅举办的SYB创业培训，顺利结业并获得"优秀学员"的荣誉称号。

此外，我还积极参加学生工作。大一时，我进入学生会，成为一名学生会干事。大二时，我担任院分团委学生会学习部部长一职，在学习上起模范带头作用的同时，也拓展了自己的组织能力。在此期间，我还在学校多次组织大型演讲、朗诵、辩论赛,并取得不错的成绩。大二期间,我兼任教务处学生助理,协助老师处理各项日常教学事务。

感恩之心,奋进之心

　　学会感恩,是我的人生之悟。我原只是一个普通的女孩,有老师的认可和同学们的信任,进入学生会使我获得了成长的机会。不管走多远,我始终都记得机会来之不易,感激常在,感恩常在。

　　进大学以后,我每年都有享受国家助学金的机会,感谢国家给我们提供的帮助,使我不再为经济而苦恼,让我在校园安安心心学习。国家奖学金见证了我努力和成长的崭新一页,获奖不是根本目的,也不是休止符,它是对我的一种激励与鞭策,这意味着今后我会有更多的路要走,有更多的山要攀登。

　　一个人不管曾经取得怎样的成绩,都只代表着过去。人生在勤,学思并进,德艺齐修。只有不断探寻心中更高的追求,才有继续向前的动力,学习如逆水行舟,不进则退,只有不断地努力,才能取得更多优异的成绩,才能创造更美好的未来。我会依然拼搏并且努力争取在各个方面全面发展,相信我的明天会变得更加的美好和绚烂。

　　师长点评:该生拥护中国共产党的领导,积极要求进步,学习刻苦认真,成绩优异;积极参加各项社会实践活动,长期担任学院学生会干部,表现突出,起到了学生党员的先锋模范作用;多次参加学校内外创新创业比赛,获得国家级及省级比赛奖项,综合素质高。

西昌学院汽车与电子工程学院党总支副书记　胡峡

追梦途中

西南医科大学　杨蝉荣

杨蝉荣，女，生于 1993 年 12 月，中共党员，西南医科大学公共卫生学院预防医学学生，2013 年 9 月入学。入校以来获 1 次国家奖学金、2 次国家励志奖学金，获得 2 次"校园十大学习之星"称号，多次被评为三好学生、优秀团干，获学校防艾创新大赛二等奖、"金秋杯"女篮三等奖、唇枪舌火辩论赛三等奖等。

"光阴似箭，日月如梭"，时间悄无声息地从我们身边溜走，它从不会因为任何人、任何事而驻足停留。大学时光在我们人生中是一段美好的旅程。大学生之间的差距取决于课外的那八小时。因此，我自从入校以来就倍加珍惜时间，常与时间赛跑。梦想在远方，行动在当下，追梦路上沿途风光正好，我要尽情享受奋斗和成长的过程。

追梦途中，遨游书海

在空闲时间里，我会静静地看些课外书籍。莎士比亚曾说过："生活里没有书籍，就好像没有阳光；智慧里没有书籍，就好像鸟儿没有翅膀。"高尔基曾说过："我扑在书籍上，就像饥饿的人扑在面包上。"书籍是知识的源头，是人类的精神食粮。书籍，是瞭望世界的窗口，改造灵魂的工具，打开知识宝库的钥匙。读书，能使人愉快，使人聪明。书是有价的，但又是无价的。世上的书那么多，价钱从几元到几千元，各不相同，可它们内存的知识是无价的。书对我们的影响自然不言而喻。书籍，可以丰富我的视野，增加我的知识，净化我的思想！我爱书，我视书籍为恋人，我激情澎湃，有抱它入眠的冲动。"不能主宰自己的人永远是奴隶！"这句座右铭一直激励我前行。遨游书海，吸取文人思想精华，提升自我文化底蕴，在书海中感知另一个世界。

追梦途中，开拓创新

当今时代，追求的是创新精神，复制品和山寨货都过于泛滥，唯有创新精神能引领我们走向时代前沿。创新精神是一个国家和民族发展的不竭动力，也是我们大学生应该具备的素质。大学，更能提升我们的创新思维，它是一个提供众多机会的平台，包括各项课题的申报、创新创业项目的开展以及创业孵化园的入驻等。在大学期间，我与其他伙伴申请了一个大学生创新创业的科研课题——大学生微商创业的现状调查和创业实践研究。我们都知道，人是一个思维体，我们团队在开展项目时也会产生思维的火花，不同的人对同样的问题有着不同的见解和看法。"独木不成林"，合作对于一个团队来说尤其重要，一个人的想法较为局限，而多人的想法相聚一起却可以得到升华，也许这就是创意的来源。

追梦途中，展现风采

梦想的道路是美好的，在这期间充满了各种挑战和乐趣。在追梦途中，我不忘初心，更加热爱生活，坚持自己的兴趣爱好，尽情享受每一天。除了看课外书籍这一兴趣之外，我还喜欢结交朋友，喜欢运动。在空余的时间我会积极参加学校以及院系组织的各项活动，以丰富自己的生活，在不同的活动中去认识和结交更多优秀的朋友。其实每一个人都有各自的特点，每一个人都有自己的闪光点，俗话说："三人行，必有我师焉。"众多的朋友影响着我，带领我认识这个世界。

生命在于运动，健康的身体乃是革命的本钱。篮球，是我热爱的运动项目之一。我喜欢在球场上奔跑的那种挥汗如雨的感觉，因此也更加珍惜每一场篮球赛。在赛中，队友之间相互鼓励，配合默契，啦啦队也为我们呐喊助威，每一声"加油"都让我激励自己不停地奔跑。每一次球进篮筐都会给我们带来巨大的喜悦，就像是人生路上当自己累得站不起来的时候，亲人朋友的支持和陪伴会给我们毅力，使我们不断前行。每一次我都会告诉自己：在不远处你终会看到希望的曙光，坚持就是胜利，成功就在不远处，你每前进一步就会离目标更近一步。放弃十分容易，它只需一时；难能可贵的却是坚持，它需要一世。

追梦途中，实践社会

参加社会实践是为了学以致用，将自己所学的知识灵活地运用到实际生活当中，这样既可以巩固我们所学的专业知识，又可以实现知识的真正价值；同时，为了今后能更好地融入社会，能够更加顺利地进行日后的学习和工作，每年暑假我都会做兼职或参加社会实践，体验不一样的生活。当然今年暑假也不例外。此次我与同专业的一些同学共同来到泸州市叙永县疾病预防控制中心参加社会实践，做社区诊断调查工作。此次实践十分有意义。它要收集叙永县各乡镇居民的家庭基本情况、患慢性病的情况、慢性病的知晓情况以及相关的体检信息，从而用来分析和评估叙永县居民的健康状况以及生活方式。这充分体现了我们的专业知识和技能，在此期间我也学到了许多课本之外的知识。

这次社会实践经验对于我来说不仅仅是一种实践，一种人生经验，还是一笔宝贵的人生财富。此次的社会实践与以往不同，这次实践的内容更加注重专业知识，对于一个即将成为大四的学生来说，这次实践对我的帮助很大。它让我重新复习和巩固了以往所学的专业知识，同时接触和学习了一些新的知识，让我认识到了今后的学习重点，为我以后出去实习和工作奠定了基础。在这次的实践过程中我体会到了团队合作的重要性。一个团队的关系是辩证统一的，它不仅需要团队各小组分工明确，还需要团队的相互联系和共同合作。学校鼓励我们在校大学生积极参加社会实践，因为社会实践是学校教育的一种延伸，也是推进社会素质教育的重要手段，这样的实践活动能让我们更好地接触社会，了解社会。社会是一所锻炼人的综合性大学，只有正确地引导我们深入社会，了解社会，服务社会，投身到社会生活中去，才能使我们发现自身的不足、仍需学习和改进的地方。随着年级的上升，我越来越珍惜这样的实践机会。每一次的实践都会给我带来不同的感受，每一次实践都会让我接触到很多好人，每一次实践都会给我留下很多美好的记忆，每当实践结束时我都有太多留恋与不舍！

岁月从不为人的怠慢而停步，时光永不因你的叹息而驻足。当我们回首往事时，成绩已经成为过去，新的目标正在前方等着我们。我们仍需不断努力，我们还在追梦的途中，我们还需向更高的山峰攀登。

师长点评：教室里的她，总是专心致志；运动场上的她，总是生龙活虎；社会实践中的她，总是精益求精；辩论场上的她，总是妙语连珠……阳光、自强、健康、开朗、勤奋、向上……这就是我们眼中的追梦女孩——杨婵荣。

西南医科大学公共卫生学院党总支书记、副研究员　阳静

厚德博学　精思笃行

成都中医药大学　陈晓玉

陈晓玉，女，汉族，1995 年 8 月出生，成都中医药大学药学院中药学（基地班）2013 级学生。曾获国家奖学金、校级奖学金、成都市优秀志愿者、校优秀志愿者、校级优秀学生干部、校级优秀学生、校级优秀毕业生等荣誉。

厚德博学，精思笃行，书山勇狩猎，学海敢捕鲸。　　　　　　——题记

进入大学，成为一名成中医人，谨记校训"厚德博学，精思笃行"。

厚　德

天行健，君子以自强不息；地势坤，君子以厚德载物。"厚德"就要用像大地一样宽厚的德行来容载万众、万象、万事、万物，帮助他人，不求回报。我自幼家境贫寒，受到过太多的帮助，所以我感恩这个世界，有机会一定将我的帮助带给他人。曾记得我与一群小伙伴去山区支教，那里孩子们生活条件之艰苦，连我这个家境贫寒的人都无法想象，不少农户辛勤劳作一年，收获只够吃半年，他们早已无力供孩子上学念书。我们将筹集到的学习用具、书本带给孩子们，将知识带给孩子们，他们眼里充满着喜悦，充满着对知识的渴望和对外面世界的憧憬。要离开山区那天，孩子们围着我们，往我们包里塞地瓜、塞鸡蛋、塞他们写给我们的信，大家都流下了眼泪，不停地问我们还来吗，我告诉他们，我们来，每年都来。我们的支教队伍就这样一直延续着，给予与奉献就这样扩散开来。

博 学

"非学无以广才,非志无以成学。"我们应该好好珍惜大学的青春时光,努力拼搏进取,为学之要贵在勤奋、贵在钻研、贵在有恒。我制定了严格的作息时间,杏林中有我晨读的身影,自习室和图书馆总能见到我埋头苦读或查阅资料的背影。我畅游在知识的海洋里,坚信只要努力,就一定能够取得好的成绩。经过不懈努力,三年来我成绩名列前茅,现已以优异的成绩推荐免试保送中国医学科学院。学习须持之以恒,成功永远不会降临到懒惰者的身上。只有锲而不舍,不断努力,不断追求,不断奋进,才能在学习上取得一定的收获,提升自己。

精 思

进入大学,我的内心充满了对科研的向往,我向往在科研中精细地思考,也向往追求真理努力探索的生活。所以我主动联系导师,加入了黄勤挽老师的课题组,参与老师的国家自然基金项目。在做这些科研项目的时候,我不仅提高了自己的科研操作能力,更锻炼了自己的科研思维,成功申请并主持了一项校级科研课题。虽然我申请了自己的科研课题,但设计完成实验对于一个初涉科研的本科生来说实在是太难了。在奋斗的道路上,我曾倍感艰难与孤独,套用理论知识来设计的实验总得不到预想的结果;操作过程中的一个小小失误,就可能让整个实验失败。无数次的挫败、无数次的修正让我怀疑自己的能力,但老师与师兄师姐对我的鼓励与帮助就像是给了我一双隐形的翅膀,这支持与鼓励让我度过了艰难的时光。终于,我的坚持得到了些许收获,我在学院举办的"百草园"科研学术论坛中获优秀奖,科研课题成功结题,我也成功地完成了一篇学术论文。科研是崇高的,让人不由产生敬意,做科研总会遇到各种困难与失败,我们要无惧失败,通过思考,战胜失败,从而一步步总结自己,修正自己。

笃 行

"滴水之恩,当涌泉相报。"一路走到现在,帮助过我的人太多太多,正是这份爱激励着我努力成长,丰富自己,使自己更充实。我也将我所学传播给大众,回馈他人,常怀感恩之心,积极参与公益事业,为回报社会做出自己的贡献。

我加入了学校红十字会,这三年一直热心公益,策划组织了多场公益活动:进社区关爱老人,疾病防治宣传,爱心献血,防灾减灾宣传,冬衣捐赠,山区支教……这一次次的公益活动,让我深深地体会到爱与被爱,体验到给予别人快乐的同时,自己内心的快乐,也体会到将自己所学传授于他人的快乐。

作为中医大学子,我们策划了疾病防治知识传播的公益活动,希望将自己所学传播给他人。为了让更多人知道疾病防治的相关知识,为了让更多的人参与到公益中来,为了让我们的所做所为更有意义,这份公益活动策划案修改了无数次,这次活动长达一年的时间,我们邀请了成都各大高校的公益团队共同参与到疾病防治宣传中,并且以比赛的形式来激发大家对活动的热情。我们在学校举办公益沙龙、公益讲座,举办知识竞赛活动,让同学们掌握疾病防治知识;进社区,我们在向市民们宣传知识的同时,也与当地卫生院合作,充分利用自己所学,为市民们检查身体;我们还自己设计剧本,拍摄疾病防治微电影,让大众都能学习……看到大家对自己的肯定和赞赏,看到大家能够更好地去防治疾病,看到自己所做的能够对大家产生积极的影响,我真的很开心。

梦在前方,路在脚下,唯有自强不息,才能到达远方。我始终坚信,困难并不可怕,可怕的是被困难打倒,是无法战胜自己怯懦的心!我要用积极向上的态度,最真实的行动去实现梦想,感恩别人,回报社会。

师长点评:陈晓玉同学思想积极上进,学习勤奋刻苦,成绩突出,思维活跃,富有创新精神,具有较强的领导能力,乐于助人,积极参加各项公益活动,以一颗感恩的心,回报社会,得到了学院师生的一致认可!

成都中医药大学药学院副院长　吕光华教授

追梦若冷，就用希望去暖

川北医学院　刘生伟

刘生伟，男，汉族，1994年2月出生，中共党员，川北医学院临床医学系2013级学生。曾获国家奖学金、四川省首届"联盟杯"高校英语写作大赛一等奖、四川省大学生综合素质A级证书，被评为南充市优秀防艾青年志愿者、学校精神文明标兵、三好学生和优秀学生干部。

纪伯伦说："你无法同时拥有青春和关于青春的知识；因为青春忙于生计，没有余暇去求知；而知识忙于寻求自我，无法享受生活。"二者之间我毫不犹豫地选择了后者。我要在医学知识的海洋里尽情畅游，去追寻我的"白衣梦"。

"白衣梦"种子破土而出

在我童年记忆的最深处，是备受疾病煎熬的父亲又一次躺在地上抽搐。随着年岁的增长，渐渐地我不再感到恐惧，我会陪在父亲身边，习惯了陪父亲随时出入医院。我渐渐幻想自己变成给父亲看病的那个医生，身着白衣，面对各种疾病游刃有余。时光孕育着梦想，一个关于医学、关于生命、关于杏林的梦想在我的心灵里扎下根来。

上初中时，我刻苦学习，每次成绩均为年级第一。考上高中那年，年迈的奶奶病危，在医院陪护的那段日子，"白衣梦"的种子再度苏醒。高考结束，填报志愿，我只查询了医学院校的招生信息。提交志愿的刹那，扎根在心房的"白衣梦"种子终于破土而出。拿到录取通知书的那一天，我自豪地告诉了奶奶和父亲关于我的专业选择。曾经天真的少年，就这样踏入了医学的大门。

"白衣梦"小苗茁壮成长

刚进入大学,和许多茫然的同学一样,我找不到前进的方向。学长说:"世界就是因为有你这样的人才改变的。"我暗下决心,虽不能改变世界,但我能改变自己。

我开始加入社团,担任班长,勤工俭学,刻苦学习,争取全方面发展自己。我每日行走于学习和工作的路上,虽身心俱疲,但很充实。有好多事是从未经历过的,有好多任务似乎是不能承受的,有好多挫折似乎是不能打败的。我无所畏惧,迎着挑战前行。我牢记工作责任,承受着他人的不理解,与同学们同心协力,我们班级先后荣获优秀班集体、优秀团日活动、技能比赛一等奖、体操比赛二等奖等多个集体荣誉。

我不能忘记举起右手铿锵有力地念出"我决心竭尽全力除人类之病痛,助健康之完美,维护医术的圣洁和荣誉,救死扶伤,不辞艰辛……"医学生誓词的时候,那一刻,我内心充满着无限的感动与幸福。

学有所成,以学助人。一次偶然的机会,我有幸参加了省疾控举办的防艾人员培训会,从此,我与"艾滋病防治"公益主题结缘。作为"携爱同行"健康促进协会的会长,我带领协会成员在学院教授指导下连续两年成功申报"省财艾滋病防治社会动员项目",累计获得13万元的公益资助。我组织近两百名大学生志愿者利用节假日奔波在十余个城市社区和偏远农村,有针对性地开展了为期两年的艾滋病防治教育公益宣传。

2015年,我组织五所高校志愿者参加南充市卫计委举办的"南充市大中专院校在校学生艾滋病防治策略项目",完成全市高校学生基线调研工作。因投身"防艾"公益,我多次被市卫计委、各区疾控中心评为优秀防艾志愿者、优秀工作者、先进个人。

志愿青春,回馈社会。我又联络疾控中心组织队伍开展了三次扶贫医疗"三下乡"活动。深入基层,我看到了贫穷百姓饱受疾病折磨的痛苦,看到了濒危病患对生命渴求的目光,看到了基层医务人员兢兢业业对"救死扶伤"的执着追求。我又加入义诊队伍,运用所学,践行"除人类之病痛,助健康之完美"的承诺。

执着探寻白衣征程,奉献社会青春无悔。在此,我要感恩政府给予我低保补贴,社会组织给予我生活资助,国家给予我助贷奖学。

"白衣梦"的小树期待繁茂

奋斗的路途有时是孤独的,而我却从不害怕。但现实十分残酷,陪伴了我21年的奶奶因病去世了。追梦路太长,她没能等到我梦想成真的那一天,她没能等到我穿上白大褂为她驱逐死神的那一天。

蓄积力量,厚积薄发。岁月和疾病带走了奶奶,却带不走我对医学道路的坚持。家人为我种下了"白衣梦"种子,他们鼓励灌溉嫩芽,我克服险阻茁壮成长。通过不懈努力,我获得了三次国家奖学金,参加各类比赛夺得四十余项荣誉;专心科研,在国家级刊物上发表论文多篇。

"白衣梦"已展露新枝,我正着手考研。追梦若冷,就用希望去暖。只要医路坚持,所有的答案都将是肯定!只要医路坚持,就能迎来枝繁叶茂的那一天!

师长点评:寒门学子,潜心苦读,锐意进取,逐梦白衣。敢于尝试,勇于创新,直面挑战,砥砺前行。成绩优异,全面发展,三获国奖,学习典范。谦虚坦诚,踏实肯干,奉献社会,勇肩重任。愿其乘风破浪,早日圆梦!

川北医学院临床医学系副主任　周仲辉教授

把生活过成你想要的样子

川北医学院　唐华阳

唐华阳，女，汉族，1995年8月出生，中共党员，川北医学院预防医学系2014级学生。曾获国家奖学金、第三届"创青春"四川青年创新创业大赛铜奖、第二届"互联网＋"创新创业大赛铜奖，担任2016年暑期"三下乡"全国优秀团队队长，被评为南充市优秀共青团员、学校自强之星、十佳学生和优秀学生干部。

生活就像一副面具，你将它作为自己的脸庞，姣好亦好，平凡也罢，给它赋予一个有趣的灵魂，才能变成你想要的样子。

时光易逝，珍惜青春

时光易逝，回想她们25岁那年：张爱玲与胡兰成的那段"低到尘埃里"的爱情快要接近尾声，但也出版了她最重要的小说集《传奇》；萧红已经完成了《生死场》，离开中国远赴日本，人生导师鲁迅的离世，她闻讯悲痛难当；至于丁玲，也写出了第一部长篇小说《韦护》，正与丈夫筹备办一本名叫《红黑》的杂志；25岁的林徽因，生下她和梁思成的女儿梁再冰。粗略看过来，对于那些民国名媛们来说，25岁，人生中的大事大抵已经发生。在最鼎盛的年纪，她们已经活成了她们想要的样子。（摘编自《25岁，该怎么规划你的人生》）

诚然，我们所谈及的名媛们都有如此追求或者说人生规划，或已成为自己人生中想要扮演的角色，对此，我们不妨扪心自问：20岁的我们正处于何种状态呢？

现在20岁的女孩，有的还没走出校园，有的刚开始工作一两年，对于世事还很懵懂，对于未来充满迷惘。或许仍在探索着自己究竟更适合什么风格的打扮，计划攒钱实现一回梦寐已久的旅行。可能还相信着灵魂伴侣这回事，并且诚心诚意地找寻着那个人。

随着岁月的迁徙，青春不断推迟发生。如今的时代，女孩想要在 20 岁就活出一个分明的自己，实在太不容易。我们或活在别人的眼里，或活在自己的心里，而我选择后者，扎根心底，珍惜易逝青春，把握韶光。

百善孝为先，不忘父母期许

"孝子之至，莫大乎尊亲；尊亲之至，莫大乎以天下养。"也许如今"虎妈猫爸"的教育方式越来越受父母的追捧，但不掩饰地说，从小我却是在爸妈的放纵式管理下"茁壮成长"起来的，这也正好让我在荆棘与花香的成长过程中出落得自立自强。从牙牙学语到亭亭玉立，我始终不负爸妈期许，虽然受过委屈，流过泪水，但我对自己说，输不起就不要输，死不了就站起来，微笑着面对世界，告诉自己：我还好！我拥有了一份不错的学业成绩和融入骨子里的坚强！

20 岁那年，不仅带着爸爸妈妈的期许，还有对大学生活的向往，我来到了川北医。拾一把春泥的气息，撒满整个川北医的春季，徜徉在夏季蓝花楹的花海中，摘下一枚泛了黄的银杏叶，用力写下：你好，川北医！是谁背着写满笔记的书本穿梭在每个清晨的第一缕阳光？是谁在夜深人静的柔弱灯光里奋笔疾书？我可以毫不犹豫在说：是我！在两年的大学学业学习中，我连续获得了两次国家奖学金，一次特等奖学金和一次一等奖学金，一次性通过了大学英语四六级、计算机二级考试，获得多项优秀学生称号。百善孝为先，让爸妈以我为荣，以此来宽慰他们被岁月掠去的青春，让父母脸上的深深印迹得以缓释，这就是我所要的生活的样子。

独立自强，阳光洒脱

我渴望成功，感谢导师在我遭遇挫折后的谆谆教诲；我努力成材，感激朋友在我走进迷途岔路的刹那将我拽回；我学着成长，感念家人在我最脆弱的时候给予关怀。若非得在成功、成材和成长中做一个"关于何者意义更重大"的单选题，对于正行走在漫漫人生路上的我而言，非成长莫属！因为成长的路上有独立自强的花香做伴，有阳光洒脱的清风随行。

和同龄人相比，不管是行走在街上或是闯入学校的人群，一眼望不到的身高确实让我有些自卑，但是世上没有相同的两片树叶，那么，我——唐华阳，也不会被复制，存在即是合理，我一定会有我可以表现的价值。

没有人说身高是限制，有了距离才会发现美，不是吗？

从成为小委员到成为老师得力的助手，再到如今担任学生会主席、协会会长，我用自己的行动证明了这不是看身高的时代。以一颗认真踏实的心作为动力，我积极主动请缨担任我系2016年暑期三下乡社会实践服务活动的队长，既然承担这份责任，那么即使骄阳似火，即使深陷泥泞，即使委屈自己，也要以身作则，任何困难自己扛。为期7天的下乡免费义诊、知识宣讲、爱心支教、助农扶贫以及学习红色文化精神等活动让当地村民原本枯燥无味的山村生活多了几分生机与活力。村民们的良好反响吸引了多家媒体对我们团队的报道，而我所带领的这支团队最终被评为暑期三下乡社会实践活动"全国优秀团队"。正如在参加校艺术团大合唱时演唱的来自《Sister Act》里面的《I will Follow Him》一样，我是一个性格独立的女生，我愿追从自己的内心，愿将流淌在心中的热血洒向青春昂扬之路上，不后悔！

困苦是人生最好的老师，我颂扬贝多芬先生在失聪失明的情况下还能坚持创作的精神，也赞美海伦·凯乐小姐始终对生活充满希望。因此，我时刻提醒着自己：去吧，勇于撕开泪水打湿的衣襟，沿着泪水流淌的痕迹，去思考，去反省已经走过的路，将看似阳光明媚的大道摒弃，向表面依然冷酷的小路跑去，路尽头的天气更佳。

青春易逝，不负韶光。两年的大学生活里，我参加了很多大学生活动，虽获得了40余张奖状及各类荣誉证书，但深深刻在我骨子里的是这个过程中的经历，因为这些经历，让我成长。泛黄的照片记录着我们的青春洋溢；时间久远的故事却带着时光的气息，即使褪了色却仍然可以喜极而泣。

我喜欢随心随性洒脱但不失原则的生活，现在我正和同学经营的一家"Babygirls女生俱乐部"实体店，在三点一式的学习、生活和程序化的学生活动之外，我用自己的业余时间探索着马云的"阿里巴巴伟大形成记"，丰富了社会化经验，也使自己在生活上多了一些经济保障。或许有一天，离开父母的庇护，我也会活得健康，而他们，则由我来守护。

每天下午的闲暇时光里，我都会陪着一位六年级的孩子温习功课，看着他还在一个手指一个手指地指着每一行字高声朗读课文，我不由得也回忆起自己的童年，从而心生暖意。的确，生活不需要特意去寻找丰富绚烂，心中有暖意，自会生活阳光。

做一个独立、自强、阳光、洒脱的女子，可以没有天生丽质，可以没有姣好面容，但一定要活出自己想要的样子：平淡但不失精彩，简单却不单调，有趣并且自立！写自己爱的文章，做自己想做的事。做这样的女孩，温柔、体贴、自强、认真，不负韶光，才能将生活过成自己想要的样子。

师长点评：每个女孩子都是一朵与众不同的花。向日葵令人折服的不是它阔大的外形，而是它永远面向太阳、蓬勃生长的精神。唐华阳同学的身上就有着那么一股子劲儿——乐观面对，努力不懈，用灼灼青春与自立自强彰显着大学生的风姿与精彩。人如其名，阳光洒脱而又不失气质。相信你的灵性和努力会为你的人生开辟一路绚丽的风景。

川北医学院预防医学系主任　高晓凤教授

尝试　我的法学征途

四川师范大学　胡婕莹

胡婕莹，女，汉族，1996年10月出生，中共党员，四川师范大学法学院法学专业2014级学生。获国家奖学金、学校一等奖学金；主持国家级、参与省级大学生创新创业训练项目；获校2016年年度人物、"三好学生"等荣誉称号。

告别埋头苦读的高中生活，我迎来了崭新的起点——大学。面对新面孔、新环境、新挑战，突然感觉自己变得一无所有。寒窗苦读得来的高考成绩单已成为历史，我只有赤手空拳地迎接未知的明天。当然，我还有最大的筹码，那便是青春！要让有限的青春绽放无限的魅力，秘诀就是勇于尝试。

严谨求学　走法学之路

大学里涌现了太多机会，青春也给了我们太多选择，如何才是明智之举？何处是错误之择？尝试会给我们最佳的答案。

自入学的那一刻起，我就深知，大学与高中不同，若想成为一名出色的法学专业的学生，就要具备扎实的专业学科知识，它是学术科研创新领域的基础。因此，我力争在日常的学习生活中不留一点遗憾。我认为真正的学者要有一丝不苟、严谨求学的学习态度。大学以来，因为害怕自己在无所事事中浪费光阴，我给自己制定了满满的日程表；因为害怕对知识的掌握不够牢靠，我把书本、资料一遍又一遍地翻阅。可是，百分百的努力不能立竿见影，难以在第一时间就收获百分的成果。大一的我学业差强人意，甚至无法跻身年级前10名，这让我有些失落，但我仍然坚持不懈地努力。大二的我学业成绩曾经止步不前，但我未曾放弃；就这样，窗外草木经历了春夏秋冬四季轮回，窗内的我依旧在徜徉书海、奋笔疾书地学习。

三年里，我的生活很平凡。没有学习成绩上令人羡慕的直线攀升，有的只是成绩单上那一分又一分的缓慢提高；没有赛场上的一帆风顺，势如破竹，有的只是挥洒汗水，曲曲折折的夺冠之路；没有科学研究上的标新立异、大步前进，有的只是反反复复地推敲才迸射出的创新火花。一步一个脚印，一天一段足迹，我在不断地进步。功夫不负有心人，大三时，我以专业第一的成绩荣获国家奖学金。回首三年历程，翻开那厚厚的相册，我突然发现"春天·书香·读书人"读书月活动中我的冠军风采，模拟法庭选拔赛中我刻苦钻研的身影，十佳优良学风寝室评选活动中我优异的表现……原来我走过了一段很长的法学之路。国家奖学金、一等奖学金、年度人物等，这些当初的仰望，没想到都已成为如今的现实。勇于尝试过后，我发现，自己收获的比当初预期的多得多。

躬行实践　奠法学之基

"只有经历过地狱般的磨炼，才能炼出创造天堂的力量；只有流过血的手指才能弹奏出世间的绝唱。"为了实现目标，我不怕吃苦。当别人沉迷娱乐时，我却不浪费每一分每一秒，在综合发展的海洋里尽情地遨游。

我是一个追求完美的人。除了学好课本知识，我还寻找机会，努力培养自己的综合能力。从作为彝协办公室副主任组织每一次例会开始，到作为学院学生会副主席组织每一次法学活动，我总是认真而积极；五四歌会、校运会、三走活动、志愿服务，我总是热情参与；即使是从未参与过的活动，我也敢于去尝试。我始终相信，潜力只有经过不断地尝试才能被挖掘出来。抱着这样的信念，我在大二下学期参加了我院成都新津地区"心系民生，行贯法魂"普法社会实践活动。在实践中，我们顶着酷暑，深入司法局、社区、农村，为不同年龄段的人普及法律知识。虽然身体劳累，但是看到他们投来的幸福微笑，我们明白了社会实践的真正意义所在，我也因此明白了个人的价值所在。通过实践，我获得了成绩，更获得了成长。坚韧的付出没有白费，还换来了意想不到的小小成就。"鹰·火·魂"彝文化研究协会获得校"十佳社团"称号。学院学生会获得"先进学生会"称号，实现了历史上零的突破。勇于尝试让我发现自己的收获比预想得多。这些奖项启迪我，只要尝试去争取，上天就会尝试着让我们得到。

在别人看来，我的大学生涯已经接近圆满。而对于我自己而言，人生其实

才刚刚开始,看似人生道路上跨越的一大步,其实只是追寻梦想必走的一小步。

筑梦科研 探法学之妙

在尝试的路上我们难免会碰壁,会走弯路,会吃亏,会失败。然而"塞翁失马,焉知非福"的道理又告诉我们,失去是得到的第一步,这句话也在我的大学生活里反复验证着。

从大一开始,每次开会辅导员都会强调科研创新的重要性。当时科创在我心里显得格外神圣,每次和取得科创成果的学长学姐进行交流时,我的内心总是充满了钦佩和敬仰。从大一到大三,我对科创的认识由懵懂转为迷茫、由迷茫变为热情,最终通过不断地探索新思路、尝试新方法,科研创新也由无从下手转变为得心应手。

在大一期间,我曾参加科创项目的申报,这是我第一次接触课题研究,非常希望能申报成功。于是我费了很多心思,查阅了大量资料,但由于缺乏经验导致课题未能申报成功。我开始怀疑"付出便有收获"这句话,感觉自己的努力徒劳无功,失去了继续开展科研的信心。适逢学院开展了如何申报科创项目的讲座,我拿着失败的申报书请教老师,才知道课题研究不仅注重知识基础,还要关注热点问题。老师给我的点评我句句记在心里。吸取了前一次的教训,大二时我又一次尝试申报科创项目,并参与了大学生创新创业训练项目的申报。经过不断的尝试,我爱上了科研创新。或许有时候努力后的结果不尽如人意,但前面的失败永远是后面成功的垫脚石,放眼未来,收获便在不远处。

挑战自我 创法学之煌

尝试的次数越多,成就的机遇会越多。我对成功的理解是,抓住机遇,表现自我,便是成功。

尝试让我抓住了一个个机遇。2016年3月,经过紧张严格的面试,我荣幸地成为法律援助中心的一员,开始了我的法律援助之路。每一天,我在法援中心接待形形色色的当事人,有经营失败的商贩,有婚姻走到尽头的夫妻,也有来自我们身边的同学、宿管阿姨、保安大叔。

在科研创新项目申报中，我主持的科创课题以答辩第一的成绩获得学校重点创新型立项。2016年5月，我报名参加了大学生创新创业训练项目计划。前期，因为知道自己缺乏实践经验，我几乎查阅了所有课题相关的书籍并不断学习理论知识，总结经验教训。凭借扎实的专业知识理论和高涨的科创热情，我参与的大创课题"龙泉驿区重化工业的前景与展望——以新环境法为背景"获省级立项。此外，我主持的团队成功申请到国家级大创项目"中国认罪量刑协商改革调查与研究"，通过前期的精心策划和与指导老师的沟通交流，起草申报书、实地调研、实践分析、论文初稿等一系列工作也陆续展开。2016年11月，我参加了第十届"挑战杯"大赛，这次我作为组长，和队员们一起理清思路，大家把实践和理论相结合，分工明确，统筹兼顾，齐心协力，我们达成共识：不论最终获奖与否，只要用心参与其中，就会有意想不到的收获。是尝试让我得到了机遇，是机遇让我得到了收获。

即使正青春的我们一无所有，但是只要我们还有尝试的勇气，在无畏中前进，在尝试中积累，在失败中成长，就一定会收获最美丽的风景，就一定会收获最无愧的青春！

师长点评：胸怀理想，乘风破浪，她用执着书写人生诗篇；创意无限，砥砺前行，她用信心勾勒未来画卷。人生是漫长的征途，她追梦不息，奋斗不止。她，就是榜样！

四川师范大学法学院院长　唐稷尧教授

一只蛹的自述

四川师范大学　李　凡

　　李凡，女，汉族，1994年7月出生，中共党员，四川师范大学马克思主义学院思想政治教育专业2013级学生。在校期间获两次国家奖学金、五次学校一等奖学金、两项国家级师范生技能奖、"三好学生"等，被评为2017届四川省优秀毕业生、四川师范大学优秀毕业生和四川师范大学年度人物。

　　我出生在一个普通的川西农村家庭，家乡地方偏僻，大山环绕。家里的经济条件不好，可物质上的匮乏并未影响我的成长，因为父母给予我的精神养分是富余的，让我懂得知足常乐；家里长辈重男轻女，导致父母在家族中没地位，可他们依旧爱我，让我充满自信与快乐；我家地处偏僻高山，我上学时常常陷在泥泞的黄土路里，弄得自己全身是泥，下雨时被淋成落汤鸡也是常事，可就算淋雨也要一直走，因为我热爱并渴望学习，上学的路永远风雨无阻。这些复杂和恶劣的环境培养了我自立自强的精神、磨砺了我走出大山的决心。多年的努力没有白费，我带着我的"三尺讲台"梦顺利考上了四川师范大学，成为我们村里唯一一个考上大学的娃。我，走出了大山，带着我的信仰——苦难只是生活的历练，凤凰可以涅槃重生，我亦可以羽化成蝶。

【觉醒篇】隐形的翅膀

　　"我知道我一直有双隐形的翅膀，带我飞给我希望；我终于看到所有梦想都开花，追逐的年轻歌声多嘹亮；我终于翱翔用心凝望不害怕，哪里会有风就飞多远吧；隐形的翅膀让梦恒久比天长，留一个愿望让自己想象……"

　　进入大学后，我怀揣着梦想小心翼翼地前进，不畏惧风和雨，不畏惧烈日当头，亦不畏惧漫漫黑夜，我愿做梦想的苦行僧。"逝者如斯夫，不舍昼夜"

"莫等闲,白了少年头,空悲切""有志者事竟成,破釜沉舟,百二秦川终属楚;苦心人天不负,卧薪尝胆,三千越甲可吞吴"等箴言,我铭记于心。我虽是一只"笨鸟",却深谙笨鸟先飞才不会掉队的道理。在学习生活中,我只能用别人休息的时间弥补自己的缺陷:早起1小时,中午不午休,晚饭改面包……在专业知识学习上,我认真做到课前"温故而知新",课堂上"敏而好学,不耻下问";课后"学而不思则罔,思而不学则殆"。学习上的环环紧扣,步步直上,带领我逐渐开启新的世界,让我向梦想慢慢靠近,逐渐学习和了解专业前沿知识和研究领域,每一次新的发现都让我兴奋不已。

逐梦大道已铺好,只需我自己一步一个脚印走过去,风雨无阻,就像儿时踏在那黄土路上一样,即使满身泥土也要继续前进,即使会有黑暗也要跟着月光前行,因为前方是梦想,是希望。我相信,朝着梦想奋进,需要付出与努力,追逐梦想的路程没有谁会一帆风顺;我相信,凤凰浴火会痛,蛹破茧成蝶亦会痛,人都有梦,有梦就别怕痛!

【破茧篇】淋雨一直走

"前面有盘旋的秃鹰,背后有尖酸的耳语,黑色的童话是给长大的洗礼,只要有梦就不要怕痛,就算受伤也要有型,这就是志气与勇气,不断地被推下了悬崖,我已经学会了飞行……"

我知道,经过慢慢的痛苦蜕变,我已经长出了属于我的翅膀,可以在属于我的天空自由翱翔。大学期间,我参与了暑期社会实践,进行课题调研;参与了由团省委举办的"逐梦"计划,前往成都市中级人民法院实习两个月;参与了学校第十一批科研创新,组建团队进行课题研究,培养学术意识,在《教育》杂志上以第一作者的身份发表文章并被维普网全文录入。

一分耕耘,一分收获。经过日积月累的勤奋学习,我也收获了学习的果实:先后获得了普通话一乙证书、国家计算机二级证书等专业技能证书;连续获得两次国家奖学金和五次校级一等奖学金,在全国师范生教学技能大赛上获得两项国家级师范生教学技能大奖;以专业排名第一的好成绩获取学院的推荐免试硕士研究生资格,被保送至华东师范大学继续深造。这些收获让我离我的教师梦更近了一步,从此,我开始了一个更长远、更值得期待的梦。

【蜕变篇】不完美的小孩

如果要问我的梦想是什么,我会说:成为一名光荣的人民教师!

落后的乡村条件,村里的孩子大多读完初中就外出打工,然后结婚生子,而我却想念完高中后再去接受高等教育。父母非常支持我的想法,他们坚定地告诉我,让我大胆去想,放心去做。我不完美的梦,总有人陪着我想;我不完美的勇气,总有人说要更勇敢;我不完美的泪,总有人说要笑着擦干。我感谢父母用他们并不结实的臂膀撑起我们的家,他们总是竭尽所能,把最好的留给我,让我成功地踏入我向往已久的"象牙塔",让我去追逐我的梦,让我能够和更多的人一样成为一个可以有梦的孩子!

"克勤于邦,克俭于家。"进入大学后,我坚持勤工俭学,申请助学金和奖学金,并在空暇时间去兼职。在炎炎烈日下,在凛冽寒风中,我发过传单,做过户外销售,也在工地当过清洁工。我不怕风吹雨打、日晒雨淋、天寒地冻,只想凭一己之力慢慢长大,体味人生百态,做一名新时代自立自强的女大学生。因为我深知,我的每一分钱都是父母的血汗钱,我少花一分钱,父母就能少在阳光下暴晒一分钟,少流一滴汗。

我也明白,人生的价值在于奉献,我们应当用自己的力量去为他人、为社会、为国家做贡献。作为一名中共党员,我充分发挥先锋模范作用,积极参与社会工作与志愿服务,前往社区慰问孤寡老人、前往特殊学校关爱孩子们,给他们送去欢乐和温暖;我还担任了各类学生干部,在各个岗位上服务他人,从服务他人中体会自身的价值与责任。我从不期望任何回报,我只希望在逐梦路上,用自己学到的知识和获得的能力去帮助他人,让自己褪去青涩,变得更加成熟,让自己不断成长!

【成蝶篇】明天,你好

"长大后,我只能奔跑,我多害怕,在黑暗中跌倒,明天你好,含着泪微笑;每一次哭,却又笑着奔跑,一边失去,一边却又在寻找,明天你好,声音多渺小,却提醒我,勇敢是什么。"

我怀揣着梦想,小心翼翼地过关斩将,一步一步向着自己的目标前进,无论有多痛，也要默默擦拭自己的伤，不怕苦不怕累，保护好梦想的翅膀，坚定理想信念，坚强面对一切，勇敢地拼搏与尝试。在这一路的跌跌撞撞里不断成长，经过不断的历练，不断摸爬滚打，离梦想更近，希望万千个日子的艰辛努力，可以换来有朝一日的破茧成蝶，让梦想开花。

一路披荆斩棘，我长出了属于我的翅膀，成为飞舞的蝴蝶。我的明天，你好！

师长点评：追求内心的自由自主自律，寻找内在的从容宁静与丰富。李凡同学在逐梦的道路上忠于自己，沉潜积聚。灿烂笑容的背后，是日夜的坚持与坚定的信仰。为梦想，无谓风雨兼程，相信她将一路高歌，阔步远行，笑看沿途风景无数。

四川师范大学马克思主义学院院长　陈驰教授

咬定青山不放松　任尔东西南北风

四川师范大学　俞仕琳

俞仕琳，女，汉族，1997年6月出生，四川师范大学生命科学学院食品质量与安全专业2015级学生。获得一等奖学金两次，社会工作奖学金两次，全国大学生英语竞赛三等奖1次，并获"三好学生""四川师范大学优秀实践个人"等荣誉称号。

一年前的我，选择了四川师范大学。自此，一路风霜雨雪，一心星月清风。无他，只是我明白，看日出必须守到拂晓。

路未明　雪中行

北岛曾说："那时我们有梦，关于文学，关于爱情，关于穿越世界的旅行。如今我们深夜饮酒，杯子碰到一起，都是梦破碎的声音。"义务教育阶段，会有老师家长一直督促我学习，指引我选择。而大学，第一次让我手足无措。开放的环境提供给我的，不仅有可遇而不可求的机遇和从未面临过的挑战，还有没有目标的迷茫和毫无准备的应对。但让我最为慌乱的是，我从未想过自己会进入食品科学领域学习，将来会一直和生物化学知识打交道，抑或是以后整日穿着白大褂出入实验室，做着我并不感兴趣的复杂实验。作为一个高考化学生物成绩并未及格甚至厌恶生物与化学的学生，命运给我开出的这个大难题一度让我低落。在日复一日的课程学习和三点一线的平淡生活中，我开始渐渐地失去行动力。没有目标没有方向，我甚至不知道自己该如何迈出接受命运挑战的那一只脚。我多么希望能有一盏灯，能够照亮我前进的路，让我幡然领悟，让我双眼不再模糊，让我有力量披星戴月，日月追逐。

在度过了数十个极度不安的日夜后，与老友一次偶然的交谈，建立了我重新奔跑的信心。看着她在大学校园里活得风生水起，忙得不亦乐乎。每每与她见缝插针的交流，都让我惊诧于她所获得的荣誉和进步。她活出了我羡慕的大学生活，这似乎与我形成鲜明的对比。一个目标明确潇洒益然，一个茫然忐忑惆怅失意。"正因为对未来一无所知，才应该在当下全力以赴，在将来如果我有了目标，那我现在全力以赴去拥有的一切都将成为我取得成功的资本。"她在热烈交流时不经意说出的一句话，令我振聋发聩。我似乎能够看到她在很久以前，也像我一样，在无数个起风的夜晚，辗转反侧，默默叹息。不同的是她从来没有停止过前进的步履，而我却一直在自怨自艾，原地不动。这个世界上最公平的就是时间，有目标的人抓紧每一分每一秒，而没有目标的人却只能无端哀叹时间的流逝。努力而进取的人会更努力，迷茫而堕落的人却会更迷茫。圣人益圣，愚人益愚。打破怪圈，以勤奋破。

知学　则有力

萧伯纳说"自我控制是最强者的本能"，学习能力便是衡量自我控制能力强弱的最好标准。大学是一所知识的殿堂，它只对坚持探索，坚持汲取的人洒落它的光辉。知学，则有力矣。清楚了解学习重要性的我，很早便养成了良好的学习习惯，并且设立了长远的学习目标。三百六十五天，我每天坚持学习英语一小时；每一天的每一个四十五分钟，我都认真听讲，全力思考；坚持认真落实每一次学习任务；坚持认真动手操作每一实验步骤……学习的刻苦和专研帮助我找到了前行的方向。大一下学期一次课堂上，张宏教授提到了食品领域与其他学科的交叉渗透，提到了食品法律法规以及国家标准的制定，是现存的一些老大难问题，社会需要这样的人才，然而人才却不应运而生。我一直在现实的工科和理想的文科之间犹疑不决，张宏教授的自身经历和经验分享给我打开了一扇新的大门，我看到了理想与现实那个微妙又让人兴奋的均衡点。成为一名学科交叉型人才，利用工科的专业知识对国家标准与商业争端做出最公正的司法判断。这个看似遥不可及却又清晰明朗的愿望，在那个一如往常的课堂上，在那个意想不到的一瞬间，便成为我毫无理由坚持和丝毫不敢松懈的目标。

逆水行舟用力撑　一篙松劲退千寻

大学一年，我的路因为梦想的指引一直走得四平八稳，直到遇上实验操作。几次实验中的重大失误，让老师们对我有些许的失望。虽说"实践是检验真理的唯一方式"，但实践又和理论彼此独立。比如实验题目和操作，对于做题，只要你对知识融会贯通，解题便是水到渠成。而对于操作，你必须在理论的基础上，记住那些环环相扣的步骤、不胜枚举的细节动作。一个毫不起眼的、不标准的小动作就可能会让整个实验功亏一篑。一次"测定枇杷中总黄酮"的实验，因为实验对照品所用的物质非常昂贵，所以全班只能做一个标定曲线，而我被老师委以重任，承担了这份一定不能出丝毫差错的工作。在高度紧张下，我粗心犯了一个简单而又致命的错误，我至今也忘不了老师那盛怒又失望的表情。我深知自己犯了错，但从小到大都是乖宝宝的我，鲜有这样的经历，这让我一度对实验室产生了恐惧感。拿破仑说"最困难的时候，也就是离成功不远的时候"，我明白，逃避困难是最愚蠢的办法，于是，为了解决这个困难，我阅读了大量的学术论文，理解其中的精髓；大力巩固专业知识，努力做到对专业知识了如指掌；实验课上，将老师的讲话录音，课后再将细节重点整理成册，不放过任何一个细节……一次次、一天天，渐渐地，我的实验操作和创新能力步步增强，到现在我已经组建了自己的科研团队，申请了"常用烹调、加工方式对蔬菜中亚硝酸盐含量影响的机制研究"这一大学生创新创业课题。老师们都说我被洪荒之力附体了，但只有我自己知道我是在咬牙坚持。

千载难行事难休　轮回万载心依旧

或许每一个刚进入大学的学生，都曾憧憬过电影情节里那种多姿多彩的大学生活。无论是雷厉风行的学生会，还是万众创新的创业之旅，抑或是体验社会的课后兼职……我抱着"服务同学，锻炼自我"的想法，参加了各级学生组织的竞选活动，过程虽几经波折，但有破釜沉舟勇气的人总能有所斩获。这一年，我担任了四川师范大学校学生会的干事，成为四川师范大学生命科学学院学生会网络与信息联络部部长，以及四川师范大学党委宣传部四川师范大学官方微博运营团队的一员。虽说"能者多劳"，但我要为自己的选择承担起责任。

在这一年的工作中，我经常忙到无法按时吃饭，会在寝室室友熟睡时继续打着光工作，也错过了许多回家陪父母的机会。或许我不怕累，可以少回家，那么学生工作与学习生活的冲突与矛盾呢？连日的熬夜让课堂的效率无法保证，大把大把的休息时间被工作占用，我到底该如何抉择？艰辛、挑战、错失，让越来越多的人向现实妥协，父母朋友也曾劝我放弃这些毫无报酬甚至费力不讨好的工作，但我深知我乐在其中，更可贵的是我遇到了奋斗路上互相搀扶一起前行的伙伴们。不为荣誉，只为那个拥抱，那份情谊，我选择坚持。这个世界机会很多，然而成功的只有少数人，难的就是不妥协，坚持自己认为对的道路，苦过累过却还是能绽放一个最灿烂的笑容。

　　一滴水，能够汇入大海，是因为坚持不懈地流淌；一株新芽，能够长成参天大树，是因为坚持不懈地突破；一个人，能够到达理想的彼岸，是因为坚持不懈地努力。耐心之树，结黄金之果。

　　师长点评：前方没有光，就让自己拥有光；前方没有路，就用双脚开创路。俞仕琳同学用她的故事告诉我们，一切的迷茫与不安，都可以用坚持来敲破。积跬步，至千里，积小流，成江海。不忘初心，开启征程，一路探索，一路收获。

四川师范大学生命科学学院院长　王一丁教授

不忘初心，方得始终

西华师范大学　黄一航

黄一航，男，汉族，1995年5月出生，中共党员，西华师范大学新闻传播学院播音与主持艺术专业2013级6班学生。曾获国家奖学金，一等奖学金，四川省首届大学生主持人大赛一等奖，第二届、第三届中央人民广播电台全国大学生主持人大赛四川赛区十强，校三好学生。优秀团员，优秀团干等，目前被保送至南京师范大学广播电视专业攻读硕士学位。

初入学堂，迷迷茫茫

2013年夏天，我从祖国的东边辗转数千里，来到了这儿，一个既让我感到陌生，令我惶恐，又让我充满期待的地方——西华师范大学。我知道，在偌大的校园里，我只是一个不起眼的菜鸟，生活，学习，一切都得重新出发。

那一年的军训，每天下午训练快结束时，教官都会组织我们拉歌。有一天全连唱起了《军中绿花》，简单的歌词让我的思绪止不住地飞跃，我感到孤独和无助，想飞回我的家乡，回到亲人身边，但是心里总有一个声音告诉我："你是为梦想而来的。"

开学后，各大社团开始招新，我的内心不断地挣扎："他们都比我优秀，我害怕失败，我该怎么办？"犹豫了几天后，我拿着一张报名表，怀揣着紧张与勇敢，参加了新闻传播学院新传之声网络电台的面试。那是我第一次在话筒前出声，我记得我当时的声音都有些微微的颤抖。当我放下稿件，走出录音室，那一刻，我突然明白了：这就是我想要的，我要用我的声音传递情感，用我的声音表达态度。

加入电台后，我似乎找到了自信，每天风雨无阻地加紧基本功的练习。冬日清晨六点的空气格外的冷，当室友还在熟睡的时候，我便轻手轻脚地起床洗漱，出门练声；午间十二点的阳光让人昏昏欲睡，当别人还在沉迷游戏之时，我抱着电脑做着节目的稿件；傍晚六点的天色渐渐暗去，我又回到湖边，开始为普通话考级做准备……就这样日复一日，我想，笨鸟要学会先飞。大学和我曾经期待的不一样，每个人都有属于自己的目标和梦想，我要和自己赛跑，要时刻赶超上一秒那个自己。

功夫不负有心人，通过层层考验，我成功加入了新闻传播学院"卓越新闻人才培养计划"，并且还得到了去中国传媒大学进修半个月的机会，这让我信心倍增。转眼就到了大一第一学期期末，为了兼顾文化课成绩与专业成绩，我告别了比赛，告别了舞台，开始了紧张的复习。后来，当拿到成绩单的那一刻，我几乎要激动地哭出来，我取得了班上第二名的成绩，这是我从未企盼过的名次。

从那以后，菜鸟找回了自己的自信，开始学着飞翔。

梦想进京，跌跌撞撞

2014年2月，我梦寐以求的进京求学之旅开启了。在老师的带领下，我与同行的"卓越团队"成员来到了中国传媒大学报到，刚拿到课程安排，我立即就傻眼了，密密麻麻的方块字填满了今后半个月的日程安排。不熟悉的高年级课程让我束手无策，更让我担忧的是每天练习基本功的安排——六点准时到，这就意味着我们五点就要起床。天将降大任于斯人也，再苦再累，也要咬紧牙关坚持。就这样，我和一群"夜行者"每天清晨穿梭在迷雾中的北京街头，路虽暗，但梦在闪光。

在这所播音学子梦寐以求的殿堂里，同样的专业，同样的课程，我看到了无论清晨傍晚，下雨刮风，都坚持练习基本功的同龄人。那一刻我肩上的压力又重了，我开始感慨时间不够用，自己再怎么努力都比别人飞得矮一个枝头。这一遭，我上学期累积的自信被打击得无处可寻，我甚至问自己："你有追求梦想的资格吗？"

有一天，上小课的时候，王宇红老师让她的研修生指定一个学生做练习，我意外地被师姐选中。可那时候的我因为基础不扎实，复述一段消息时完全抓不住重点，我又羞愧又懊恼。这时候，王宇红老师鼓励我："我和你师姐一样，在你身上看到了你的不同之处，有时候不要一味地去填补自己的弱项，更应该抓住机会发挥自己的长处。"这句话，至今影响着我。因为对比的差距似乎让

我迷失了自己，忘了当初自己的目标与承诺。我突然感到一阵兴奋，因为这让我意识到了自己的问题，让我重新定义了今后要追寻的方向。

回归本真，踏踏实实

有位师兄曾经告诉我："我在你身上似乎看到了当年自己的影子，记住，不忘初心，方得始终。"我一直把这句话留到了现在。我所理解的"初心"，是当初信誓旦旦来到四川说要闯出一片"天下"的决心和失落沮丧时自我鼓励的信心。经历了起起落落，我不再把追求更高当成自己的目标，而是把追求更远当成照亮未来的灯塔。我开始做自己的节目，有了自己的声音电台，我开始找寻自己的风格。

北京回来之后，我考取了普通话一乙证书，参加了无数比赛：南充春晚主持人选拔、915新主播选拔、四川省高校大学生原创配乐诗歌朗诵大赛、中央人民广播电台全国大学生主持人大赛……以赛带练，我的学习生活和课余生活变得忙碌且充实。无数次的失败，成了我脚下一颗颗坚固的垫脚石，帮助我蹚过浅滩，跨过鸿沟。我参加了中央人民广播电台主办的全国大学生主持人大赛，一比就是三届。从第一届的入围海选，到第二届的四川赛区十强，再到第三届的全国总决赛最佳形象奖，每一次我都在打败上一个自己，离初心越来越近。很多师弟师妹回来问我比赛的经验，其实荣誉的背后，远不止红纸黑字来得那般轻松。每次为了做最好的赛前准备，我都会和指导老师讨论到深夜；每次为了呈现更好的表现效果，我要学着自己修图，自己剪辑，自己拍摄；每次赛后，我来不及兴奋或失落，便开始为自己这次的表现做总结。一点一滴细节的把握，让我可以踏踏实实地走好每一步。

到了大三，除了比赛学习，我开始向外拓展自己。我得到了学院的支持，通过竞选成为中国（四川）高校传媒联盟副主席，与全国热爱传媒的学生一起追逐传媒梦；我又参加了在上海交通大学举办的第七届中国传媒领袖大讲堂，听取了业界、学界的专家学者对于当今传媒的学术讨论；暑期我还特别参加了"快乐学校"四川省关爱留守儿童志愿服务行动，体验了不同的人生。这些丰富的经历让我未来的人生变得开阔光明。

我从来不觉得自己有多么聪明，我也向来不相信命运会左右人，因为笨鸟总有先飞的时候，因为命运只掌握在自己手中，勿忘初心，我要让自己在浊世中保持清醒。师大四年追梦路，从称赞别人到被别人称赞，我从菜鸟蜕变成了舞台上的新星，初心不变让我脚踏实地为梦勇往直前。

师长点评：顽强的意志可以征服世界上任何一座高山！黄一航同学入学以来，以梦想照亮前行的路，用固执的坚持追逐自己的"初心"，在平凡的学习生涯中绽放自己最美的色彩。相信在未来的人生旅途中，他仍是一位不妥协的"逐梦人"。

西华师范大学新闻传播学院党委书记　陈树生教授

正青春的诗

西华师范大学　江　雪

江雪，女，汉族，1996年3月出生，中共党员，西华师范大学历史文化学院历史学专业2014级1班学生。曾获1次国家奖学金、3次特等奖学金、1次一等奖学金，南充市第六届历史剧展演决赛大赛二等奖、南充市传统礼仪与知识竞赛总决赛三等奖、校级环校园长跑比赛二等奖，以及优秀学生干部、优秀团干部、优秀团员、三好学生等荣誉称号。

没有光辉的过往，我只是将大学过成了期待的模样。

云雾拨，曙光现

与每位新生一样，刚进校时严苛的军训和繁重的学习让我难以适应，也让我对大学生活产生过迷茫和彷徨，直到经历了2014年的环校园冬季长跑比赛，我才逐渐在迷雾中找到方向。参加比赛前，我并没想过自己可以全程坚持。然而真正在比赛的时候，一大波人一起奔跑，跑着跑着，身边的人却越来越少。明明可以走一走，歇一歇，我却阻止了自己，这时，我突然想到了自己的大学生活。难道我就这样迷迷糊糊地度过这四年？难道寒窗苦读十余载，就是想在大学安享生活？这就是自己所追求的吗？我不断否定着内心的想法，向着前方奔跑，就像不曾停下追逐前方的脚步，也从未停止对自己未来的追求。终于，终点越来越近。于我而言，二等奖已是意外收获，但更让我珍惜的是这一路跑下来所经历的过程，将我长久以来的苦闷排解消除，为我带来身心的舒畅，它像清泉潺潺划过心底，清静了我那颗渐渐烦乱的心。

从那时起，我开始积极地参加学生组织、学生活动，认真学习专业知识，也开始学习待人接物。和学生会的同学排练历史剧《青春之歌》，获得南充市二等奖；和学院新闻中心的同学一起为"铁肩担道义，妙笔著文章"的理想而奋斗；我在校学生教学信息员中心组结识了一群有温度的学霸，并不断提醒自己"见贤思齐"；此外，我还担任了2016级新生的助理班主任，收获了227个来自天南海北的"小惊喜"，和他们一同成长……人一生的经历如同树木花草四季的轮回，辉煌时如同春天的花开鲜艳，失意时如同秋天的落叶凄凄，低谷时如同冬天的枯枝荒芜，而每一次经历，不论成败与否，于我，都是收获。

恰同学，正年少

"嘤其鸣矣，求其友声。"恰逢我校七十周年校庆，我有幸作为学院新闻中心的工作人员，成为志愿者队伍中的一员。

当时，77级的校友结队回到母校，他们满怀着属于学生时代的笑容紧紧相拥，让人目睹了一幕幕的"久别重逢"。他们有的人已经白发苍苍，桃李无数，有的则是"传说"中的人物。在接受我们采访时，他们谈吐间意气风发，平易近人，仿若当年。染色了的发梢与褪色了的青春此刻分明在熊熊燃烧，"携来百侣曾游，忆往昔峥嵘岁月稠"。想来他们也正回忆着当年的峥嵘岁月和当时的"书生意气，挥斥方遒"吧！

这段经历，于我非同寻常。那个时候我也真切地感受到，无论毕业多少年，只要想起美丽的师大，就好像想起那润泽的春雨。

在大学，能结识一群志趣相投的好友，实属人生之幸。所幸，我也拥有这样的运气。当学生工作与学习生活交织在一起，或者因分身乏术而焦躁的时候，我的身边总有一群人，他们或帮你分担，与你同行，或陪你聊天，告诉你"不将世故系情怀"。前行的路上，有一群同龄人意气风发，满怀志趣，恰同学少年，他们风华正茂。

循足迹，求真知

"纸上得来终觉浅，绝知此事要躬行。"今年七月，我参加了学校的暑期"三下乡"社会实践活动，去往川东北的巴中、达州、广安等五个重要革命老区，寻访红军在四川的足迹。在川陕革命根据地红军烈士陵园中，"铁血丹心"的石刻雕塑重现了红军当年投身革命事业抛头颅、洒热血的英勇壮举和人民群众积极投身革命事业的满腔热情;南龛山顶川陕苏区将帅碑林将"八万"这个冰冷的数字化为真实的事件、姓氏和清晰的脸部轮廓,令人深受震撼;朱德故居养老院的老人们口中念着"要老有所用、老有所乐";巴中九十四岁的老红军任群在采访的最后,颤颤巍巍地写道"希望你们进步";达州贫困山村的残疾老爷爷眼含泪水地说:"是政府把水引到我的锅里来。"……生动的故事真实地在眼前发生,我们并不只是旁听者,会不自觉地被那些朴实的话语感动。人生是一条漫漫征途,许多人会不顾一切地向前走,于是串串脚印就留在了他们身后。

所有经历过的,走过的路都会成为历史,长在我们的回忆里。时间能改变一切。昔日坚实的石桥如今也会成为断壁残垣,昔日平坦的大道如今也会成为坑洼之路。唯有那深深的脚印,还默默地注视着人间沧桑。

心所向,履以往

从初中到高中,我当了六年的历史科代表。高考结束填报专业时,最后一天,我将所有的医科大学改为了师范院校,所有学校的第一志愿都无一例外地填写——"历史"。没有阴差阳错,这就是一场完美的相遇。很多人会问:"历史到底是什么呢,学来有什么用?"每个人都有属于自己的记忆,而历史就是人类的记忆。一个失忆的人不知道自己是谁,从哪里来,倘若一个民族集体失忆,那它将不知道去向何方!因此,在我看来,历史能够帮助我们认知自己,帮助我们的民族认知自己,只有在上下五千年的探索总结中,我们才有可能掌握个人的命运,并且创造国家的未来。史海浩瀚,身处其中更觉自身渺小,我们永远也不知道秦皇汉武的真正风采,诗仙诗圣的模样也只能凭后人想象。有人说它神秘,有人说它充满未知,有人说历史来自造,有人说历史只能向后看,我们应该要向前看……众说纷纭,各持己见。而于我,它不过是志趣所在。

历史并不是那些冰冷的数据,也不仅仅是新生产关系淘汰旧生产关系的理论可以解释的。历史是无数个具体的人的故事。每个朝代,每个年代,上至王侯公卿,下至贩夫走卒,每一个在这个世界上存在过的个体,他们那些或者荡气回肠,或者平淡无奇,或者波诡云谲,或者光怪陆离的故事交织在一起,就成了历史。学史究竟所为何求?宋儒张载已经给出了答案:"为天地立心,为生民立命,为往圣继绝学,为万世开太平。"

"心之所向,素履以往,生如逆旅,一苇以航。"总之,长路漫漫,其修且远,吾将上下而求索。

师长点评:江雪作为一名中共党员,思想端正、作风优良;学习上勤勉好学,成绩名列前茅;作为学院新闻中心主任,她做好了学院的新闻撰写、图像采集等工作,成效显著;她兴趣爱好广泛,积极参加各项文体活动,均获得表彰奖励,是一名身心健康、乐观开朗的优秀大学生。

西华师范大学历史文化学院党委副书记　王伟伟

破茧成蝶，无悔青春

西华师范大学　王思懿

王思懿，女，汉族，1996年4月出生，中共党员，西华师范大学政治与行政学院行政管理专业2014级学生。曾获国家奖学金、特等奖学金，获三好学生、优秀团干部、优秀学生干部、志愿服务积极分子、社会实践先进个人、平安校园建设先进个人等荣誉称号。

看着窗边，一只鸟儿恰好停在窗沿上，我的思绪不禁飞回了收到通知书的那一天。那天的我，拿着红色的录取通知书，尽管留有对高考的遗憾，但仍然带着对大学的憧憬与向往，我告诫自己：你有多努力，就有多幸运，总会有破茧成蝶的那一天。迈入大学校门的第一天，我就开始为梦想奋斗着。回望来时的路，我做到了；瞭望未来的路，我正在向前奔跑着！

感知温暖　抚平惆怅

作为一个普通家庭的孩子，上大学已然成了我高中时唯一的目标。但由于生性过于自卑，又从未住过校，所以上大学之前，我心里充满了忐忑和不安，害怕自己不能独立自主，害怕自己不能与室友和睦相处，害怕自己太思念家乡，这些担忧在报到的前几天愈演愈烈，在父母送我来学校的那一天彻底爆发了。

当父母陪着我办理好入学手续后，我送父母上了火车，那是我第一次感觉到离家求学的怅然和独自生活的孤单，那也是我第一次情不自禁地拥抱了我的父母，没有害羞，仿佛这就是在那个时候要做的事情。妈妈对我说："一个人在外面要注意身体，不要节约钱，不要减肥，想家了就给我们打电话，我们在家等着你，我们永远爱你。"那一刻，我哭了，妈妈也哭了，我看见妈妈眼角的皱纹，原来他们早已不再年轻，他们也需要我的支撑。

默默回到寝室，我的眼睛通红，我那群可爱而热情的室友们都知道我舍不得家，舍不得父母，她们都不约而同地变着法儿逗我开心，让我知道集体生活也可以很温暖。那天晚上，来自四面八方的几个女孩开了一个长长的卧谈会，聊着东南西北，谈着各自的梦想，相约着要一起拍美美的毕业照，要一起感受青春带给我们的疯狂，那一刻，我知道，我并不孤单。

坚定信念　全面发展

"西华师范大学——梦想开始的地方"，这是我在开学典礼上看见的标语，它就像一阵风，吹走了我的浮躁与担忧，留下的只有不改的初心与拼搏。典礼上，我第一次听见校歌《云飞扬》："巴山高，嘉陵长，钟灵毓秀出栋梁……"听着慷慨激昂的旋律，看着校旗迎风飘扬，我感觉自己全身的血液都沸腾了，我想要一展身手，我想要一个闪亮的自己。那一天，我告诉自己，不要放弃任何一个机会，我要改变！

在第一次班会上，我认真地审视着自己，写了一封信给四年后的自己。在信中，我列出了在大学期间要完成的事情，定下了一个又一个目标，幻想了一种又一种可能性，期待着自己一步又一步的改变。我不要懒散地过这四年，我不想让四年后的自己后悔，我不断告诉自己：别人可以做到的事情，我同样可以做到！

作为一个学生，学习是自己的本职，我奔波在寝室与自习室之间，每天无论再忙也静下心来看看书，用一丝不苟的态度对待学习，努力提高成绩，不断提升自己。付出总会有收获，国家奖学金、特等奖学金，三好学生、优秀团干部、优秀学生干部的荣誉落在了我的身上，同学们半开玩笑半认真地给我贴上了"学霸""王国奖"的标签。

但我的目标不仅仅是学习，我想要改变自己内向的心理，我想要为同学们做点事。我积极参加各种学生活动，担任班级学习委员，学院学生分会安检部部长、2016级6班助理班主任，这些都带给我不一样的体验，也让我知道难的不是做好自己，而是带动身边的人做得更好。当我看着师弟师妹们走到报到地点，我知道，他们对待大学的心情就如我当初一般，我也尽自己最大的努力将正能量传递给他们。军训期间，我坚持每天都去他们的寝室，每天都用自己的实际行动鼓励着他们，每天都对他们说一句："今天你想我了吗？"因为我所带班级是外省班，我知道他们都会特别地想家，我希望他们能尽快适应新的环境，所以像一个大姐姐一般给他们带去温暖，我希望他们在需要帮助的时候，我能第一时间出现在他们面前。事实上，在那段时间，这一切我都做到了。

怀揣感恩　传递温暖

"感谢每一个给予我帮助与支持的人，我绝对不会让你们失望"，这是我在信的落款处写下的话语。因为知道诸多的不容易，所以我才深知感恩的重要性，我用善意的眼光看待这个世界，去感恩身边的人和事，去感恩每天的小改变。父母不仅给予我生命，也给了我极大的包容与忍耐，更在我忧愁时给予我鼓励；同学好友陪我度过青春的一段段岁月，给了我更多的自信，让我真切地感受到了生活的多姿多彩；领导老师给予我无限的关心与帮助，让我爱上这个学校，感受到这个学校的温暖。在这样一个充满爱的地方，我感受到幸福，有了想要将温暖传递下去的冲动。

带着对自己的严格要求，我希望能够奉献出自己的爱心，能够像一个小太阳一般散出温暖，给青春烙上温暖的标签。我积极参加各种志愿服务活动，养老院、福利院、徒步节、"三下乡"暑期实践，我的身影随处可见，我将爱心与温暖留给留守儿童，将理解与倾听带给孤寡老人，让他们看到我们的关心，感受到人与人之间的温暖。

犹记得大二上学期，我去养老院做志愿活动，如往常一样与老人们聊着家常，分享着自己的经历。老人们都很开心，因为他们觉得自己找到了可以交流的对象，也知道自己并没有被大家所遗忘。告别时，其中一个老人拉着我的手说："孩子，谢谢你能够听我一个老人说这么多，不知道下次你们什么时候还能再来看我。"这就是被需要，这就是"赠人玫瑰，手有余香"，我知道，我以后还会去无数次，因为我希望能够发挥出自己的最大价值！

生命不息　奋斗不止

虽然前途漫漫，有无限多的未知与忐忑，但是既然选择了，我就会勇敢地走下去。"命运给予我们的不是失望之酒，而是机会之杯。因此，让我们毫无畏惧，满心愉悦地把握命运。"尼克松的这句话也一直激励着我。进入大学后，我从没放弃过尝试，从没放弃过拼搏。参加演讲比赛，参加社会实践活动，参与各种科研项目，因为我想要改变，想看看自己的潜力到底有多大，想让毕业后的自己不存遗憾，想要拥有一个独一无二的大学四年。

"勤奋、求实、敬业、创新"的校训一直激励着我，我努力想让自己变得优秀。我的人生本就是一场充满无限惊喜的旅途，努力总会浇灌出最美丽的花朵，现在的我或许拥有了别人眼中的幸运，但我仍然不会停下努力的步伐。看着高年级的师兄师姐进入心仪的学校，我知道自己还有努力的空间，这不是口头上说说而已，还必须要付诸行动。记考研单词，看专业书目，这正是我现在做的事情，或许前途会有坎坷，或许会布满荆棘，但我仍不会停下奔跑的脚步。

大一进校时总感觉大学很漫长，到现在大三了，猛然发现时间居然走得那么快，我还没来得及反应，就已经快要走出大学。我还有很多事没有完成，我还有很多梦想没有实现，现在的我仍然斗志昂扬，正为着下一个目标而努力着。既然选择了远方，哪怕风雨兼程，我也会用自己的方式坚定不移地走下去！

回过神来，这只鸟儿正慵懒地休憩，世界都安静了。漫不经心的一缕阳光正洒在窗边，鸟儿的模样瞬间变得清晰起来，世界也多了一丝温暖。阳光来了，我离破茧成蝶的那天还会远吗？

师长点评：王思懿同学学习刻苦认真，成绩优异，掌握了丰富的理论知识；为人诚实友善，善于交流，有良好的群众基础；工作尽心尽责，勇于创新，得到了师生的一致好评。她坚持理论与实践相结合，社会实践经验丰富，不断提升自己，是一名全面发展的优秀大学生！

西华师范大学政治与行政学院党委书记　李永洪教授

万物生长，不悔青春

西华师范大学　杨馨媛

杨馨媛，女，汉族，1996年4月出生，中共党员，西华师范大学外国语学院商务英语专业2014级2班学生。曾获强华奖学金、特等奖学金，全国英语口语测评大赛二等奖、全国大学生写作大赛三等奖、校"最美人间四月天"朗诵大赛一等奖，三好学生、优秀团干部、优秀学生干部。

走过了许多路，才明白生命的意义在于体验与过程，不论成功与失败，那都是曾经最努力的自己。大学走过的年头，就像是一颗种子被撒播在西华师大这片土壤上，有甘霖有雨露，有风霜有艰难；然而种子的命运不全在于土壤的富饶与否，而在于它是否能吸收雨露阳光，在一片看不见泪水的地方冲破荆棘，成长为一棵参天大树。

春生：一朝龙门跃，千红不负春

春风生，草莺长，孤篷万里蕴君良。破龙门，牧羊郎，鸿鹄之志当自强。

个头刚过地里成熟的麦子时，父亲告诉我："孩子，以后一定好好学习，地里的农民交不起议价。"他说那是成绩差的孩子上学要付出的代价，他说万般皆下品，唯有读书高。望着被风翻起的麦浪，半知半解的我只觉得一定不能让父亲为难。

从那时起，读书成为我心底的使命。这份使命引领、督促着我努力多一点，再多一点，源源不断地给我冲出障碍的力量。当鲜艳的大学录取通知书寄到村里来时，好多乡亲兴奋地跑来报喜，土房子里一时间热闹得喜气洋洋。我尽量不去想坐在灶前的父母高兴之余眼神里难掩的忧愁，转而去看看包裹里面还有什么。和那录取通知书一起来的还有一本大学生资助手册，上面说大学里有很多校级奖学金、国家奖助学金，还可以通过勤工俭学赚一部分生活费，校外有很多兼职的机会。我很激动地指着那些字眼，一条一条给他们念出来，那几个简简单单的数字终于让父母脸上最后一丝难堪化为舒缓。

三个月长的暑假过得比想象中快，开学季转眼就到了，我带上乡亲们凑的第一年学费走过熟悉的田坎，朝崭新的大学生活出发。

夏长：夜阑风雨潜，四时海棠眠

刚进大学心里总是痒痒的，城市生活与乡下的迥然不同让我总觉得自己格格不入，因此愈发地想家。有时给家里打电话，听奶奶说哪家的鸭子又飞到家里红薯地糟蹋粮食时，一同气愤倒也觉得亲切熟悉。供我上大学已经让家里状况更加紧巴巴，所以问起生活来，只说我一切都好，生活费用都用不完。挂了电话再慢慢盘算怎么少用点生活费，下一次用什么理由推脱同学们的聚餐。

为了解决生活问题，我在老师的帮助下申请了勤工俭学，平时闲暇的时候做一些传单、家教的兼职。这些机会解决了我的燃眉之急，让我得以暂时抛开生活的窘迫，去奋力追求精神生活的发展。

清晨，濛濛的雨雾正让人好眠，对我来讲却能唤醒一天的激情，简单的洗漱后，咬上两口楼下买的包子去勤工俭学，边抹桌子边听 BBC。打扫结束就在迎曦湖边大声练练口语。随后去图书馆的老位子坐下，完成一天的学习任务。一本专业书，常爬满密密麻麻的批注，上面有专业知识的补充，也有写得极小的心得体会。一个笔记本，我会悉心地按照章节来进行分类，还时不时写上对自己的激励。有了明确的目标，学习便不再枯燥。

学习之外，为了参加社团联合会之夜，我在霜冻九寒的美术楼外一遍又一遍地排练；为了参加"最美人间四月天"朗诵比赛，我在操场上把音一次又一次地重复录；为了不让台下的观众失望，我在夜深人静时反复推敲主持稿。我的时间好像都用在了团团转上，借别人睡懒觉的时间晨读、别人逛街的时间兼职、别人追剧的时间排练。那对着镜子练习微笑和角度的女孩，浑身都是倔强，她想通过自己的努力在舞台上绽放光芒。

秋收：稻花香丰年，酬勤甘如泉

"收获的季节，永远无碍于得与失。"张爱玲如是说。我心底的那股子倔强终于迸出了看得见的花，无愧于三年来的努力，无愧于最初出走家乡的梦想。

舞台上闪亮的自己，那个被聚光灯笼罩的女孩，其实也平凡得不过是为了梦想而奋斗。三年来，我交出了一份满意的答卷，依靠自己的兼职和勤工俭学挣到了一半的生活费。刻苦的学习下，是一次国家奖学金，一次强华奖学金，多次校级奖学金，英语专业四级良好，剑桥商务英语中级证书和全国英语口语测评大赛二等奖等优秀的成绩。除了学习，还有普通话一级乙等证书，"最美师大"诗歌征文比赛一等奖，"最美人间四月天"朗诵比赛一等奖，第九届大学生论坛二等奖，校挑战杯铜奖。三好学生、优秀团员、优秀团干部、优秀志愿者，这些荣誉就像每年打谷时节场坝里那一箩箩黄灿灿的谷子，带给我仓中有粮的底气与继续播种的希望。

天道酬勤，水滴石穿。那些日夜陪伴我的书本，变成了脑海中扎实的知识；那些重复走过的湖边小道，早已记住了我的声音。我忘不了付出心血的排练，忘不了砥砺前行的昨天，付出源自坚持，奋斗终归梦想。

冬藏：爱出者爱返，福往者福来

冰心老人说过：爱在左，情在右，走在生命道路的两旁，随时播种，随时开花。回首三年的大学生活，我庆幸机遇，没有那一本资助手册，就没有走出田坎的大学生，而我将和父辈一样永远扎根亲爱的土地；我庆幸自己的匮乏，没有物质的匮乏就没有生活的窘迫，就没有向上的倔强，也就没有美好的结果。

学习上的成就，让我感激老师孜孜不倦的教诲，他们每一次耐心的引导都曾擦亮我思想的火花；课外活动的缤纷，让我感受到友谊的真诚，他们每一次坚定的眼神都曾鼓舞我勇敢地走下去。感恩常在，润物无声。

我很幸运，有父母的陪伴，有老师的教导，更有一群志同道合的朋友，在他们的帮助下，我一点点褪掉乡下丫头的自卑，越发自信和坚强地面对未来。用倔强点燃希望，用真心传递友爱。爱人者，人恒爱之；敬人者，人恒敬之。

师长点评：鸿鹄之志，始于足下；比肩而立，自强上进；知书达理，晓通人情；仰望星空，脚踏实地；务实求真，刻苦钻研；热爱生活，甘于奉献；尊师重道，恪守本心；秉承传统，谦卑为本；外院一朵，发扬光大。

西华师范大学外国语学院党委副书记　王翠婷副教授

坚忍不拔，我不能停下前进的脚步

绵阳师范学院　赖远玲

赖远玲，女，汉族，1995年5月出生，绵阳师范学院外国语学院德语系2013级学生。曾获国家奖学金、国家励志奖学金，首届中西部翻译大赛一等奖、西南地区德语演讲比赛初赛第一名，校三好学生、学业优秀先进个人，在德国杂志上发表文章，省级科研项目负责人。

大学承载着我的青春与梦想，更见证了我的蜕变与成长。从踏入大学的第一天起，我就告诉自己，要仰望星空，脚踏实地，绝不辜负这大好的青春年华。

遭遇困境

蝴蝶破茧而出经历了千万次的挣扎，黎明来临之前是漫长而浓重的黑夜，成功的背后总有着不为人知的心酸和努力。

我是上了大学才开始学习德语的，之前没有任何基础，在语言方面也完全没有天赋，而我们班已有同学学了六年德语，也有不少同学被老师夸发音标准、聪慧过人。我资质平平，表现一般。至今还记得，第一次上外教课时，我一脸茫然，除了你好，一句话也未听懂。那个时候的我特别胆小，说话声音小得别人几乎听不见，也从不敢主动回答问题，怕说错会被同学嘲笑。

知不足而后勇。我心里默默激励自己：勤能补拙，只要努力，就一定能赶上他们。于是我努力背单词，认真学语法，用心做笔记。一段时间过后，仍然毫无进展。望着其他同学与老师用德语愉快地交流着，再看看自己，口语结结巴巴，发音不够标准，作文也写不好，感觉自己无论怎样努力，都无法取得实质性的进步。我不禁怀疑自己，是不是天生就不适合学语言，迷茫和沮丧占据了我小小的心扉。

潜心积淀

不积跬步，无以至千里；不积小流，无以成江海。那段艰难的时光迫使我反思。希望在前方，怎么能轻言放弃？

我分析了自己的学习态度、学习方法、学习效率，决定从"主动性"上开始改变。首先需要有所突破的就是变得更主动，我告诉自己，一定要做到，必须要做到。万事开头难，有了第一次主动回答听力课堂问题后，我给自己定下目标，一星期至少主动回答三次问题，每周与外教交流至少一次。渐渐地，我变得越来越活跃，主动学习成了一种习惯。我每天有计划地练习听力、阅读和口语，并且严格执行计划，合理分配时间。就这样，每天我都过得很充实，再也没有觉得沮丧。在学习的过程中，我越来越喜欢德语，不仅努力学习书本上的知识，也开始去了解德国的风土人情、政治文化。从被动地接受知识转变为主动学习，这是一种非常愉快的体验。

有一天，我突然发现，外教课基本能听懂了，也能看懂一些德语视频和书籍，我能与德国人沟通了，能用德语写文章了！

突破自我

机会总是留给有准备的人，在它来临之前，我们唯一能做的，就是不断努力，只有这样，当幸运降临到你头上时，你才有足够的能力把握它。

我像一只小蜗牛背着重重的壳不停地爬呀爬，虽然很慢，可从未停止过前进的脚步，老师和同学们也渐渐发现了我的变化。大二时我有幸入选参加了"关爱残疾人"的德语活动。这是一个由罗伯特基金会组织，多所高校参加的项目。前期准备和交流会活动长达两个月，全部使用德语。项目结束时，我进步很大，获益匪浅。

后来，我代表学校参加了西南地区德语演讲比赛决赛。一直以来，我就有一个梦想，那就是希望有一天能够站在舞台上，面带自信和微笑，让更多的人听到我坚定而有力的声音。当我走上讲台，拿起话筒的那一刻，我告诉自己，不论能不能获奖，都要自信，要真诚，并要尽自己最大的努力。比赛结束后，我更加重视对口语的训练,同时不断拓展课外知识,努力提升自己。

　　大三时,我接待了德国音乐家,并做陪同翻译。我为此疯狂地练习口语,还恶补了很多音乐方面的知识。经过努力,我圆满完成了任务,也让我对德国文化有了更多的敬意。

　　尽管遇到过很多挫折,但我从未放弃,每一个小小的进步都激励着我不断前进。在此期间,我在德国杂志上发表了文章。我还到武汉参加了多所高校共同承办的"德语毕业生就业前景"项目,从前期创意到收集信息和资料,再到海报制作,全部是由小组成员共同完成的,这让我体会到了完成一个项目的艰辛和成功的喜悦。我主持了省级科研训练项目"行为导向教学法在德语外教课堂的运用",同时获得了首届中西部翻译大赛德语组一等奖。

　　青春易逝,年华似水,应珍惜当下,志存高远,我将在知识的海洋中遨游,去发现和探索这个奇妙而丰富的世界!

　　师长点评:赖远玲同学自强不息,锲而不舍,在困境中坚守信念,在挫折中勇往直前,以高昂的斗志,迎接生活。她乐观开朗,兴趣广泛,具有刻苦钻研的精神和坚韧不拔的品质。她认真负责,乐于助人,尊敬师长,团队意识强,善于与他人交流和沟通。

绵阳师范学院外国语学院党委副书记　胥文勋

砥砺前行,不负韶华

绵阳师范学院 张静文

张静文,女,汉族,1996年4月出生,中共党员,绵阳师范学院体育与健康教育学院体育指导与管理专业2014级学生。曾获国家奖学金、国家励志奖学金、四川省第三届"创青春"大赛铜奖、第四届和第五届绵阳市龙舟公开赛女子小龙舟第一名、全国第六届特奥会"优秀志愿者"、绵阳市三好学生、校优秀学生干部等。

生活就像一盒巧克力,你永远不知道你会得到什么。生活从来不缺少酸甜苦辣,哪怕路上满是泥泞,只要你不畏风雨,奋勇前行,一切都可以成为可能。

几年大学生活不过弹指一挥间,从青涩好奇的大一到成熟自信的大三,熟悉的一幕幕就如电影放映一般清晰地浮现在我的眼前。感谢自己的努力让大学生活过出了别样的精彩。

赠人玫瑰,手留余香

2008年,即将小学毕业的我亲历了5·12地震,政府和好心人无微不至的帮助,让我深刻体会到了什么是"一方有难,八方支援"。此后,爸爸时常教育我要懂得感恩,以实际行动回报国家,回馈社会。

"滴水之恩,当以涌泉报之。"从初高中至大学,我都努力学习,乐观生活,为更好地回报那些帮助过我的好心人奠定基础。进入大学,在学习之外,我有了更加充裕的时间。我利用课余时间,参加了大大小小数十种志愿服务:全国特奥会、"姚基金"希望小学篮球赛季、游仙康复中心、绵阳市特殊儿童学校、铁牛广场、敬老院、乡村小学……志愿服务既帮助了他人,也促进了我的成长。我所学的专业是社会体育指导与管理专业，专业又分为康复保健和社区指导两个方向。我利用专业知识和技能，不断开拓和创新志愿服务项目，组织并带领体育学院同学参与其中。针对社区指导方向，我们与铁牛广场一支广场舞队伍接洽，每周定时定点指导他们跳广场舞；针对康复保健方向，我们与游仙康复中心接洽，每周周末到康复中心给老人们理疗按摩。

"赠人玫瑰，手有余香"，这是我一直秉承的信念。专注于志愿服务使我感到快乐。在做志愿者的过程中我收获了成长、历练和感动，也得到了社会和学校的认可。2015年5月，我参加了全国第六届特奥会志愿服务，被评为绵阳市优秀志愿者，同年8月我又参加了"天平计划"暑期志愿支教，被评为优秀实践队员。面对这些荣誉，我保持着一颗平常心，并一直坚持以真心、真情和实际行动来回报他人，回馈社会。我相信在志愿服务的道路上，自己能越走越远。

强大自己，厚积薄发

强大自己，才能回报社会。作为一名在校大学生，在做好志愿服务的同时，我也全面发展自己。我在平时努力学习，成绩名列前茅，综合素质测评成绩保持专业第一，每学期都获得校专业一等奖学金；又相继获得了2014—2015年度国家励志奖学金，2015—2016年度国家奖学金；考取了国家计算机二级证书、普通话二级甲等证书、高级按摩师证。我依据专业特性，进行创新思维，将专业优势运用到创新创业项目当中。基于平时带领学院同学做广场舞指导和保健按摩所获得的思考，我撰写了创新创业公益项目《广舞广尚》和《社康家康复保健按摩店》，相继参加了"中国创翼""互联网+""创青春"等创新创业比赛，曾获得四川省"创青春"比赛公益创业组铜奖。我深入研究本专业，尽力做到"术业有专攻"，主持校级科研训练项目《大学生课外体育锻炼实施"运动处方"对其体质健康影响的研究》，参与《大学生手机运动软件使用情况及其对运动行为的影响研究》科研训练项目。

在其位，谋其职。在学习之余我还担任了班级班长、学院团总支副书记等职。我主管学院宣传工作，分管各项赛事的举办，利用校园网以及QQ、微信、微博等网络平台，及时更新学院动态，准确发布学院信息，认真做好学院内外的宣传工作。自我接手以来，学院宣传工作有了很大的提升，新闻稿数量多，质量高，发布及时；宣传海报主题突出，排版恰到好处；思想宣传方式独特，内容深入人心。这些都得到了学院领导的充分肯定。在我分管的活动举办方面，我们与学生会主席团合作，共同开展学院的文体类活动，如新生篮球赛、排球赛、手工艺大赛、书法比赛、演讲比赛等赛事。比赛多样化，举办赛事全面周到，这很大程度上激发了同学们参加活动的兴趣，提升了学院同学参加活动的积极性。在这期间，我相继获得了市级三好学生、校级优秀团员、优秀学生干部、三好学生、先进工作者、先进个人等荣誉。这些荣誉对于我来说，并非炫耀和骄傲的资本，而是攀登高峰的一个个阶梯，只有踏稳、踩实、走端正，才能成就一番未来。

办好比赛是我的职责，参加比赛是我的兴趣。平时我喜欢参加各种比赛，只要觉得自己能行的，都报名参加。在体育类竞赛中，我积极参加学校校运会和专业田径运动会，曾获得专业田径运动会三级跳远女子组第六名；我加入的女子龙舟队在参加绵阳市端午节龙舟赛时，连续两年获得女子组第一名。在各类能力比赛中，我参加了包括自荐书大赛、"家乡秀"比赛、传统文化演讲比赛、红色文化征文比赛、手工艺大赛、卡片制作大赛、书法比赛等十几种比赛，都获得了一定的名次。"哪里有比赛，哪里就有张静文的身影"，这是隔壁班同学对我的形容。

自力更生，奋勇前行

穷人家的孩子早当家。由于父母在外务工，母亲患有多种疾病，每个月医药费花销近三千元，加之我读大学的各种费用，家庭负担沉重。为了减轻父母的重担，我利用空余时间做校外兼职和校内勤工助学，基本能够满足自己的生活所需。由于我所学方向是康复保健，在专业老师的指导和自己的勤学苦练下，我考取了高级按摩师三级证书。现在我在寒暑假期间到康复理疗店上班，赚取工资。有时，我还向一些微信公众号投稿，赚取一定的稿费。我利用工资连同奖学金缴纳了大学期间的所有学费，让父母省心、放心。

大学已经过去了大半，未来的路还要继续前行。记得福布斯曾说过，没有雨伞的孩子，必须努力奔跑。人生只有走出来的美丽，没有等出来的辉煌。虽然成长的路总是崎岖，但坎坷总会被踏平变成大道，只要不忘初心，谨慎地做好每一个选择，大踏步地朝既定的方向前行，总能创造一片属于自己的蓝天！

师长点评：信念坚定，直面挑战；刻苦勤奋，学业优异；心怀感恩，热心公益；理实一体，勇于创新；工作勤谨，能力突出；团结友善，乐观进取；坚忍不拔，志存高远。

绵阳师范学院体育与健康教育学院团总支书记　谢玉辉

用真诚拥抱未来

内江师范学院　安加佳

安加佳，女，汉族，1993年11月出生，中共党员，内江师范学院张大千美术学院美术学专业2014级学生，先后被评为三好学生、社会实践先进个人、"十大学雷锋人物"；荣获国家奖学金、四川第三届"创青春"大赛银奖、内江市第三届书画展二等奖；参加校级科研，负责两个大学生创业项目。

祖国助我，梦想远航

光阴荏苒，恍惚间，我竟已来到内师三年。

三年前，我和所有高考完的同学们一样，期盼着能够早日拿到录取通知书，期待充满阳光和激情的大学生活，向往青春激昂的追梦之路，但真正拿到通知书的那一刻，我的心情却是喜忧参半的。因为父亲出车祸，家里负债累累，这成为压在我心口的巨石。大学学费高昂，钱从哪里来呢？

我犹豫了。

通知书内页的"大学生贷款"让我重新燃起了希望。通过各种手续和证明，我成功得到了六千元贷款，学费问题迎刃而解。就这样，我来到了内师，开启了我的大学生活。大学里我认真学习，勤恳工作，时刻提醒自己要常怀感恩之心。终于，通过我的努力，我拿到了我梦寐以求的国家奖学金。这，不仅仅是因为对8000元的渴望……

我想，生在今天这个时代是我们的幸运，日益强盛的国家为我们每一个心怀梦想的青年提供了广阔舞台，给我们帮助，给我们支撑，我之所以能有今天的收获，离不开国家和社会的帮助。我最好的感恩方式，就是努力奋斗，让自己变得更优秀更坚强，然后用自己所学到的知识，去回馈社会，去助力国家和民族的梦想。

古人说，受人之恩，定当涌泉相报。我有今天，多亏了党和人民给了我爱和温暖，我在课余一直努力践行自己的承诺。大学三年，我去敬老院看望过老爷爷老奶奶，到乡下给孤寡老人做过农活，还给山村的小孩子们上过美术课……我用微薄之力，践行着自己的感恩。其中，义务支教无疑占据了很大比重，直到今天，我的书桌前还摆放着和支教孩子们的合影，抽屉里，还存着孩子们寄来的书信。行文至此，也许是触景生情，近三年来的支教往事，孩子们的无邪笑颜，突然间便浮现在脑海里，它像海绵般迅速膨胀，模糊了我的视线。

义务支教，以美启智

我喜欢小孩子，喜爱小孩子们的纯真。"不要等，快去做"，在我二十岁生日之前，我便有了参加义务支教队的念头，生了这个念头，便迫不及待地想要将之付诸实践。很幸运的是，我通过了学院义务支教队的面试。大一军训完，我的第一次支教就开始了。

第一次支教的学校位置稍稍偏远，还算明亮的教室里，端端正正地坐着约莫三十个一年级学生。校长告诉我，这里的孩子啊，都是留守儿童。我的心忽地疼了。

当我走上三尺讲台，立马感受到台下簌簌飞来的眼光，我有些紧张，手微微发抖。孩子们澄澈的眼睛里，分明盛着一种纤尘不染的期待。

颤抖着声音做完自我介绍，我开始讲我的课了。

我问小朋友们，7+2等于多少呢？

小朋友们扳着手指算了算，说，加佳老师，等于9呢。

我说，大家再想想，7+2，还可以等于什么呢？

小家伙们抓耳挠腮，百思不得其解。我说，要努力开动你们的小脑袋瓜哦。我转身在黑板上画出了一只特别的老鼠，这只老鼠，是用7+2=9的数字画成的。

小孩子们惊呆了，嘴里一阵惊呼，纷纷动手学起来。

支教出人意料地顺利。孩子们渐渐习惯了我每个周的美术课，每次一下车，我便被小家伙们前簇后拥着，不知道哪个捣蛋鬼想的歪主意，竟因此给我起了"太后"的绰号。

和孩子们相处的时光忙碌而又充实。

万达义卖，助梦成真

大一结束后，我组建了一支"大千行"义务支教队。时值六月，正逢毕业季，不少师兄师姐对大包小包的行李很头疼，带走吧，麻烦，扔了吧，可惜。我突发奇想：这些不便带走的旧物，为什么不收集起来捐赠给孩子们呢？

说干就干。我带领队友们，来到师兄师姐的宿舍进行了"大扫荡"。我们事先说明了来意，师兄师姐都很支持。几天下来，竟然收集了一整车厢的物资！这里边有台灯、棉被、书桌、书本、布偶、书画……

不仅如此，我们还在老师的支持下，在学院进行了募捐筹款。带着满满车厢的物资、善款，我的三下乡之旅雄赳赳气昂昂浩浩荡荡地开启了！

由于事先做了充分的准备，当地政府和家长都很信任我们，招生工作进行得非常顺利。

八十多个孩子，不需要交任何费用，他们怀揣着好奇与天真，高高兴兴地来上课。我们根据年龄和喜好，把孩子们分成了九个班，课堂秩序有条不紊。

晚上，我们铺好地铺，做了稀饭，和着咸菜，吃得津津有味。乡亲们为了表达感谢，热心地送来许多土特产，一个婆婆甚至送来了十多斤花椒！我们都特别高兴。

其间，发生了一个小插曲：由于棉被不够，我索性就着凉席睡下了，谁知竟因此生病，还导致去医院输液！不过看着孩子们充满好奇和天真的双眼，我想，再怎么辛苦都是值得的。

只是，农村的物质资源实在太匮乏，孩子们正是充满好奇的年纪，应当去外面的世界看看。一个念头忽然冒出来——我要在万达举办一个关爱留守儿童的义卖活动！

队友们将信将疑。这一次，我同样没有等待。经过和万达工作人员的艰难沟通，反复修改策划案，终于，我们达成了共识。我甚至联系到了本地电视台，邀请他们进行宣传报道。然而灯光、舞台、道具同样需要花钱，为了节约，我们15人的伙食费压缩到了80元一天。

功夫不负有心人，义卖活动很成功，孩子们的书画当天全部售出。短暂十五天的三下乡转眼便接近尾声，临近离别，大家都依依不舍，尤其是这一群可爱的孩子。后来，孩子们竟通过政府辗转给我们寄来了书信，打开信，第一句话就让我泪目："加佳老师，我们想你了！你什么时候回来？"

助残助特，守护童真

在市残联见到安安，我的心是疼的。

大一下期，我参与了市残联支教。这里的孩子普遍听力残疾，被家长送到残联接受特殊教育。安安便是其中一个。五六岁的年纪，怯生生的脸孔，纤尘不染的眼神，看见我的本能反应是躲。

我用手语和安安聊天，让她不再害怕，并教她画画。安安天分很高，很快，一朵小花跃然纸上，栩栩如生。

安安用手语告诉我，她想告诉妈妈，安安会画花花了。

我用手语说，安安真棒，妈妈知道一定会很高兴的。

安安第一次笑了。

支教结束离开的时候，安安主动给了我一个拥抱，我惊讶极了，也很感动。市残联的支教之旅让我第一次接触到儿童特殊人群，我深切地感受到，他们的童真，更需要我们来守护。

再见，我亲爱的小天使，希望你们快快长大。

去少管所之前，我的心是惴惴然的。早听说这群孩子不爱学习，有的甚至离家出走，小小年纪便聚众打架，我有些紧张。

但孩子毕竟是孩子，还是纯真得毫不遮掩。我和他们打乒乓，教他们画画，玩比手画脚猜成语的游戏，很快，我就和孩子们打成一片了。

孩子们中有一对双胞胎，十一岁，父母离异，两人颇为得意地说起结伴离家出走到江苏的经历，他们帮人打架，人便管饭。父母报警后，两人这才被抓回来。

我说为什么不学习呢？

他们说学不好。

我说老师教你学画画吧。

他们都摇头说自己画不好。

不试试怎么知道呢？我鼓励道。

少管所有一只活泼好动的狗，白色卷毛，叫"初一"。我们决定就画它了。经过我的细心指导，两个孩子的认真学习，画画作品得奖了！他们开心地把糖果奖品分给我。

离开的时候，这帮孩子正在集合，他们远远地向我们挥手。

再见，亲爱的小孩。我在心里默念道："孩子们的童真，需要我们守护。"

公益创业，服务城乡

丰富的支教经历让我更深入地了解了孩子们。我发现，由于大多是留守儿童，或父母离异，农村孩子在礼节、视野上往往没有得到足够的重视。而相对而言，城市孩子虽环境优渥，但在生活自理能力上尚有欠缺。我想，我为什么不仿照变形记，成立一个公益性公司，让城市和农村的孩子有一个共同成长的机会呢？

经过筹备，嘉艺城乡儿童成长体验馆成立了。

公司由城市孩子的家长支付一定的费用作为运转资金，让城市的孩子来到农村学习，学习画画，识别蔬菜，动手种菜，增强自己的动手能力。农村小孩根据自身的特长，在我们的指导下进行特长培训，再到城市里开展汇报演出。

如此一来，小孩子们的视野开阔了，动手能力也增强了。孩子们收获颇丰，我和公司成员们都很欣慰。同时，我也在公司运营的过程中，增强了自我认知，思想也更加成熟。我想要通过自己的努力，为农村孩子搭建一个展示自信的舞台；为城市孩子提供一个学习能力的平台；为教育事业的公平，尽上绵薄之力。

支教之路虽然艰苦，倒也不失简单澄澈，它宛若一泓春日的清泉，清清凉凉的，留在记忆深处。

大学是一个熔炉，修炼着每一个成长的我们。转眼间大学生活已经过去了四分之三，我们即将踏入社会，相爱且相别，且行且珍惜，希望世间每一个善良的人都能被来自四面八方的善意与温暖拥抱。感恩内师，感恩祖国，让我在梦想的天地自由翱翔。但我也知道，最好的感恩方式，就是勇于担当，努力奋斗，变得更优秀更坚强，然后用自己的所学所能，去回馈社会，报效祖国。

师长点评：安加佳同学是一名很有爱心和责任感的同学，她在校期间成绩优异，表现突出，先后被评为学校"三好学生""社会实践先进个人"和"十大学雷锋人物"。她先后荣获国家奖学金和四次学习奖学金，荣获四川省第三届"创青春"大赛奖。她以善于思考，热心助人，勇于实践的可贵品质，赢得师生的一致赞誉。

内江师范学院张大千美术学院党总支书记　王继军教授

你的努力将成为别人的希望

内江师范学院　秦雪颖

秦雪颖，女，汉族，1996年3月出生，中共党员，内江师范学院教育科学学院小学教育专业2014级学生。大学期间曾获"国家奖学金"2次，"校级一等奖学金"3次，"校级三好"2次，获第八届国际英语电视大赛全国总决赛二等奖，央视"希望之星"风采大赛四川赛区一等奖。

我相信没有任何一个人愿意拒绝优秀，但是当优秀的光芒照在你身上之前，黑暗和迷茫将是你长期的状态。同样是迷茫，有的人焦虑不安，浑浑噩噩，不知道美好的未来在何方；有的人却淡定从容，努力奋斗，在有限的青春里不断充实和完善自己，让自己的生命之岛百花齐放，绿柳成荫。从前我也是特别惶恐于平凡普通，深陷于黑暗迷茫的人，但我的内心其实是渴望优秀的，我总是羡慕那些才华横溢、出类拔萃的人，我总是仰望那些站在聚光灯下获得各种荣誉的人，于是我开始仔细审视自己的生活。我开始思考，假如我一味地像从前那样一边抱怨自己过于普通平凡没有任何成就，一边却依旧懒惰散漫不思进取，那么，我仍旧只能做一个平庸的人，仍旧不能变成我所渴望成为的优秀的人。我知道，唯有变得优秀，心中持有一盏明灯，才能照亮自己在黑暗中前进的路，且在照亮自己的同时照亮他人。于是，我决心改变，我决心成为优秀的存在，决心成为他人的榜样，做一个闪闪发光的人！

改变从细微之处做起

怀着"不撞南墙不回头"的奋斗决心，我开始刻苦学习。我从最喜欢的英语入手，每天早晨六点起床，其他人还躲在温暖的被窝里熟睡，我已经准时到达山顶球场开始早读。即使是寒风刺骨的冬日，我依旧坚持，没有落下一天。

在平日里，我会利用点滴的时间学习英语，一有空就戴上耳机听英语音频。下课听，走路听，吃饭也听，就连傍晚出门散步时，看见路边的小花小草，我也会用英语对它们说一句："Do you know how many people are trying to learn English worldwide?"以此来提醒自己，激励自己。记得有一次，我为了将一个英语发音学到极致，足足听了两个星期的音频，身边很多朋友都说我的发音已经非常标准，我却依旧觉得有进步的空间。我精益求精，做到百分之百投入，最终的收获便是自己的发音和音频几乎一致。这个训练过程虽然漫长，但我深信"慢就是快"，这些看似细微之处、看似可"放水"忽略的地方却是走向成功最坚实的基础。在集中的训练时间里，我坚持把握细节，一丝不苟，"强迫症"到一篇文章可以练习一个月，直到将所有知识点都搞清楚……在这个过程中，我有过孤独，有过迷茫，有过怀疑，也有过不见成果时的暴躁，但也正是因为这些挑战让我收获了更多，让我能看清自己的内心，我学会了与自己相处，自信心也慢慢开始建立起来。

成长在于点滴积累

有人说，如果你把大学的时光全部用来睡觉，或是浑浑噩噩地度过，那么，毕业时你收获的可能就只有激增的脂肪，迟钝的大脑和蒙了灰尘的心；还有人说，大学四年，你如果只是喝几百瓶啤酒，打了无数场游戏，谈了每次都不超过三个月的恋爱，最后得到的恐怕就是虚浮的体质，磨损的意志和沧桑的心。我不想这样，我想让自己的大学生活充实起来，想让自己变得更优秀。于是，我选择参加自己喜欢的社团，选择听自己感兴趣的名家讲座，甚至定下了要拿几次奖学金的目标。我想用知识去武装自己的头脑，在实践中练就自己的本领，为未来的成功铺路搭桥。我明白"不积跬步，无以至千里；不积小流，无以成江海"的道理，所以我积累点滴并坚持不懈。曾记得为提升自己的英语语感，我大量阅读英文作品。从最初拿到英文原著书籍几乎完全不懂，一篇小短文需要查阅三个小时字典才能明白文章的大概意思，到后来的阅读速度显著提升，再到现在能轻松简单地阅读英文小说。这一路走来，我积累了许多外国文学知识，小说、散文、戏剧、诗歌等各类的文学作品都有涉猎。在这个过程中，阅读带给我的不仅是英语水平与知识的增长，更是思维与眼界的提升。从各类书中我领略了文化的多样性，感受到大千世界的新奇与美好……你说我不求甚解也好，走马观花也罢，但在一次次阅读中我学会了欣赏，学会了成长，

学会了珍惜美好与热爱生活。

破茧成蝶梦想绽放

"不想当将军的士兵不是好士兵",同样的道理,"不想得荣誉的学生不是好学生"。为了检验自己长期以来深入学习英语的成果,我报名参加了CCTV的"希望之星"风采大赛。通过赛前的认真准备,比赛时向老师请教自身存在的各种问题并努力克服,我过五关斩六将最终站在了四川赛区决赛的舞台上,并取得了一等奖的好成绩。再后来,我参加了第八届国际英语电视大赛并且获得全国二等奖。我想,正是因为我不断地积累与努力,才让我更有勇气和能力站在更大的舞台上展示自己的才能与光芒,而不是只能永远在台下为别人鼓掌。这样积极努力与不断投入的学习生活使我彻底蜕变,让我慢慢成为一个更加自立、自信、自强的人。

而我对英语学习的高要求也使得我在其他各个方面都更加追求完美,精益求精,让优秀成为自己生活的常态。三年以来,我曾获"国家奖学金"两次,"校级一等奖学金"三次,"校级三好"两次,获中国高校校报好新闻消息类三等奖,四川省高等学校校报研究会好新闻消息类一等奖,其他校内外比赛获奖共29项。

有人说,优秀的人只会越来越优秀,因为当你变得优秀时,你将进入一个正能量的循环过程,它会使你向着更美好的方向迈进,你会对生活中的每一种事物充满喜悦、好奇与热情。你会想要更多地去尝试,去挑战,去发现自己的其他潜能,会下定决心去努力做好每一件事。要知道,从来没有什么事能轻而易举不费吹灰之力便能办到,有的仅是在你坚持不懈和努力拼搏后水到渠成的胜利。

回顾三年来的大学生活,我在入学前立志要让自己变得更优秀的誓言正通过自己的努力一点点地实现,而我坚持向前永不放弃的思想也影响着身边的人。我突然发现这一路走来,有许多朋友跟着我的步伐一同上路。从起初一个人独自在寒风中寂寞晨读变为朋友相约结伴而行;从独自在图书馆白炽灯的微光下奋战到闭馆变为两三人学习后从图书馆谈笑风生地回到寝室;从独自稳坐第一名的不变神话到偶尔也会被人超越退居老二,让我燃起了危机意识,"丫头你该更加努力了"……这一切都让我幸福不已,因为我真的开始成为他人的希望与榜样。

感恩大学让我遇见了人生最重要的老师,在迷茫时为我指引方向;感恩大学让我遇见那么多优秀的同龄人,他们闪闪发光而又坚持不懈的努力给了我前进的力量……这一切使我能遇见更好的自己。时光匆匆,白云苍狗,我们应当珍惜生命的每一刻。趁现在还有机会,去争取和挑战吧!把每个日子踏实而精细地酿造,风雨载途,而后花香满径。我还在继续向美好迈进,你要和我一起吗?!

师长点评:秦雪颖同学具备较强的综合素质,多次获得国家级、省级、校级奖项。在学习方面,成绩优异,表现突出,成绩和量化均为年级第一;在生活中,尊敬师长,团结同学,起到模范带头作用,是一名品学兼优的大学生。

内江师范学院教育科学学院党总支书记　杨梅教授

风雨无阻，成就自我

宜宾学院　李余彭

李余彭，女，汉族，1995年2月出生，中共党员，宜宾学院经管学院财务管理ACCA方向班2013级学生。在校期间获得多次奖学金，通过ACCA全球统考科目，取得高级商业会计师资格证书，在全球统考科目F7考试中获单科第一和三等奖学金，荣获2016年度ACCA中国代表处颁发的优秀学员奖学金，四川省优秀大学毕业生。

大学·学习篇

进入大学，我最深刻的感受就是每个人选择的路都不一样，我选择就读财务管理ACCA方向班，从此踏上了考前无假期、考后是期末的日子。我是一个不喜欢为了考试而考试的人。简单来说，学习一门课程，我喜欢认认真真地去阅读这门课程，如果是计算性课程，我很乐意去研究这个计算方法是如何来的，理解其中的深意，并不想为寻求简单不麻烦而只记住这个公式。这样的学习习惯让我能保持对知识的好奇心，也伴随我度过了无数个在图书馆的日子，我在学习上努力奋进，刻苦钻研，综合期末成绩多次排在专业第一。或许看到这里你会觉得我在学习上过得太过顺利，其实不然，大二的时候我遇到了很严重的瓶颈，每天坐在自习室心里焦躁导致学习效率非常低，晚上心里总是感到压抑睡不着，第二天早上又在压抑中过早地醒来，每天都在和自己做思想斗争，即使在这样的情况下我也没有想过要放弃，而是尽力地使自己放松，调整好心态，我每天仍然是寝室里最早起来去图书馆上自习的人，直到自习室关门才回寝室，就这样，我一直坚持到了考试结束。这也应对了"坚持就是胜利"这句话，只有坚持了才会有意想不到的收获。在大二那一年，我的综合成绩名列班级第一，并因此获得了大二学年的国家励志奖学金，这次的经历不仅让我收获了学习上的成果,更重要的是让我明白了在遇到压力时该怎样调整自己的心态。我觉得我们应该秉持快乐学习的想法,在不断挑战自我、战胜自我的过程中充实自己。除了获得奖学金,大学的学习生活还使我收获了英语六级、计算机二级及会从等证书,其中,我付出最多的便是考取 ACCA 高级商业会计师资格证书(Advanced Diploma in Accounting and Business),回想起考证的那段日子,我每天都奋斗在 ACCA 的学习中,虽然艰辛,但也收获了许多专业上的知识,并荣获了 ACCA 代表处颁发的 2016 年度 ACCA 优秀学员证书。

"君子曰:'学不可以已。青,取之于蓝,而青于蓝;冰,水为之,而寒于水。君子博学而日参省乎己,则知明而行无过矣。故不登高山,不知天之高也;不临深溪,不知地之厚也;不闻先王之遗言,不知学问之大也。'"虽然我在大学期间获得了不错的成绩,但我认为成绩上的成就只是个人综合能力的一部分,我平时接触的 ACCA 的教学老师,大多是名校毕业且有着丰富的工作经验和人生阅历,是一群优秀且拥有着多彩人生的人群,只有当你去接触这些优秀的人时,你才知道原来你所处的世界格局有多小,你才深切地渴望要成为比他们更为优秀的人,因此我立志,要青出于蓝而胜于蓝,在大学期间努力学好本专业的知识,博览各种文学著作,提高自己的文化涵养,争取做到"博学之,审问之,慎思之,明辨之,笃行之",在不断的学习中超越自我,学以致用。

大学·工作篇

大一时,为了锻炼自己与陌生人的沟通能力,我加入了外联部,虽然在拉赞助的过程中吃过多次闭门羹,但凭着自己坚持想要提升自己沟通能力的本心,最终成功地为部门活动拉到了赞助费用。而我觉得在大学期间,最锻炼我的还是担任班长一职,从大二竞选班长成功至今,我在工作上一直以认真负责的态度来要求自己,在处理班级的日常工作中也渐渐学会了该如何分配工作给其他班委以保证学校下发的工作任务保质保量的高效完成,学会了怎样才能较好地协调学习和工作时间,怎样处理好同学间的问题等。为了提高同学们的团结度,促进大家之间的友谊,我策划了三个班集体的联谊晚会活动,收到了较好的效果;我还在辅导员的带领下,组织本班的优秀同学为学弟学妹们传授学习经验。从开学到期末,班上同学大都坚守在图书馆自习室,在大家的共同努力下,我们 2013 级 ACCA 班的学风建设获得了学校老师及领导的一致好评。

在我担任班长期间，我们班连续两年获得校级"模范班集体"荣誉称号，我的工作也得到了老师的极大认可，获得了校级"优秀学生干部"荣誉称号。

大学·公益篇

在我即将高考的时候，我的家乡遭遇了7级地震，想起经历地震的那一刻，自己内心的求生欲望表现得淋漓尽致，那一刻我心里十分害怕教学楼倒塌，脑海里想的便是如果自己还能活下去，一定要十分努力地给自己创造一个无怨无悔的人生。这次的经历让我知道生命是多么的可贵，明天和意外不知道哪一个会先到来。这也时刻警醒着我要珍惜时间，也影响着我在后来大学期间的学习生活，我时刻提醒自己，只要生命还在，就一定不要放弃任何事。并且在那之后，我对生活便常怀一颗感恩之心。那时教室冰裂严重，没有办法继续正常使用，我们只能在车棚里学习，住在我们自己动手搭建的帐篷里，条件艰苦，幸而成都的一所大学无条件为我们一千多名高三师生提供了教室，并用自己学校的经费为我们免费提供了食宿，积极为我们开展震后心理辅导，为我们提供了无私的帮助。正因为在地震时接受过别人莫大的无私帮助，我的感恩和回报之心才更加坚定。大一时，我带头组织我们班部分同学去一所残疾人学校，虽然不能给予他们多大的物质帮助，但是却是真心地想为他们带去一份欢笑，陪他们打乒乓球，教他们打篮球，并给他们带去表演节目，收获了一份份笑容和感动。如果这个社会大多能做到"达则兼济天下"，那么我相信我们的祖国会越来越好。

大学·终结篇

转眼就要毕业了，回想自己这几年的大学生活，我都是在奋斗与拼搏中度过的。时间是一种宝贵的资源。村上春树曾说："世间之事分为可挽回和不可挽回之事，而时间经过就是不可挽回之事。"我一直知道，一个人对待时间的态度决定了他会过怎样的人生。如果拥有天资的兔子努力奔跑，乌龟该怎么办？或者说，牛人那么多，无论我们怎么努力都望尘莫及，那么我们努力的意义在哪里？答案是，去见识更广阔的天地，去征服自己，没有天资的我们能倚仗的只有勤奋。毕业是一个新的起点，我希望自己能更加务实和勤奋，在自律中坚持,给自己交出一份满意的人生答卷。

师长点评:李余彭同学作为一名班长,工作认真负责,团结同学,为班集体起到了较好的带头作用;作为一名党员,她思想上积极健康上进,是一名合格的优秀共产党员;作为学生,她成绩十分优异,名列专业前茅,是一名综合能力较为突出的学生。

宜宾学院经济与管理学院院长　李成文教授

越努力才会越幸运

四川文理学院 邓丽慧

邓丽慧,女,汉族,1995年8月出生,中共党员,四川文理学院文学与传播学院播音与主持艺术专业2013级3班学生。曾获得国家奖学金、国家励志奖学金、"千校万师"杯全国电视演讲大赛特等奖、达州市青年演讲大赛一等奖、四川省优秀大学毕业生等奖励。

我在上大学前从未得过第一名,在其他方面也没有什么过人的天赋,也从未当过"别人家的孩子",但也就是这样的"我",竟然在大学被别人以"优秀"二字夸赞。对于这样的评价我有些无措,心中很奇怪:什么才是优秀呢?成绩第一是优秀?在学生会有"一官半职"算优秀?又或许拿到国家级奖项才算优秀?回首进入文理学院的这四年,我感到无限的骄傲与自豪,因为这里让我明白,"优秀"并非那些看得见的东西,而取决于你的"习惯"。"越努力越幸运"是大学路上老师们教会我的"习惯","博学审问,慎思明辨"是每一名文传学子坚持的"习惯",而"博文大理,厚德笃行"更是四川文理学院所坚守的"习惯"!也正因如此,我才更加体会到习近平总书记所说的"人生的扣子从一开始就要扣好",我将用赤诚而火热的心,担负青年的历史使命,走好未来的每一步。

探寻,思想的力量

大学是人生成长的重要阶段,我特别注重自己思想的发展和成熟,努力培养正确的人生观、价值观和世界观,提高自己的思想政治觉悟。一直以来我都积极向党组织靠拢,大一时我就递交了入党申请书,并努力学习党的理论知识,于2016年5月正式成为一名光荣的共产党员。我时刻以共产党员的标准来要求自己，时刻以先进的思想和理念武装自己的头脑，永记党的宗旨，全心全意为人民服务。也正是如此，我从一个开口说话就会羞红了脸的女孩儿，成长到获得学校第六届"新苗杯"辩论赛"金牌辩手"称号的热血青年。

作为学院团总支副书记，我所负责组织的辩论赛是学院成立以来耗时最长、任务最重的辩论赛，比赛中，我们文学与传播学院辩论队首次闯进全校决赛，首次获得全校亚军。"我们不是一个人在战斗"是我心中最大的感触。因为学生的知识有限，无法全面解析辩题，我提出了"10位辩手全天在会议室集合讨论辩题，并邀请各个专业老师，从不同角度解析辩题"的思路。对于既是负责人，又是参赛选手的我来说，这无疑增加了不小的工作量，但很庆幸，我们并没有因此就萎靡不前，而是力争将辩题的每个文字、每个问题都做到完美。两遍不行三遍，三遍不行四遍。那段时间不论是吃饭睡觉还是上课，我们都在与别人的辩论当中，在牢记上场稿件当中，在整理问题材料当中。也正因为这样认真严谨的态度，文学与传播学院辩论队最终成功地闯入决赛，拿下了亚军。

学习，学生的"敬业"

社会主义核心价值观中提出"敬业"二字，我也始终牢记：学习就是学生的"敬业"。在过去的三年中，我刻苦学习，努力务实，每学期的成绩都保持在班级前三。在争分夺秒努力学习专业知识的同时，我不忘博览群书，拓宽自己的知识面。"宝剑锋从磨砺出，梅花香自苦寒来"，在老师、同学们的指导和帮助下，我取得了比较理想的成绩，曾获国家奖学金、国家励志奖学金、学校优秀学生奖学金一等奖，并获得四川文理学院"三好学生""优秀团员""优秀社团干部"等荣誉称号，同时获得全国计算机一级证书、普通话一级乙等证书。但我心中更加明白了"纸上得来终觉浅，绝知此事要躬行"。一档坚持了四年的广播节目，令我对自己的专业有了更多的认识。从大一开始策划并在学校播出的广播节目《开心就好》，到现在已经完成了70期节目策划以及直播，其中虽经历了与搭档产生矛盾和分歧的过程，但当我们含着眼泪相视一笑的时候，我明白了"好事多磨"的道理，也更明白了什么叫作"团结"与"沟通"。当然，节目也收获了非常多的热心听众。对我来说，这些都是难能可贵的财富。屠格涅夫曾说："先相信你自己，然后别人才会相信你。"在数次想要放弃的紧要关头，我的坚持都令我明白，只有努力前进，才会拥有成功的资格，才

能为了成为芸芸众生中,一个鲜活的、有温度的、有色彩的人。

工作,成长的破茧之路

在学习之余,我认真勤恳地做好本职工作,虚心向别人学习,以全心全意为同学服务的宗旨和热心诚恳、乐观向上的工作态度认真做好每一件事。从干事到团总支副书记,我知道这是老师和同学们对我的信任以及对我工作能力的进一步考验,虽然大学四年时光飞逝,但我还会继续以饱满的热情和不懈的努力投入今后的各项工作及学业中。

过去四年中,我积极参加各种比赛,组织了文学与传播学院第六届"新苗杯"辩论赛,推动活动圆满举行;在老师及同学的帮助下,我们取得了四川文理学院第七届"新苗杯"辩论赛团体二等奖;同时我还担任了红烛剧社副社长,参与红烛剧社"不忘初心、方得始终"四周年庆的策划与举办,并获得"优秀社团干部"称号、"优秀主持人"称号;2013—2014学年,我在通讯社担任播音员,获得"优秀播音员"称号,在专业实践、音频剪辑软件方面的能力有了一定提升。忙碌于工作中的我,体会过宿舍半夜悄无声息的静谧,也体会过寒冬中学习室的冷清,但当我站上舞台、站上讲台、站上音控室的时候,我明白,现在经历的所有,必将是未来最美好的回忆。

实践,冲破自我的桎梏

作为播音与主持艺术专业的学生,我深知实践能力的重要性。那一场参加"千校万师"杯全国电视演讲大赛的经历,令我感慨至今。这场比赛是在贵州省贵阳市举行的,同行的一共有六位小伙伴,其中还有不分昼夜帮我修改稿件、全心全意帮助我的彭娜老师。在比赛中,面对来自各个省市、高校层层选拔上来的代表团,我心里一直打鼓,担心自己给学校丢脸,但是我明白:我没信心争第一,但我有信心做好我自己。当从几千名选手中脱颖而出站上领奖台时,我说:"我没辜负父母和老师的期望,我战胜了我自己。"通宵准备即兴演讲,高压下努力展现,用参赛稿件中的一句话来说,就是"我们来到这个世上,不是为了成为像书一样被出版印刷的人"。后来,这篇《为师宜举德为帅》的演讲在首届"千校万师"杯全国电视演讲大赛中获得个人特等奖,我也十分荣幸地被聘为《演讲与口才》杂志社宣讲员。通过这些努力，我成长着，也正向着成长为一名品学兼优、综合素质过硬、专业素质突出、全面发展的大学生的既定目标不断迈进。

"路漫漫其修远兮，吾将上下而求索。"在未来的生活中，我将以百倍的信心和万分的努力去迎接更大的挑战，用辛勤的汗水和默默的耕耘去拥有无悔的青春！未来不是被关在玻璃瓶中，只能看见前方而不能踏出囚牢一步，而应是：不问结果，但行好事，一路成长，一路感恩，我，一直在路上！

师长点评：一个阳光可爱而执着学业的女孩，一个活泼宁静而热情有加的学生。她锐意进取，砥砺品质，用行动说话，勇攀高峰，意在顶尖，她让自己的青春无悔，不留遗憾。

四川文理学院文学与传播学院院长　杜松柏教授

乐享人生　我心飞扬

阿坝师范学院　谯飞扬

谯飞扬，女，汉族，生于1996年8月，中共党员，阿坝师范学院基础教育系2014级初等教育专业学生。在校期间曾获得国家奖学金、校级一等奖学金、校级三等奖学金；获校级"两学一做"演讲比赛一等奖、校级"一二九"合唱比赛团体一等奖、校级锅庄比赛团体二等奖、岷江魂艺术节"朗诵比赛"三等奖等；"三好学生""优秀学生干部""优秀学员"等称号。

回首走过的二十载人生路，有过风，有过雨，有过泪，有过笑。我曾站在十字路口茫然无助，也曾在人生悬崖上犹豫徘徊。但最后，我总是在一线天之间，找到属于自己的努力的目标。

我出生在巴中一个偏僻的山区里，因为家里贫穷，在我三岁时父母便外出务工，从此，我仅与年迈的爷爷奶奶一起生活，变成了一个不折不扣的留守儿童。但这并没有阻碍我成为一名阳光乐观的女孩子，我用灿烂的笑容迎接每一个黎明。那时的我对务工没有什么概念，只知道爷爷奶奶非常疼我和姐姐。

我记得幼儿园入学第一天，奶奶送我到学校。当我看着别人都是由爸爸妈妈送他们上学，而我是奶奶陪着我时，我不禁问奶奶，爸爸妈妈去哪里了，然后在教室门口止不住地对奶奶哭喊着要妈妈。而从教室里走出的老师对我所说的话至今还温暖着我的心。只记得那个和蔼慈祥的"妈妈"摸着我的脑袋，搂着我说道："以后在学校，我就是你的妈妈。"我已记不得我做了怎样的回应，只看到奶奶转过身像在抹眼泪。我一脸茫然地看着这个女人，这个允许我叫她妈妈的女人。我上学的第一天就沉浸在了拥有妈妈的幸福之中。

可是到了放学，我站在校门口张望着，等待那个来接我的身影，眼看着天就要黑了，却依然没有人来接我。老师满是怜惜地看着我，得知了我的情况后二话没说便送我回家。到我家的时候天已经黑了，但是奶奶还没回来。老师就一直陪着我等奶奶，直到见到我的家人她才放心地离开，我满是感激地望着老师远去的背影。直到后来我才知道，老师的家是在和我家相反的方向，她送我回来，就意味着要比平时多走一个半小时的山路。

在整个成长的孤独岁月中，我7岁那年一件突如其来的事让我记忆深刻。那是一个寒冷的冬天，和平常一样，爷爷已经在地里干农活了，不同的是我还没有看见奶奶的身影。当时的我并没有多想，像往常一样做好了早饭，去叫了爷爷吃早饭，再去找奶奶。我走到门口叫了几声奶奶却没有听到回应，我慌了，赶忙跑到奶奶的床前，看到奶奶躺在床上像是睡得很沉。我连续叫了几声奶奶，她依然没有回应。我惊慌地摇晃着奶奶，可她依然一动不动。我便不能控制地哭了起来，那种感觉就如同天塌下来了。爷爷听到我的哭声赶了进来，年少的我不知所措，而经历了大半人生的爷爷亦是无法平静，慌忙地叫我去找邻居叔叔来帮忙。我一路不停地跑到叔叔家，途中不知道摔了多少个跟头，到叔叔家已是语无伦次，只是拼命地说"救救奶奶"。待到把奶奶送到医院时，医生说是煤炭中毒，我才猛然想起昨晚帮奶奶生的火炉用的是浇过的木柴，一颗焦灼的心怎么也不能平静。待到医生说奶奶已经度过危险期时，我那颗愧疚又自责的心才终于放了下来。

在奶奶生病的那段时间，由于要照顾奶奶，我连续两天没去学校。我的老师得知了此事，匆忙赶到我家，在询问了奶奶的情况后便转向了我，她的目光停留在桌上没吃完的已经凉透了的半碗稀饭和一碟泡菜上，眼圈有些许泛红。但她什么也没说，只是默默系上围裙，走到那个有些简陋凌乱的厨房，将厨房稍做打扫后便开始做饭。我就一直跟在她的身后，望着这位像妈妈的老师，思绪飘回到很多年以前，眼前这个女人曾说过要做自己的妈妈，是啊，这么多年以来她对自己照顾呵护，她多么像自己的妈妈呀！不一会儿，一碗酸菜面就做好了。我几乎是含泪吃完的，那泪水中有感觉到被妈妈疼爱的幸福，还有对这位妈妈般的老师的感激。

当我还沉浸在幸福中时，却听见了老师痛苦的闷哼，紧接着她便扶着墙滑了下去。只记得当时的我惊慌失措，因为我看见老师的裤腿上有好多血。她强忍着疼痛安慰我说自己没事，但流血的腿却瞒不住她的伤口，这时，老师才不得不告诉我实情。原来是她来我家的时候，被邻家的大狼狗咬了。我看到有一块肉，像是要掉下来了，眼前一片血肉模糊，我惊吓得都哭不出声音了。她让我找来布条，帮她包扎好伤口，便匆匆离去了，她临走时还语重心长地对我说："别害怕，任何事情都会过去。今后你也要坚强地面对一切。"

这段记忆在我幼小的心中无法抹去，也促使我在以后的人生中刻苦努力地学习。这位慈母般的老师，在我那孤独的童年里给了我莫大的温暖与关怀，使我无法忘怀。老师的话亦成为我人生的支撑，从此，我在遇到问题时也多了一分沉稳，能够做到坚强地去面对人生。时至今日，我也正致力于成为一名乐于奉献的人民教师。

命运不是运气，而是抉择。那是2006年10月的一天，我一个人在院子里踢毽子，我玩得正起劲的时候，听到有人叫我的名字："飞扬！飞扬……"循声看去，院门口站着一个中年男人，我一脸疑惑地看着这个人，只见他猛然放下东西就朝我奔来，仿佛要来抱我。这个陌生男人的举动让年少的我不知所措，受到如此惊吓的我一边大哭一边飞快地跑向正在屋里做木活的爷爷。跑到爷爷身边，躲在爷爷那宽实的背后，却发现那个男人还一直跟着我来到了爷爷面前，心中无比的恐惧。可是下一秒我便愣住了，这人竟然对着爷爷叫了声："爸！"爷爷当时的表情我记不清了，只记得爷爷让我不要怕，还让我叫他爸爸。我哭着说："我不要！我只要爷爷！"而后那个男人的举动更是让我摸不着头脑，他嗒的一声跪下，对爷爷说："爸，儿子对不起你，你辛苦了！"我看到爷爷那饱经风霜的眼中竟泛着泪光，我抬手用衣袖去揩爷爷的眼泪。那个男人却一把将我抱住，接着便止不住地流淌着眼泪，哭得没有一点儿声音。他轻轻地告诉我："飞扬，爸爸对不起你。"我惊慌地要挣扎，并向爷爷投去求救的目光，可是爷爷却摸摸我的头，依然让我叫爸爸。在我当时的印象中，生活里是从来没有爸爸这个人物出现的，怀着各种复杂的感情，我还是愣头愣脑地叫了声爸爸。而喊出口的那一刹，我心中对爸爸的万千情绪终于一股脑儿地涌了出来，我忍不住地用力在爸爸身上捶打，问他这么久到哪里去了，为什么不去给我开家长会，不去看我跳舞，从来不带我去玩儿……爸爸只是用他硕大粗糙的手为我擦着眼泪，我也看到了爸爸眼中的无奈与沧桑。我哪里知道他是为了我们这个家才远走他乡，还一个劲儿地怪他……这是我印象中第一次和爸爸相见。再后来，我明白了，亲情的最高境界便是经得起平淡的流年。

长大后，虽然父母在金钱方面没有亏待过自己，但我却深知，母亲做过肿瘤手术后身体大不如从前，还要供养着年迈失去劳动力的爷爷奶奶。当看着父亲因结石疼痛不已而不能工作的时候，我也下定决心要努力奋斗。这个决心伴随着我之后经历的每一个困难。每当在学习与生活中踌躇不前时，我总会想起自己所担负的责任。

我积极乐观地面对生活，期待着用我的成绩去回报爱我的人。2014年9月，我带着家人的期盼独自踏上了来到大学的陌生旅途。到了大学，很多同学都认为大学生活很轻松自在，我却并不这么认为。我的勤勉努力因此而有所收获。在大一军训期间我表现突出，荣获"优秀学员"称号；我学习成绩优秀，三个学期成绩名列前三；在大一我便拥有了教师资格证需要的所有资格。我合理地利用自己的时间和学校提供的学习资源，穿梭在图书馆、教室和琴房之间，并组织参加了学校的"晨读晨跑"活动，在学习知识的同时，也提高了自己的身体素质。每一次的收获我都会忍不住和家人分享，希望他们为我感到自豪。我的成长岁月中有着太多人的支持。

感恩由心而生，用心去做。2016年4月，我在一次外出活动中了解到我们学校不远处有位空巢老人无人照料，他的家境很是窘迫。我便和本班班委协商着带班上的同学开展一次"春风送暖，慰问空巢老人"活动，给学校周边的家境贫寒的老人送去慰问。

我们一群人带着慰问品走到那位老人家门口时，都不禁鼻酸。他的家在一座不大的山上。他没有邻居，黑黢黢的房间只有一颗小小的灯泡散发着微弱昏黄的光，桌子上整齐地摆放着一只水杯和一个茶壶，看起来老人很爱整洁，空荡的灶台上虽然简陋却也干净。我们跟老爷爷聊天，给他讲故事，为他唱歌，他一脸的欣喜和愉悦，大概是太久没有人和他聊天了。我们将带去的大米和油交给老人时，他眼睛湿润，不住地跟我们说谢谢。可他不知道，他也为我们呈现了一个深刻的教育课题——别让老人如此孤单。对于父母，我们要有着"爱就现在，不要等待"的情怀。

我生活在平凡的世界里，期待着做出更多不平凡的事情，同时我也深知，自己的人生道路还很长，我也深知自己的理想和责任。我会在未来的生活中继续发挥模范带头作用，在学习中勇攀高峰，在工作中不畏艰险。在未来的生活中，我始终会带着一颗感恩的心，用自己学到的本领回馈社会，去体验属于自己的人生。

师长点评：谯飞扬同学在接受专业教育的青春时光里，勤奋耕读，苦心修炼，其专业技能与艺术修养的成长是显著而可喜的，堪为同行之佼佼者。同时她还积极参加集体活动，帮助老师做好系和班级工作，使其团队精神与个人才干又得以充分锤炼。她在收获中成长，在成长中快乐，实为同学楷模。

阿坝师范学院副院长　甲任教授

踏梦精彩之旅　青春蓄势待发

乐山师范学院　卢聪聪

卢聪聪，女，1995年11月出生，中共党员，乐山师范学院生命科学学院生物科学专业2014级学生。曾获国家奖学金、国家励志奖学金、校设一等奖学金，"萤火虫养殖器具"实用新型专利，第三届"创青春"四川青年创新创业大赛暨第七届高校毕业生创业大赛金奖，获得优秀党员、优秀团干、三好学生和科技之星等荣誉称号。

我出生于四川省广安市石永镇的一个农村家庭，我的家庭虽然并不富裕，但身为农民的父母却尽力为我创造了良好的学习环境。我始终相信，命运永远掌握在自己的手中，只有通过不断的努力才能改变自己的人生。

汲取养分，蓄势待发扎基础

我，犹如一粒种子，汲取土壤中的营养，努力冲破关隘，只为有朝一日，可以探出我的嫩芽，尽情地享受接受阳光雨露。我深知，作为学生，学习是我不断深入的根系，只有扎实基础才能茁壮成长。在校期间，我认真上好每一堂专业课，利用图书馆丰富的图书资源不断充实自己，通过参加学团组织和社会实践锻炼自己，积累经验，提高人际交往能力。我知道自习室的寂静和节假日的单调，可是我更明白：诗与远方，需要的是我的付出，需要的是我的坚持。非学无以广才，非志无以成学。我的路在脚下，我的理想在前方，每一次的付出，都让我离我的梦想更近了一步。我要不断地蓄积能量，只为努力改变，寻找更好的自己。

当然，我也有过迷茫，有过困惑，但每当那时，我总会想到父母正在田地里挥洒着汗水、努力拼搏、过着披星戴月的生活，只为凑足我的学费和生活费。所以，我一定不能因为这么一点点困难就却步。虽然我知道自己的能力是远远不够的，但是我坚信勤能补拙。通过努力，我的专业成绩名列前茅，获得了两次校设一等奖学金、国家励志奖学金，并顺利通过了全国大学英语四级考试；获得了"综合素质A级证书"和"三好学生""科技之星""优秀党员"等荣誉称号。学习让我坚定了前进的方向，让我悟出人生的根本在于不断地丰富自己，方能开阔视野，完善自我。

开枝展叶，奉献自我为成长

"人生天地之间，若白驹过隙，忽然而已。"一粒种子虽小，却也能用有限的生命奉献出无限的价值，带给大地一片绿意，为生物圈提供n摩尔氧气。人生的价值不在于索取，而在于充分利用有限的时间发现自我、挖掘自我、奉献自我。为此，我一改原本的胆怯，大胆主动地承担学校及学院的学生工作事务。在工作中，我认真负责、恪尽职守，积极投身于各类活动的组织策划中。我带领"绿动青春"团队多次成功举办"血车进校""动植物辨析大赛""雷锋日活动"等大型活动。团学工作占用了我大量的课余时间，即使在期末复习期间，我们依然进行着高强度的工作。为此，我和我的伙伴们有过抱怨，有过不解，甚至想过放弃，但最终我们都坚持了下来，因为我们明白：既然选择了这个职务，就意味着一份责任，一份担当。回过头看，这些工作不仅锻炼了我的管理、组织和协调能力，也培养了我良好的团队合作精神，让我收获满满。功夫不负有心人，我们的"血车进校""动植物辨析大赛"活动荣获2015年乐山师范学院首届项目交流大赛优秀奖，"动植物辨析大赛"被评为四川省"四进四信"优秀项目。我所带领的团队于2016年获得了"乐山师范学院优秀青年志愿者团队""优秀青年志愿者""优秀团干"等荣誉称号。

命运从来只眷顾努力的人，人只有接受考验才能自由成长。工作能力得到认可的我，在大三时担任学院分团委副书记，始终秉承"服务源于真诚"的宗旨，努力完善工作机制，增强团组织的凝聚力和战斗力，顺利组织并召开了生科学院第一届第四次团代会、"防艾宣传及演讲比赛""梦想DNA，青春转录时"迎新晚会、"朗诵及读书交流会"大赛、"迎新杯"篮球赛等大型活动。

依托"血车进校"，我一直致力于无偿献血宣传活动，每学期均会联合乐山市血站中心在校园内开展"无偿献血"活动。无论是酷热的夏日，还是严寒的冬日，我都坚持不懈地守在活动现场，为过往行人发放宣传单，为献血者讲解注意事项，并协助护士进行采血工作。三年来，服务献血人数 5700 余人。每当看见挽起衣袖的献血者时，我的感激之情便油然而生。尽管每个人的力量有限，但这并不妨碍我们做一个懂奉献、有社会责任感的人。"术业有专攻"固然重要，但敢于承担社会赋予我们的责任，才能经受住时间的考验，风雨的洗礼，从而多方面地提升自己。

有机合成，实际运用知成效

  阳光洒落一地，在光合作用下，植物有机合成营养物质，接受风吹雨打，方能茁壮成长。作为生命科学学院的一名学子，科研是一门必修课。我利用寒暑假及课余时间，积极参与到科研项目中。2015 年暑假期间，在导师的带领下，我们针对实验科研项目存在的问题进行了一次又一次的尝试和研究，最终获得了"萤火虫养殖器具"国家专利实用新型一项。同时，我积极参加各类学科竞赛，获得第三届"创青春"四川省青年创新创业大赛暨第七届高校毕业生创业大赛"金奖"。2016 年暑假，我前往安徽省昆虫资源养殖基地进一步研究萤火虫，获得了乐山师范学院"暑假社会实践先进个人"的荣誉称号。回校后，我立即全身心地投入到四川省第二届"互联网＋"大学生创新创业大赛的决赛准备中，在不耽误课程的情况下与团队一起熬夜改策划案，做展示 PPT，完善素材，准备讲解稿。在导师的精心指导下，经过团队夜以继日的努力，我们最终获得了四川省第二届"互联网＋"大学生创新创业大赛的"银奖"。虽然准备比赛的时间十分紧迫，但我仍全力以赴做好各项工作。通过参加这些比赛，我更加清楚地认识到自己的不足，也更加明确了以后努力的方向。

  知识的获取不仅在于记忆，更重要的是内化和实践。2015 年，我参与成立了"乐山夜精灵昆虫开发及利用有限责任公司"。我结合专业特色，开展了科技小课堂，与小学生、幼儿园小朋友一起观察"显微镜下的小生物（蚂蚁、蚊子、草履虫等）"，制作"蝴蝶明信片"，观察"植物的微观世界"，共同探索生命的奥秘。组织并参与这些活动，不仅提高了自己的专业水平，而且也让我的实践技能得到了锻炼，这些经历都将成为我人生路上的宝贵财富。

  一路寻梦求精彩之旅，青春奋斗求蓄势待发。取得的成绩已成过去，未来需要更多的努力才能实现梦想。我坚信"付出不一定会有回报，但是不付出一定不会有回报"。成长的路上充满荆棘坎坷，一路上的失落是我成长的见证，一路上的成绩是我继续向前的动力。过往的一切，皆为我前进路途中的序章，我将不忘初心,继续前行!

师长点评:卢聪聪同学在校期间品行端正,学习努力,成绩优异;工作踏实认真,责任心强,为人诚恳,具有较强的协调和管理能力;她积极参加各项活动,善于开动脑筋,进取心强,面对困难有不服输的精神。

乐山师范学院生命科学学院主持行政工作副院长　唐梅教授

艺海无涯　舞无止境

乐山师范学院　魏　昊

魏昊，男，汉族，生于1994年6月，中共党员，乐山师范学院音乐学院2013级舞蹈表演班学生。曾获国家奖学金、国家励志奖学金、校长奖学金、校设一等奖学金，参演舞蹈《天梯·梦想》获第九届中国舞蹈"荷花奖"、校园舞蹈比赛作品金奖等多项大奖，被评为学校"易青春"五四青年榜样。

穷且益坚　勇敢上路

我来自四川省阿坝藏族羌族自治州的偏远山区，家里条件较差，父母常年在家务农。从小在山区长大的我，深刻地体会到农民生活的不易。父母的辛劳，让我幼年便懂得体谅孝顺，儿时的劳作，使我早早地成熟懂事，同时也培养了我的坚韧与勤奋。从小我便立志要走出大山，到外面的世界去学习，去看看，然后回到家乡，建设家乡。我热爱我的家乡，是她培养了我不怕苦、不怕累、不畏艰难的品格，是她时刻提醒着我，不做人穷志短、自甘平庸的人，要通过努力，运用知识，改变命运。

当我拿到大学录取通知书的那一刻，我见到了父母脸上从未有过的喜悦和兴奋。在父母眼里，我是他们的希望，是这个家的希望，是这片贫瘠土地的希望。但短暂的喜悦过后，高额的学费又成了全家的忧愁。正当大家犯难时，我通过录取通知书了解到国家的各项资助政策，顺利地申请了生源地贷款，踏上了自己的求学之路。进入大学后，我一直告诉自己，铭记恩情，学会感恩！正因为有了这份感恩之心，我才能在成长的道路上披荆斩棘，勇往直前。

博观约取　厚积薄发

　　舞蹈专业对理论知识和实践的要求都很高，课堂上我认真学习，勤于思考，课后积极和同学、老师沟通，不断提高专业素养。但因底子薄、基础差，和其他同学相比，我在舞蹈学习中遇到了很多困难，记不清劈腿下腰时多少次痛苦的嘶喊，也早已忘记了台上台下湿透了多少件衣衫，唯一让我印象深刻的是：每当我想放弃时，总有父母、老师的开导，总有同学的陪伴，是他们让我坚持了下来。经过不断的努力，我的专业技能不断提高，成绩也逐渐上升。

　　除了学习专业知识，我也十分注重实践能力的培养。我曾担任班级团支书、新闻中心办公室副主任、分团委办公室主任、班主任助理、党支部组织委员等职务，曾经种种，历历在目。还记得我和小伙伴们唇枪舌剑地讨论活动方案，还记得在电脑前通宵达旦地写计划、做总结，还记得自己奔波于校内外的各项活动。2013年的班级音乐会最是难忘，那是我入学以来第一次以主要成员身份组织的大型班级活动。大一的我们缺乏经验，缺少资源，面对重重困难，作为团支书的我，一方面努力做好班上同学的思想工作，一方面与班长和其他班委积极协商，主动请教老师和高年级师兄师姐，认真策划音乐会方案，并利用课余时间组织同学们一遍又一遍地排练，以便及时地发现问题，解决问题。最终，在学校学术报告厅的舞台上，我们精彩的演出吸引了全校师生的目光。在后来担任班主任助理期间，我始终牢记自己的任务和使命，用心关爱着班上每一位学生，尽力帮助他们尽快地熟悉大学生活，教给他们为人、处世和治学的方法态度。三年的学生工作不仅为我的大学生活画上了浓墨重彩的一笔，也让青涩稚嫩的我逐渐成长，学到了课堂上、书本里无法学到的东西，养成了诚实守信，做事讲原则，遇事敢担当的品格。由于出色的工作，我多次被评为三好学生、优秀团员、优秀学生干部、乐山师范学院易青春·五四青年榜样、乐山师范学院校园（技能）之星。我始终坚信，万丈高楼平地起，没有扎实的基础，梦想的高楼也只能是空中楼阁。经过不断的努力，长期的积淀，终于集腋成裘，聚沙成塔，振翅逐梦的羽翼渐丰，我做好了腾飞的准备。

拾级而上　圆梦舞台

在全国人民为实现中华民族伟大复兴中国梦而努力奋斗时，学院根据四川少数民族山区真实故事，于2014年创编了舞蹈《天梯·梦想》。经过层层选拔，我荣幸地成为这个舞蹈中的一员。兴奋之情还未退去，我们就开始了辛苦的排练。我和同学们一起，一遍遍地品味着这个感人的故事，一次次地纠正每一个动作、每一个表情。我也是在那段时间才真正体会到了什么是夜以继日，披星戴月。一遍遍的排练让我们忘记了时间，我们在舞蹈房里一待就是一天；一天又一天的训练，让我们忽略了季节的更迭，无论寒冬还是盛夏，我们的衣裤总是被汗水浸透。那段时间，盒饭对于我们来说成了家常便饭，有同学开玩笑说，那几个月吃的盒饭比之前十几年吃的都还要多。终于，汗水没有白流，大家辛勤的排练凝结成一张张沉甸甸的奖状、一座座金闪闪的奖杯。舞蹈《天梯·梦想》先后获得了四川省首届青春舞新作展创作金奖、表演银奖，第九届中国舞蹈"荷花奖"校园舞蹈比赛作品金奖，四川省第七届大学生艺术节舞蹈类专业组一等奖，四川省首届农民艺术节暨民间艺术节"群星奖"一等奖，第四届全国大学生艺术展演舞蹈类专业组二等奖，第三届全国高校廉政文化作品大赛一等奖。丰硕的成果是对无数个日夜努力的铭记，更是对自己人生下一次启航的鼓励。

人生的舞台，即使没有聚光灯，也要跳得精彩。为了更加丰富大学生活，我不仅参加各类大型舞蹈比赛，还积极参与校内外各种艺术实践活动。第五届乐山大佛旅游文化节，班级音乐会，学校党建晚会、毕业晚会、迎新晚会，四川省旅游交易博览会上都有我的身影。2015年，我有幸受中国驻缅大使馆的邀请，随音乐学院舞蹈团赴缅甸仰光参加"关爱缅甸，祈福灾民"大型慈善义演，获得了晚会导演及缅甸人民的高度好评。2016年，我随学校沫若艺术团代表学校赴美国洛杉矶、亨茨维尔两地进行文化交流访问。这些经历不仅使我的大学生活更加丰富多彩，更让我开阔了眼界，明确了奋斗的目标。

不忘初心　继续前进

成绩只属于过去，我始终不忘最初的梦想，在逐梦的路上继续奔跑。在易小迪老师的指导下，我成功申报了国家级大学生创新创业训练项目《大学生创立艺术服务中心的实践与探索》，创业项目"昊天舞蹈服务中心"获得了一万元四川省创业补贴。为了进一步提升自己，大四上学期，我赴中央民族大学进修班深造，同时在北京舞蹈学院观摩学习。

回首过去，我没有放弃，今天的成就源自大家的帮助和自己的努力；展望未来，我充满信心，明天的辉煌离不开坚定的信仰和不懈的奋斗。我将不忘初心，继续前进。

师长点评：家境贫寒，自立自强。实践创新，全面发展。积极热情，心怀感恩。尊师爱友，乐于奉献。怀揣梦想，持之以恒。勇于探索，不忘初心。点滴积累，蓄势勃发。无悔青春，绚丽绽放。

乐山师范学院音乐学院副院长、博士后　周特古斯

因为梦想,我向远方

四川音乐学院 杜宣成

杜宣成,男,汉族,1994年12月出生,中共党员,四川音乐学院国际演艺学院播音与主持系2013级学生。曾获国家奖学金、国家励志奖学金、四川省大学生综合素质A级证书、第十一届德艺双馨主持组全国冠军等,获省优秀毕业生、全国优秀艺术人才奖章、第七届海峡两岸主持新秀大赛最佳新人等荣誉称号,各类奖项共计50余项。

2013年9月,我怀揣着忐忑与期待踏入四川音乐学院。不同于北方粗犷肃杀的秋意,川音校园里仍是一片绿意盎然。葱葱绿木中溢出几声清脆的鸟鸣,和着树叶的击掌鸣唱,似乎在谱写我的未来。我知道,我的大学生活一定五彩斑斓。

千里之行,始于足下

"千里之行,始于足下。"一分耕耘,才有一分收获,作为一名学生,只有不断积累知识,才能获得质的飞跃。四年的大学生活,我踏踏实实,刻苦学习,在专业基础课程的学习上稳扎稳打,取得了不错的成绩。

刚入学时,我的专业成绩并不理想。所以,我只有用别人休息的时间来充实自己。每天天不亮我就起床,在青草绿叶间练声。功夫不负有心人,仅半年的时间我的专业素质就已经得到了明显的提高。此后,在每年的成绩考评中,我都在全年级夺得魁首,并获得了国家奖学金、国家励志奖学金。

学用相长。播音主持专业是一门实践性很强的学科,为了能让自己的专业能力进一步提升,大一的时候我加入了校广播站、国际演艺学院大学生记者团,并在泰安(我的家乡)电视台做了一名新闻记者。但对知识的渴望和新领域的探索,使我不能满足于此。大二时我终于克服重重阻碍,创办了一档属于自己的综艺脱口秀节目——"杜兜 talk show"。从不成熟到成熟，从一筹莫展到游刃有余，我逐渐确立了自己的风格，并有了一批忠实的听众。脱口秀节目的成长，让我的能力出现了质的飞跃。在国家级、省级、校级等各类比赛中，我凭借扎实的功底陆续获得第十一届德艺双馨全国总评选主持组全国冠军、全国优秀艺术人才奖、第十三届四川国际电视节·首届主持新秀大赛综艺组亚军、第八届四川省大学生演讲比赛冠军等。

另外，我还积极参与综艺节目，如江苏卫视《芝麻开门》、中国教育电视台《职来职往》、江西卫视《我是联想王》等。在《职来职往》中，我被李响老师点评说很有潜力；在《球迷朋友圈》中，我被韩乔生老师称作"鲜肉版韩乔生"，说成是他的接班人。

鹰击长空，是因为雄鹰羽翼宽广丰盈。在业余时间，我努力拓展自己的兴趣点和知识面，广泛涉猎各科知识。大一暑假，我拿起摄影机，与自己的小伙伴组队成立了工作室，着手开始创作自己的第一部微电影《种子》，并得到了许多媒体的认可，这令初次尝试导演的我和我的小伙伴们喜出望外。后来，我又尝试了纪录片的拍摄和真人秀、综艺节目的录制等，如导演了纪录片《云游洛带》、微电影《末日情人节》、定格动画《LIFE》、真人秀《行者》。我的自制剧《你好，面试官》，共 12 集，在网综《球迷朋友圈》演说家旗下·言值 APP 点击量过亿。我的新闻作品《除夕不放假 火了年夜饭》《情暖严冬 爱心企业家情系困难家庭》《火力全开，国演 10：1 戏剧取得开门红》等在泰安网、校网上多次发表。尽管这些活动几乎占据了我所有的业余时间，但汗水过后的喜悦却让我更坚定了对传媒专业的热爱。

积极上进，与时俱进

习近平总书记说："党的新闻舆论工作是党的一项重要工作，是治国理政、定国安邦的大事。"作为一名播音与主持专业的学生，我明白自己的专业在新闻舆论工作方面的重要意义。在系统全面地学习马列主义、毛泽东思想、邓小平理论和"三个代表"的重要思想的基础上，我学会用正确的理论武装头脑，树立正确的人生观、价值观、世界观。2014 年 3 月我递交了入党申请书，并成为入党积极分子。2015 年 3 月，我成为一名预备党员，并以一名正式党员的标准严格要求自己。在日常生活中，我帮助同学，尊敬师长，遵纪守法，顽强拼搏，不畏挫折。我时常关注时政，了解和学习党的精神，积极向党组织靠拢，时刻牢记保持自身的先进性，在各方面严格要求自己，为周围同学树立良好的榜样，虚心学习，接受同学们的监督。

除此，作为播音班班长，我事事以班级为出发点，积极配合辅导员管理好班上的工作。作为辅导员助理，我在思想上为学弟学妹们指引正确的方向，将自己的学习、工作经验与他们分享，为他们解决学习和生活上的问题。2015年，在四川音乐学院75周年"最美学生"评选活动中，我受到推荐并获得提名奖。当然，现在的成绩只是对于自己一直以来努力坚持的认可，在未来的路上，我会时时告诫自己不骄不躁，继续以最美的姿态进取拼搏。2016年3月，我成为一名正式党员。

恪守信念，追逐梦想

2015年初，我在北京的一家电视台面试，远在异乡的太爷爷病重住院。听妈妈说，临终前，太爷爷大概是疼痛难熬，一直翻来覆去，难以平复。后来爸爸给太爷爷播放我自创的脱口秀广播节目，太爷爷竟渐渐安静下来，最后安详地离开。这件事情对我的触动很大，我相信，是对我的牵挂让太爷爷放心不下，辗转不安；我也相信，是我的脱口秀让太爷爷心安，安详离去。通往成功的道路上，必定铺满了鲜花和荆棘，鲜花的芬芳虽然不能压住荆棘的粗粝，但，只有恪守信念，才能追逐梦想。未来的路，我会恪守信念，坚守自己的梦想，我会把我的声音传递到天堂，传递给我的太爷爷。而如果我的节目能带给更多的人快乐和安详，那么这将是对我最大的褒奖。我坚定着这一梦想，并愿意为之付出努力。

人在成长，世界和社会也在变化，如今的传媒行业对从业者的要求已经不是某一项专精就可以了，它需要的是全方位的人才。作为新时代的大学生，我恪守信念，追逐梦想，在知识的海洋中孜孜以求，时刻保持旺盛的拼搏精神，在这个竞争激烈残酷的社会，我将用自己的信念和努力谱写出绚丽的青春乐章。

师长点评：杜宣成同学学习态度严谨，牢固掌握了本专业理论基础知识和技能，获得各类奖励五十余项，多次取得全系第一的优异成绩。他积极向党组织靠拢，树立了坚定的共产主义信念，光荣地加入了中国共产党。深得老师和同学们的喜爱，是一名品学兼优的大学生。

四川音乐学院国际演艺学院播音与主持艺术系系主任、国家一级播音员
赵兰兰

用音乐成就未来

四川音乐学院 戚加意

戚加意,女,1995年8月出生,中共党员,汉族,2013级手风琴电子键盘系电子管风琴表演专业学生,四川音乐家协会会员,曾任系学生会副主席。大学期间连续三年被评为"本科尖子生"。曾获得2015—2016学年国家奖学金、优秀学生干部、优秀团员、先进个人等荣誉。此外还获得第十届新加坡"中新"国际音乐比赛电子管风琴复调组、管弦组第一名,中国雅马哈杯青年组、重奏组二等奖,雅马哈电子管风琴奖学金等荣誉。

奥斯特洛夫斯基说过:"生活赋予我们一种巨大的和无限高贵的礼品,这就是青春:充满着力量,充满着期待、志愿,充满着求知和斗争的志向,充满着希望、信心和青春。"是的,正因为我青春,我便更明确一个人的成功不是偶然,而是一滴滴汗水与一次次坚持的努力所铸造的结果。

在踏入大学这一道门的时候,我憧憬的不是大学安逸舒适的生活,而是自己能够在这里学到多少,收获多少。大学的生活真的和想象中的一样,不是靠像高中一样严苛的教条来迫使自己学习,它考验的是一个人的毅力与恒心。辅导员告诉我们的就只有一个信念:坚持。于是我开始为自己明确方向,大学的四年时间是很宝贵的,我不能浪费一点一滴。大一的时候我就明确了一个目标——国家奖学金。我告诉自己要充实地过好每一天,并为自己定下的奋斗目标一步一步努力。今天,回望一路走过来的征程,我做到了;以后的旅途还很长,我会更加坚持不懈地努力。

我深知,大学就是现实社会的冰山一角,它充满着无数的竞争,要想在这一个人生小舞台上脱颖而出,就必须做到方方面面都比别人优秀,也必须时时刻刻做好吃苦的准备。艺术是一条艰辛的成长之路,尤其是演奏专业,如果想坐享其成,不将时间运用在练习专业上,那是根本无法成功的。

在初中时我的偶像便是郎朗,最吸引我的是他的父亲对他的教育方法。

"吃得苦中苦，方为人上人"，这句话是我父母的口头禅，现在也是我人生的警句。从小我父母对我的教育就十分严格，所以从十岁练琴开始我就养成了自觉学习的习惯。从大一开始，琴房就成了我大学生活的一部分。除了在教学楼上课的时间，我每天都会用7个小时练习专业，有时候甚至会忘记吃饭的时间。钢琴家陈萨有说过一句话："你想让音乐成就你，那你必须先享受孤独，音乐有时就是孤独的。"在那段时间里我深有体会，别的同学们在闲暇时间看电影、聊天、吃饭、逛街，但自己依旧在琴房练琴。有时候我也动摇过，这难道就是我想要的大学生活吗？但我每次翻开音乐家的自传，总会感悟甚多：只有付出，才会有回报。我坚信，付出和回报永远是成正比的。坚持自己选择的道路，风雨之后的彩虹才更加美丽。

"不经历风雨，长不成大树；不受百炼，难以成钢"，"看日出必须守到拂晓"。每每想到这些，一股继续奋斗的激情就又被重新点燃。功夫不负有心人，我的成绩一直名列前茅。在每年的专业考试中，我都名列第一。这些成绩中不仅有我自己的努力，还包含着老师们的鼓励和同学们的帮助。在生活中，我们应该永远保持着一颗感恩的心前行。普里尼说："在希望与失望的决斗中，如果你用勇气与坚决的双手紧握着，胜利必属于希望。"那时候我明白了，成功从来是属于希望与坚持。

在今年四月，我成功在四川音乐学院聂耳音乐厅举办了古典管风琴专场独奏音乐会，深受老师同学的好评。但所谓"台上一分钟，台下十年功"，每天我需花上10个小时的时间在排练合奏和独奏曲目上。回首那段时间，我的压力的确很大，但我觉得，既然选择了音乐表演这一条路，那么不论成功与否，都应当付出努力，不让自己后悔。所有的演奏家们都是用台下的汗水和泪水去成就自己，从而赢得观众的掌声，我们更应当如此。在每一年的新生交流会上，我都会告诉大一的新生："只有付出努力，才能获得回报，学习我们演奏专业你想偷工取巧，完全是不可能的。"

毕业后，我准备在德国汉诺威音乐学院继续攻读硕士专业，这是一个全新的旅程，因为我认为自己还有可以提高的空间。在四川音乐学院我是第一位学习古典管风琴的学生，2015年，我前往德国汉堡，跟随汉堡国立音乐管风琴教授学习专业知识，并在德国管风琴夏季音乐节中代表中国学生演奏巴赫曲目，获得了海外教授们的一致好评。我想通过自己在专业上的成绩为学校争得荣誉，让世界音乐家们看到川音学生的音乐能力同样出色！

在政治思想方面，我具有坚定正确的政治方向，在思想和行动上严格要求自己，在不断加强自身修养的同时，做好各项工作，全心全意为同学服务。我在大一的第一学期就提交了入党申请书，现在已是一名光荣的共产党员。

郭沫若说："读活书，活读书，读书活。"在大学这个人生舞台上我也不想失去锻炼自己的机会，在大一的时候我就积极参加学生会工作，并同时在院学生会与系学生会工作中得到认可。在院学生会中我加入了广播站，负责每周三下午的"古典时光"栏目播音，这不仅锻炼了我的工作能力，同时，在写稿的过程中，我对各个时期的音乐家们和作品有了更深入的了解。在系学生会中我加入了宣传部，在海报与文案工作中，我提高了自身的工作能力。大学四年从干事到部长再成为系学生会副主席，这些都离不开老师和同学们的支持和帮助。

生活中，我和同学相处得十分融洽，热心帮助有困难的同学，积极带头参加学校的各项活动，有较强的集体荣誉感和团队精神。平时，也养成了批评与自我批评的优良作风，我不但能够真诚地指出同学的错误和缺点，给他们适当的建议和帮助，也能够正确、诚恳地对待同学们给我提出的批评和意见，从而不断地提高自己、鞭策自己。

"吃别人所不能吃的苦，忍别人所不能忍的气，做别人所不能做的事，就能享受别人所不能享受的一切。"这句话一直是我在大学的座右铭。对于一个人来说，最美好的回忆就是你付出努力的一个个瞬间。我一定会不断地鞭策自己，时时给自己正能量，充分发挥自己的优点，反思改正自己的缺点，争取在激烈的竞争环境中把握自己，成就梦想。只有立足于今天，才能在今后的学习、工作和生活中，不断完善自己，提高自己。现在的成绩只是对于自己一直以来努力坚持的认可，但是，只有将这一时的成功放在自我激励的位置上，才能在以后的生活中获得更长久的成功。同时，我也时时告诫自己，要戒骄戒躁，始终以乐观向上的态度朝着目标奋斗下去，用音乐建筑自己的城堡，成就未来！

师长点评：咸加意同学在专业学习方面能够做到严格要求，认真刻苦。从理论到实践不断地充实完善自身的素养；成功举办个人独奏音乐会；多次参加国内、外专业领域重要赛事获得优异成绩，多次参与全国音乐专业院校之间的学术交流活动，获得广泛好评。

四川音乐学院手风琴电子键盘系双排键专业　　王茜副教授

勤能补拙，终有所获

成都学院　李欣晏

李欣晏，女，汉族，1995年9月出生，中共党员，成都学院信息科学与工程学院电子信息工程专业2013级学生。先后获国家奖学金两次、国家励志奖学金一次、第七届"北斗杯"全国青少年科技创新大赛大学组一等奖、四川省第二届"互联网＋"大学生创新创业大赛银奖等荣誉。

冰心曾经说过："成功的花儿，人们只惊羡她现时的明艳！然而当初她的芽儿，浸透了奋斗的泪泉，洒遍了牺牲的血雨。"作为一名工科女，我深知自己的头脑反应不够灵敏，思维不够敏捷，但作为大学里的追梦人，我一直坚信，成功绝不是偶然，而是努力奋斗和永不言弃的结果。

一分耕耘，一分收获

学习方面，我比任何人都清楚，只有勤能补拙、笨鸟先飞才能够学好自己的专业，达到理想目标。所以我时刻提醒自己，在体味缤纷的大学生活的同时，要以大学里的学习为本职任务，牢记"勤学善思，苦练躬行"这句名言。为此，我制订了科学、合理的学习计划，周密地安排时间，尽自己最大的努力学好每一门课程，坚持每周对自己所学的知识进行总结归纳。我每天在食堂、寝室和工作室之间穿梭，虽然有时感到疲惫劳累，但我珍惜每一次工作的机会，把去图书馆看书当作放松自己的一种娱乐方式，在阅读中平静浮躁的心，就这样，我坚持了三年。功夫不负有心人，学习上，我连续三年取得班级第一、专业前三的好成绩，综合素质测评也一直位居专业第一。而且，我先后通过了大学英语四级和计算机二级，大二获得了国家励志奖学金，大三、大四连续两次获得国家奖学金。这些成绩，是对我大学生活最好的肯定。直到现在，每当我看到这些证书和奖状时，都忍不住对自己说，我拥有一段无悔的大学生活。

学科竞赛，使我提高

为了让自己变得更加优秀，仅学好书本知识是远远不够的，我必须增强自己的动手能力，理论联系实际。在认真学好理论课程的同时，我还利用课余时间学习相关专业知识，积极参加各类学科竞赛。从大一下学期学校举办的电子创意设计大赛开始，我便走上了专业竞赛的道路。从四天三夜的大学生电子设计竞赛、两个月的教师科研项目、数学建模比赛，到为期一年的智能无人机项目，我积极参加各类专业竞赛，熬过通宵，睡过凳子，走过凌晨的张澜大道，当然，拂晓的十教走廊上也常有我的身影。为了比赛，我常常顾不上吃饭、休息，其中的辛酸只有自己知道。我也曾想过要放弃，但却不想让梦想就此止步，所以我坚持到了现在。也正因为我的坚持，才让自己充分体会到了"一分耕耘，一分收获"的喜悦。我获得过第七届"北斗杯"全国青少年科技创新大赛大学组一等奖、四川省第二届"互联网+"大学生创新创业大赛银奖、全国大学生工业设计大赛四川赛区三等奖、全国大学生电子设计竞赛四川赛区"TI"杯三等奖、全国大学生智能互联创新大赛华西赛区优胜奖等奖项，并获得了省级创新创业立项项目一次、校级创新创业项目立项两次。这些获奖是对我的努力和付出的一种肯定，但更是一种激励。

学生工作，给我历练

当今社会，是一个崭新的时代，我坚信，优秀的大学生应当全面发展。我积极投入到学生工作中，参加各种不同类型的活动，尝试不同的角色，锻炼自己的综合能力。大一期间，我担任分团委办公室干事并兼任辩论队干事。刚开始自己什么都不懂，但我一直尽职尽责地完成学校和学院安排的各项工作，争取在平凡的工作中做出不平凡的成绩。大二期间，我担任"第二课"科创工作室办公室主任，尽心尽力指导学弟学妹的专业学习，同时兼任班级的学习委员，认真考勤，制作分析报告，在班级服务中收获了同学们的深厚友谊，在互帮互助中凝聚了班集体的力量，同时，我们班还获得了许多集体奖项，为此，我由衷地感到骄傲和自豪。在大家的支持下，我也多次获得"优秀学生干部"的荣誉称号。大三我担任了15级电信二班班主任助理，协助班主任管理班级，我将自己的学习和工作经验与学弟学妹们分享，帮助他们尽快地适应大学生活。我尝试和每一位学弟学妹交流，了解他们的学习生活情况，每当听到他们亲切地叫我"晏姐"时，我想自己所有的付出都是值得的。而在现实生活中，如何平衡学习与生活是对我最大的考验。通过学习，我们能增长专业知识；通过工作，我们可以提高自己的组织能力、协同能力及人际交往能力。在这四年的大学生活中，我不断地努力与尝试在其中获得一个平衡点，虽然过程很艰辛，但不可否认，我从中学会了如何更加高效地学习与工作，并收获了更多的自信。

社会实践，伴我成长

人并非为获取而给予，给予本身也是无与伦比的欢乐。于我而言，最大的欢乐和幸福就是把自己的力量奉献给需要帮助的人。大学期间我一直积极参与志愿活动，从敬老院探望老人、义务献血，到参加百年职校支教和教职工子女义务家教、捐献衣物，各类志愿活动上总会出现我的身影。在2014年暑期社会实践中，我获得"三下乡优秀个人"称号；2015年我担任组长，组织策划空巢老人社会调研项目，获得校级二等奖。在每一次的奉献活动中，体力的付出换来的是精神上的满足。同时，通过参加这些奉献活动，我感受到了生命的另一份意义——社会价值。或许我们并不富裕，但是我们每个人都有一种兼济天下的情怀。从此我下定决心，在未来的生活中多做奉献，为国家社会贡献自己的力量，承担起作为一名大学生的社会责任。自此，"奉献"二字一直存于我心，我知道，人的自我价值不再拘于自身。

静心积累，腾飞自己

现在我已经是大四的学生，大学生活也进入了尾声，回忆自己的大学，付出很多，收获也不少。一路走来，所有的经历和荣誉都在推动我不断地成长。常常有人问我，大学应该如何有意义地度过，我总会说，"且行且珍惜，一路走，一路看"。现在的我实现了自己的另一个目标——成功地考上了研究生。

而此时的自己，平静而淡然。因为我相信，曾经的努力和坚持让自己能够面对今后的任何困难和挑战。"逆风的方向，更适合飞翔，我不怕千万人阻挡，只怕自己投降。"未来的路，即使会有荆棘和苦难，但我无所畏惧。我会面带微笑，将所有的不安、怯懦都深埋在心。我会更以饱满的热情、坚定的信心、高度的责任感去迎接每一个新的挑战，从挑战中不断吸取经验教训，不断充实自我，完善自我和丰富自我，从而更好地实现自己在这个社会上的人生价值。

青春就要朝气蓬勃，未来还很长，我们只是前进路上的晚辈，我会带着一颗谦逊的心不断前进，一点一滴的积累终会成就质的飞跃。不忘初心，方得始终，心存感恩，砥砺前行，漫漫长路，无悔付出。

青春无悔，逐梦，我永远不会停下前进的脚步！

师长点评：李欣晏一直非常严格地要求自己，学业上勤奋刻苦，工作上严谨务实，生活上持之以恒。遭遇困惑时，她昂首挺胸，找寻突破；收获硕果时，她不骄不躁，淡定稳重。成功没有捷径，付出终有收获，勇敢地朝着梦想出发吧！

成都学院信息科学与工程学院院长　雷霖教授

筑梦自强，无悔青春

成都学院　梁　勇

梁勇，男，满族，中共党员，成都学院药学与生物工程学院生物工程专业2013级本科生，国家奖学金、国家励志奖学金获得者。曾获省级学科竞赛奖项3项，主持国家级大学生创新性实验项目1项，发表中文核心期刊论文1篇，获2017届四川省优秀毕业生、四川省励志成长成才优秀学生典型的荣誉称号。

人们常说，"没有伞的孩子，就得学会奋力奔跑"。22个年头，8030个日日夜夜，我一直在努力奔跑，我用执着、倔强坚持着许多看似难以企及的梦想，我坚信，生活可能会阻碍你的成功，却无法阻止你的成长。

坚持，书自强青春

我出生在大山里的一个农村家庭，贫困的生活、艰苦的成长历程使我过早地体味了同龄人无法懂得的各种酸甜苦辣。2013年9月，我踏入了成都学院的校门。"自爱、自修、自尊、自强"的校训赫然映入眼帘，让身心疲惫的我内心顿时充满了勇气和力量。从那一刻起，这八个字的校训就深深扎根于我心中，成为我勇敢前行的动力。天有不测风云，我刚入学不久，父亲便突然患病，巨额的医疗费用让家里的经济情况雪上加霜，一边是患病的父亲，一边是自己对知识的向往与渴求，我陷入了两难。学校老师知道我的情况后，给我介绍了国家助学贷款、助学金政策等一系列帮扶措施，热心帮我排解压力。在国家和学校的资助下，我得以安心就读。

在大学里，我奋发进取，拼命学习知识。入校时，我的成绩并不是最优秀的，英语基础也比较薄弱，但我没有气馁，坚持以勤补拙。大学里的时间不再像高中那样紧凑、系统，我主动突击，利用一切可利用的时间长期驻扎在图书馆、自习室。对待知识，我要求自己不但要知其然，更要知其所以然，同时还要结合实际思考运用。凭着一股不服输的韧劲以及持之以恒的毅力，四年来，我收获了2次国家励志奖学金、1次国家奖学金，同时考取了质检员证等各类资格证书，成为同学们口中的传奇学霸。

为了不给家庭增加经济负担，我通过勤工助学开始了自立生活，大学三年暑假伴随着我的是各种兼职。当其他同学都开始享受期盼已久的假期时，我却留在成都为做兼职而四处奔波。做家教、发传单、做促销员、当速递员……我坚持用自己的劳动来换取生活费。现在，我不但实现了自立，而且还能有一些结余补贴家里。众多的兼职经历也让我收获了良好的人际关系和资源，我开始有能力进一步帮助和带动其他困难同学一起做兼职。

奋斗，绘绚丽人生

课程之余，我积极投身于科研，由于得到了导师严俊教授的认可，我有幸被选入了学校的国家杂粮技术研发中心实验团队。在老师的指导下，我积极投入到导师的科技部国家国际科技合作专项——《中外合作发掘与利用野生麦类资源优异基因》这一课题中，从最初的看文献，听报告，跟着师兄师姐学习成长到独立开展实验。每天清晨，我起床便奔向实验室，制备YEB培养基、筛选蓝白斑、提取DNA片段成为我每天生活的一部分。周六连续坐四个多小时的车前往崇州实验田种种子，周日前往四川农业科学院进行种子微量元素的分析成为我周末的例行"旅游"。到了晚上，我则熬夜到凌晨看各种有关生物技术的文献。在常人看来，这种近乎疯狂的科研模式太"自虐"了，然而我却被"虐"得心甘情愿，心满意足。四年来，我累计参加大学生创新性实验共9项，其中负责主持国家级大学生创新性实验项目1项，参与校级及以上项目8项，先后获得3项省级学科竞赛奖励，获得4项国家实用新型专利授权，在中文核心期刊《西南农业学报》以第一作者身份发表论文1篇。一分耕耘，一分收获，在无数次实验失败的打击下，我学会了冷静面对，开始以科研的眼光来分析问题；而当实验终获成功之时，倍感惊喜的我也更加坚定了自己的科研之路。

大学期间，我一直担任学生干部，组织策划大小活动百余次。担任学生处新闻中心负责人期间，我在老师的指导下成立了"嘤鸣记忆"创业团队。在进行大量调查工作的基础上,我们从学校风景明信片开始做起,旨在为成大学子留下最美的大学记忆。看似容易的一件事,真正实施起来才发现它背后的艰辛。从前期采风设计到后期制作、宣传,由于人手有限,我经常身兼数职,忙得顾不上吃饭、睡觉。在团队成员的共同努力下,项目终于小有成就,为创业团队带来了1.5万元的经济效益。在服务师生的同时,我也收获了经验与成长。

四年来,我先后多次获得校优秀学生干部、优秀共青团员等荣誉称号。有人问我,如何平衡学习和课外活动,收获这么多的成就有什么绝招。我笑着说,这世上哪有什么绝招,我只不过像只蜗牛,别人休息娱乐的时候我仍在爬行,只要向着一个目标拼命努力爬,总会到达的。

感恩,谱快乐乐章

"滴水之恩,当以涌泉相报",受助过程中感受到的温暖让我一直心怀感激,从此,我志愿传爱与人,努力为社会做出应有的贡献。为此,我参加了学院组织的食品安全志愿者服务队,利用专业所长,走上街头巷尾进行食品安全志愿普查,为市民提供食品安全相关法规咨询服务,为社区居民普及食品安全相关知识。我每天走街串巷,不但要接受群众各种各样的咨询,还要面对不法商贩的白眼和谩骂,工作非常辛苦,但这也抵挡不住我作为志愿者的热情。由于群众反映良好,我们团队受邀参加了在四川电视台演播大厅举办的"尚德守法食品安全特别节目",而我也被聘为成都市食品药品投诉举报志愿者,同时也获得了"暑期社会实践优秀个人"荣誉称号。

大学期间,我参加了大大小小无数次的志愿者服务活动。"老吾老以及人之老,幼吾幼以及人之幼",四年来我坚持定期探望敬老院老人,陪伴并帮助行动不便的老人整理内务,定期义务帮扶福利院儿童,给这些需要关爱的老人、孩子带去温暖。当得知学校后勤一位困难职工家庭的孩子因家长忙得不到很好的照顾之后,我义不容辞地承担了孩子的家教工作。在我的引导下,孩子由最初的顽皮拖沓转变为认真好学。看到孩子的转变,家长感激不已,坚持要付报酬,而我坚决不收,认为这些都是自己应该做的。目前,我的服务时间已累计超过500小时,身为志愿者的我秉承"奉献、友爱、互助、进步"的志愿者精神,用自己的实际行动向社会传递着来自当代大学生的正能量。

大学四年一路走来,我经历过挫折与迷茫,也体会了尊重与信任这些世间最美好的情感。在最苦最难的时候，我没有感觉到孤独，因为在我的背后，总有许许多多善良的人在支持着我。社会各界、学校以及学院给了我无微不至的关怀和资助；身边的老师、同学给了我无私的爱和帮助。在最美好的年华里，走进这样一座美好的"象牙塔"，遇见一群最美丽的师生，我是幸福的。四年的历练也让我从一个迷茫自卑的小男孩最终成长为一个乐观自信、勇于担当的青年学子。

"海阔凭鱼跃，天高任鸟飞"，如今，经历了苦难磨炼的我羽翼渐丰，并以413分的高分考取了本校研究生，一段新的人生旅程即将开启。回望走过的路，我内心充实而笃定，我将继续微笑着奔跑，迎接前方的阳光或风雨。

师长点评：梁勇同学来自河北农村，苦难的成长经历培养了他坚忍不拔、踏实上进的优秀品质。在校期间，他乐观积极、追求上进，刻苦学习、成绩优异，全面发展、成果丰硕，是一名综合素质高的优秀学生，不愧为学生中励志成长的典范。

成都学院药学与生物工程学院院长　刘达玉教授

轻吟浅唱，画笔追逐梦的旋律

成都学院　闵　盈

闵盈，男，汉族，中共党员，眉山市美术家协会会员，成都学院美术与影视学院绘画专业2013级学生。曾担任2013级绘画国画班团支部书记、班主任助理、学风组成员，连续三年获得国家奖学金。

苦难磨砺，艰难行走书画艺术之路

如果说贫寒是一种苦难，那么我觉得我们应该感谢这份苦难，小时候便是留守儿童的我和奶奶生活在一起，社会各界的帮助让我们渡过了一道道难关。"宝剑锋从磨砺出，梅花香自苦寒来。"磨难让我比同龄人更加自立、自强。我相信，平凡的出生，可以实现不平凡的人生。

虽深知这是一条艰难的道路，但我还是凭着对书画的喜爱和热情，义无反顾地选择了它。大二时，我通过艰苦努力，取得了本校本专业第一的成绩，并且获得了人生的第一个奖学金——国家奖学金。这对我来说，无疑是最大的鼓励。

不断努力，春华秋实，大学期间，我收获良多。我连续三年获得国家奖学金，并获得成都学院社会实践优秀个人、十佳团支书、励志成长成才优秀学生典型、自强之星等14项荣誉。作品曾获2016年全国"习近平用典"青少年书法大展一等奖，并收录于《第十届中国当代大学生艺术年鉴》。2015年，作品《四君子图》入选"仰望东坡"美术作品展，并于四川美术馆展出。2014年获四川省第十届大学生书法大赛二等奖，2013年获四川省第七届大学生艺术节专业组书法一等奖。我的作品曾多次在全国、省、市等书画大展上获奖并展出，被众多机构与私人收藏。"既然选择了远方，便只顾风雨兼程！"我连续两年获得校级"助学筑梦铸人"征文二等奖、"公益短信征集"二等奖等，文体类获奖共计 8 项。2015 年夏天，我又加入了眉山市美术家协会并于眉山市画院学习，深刻地体会到了艺术的无限力量。

青春旅途，艺术在社会实践中闪光

随着大学生活和艺术学习的深入，我越来越觉得，作为一名艺术生，尤其是学习传统中国书画的学生，更应该走向社会，服务于更广大的社会群体和人民群众，让人们都感受到艺术的价值和力量。

我积极参加各种社会实践活动。我先后参加了 35 周年校庆、"红十字会"、义务支教、义卖等数十项志愿活动。我又积极参与了辩论赛、"嘤鸣诗会"等数十项素质活动，大大地丰富了自己。

我加入了青年志愿者行列，在龙泉驿区"爱心家教"上门志愿服务中遇到了两位残障小孩，他们的故事深深地打动了我。为此，我选择了上门服务残障儿童的公益活动。我主动担任他们的美术老师，教他们画国画。我下定决心，要用艺术去帮助他们，去感染他们！

2014 和 2015 年，在学院的推荐下，经过层层考核，我连续两年作为学生助理参与了成都学院的招生宣传咨询以及成都新会展中心四川省高考志愿填报工作。工作期间，我得到了老师的高度认可和学生、家长的肯定。

2014 年 9 月，我开始担任班级助理，协助班主任完成工作，尽自己最大的努力帮助新生尽快地适应大学生活，给予他们力所能及的帮助，在帮助别人的同时也锻炼了自己。

2015 年暑假，我参加了美术学院暑期社会实践——彭州市白鹿镇村屋改造和"送文化下乡——关爱留守儿童和空巢老人"项目，围绕名为"书院新居"的民居进行改造及周边环境设计组建，开展了为期两个月的实地实践活动。最终获得了校暑期社会实践一等奖。

2016 年，我参与了美术与影视学院美术馆（成都东成艺术区）的工作，协助学院老师全面做好艺术品的推广与宣传。同年，我和小伙伴成立了绘画工作室（绘创工作室），其间多次参加比赛，均取得了优异的成绩。无数次的斟酌，无数次的锤炼，更加坚定了我尽己所能去帮助他人，一起探讨，一起学习，一起画画的决心。

追梦年华，用艺术来服务社会

目前，我正积极筹备考研，并规划着未来。无论前面还要面对多少困苦，我都将不气馁。"路漫漫其修远兮，吾将上下而求索。"我将守望理想，在等待中追逐，在追逐中拥抱未来。追梦之旅，更需行动。我将提升自我，更好地用艺术来服务社会，轻吟浅唱出一段追逐梦的旋律！

师长点评：务实、上进、充满正能量，这是对闵盈同学的整体评价。该同学在专业上踏实努力，对专业精益求情，锻炼了扎实的专业功底，三年的"国家奖学金"是对其最大的肯定。在生活上献身公益，充满正能量，常怀感恩之心的他把温暖带给身边的每一个人。他无论何时都对未来充满希望，在绘画这条艺术路上不断求索，是一个充满上进心的好学生。

成都学院美术与影视学院院长　罗徕教授

奔跑在追求卓越的路上

成都工业学院　戴世鑫

戴世鑫，男，汉族，1995年9月出生，中共党员，成都工业学院机械工程学院机械电子工程专业2014级学生。主要荣誉：2015—2016学年度国家奖学金，第十一届全国大学生"恩智浦杯"智能汽车竞赛西部赛区一等奖，四川省第二届大学生普通物理知识竞赛二等奖，四川省大学生机器人大赛一等奖，四川省大学生工程素质训练（无碳小车）二等奖，全国大学生英语竞赛C类二等奖。

追求梦想的路途中，所有的困难都是机会的伪装，不害怕，抛开迷惑与恐惧做成的束缚，再勇敢一点，不放弃，成功便会在生命的某个转角与我们不期而遇。两年的努力，以国家奖学金的形式得到了肯定，这让我心中充满了喜悦与感激。

时光流转，岁月留香。回顾过去两年的大学时光，往事历历在目。两年大学生活的洗礼，树立了我对待生活新的态度。

大学生活从忙碌开始。两年前，与所有的大一新同学一样，我带着一颗躁动的心和对周围一切事物的新鲜与好奇，开始了大学生活。天真与无知，是那时的我最大的资本。凭着高中时对计算机的一点了解，我加入了学校计算机协会。初生牛犊不怕虎，我常与师兄们高谈程序设计难题；带着对专业学习的热情，我没日没夜地在实验室里尝试、揣摩，并拼凑出了一台嵌入式智能触摸板；我心怀热血，不断准备，期待自己能够在传统人机交互领域做出突破……在这样的忙碌中，我度过了自己的大一时光。

成长是一个不断被打磨的过程。大二，我自以为是地参加了国家奖学金的评选，但现实给了我重重的一击。意外落选让我认识到，在骄傲和浮躁的外壳下，我的心是年轻而脆弱的。因为骄傲，我的身边没有什么朋友；因为浮躁，我的专业基础并不牢固。没有朋友，就没有人能够倾听我的苦恼，我只能在父母隔三岔五打电话中获得鼓励。父母的陪伴让我度过了那段艰难的时光，也给予了我无限的温暖。父母的爱是厚重和伟大的，这也让我意识到浮躁心态下的自己，如同一个空壳，外表看似光亮，内在实则空无。

勇敢，不是得意时的自吹自擂，而是拥有一颗当风雨来袭，迷惘无助时，还能相信并期待明天的开朗的心。在父母的鼓励下，我不断地做出改变。浮躁，是我亟待解决的最大问题。我的浮躁来自急功近利的欲望，来自渴望因荣耀而获得羡慕的虚荣。反思自己，我是一个喜欢安静而非热闹的人。于是，在图书馆学习成了我克服浮躁的选择。偌大的图书馆总是能够使人安静下来，我喜欢选择靠近窗户的座位。我习惯坐在书桌前，或拿着课本分析课本的知识脉络，或花费半天时间推导一个公式，或理解一个新的知识点……累的时候，抬头望望窗外，感觉夏日的骄阳也变得温柔可人了；夜晚，伴随着图书馆闭馆的钟声，踩着稳健的步伐走在回寝室的小路上，我感觉到了一天的充实和满足。

我们不能远离人群只活在自己的世界里。一颗粒子若是离开了所属的集体，那他也只能成为宇宙中的一粒尘埃。我的生活也离不开朋友。我第一次离开父母进入大学去面对纷繁复杂的世界，需要有人与我一路同行。我很幸运，交到了几位挚友，我们或因专业上的不同的见解而争得面红耳赤，或彼此之间互诉衷肠，他们为我的生活增添了不一样的色彩。感谢我生命中出现的每一位朋友。

兴趣是我在专业上前进的动力。童年时，我就流露出对军事科技的喜爱，妈妈也有意加强了对我这方面的培养。喜好研究的老爸每次修理家里的问题家电时也总会带上我，并给我讲解一些有趣的技巧。带着兴趣学习，慢慢地成为我生活中不可或缺的一部分。高考后选择专业时，父母尊重了我的选择，充分考虑了我的兴趣爱好后，我选择了机械电子工程专业。能够一开始就找到自己热爱的东西并为之努力让我感觉很幸运。进校后，我一直保持着学习的热情，可以为了一个设计上的小问题在实验室不吃不喝地捣鼓一整天，也可以在寒假时选择留校；即使是在实验室里打地铺，我也不介意，只为做成一个自己期待已久的小设计。

设计需要责任感，做设计的人最不能缺的是责任感！父母，在我人生走过的这二十年里，用他们的行动告诉我——人，需要承担起那份不可推卸的责任！这也让我深深明白，学习和做设计都需要承担一份责任！因此，专业学习对于我来说变成了一件开心并且有价值的事情。教室里，我上课，做笔记；图书馆里，我整理笔记，思考应用；实验室里，我总结知识、应用知识。我的学习生活始终遵循着这条轨迹，我在课堂上了解知识概要，在图书馆里独立思考，在整理笔记中固化知识，在实验室思考应用，这让我在增强动手能力的同时，也强化了自身的专业技能。专业学习，是一个积累的过程，是一个从量变到质变的过程，也让我走在实现理想——成为一名优秀的机电工程师的道路上。

两年的实验室和竞赛时光，我收获的不仅是能力的提升，还有一群志趣相投的朋友。古语云："人无癖不可交，以其无深情也。"常驻实验室的同学们，都是对知识充满了强烈渴望的人。他们做事充满了干劲，能够为了一个小问题在实验室里没日没夜地寻找更好的解决方法。或许，过着兴趣与爱好填满的生活的人，都是充满激情的。我也有这样的闯劲，并为准备飞思卡尔智能汽车竞赛常驻机电传动实验室。初来乍到，设计上的问题接踵而至，毫无经验的我显得那样的手足无措。但实验室的伙伴们纷纷伸出了援助之手，帮助我解决了一个又一个的问题……坚固的友情，良好的实验室氛围，极大地促进了我的学习积极性。两年时光，竞赛场上留下了我的汗水和泪水，我从一个什么都不知道的小白，一路摸爬滚打，逐渐成为一位经验较为丰富的老手。我设计了一系列小作品：金属探测器、电磁加热器、心电记录仪、智能车、平衡车、四轴飞行器、搬运机器人、四足机器人……实验室的时光是一段为理想而奋斗的时光，它是我的财富，也见证了我的成长。

成功之路途迢迢，我一直奔跑在追求卓越的路上……

师长点评：戴世鑫学习非常刻苦努力，因成绩优异获得国家奖学金，他积极参加学科竞赛，亦成绩斐然，并积极指导同学参加学科竞赛，起到了榜样示范引领作用。该同学做人做事大气，肯钻研、能吃苦、能吃亏，是一名相当优秀的学生。

成都工业学院机械工程学院院长　李刚俊教授

我的成长在大学

攀枝花学院 李 琴

李琴,女,汉族,1995年2月出生,中共党员,攀枝花学院经济与管理学院会计学专业2013级学生。大学期间荣获国家奖学金两次,攀大青年奖学金;全国大学生英语竞赛三等奖,大学生网络商务创新大赛全国三等奖,中国"互联网+"大学生创业大赛四川赛区银奖,四川省大学生综合素质A级证书,校园之星"学习之星提名奖"。

一个平凡的女孩,只因不甘平庸的生活,不愿臣服现实的残酷,才选择独自一次次地决绝战斗。从最初站上讲台遭受别人的误解与质疑,到如今自信满满地主宰自己的世界;从最初面对生命煎熬的疼痛,到后来独自迈开双脚重新找寻自己的道路;从与队友一起没日没夜地做方案、写计划,到一个人坐着飞机到北京参加总决赛。大学一路走来,我最深刻的感触是:当你孤独的时候,他人的陪伴能暂时消除你的孤独;在你伤心的刹那,他人的呵护能短暂缓和你的伤心。但是,真正能让自己充实起来、快乐起来的只有自己,只有依靠自己才能回答一些生命里的难题!

落魄沉寂时的"希望之光"

人生万千,世事无常,大概生命最奇妙之处便在于它的不可预知性,但当一些突如其来的磨难来临时,人便显得更加渺小和无措。

2015年1月1日,意外骨折的我住进了医院,我第一次清晰地感受到生命的脆弱。那个漆黑的夜晚里,空气也变得冰凉,失去自由的我只能在冰冷的床板上忍受煎熬,浑身像是扎满了钢针,似乎连呼吸都异常困难,疼痛难忍的我甚至想到了"死",想要这样"解脱"来逃避痛苦。以前,我总是不断地追逐一切美好的事物,但在面临这一次灰暗的苦痛时,曾经的倔强,曾经的傲气,一瞬间都消失殆尽,我似乎找不到任何让自己继续坚持下去的理由。

这时候,辅导员老师为我带来了一个意想不到的惊喜——我被评选为第二届校园之星活动中的"学习之星"。当时参选的都是大四的学长学姐,对于一名大二学生,我只把它当作一次历练,并没有抱任何希望,但是万万没有想到,我竟然成功了。这份意外的荣誉让我受宠若惊,那一刻,我内心突然有一种莫名的感动,这份感动或许无法言说,但是却带给我极大的肯定。这份肯定一直鼓励着我,至今我仍然坚信"天将降大任于斯人也,必先苦其心志,劳其筋骨,饿其体肤"。上天残忍对你,那只是在考验你的意志,让你能够在复杂的社会中抵御更多未知的荆棘,迎来生命里的晴天。

我的倔强,我的不服输,书写了一个没有"停止",没有"妥协",更不可能"放弃"的人生。受伤过后还没有完全恢复的我拒绝了医生让我休养的建议,坚持到校学习,但是每天最简单的行走却成了我最大的难题。由于行动不便,上课地点又比较远,我就比同学更早出发,一步一步地从寝室挪到终点,没有落下任何一堂课,最终我的收获是三年的综合成绩名列专业第一。让优秀成为一种习惯,这份动力不是足够伟大,但却支撑着我不断前行。

独具匠心的"行走"

"自强不息,厚德载物",这句让无数人当作一生座右铭的清华校训,若不是在那片蕴藏着无限魅力的土地上亲身感触,是无法领会其中深意的。大二暑假,我去了一次清华园,想要在这一方神奇的土地上探寻出一点人生的真谛,站在它积淀了百年历史底蕴的古朴林荫道上,我不由感叹,这是多少学子心中的梦之所在啊!你所处的环境将影响你人生的格局,不得不承认,这里大多数人的追求和人生境界都超越了我们。

接待我的一位高中校友给我讲述了他的研究生生活,他居然每天都待在材料实验室,几乎哪儿都没去。我惊讶无比,在如此繁华的大城市,却可以如此心静如水地抵制外界诱惑,抛却世俗的浮躁,这需要多么浓厚的学习兴趣,对学术又是怎样一种深沉的喜爱呢?那时候的我表示无法理解。他认真地告诉我,真正地投入到学习和研究的学术中,带着问题去探索你还不知道的世界,这是一件无法用任何金钱和物质去等价交换的珍宝,只有真正地爱它,拥抱它,你才会怡然自得地享受其中。

大学里每一个小故事都慢慢地影响着我的思考，改变着我的思想和行为。我将每个小故事串联在一起，为考研做了充分的物质准备和思想准备。可是，生活总是出其不意地改变着每一条既定的轨道，前行的路上有着诸多未知的障碍，考验着我们为梦想奋斗的决心和毅力。

自由驰骋的"追梦"

选择考研，只因为我的好奇不断地激发我去探索。以前的努力不可否认，但是在现在看来，那些只不过是我生命里的插曲。对他人而言，考研可能是个很枯燥、很痛苦的过程，而我却十分享受这个独特的"洗礼"。这段时光，我自主地安排自己的生活和学习，在备考的过程，真正地投入进去，我沉浸在另一个世界，享受着充实与满足。而身边的有些人却痛苦地站在阳台上背书，机械地、冷冰冰地死记硬背，而没有真正去思考这些知识与现实社会问题的联系，仅用身体的勤奋去代替思维的懒惰。他们也许会觉得学习并不快乐，因为这只是为了应付"所谓的考试"才采取的行为，这样的动机注定了最后的结局不会太好，甚至会迎来更多的挫败感以及自我怀疑的眼光。

我们在大学的学习从来都习惯对"标准答案"信手拈来，失去了自己求知的欲望，缺乏对自己专业的"工匠精神"。当我选择考会计专硕（MPAcc）这条路时，我的好奇心才随之打开，我开始慢慢去思考社会和生活中所发生的事物背后隐藏的根源。虽然不那么深刻，但是我却一直在朝这个方向努力，希望自己不再像曾经那样模糊地看世界，而是以全新的视角去看待这个最好的时代！

考研的故事，本来没有多么特别，只是因为梦想的存在而变得格外美丽。我很庆幸在考研中发现了自己思维方面的诸多不足，而在新东方老师的带领下，我真真切切地感受到了学习的实质。曾经的学习或多或少带有些许功利主义，而考研的学习却真正让我找到了属于自己的方向——不要以学习的时间去衡量最终的结果，学习最重要的并不是记住某个具体的结论，而是学习正确的思维方式，我们真正需要做的是探索学习知识的过程，而不是传统式的记住应试需要的结论。

每一个光鲜亮丽的背后，都隐藏着别人难以想象的代价，但我的姿态一如既往。在考研的这一条漫漫长路上，我为生命中的流言蜚语抱怨过，为屡战屡败的疲惫颓废过，但是从来没有放弃过，那四个字——暨南大学，它在我的眼前一次次浮现，早已深深地印在我的脑海中，不断地支撑着我，鼓励着我，让我知道，没有退路，只有前进！

学习没有贵贱之分，唯有盛年的努力与坚持，才能够让我们实现人生的价值！

师长点评：李琴同学学习优秀，态度端正，每年的综合成绩名列专业第一；同时积极参加校内外各种学科竞赛活动，获得诸多国家级、省级荣誉；她在担任辅导员助理期间认真工作，积极向党组织靠拢，努力学习专业知识，积极参与社会实践活动，综合能力较强，是一名优秀的大学生！

攀枝花学院经济与管理学院党委书记　熊礼贵副教授

勇 者

四川旅游学院 李金和

李金和，男，汉族，出生于 1995 年 11 月，中共党员，四川旅游学院运动与休闲学院 2014 级休闲体育专业学生。2016 年入选四川省"青马工程"第一届大学生班，在校期间，学业综合成绩连续 3 年稳居年级第一，曾获国家级、省级、市级、校级等 60 余项奖项和荣誉。

习近平总书记曾寄语青年："人的一生只有一次青春。现在，青春是用来奋斗的；将来，青春是用来回忆的。"只有激情奋斗，顽强拼搏了的青春，才会留下充实、温暖、持久、无悔的青春回忆。于是，在最美好的青春年华中，我选择了用心甘情愿的态度和乐此不疲的精神，来书写我人生中最炫彩的华章。

体育专业，不仅赋予了我强健的体魄，还造就了我坚韧的性格。进入大学后，我积极加入学生组织，从一名青年志愿者到学院学生会副主席，再到学校学生会副主席、主席。回首这三年的大学生活，有辛酸也有甘甜，有付出也有收获，有挑灯夜战的艰辛，也有收获成功的欣慰。转眼间，我进入大学校园已经三年有余。

辛勤耕耘，做专业学习的"领跑者"

学生的本职是学习，对于学习，我从来都不敢懈怠。华罗庚说过："我们每个人手里都有一把自学成才的钥匙，这就是：理想、勤奋、毅力、虚心和科学方法。"秉承着这种信念，我抓住每一分每一秒，务真求实，刻苦学习。"一分耕耘，一分收获"，只有不断积累，才能实现质的飞跃。为此，我根据自己的实际情况制定了属于自己的作息时间，不论春夏秋冬，每天都坚持早起，合理安排学习时间，养成了预习复习，自主学习和每天阅读看书的习惯。每当回想起那样一个个奋斗的日日夜夜，我的脑海中总能清晰地浮现出这样的一个画面：在寒冷的冬夜，经过一天的学习＋工作后的我回到寝室，发现室友们已经熟睡，于是，我悄悄走到寝室书桌前，安静地坐在凳子上，打开台灯，在室友们的鼾声中学习或写策划书、撰写文稿。虽然时常感觉到疲倦，但我始终不忘自己还有梦想，还是每天6：30坚持早起晨读晨练，按照计划去图书馆学习，我沉浸在知识中，不知不觉就忘掉了疼痛。就这样，通过三年如一日坚持不懈的努力和脚踏实地的积累，我先后考取了"国家一级社会体育指导员""国家游泳救生员"等职业资格证书，学业综合成绩排名连续3年稳居年级第一，获得了国家奖学金（1次）、中国电信奖学金·飞Young奖（1次）、四川省大学生体育专业说课比赛二等奖、四川省大学生综合素质A级证书、学校一等奖学金（3次）、面点王一等奖学金（1次）、"四川旅游学院大学生年度人物"荣誉称号，也曾被学校选拔赴韩国、中国台湾地区进行交流学习。

知行合一，做核心价值的"践行者"

校训"读万卷书，行万里路"时刻激励着我，一"读"一"行"是来自生命深处力量的支持，它着重强调内心修养和精神生活与实践的相辅相成，无时无刻不在吸引着我探索生命的意义，领悟人生的真谛。我热心社会工作，先后任学院学生会主席、学校学生会副主席、学校学生会主席、学校学生委员会主席等职务。任职期间，我每天至少花1小时关心时政，牢固树立"四种意识"，把系列讲话、社会主义核心价值观内化于心，外化于行，策划组织学校大大小小的活动百余次，把时政精神传达给身边同学，组织学生参加学习党的十八届三中、四中、五中、六中全会精神宣讲会。2016年5月，四川省优秀青年马克思主义者培养工程开始第一届招生，我成功入选，成为43名青马工程班学员中的一员，参加为期2年的集中培养。

奋进开拓，做青春事业的"奉献者"

大学生活中的我，在老师眼中，学校大大小小的活动都能看到我的身影；在同学眼中，我就是永远都奔跑在学校各个角落的学生会成员；在室友眼中，我就是早上起床也不见人影,晚上休息时还未回寝室的繁忙室友。在工作上,晚上时常加班,甚至有时周六周日也不例外。为此,身边的很多亲朋好友都不能理解,纷纷劝我放弃学生工作。但是,固执的我一心坚持,坚持用心绘制我的大学画卷。2016年6月,我当选为学校学生会主席。此时,我才发现,两年的大学生活中,我每天奔走与学生会工作之间,虽然艰苦,但是幸福,虽然一路走来难免会有疲惫、孤独和委屈,但那依旧没有剥夺我脸上那一抹灿烂的微笑。2016年6月,经校团委推荐,我代表学校参加2016年全省高校学生党员骨干示范培训班进行理论学习。2016年8月,我参加学校组织的"立德树人•坚定信仰——践行旅院校训精神,助力周坪旅游发展"活动,我们团队被评为"团中央2016年度暑期大学生社会实践优秀重点团队"。

2016年12月,我参加了第七期四川省大学生骨干培养学校进行学习,并在结业典礼上代表学员发言。在发言中,我结合担任学校学生会主要学生干部期间的体会和培训期间的学习心得,表达了作为学生干部应有的"大视野、大格局、大情怀",让青春在团学工作中绽放光彩。因个人政治立场坚定,综合素质优异,我于2016年6月在运动与休闲学院党支部光荣地加入了中国共产党。通过学习和实践,我对马克思主义有了更深层次的理解,开始逐渐明确自己作为一个新时代的青年尤其是共产党员所担负的责任。

时光飞逝,岁月荏苒,不懈地努力和不断地奋斗给我的人生留下了永恒的印迹。在未来的时光里,我将更加努力奋进,争取做一名光荣的青年马克思主义者,在实现中华民族伟大复兴的中国梦中贡献自己的青春力量;做一名勇敢的水手,在茫茫学海中乘风破浪、共赴前程;做一名称职的专业人员,用所学的知识和技能服务社会。我要以理想为旗,以信念为柱,勇做一名走在时代前列的奋进者、开拓者、奉献者!

师长点评:古人说:"与有肝胆人共事,于无字句处读书。"这是说一个人首先要有热血与担当,这样读书才能读到现实。李金和同学的事迹,正是学习与担当并举的结果,读书不难,难在现实中的坚韧与奋进,这样才能品学兼优。

四川旅游学院运动与休闲学院党总支书记　陈国林副教授

追逐梦想初心不忘，为理想努力奋斗

四川警察学院　段朝阳

段朝阳，男，汉族，1994年4月出生，中共党员，四川警察学院2013级学生九大队法学九区队学生。曾获2015—2016学年国家奖学金、2014—2015学年国家励志奖学金、四川警察学院优秀学生奖学金，全省公安机关"两学一做"征文赛散文类一等奖，四川警察学院"优秀共产党员""优秀学生干部""学习标兵"等荣誉称号。

岁月如梭，四年警院路；风雨飘摇，不变警魂情。四年生活，不忘初心，我在警路上坚定执着。

逐梦伊始，曙光微亮

不积跬步，无以至千里；不积小流，无以成江海。一颗心，只有经历了坚守，才会懂得坚强；一个人，只有熬过逆境的挣扎，才能了解成熟。执着从警梦，二十岁的我迈进警校的大门，犹记得自己孑然一身来到泸州——这座我向往已久却又万分陌生的城市时的景象，零星点缀的夜色与市区街道上五彩斑斓的霓虹灯相互映衬，无不触动着我的落寞思乡情。

九月的泸州，丝毫没有秋爽之意，酷暑肆虐着整个城市，从北国而来的我极不适应，汗流不止。独自一人按规定完成了新生报到的程序后，我躺在新寝室的床上，心随着偶尔拂过的清风慢慢沉静，我开始思索：我为什么要到警院来？我将带着什么离开？

思绪翻飞中，我想到了不知何处见过的警句："志不立，天下无可成之事，理想因其远大而为理想，信念因其执着而为信念。"

通过思考，我明确了自己的目标，要成为一名优秀的人民警察，能保家卫国，能稳社会一隅。

军训，警校开学的第一课，我主动请缨成为区队领队。老师给我的信任，让我感到莫大的荣耀与责任。站在训练场，我心中多的是兴奋与担当，是自己即将加入学警队的一份沉甸甸的使命感。从齐步变换到正步，从旭日东升到夕阳西下，从疲惫中咬牙坚持到最后，心里不变的是对那身藏蓝色制服的渴望。我现在都记得自己第一天穿上警服站在球场上进行着装仪式的样子：我庄重地举起右手宣誓，口中的誓词一声高过一声，心中充满的是悸动与兴奋！

海日未升，波澜荡起

我还记得自己警院生涯里最难受的一件事：一次网络诈骗悄然发生在自己身上，家庭并不富裕的我被骗走了3000元钱。

当时我整个人都是失魂落魄的，因为被骗走的3000元钱是爸妈辛苦工作攒下来给我的生活费，是自己省吃俭用很久才节约下来的全部身家……我不知道我该怎么办。再加上，我还想到自己作为一个警校生，却被网络诈骗卷席走自己的全部财产，这样的糗事怎么能开口告诉身边的好友和老师？自己怎么能够有勇气面对爸妈的辛劳付出？我当时觉得整个世界都崩塌了……

独自一人浑浑噩噩地去派出所报案，在得知我是警校生时，办案民警的调侃让我涨红了脸。我羞愧于自己贪图小便宜，恼愤于自己的错失大意。

回到学校后，饿了一天的我眼巴巴地守着自己饭卡上最后的财产，不知道是吃还是不吃。夜幕降临，我的失落难以控制。在室友的追问下，我只得吐露实情。室友二话没说，将他的生活费分了一部分给我，让我安安心心去吃饭，去找老师想想办法。老师得知情况后，没有责骂，反而开导我，让我正确认识自己所犯下的错误。在老师和同学的支持下，我主动与父母联系沟通，承认错误。慢慢地，我找回了阳光的自己。

经历了这次网络诈骗，我痛定思痛，一再警示自己不得贪图小便宜，不轻信网络谣言。在担任区队长的时间里，我也多次拿自身当作案例来告诫同学们不得贪图小便宜，以免遭遇类似的事件。

寒夜实习，暖阳聚火

在实习中理解忠诚，在忠诚中感受光荣。我在河北省保定市清苑区北店乡派出所进行实习。这是我第一次清楚直观地感受到基层民警工作开展的艰难，也深刻地体会到了基层民警的重大责任。在一个寒冬的夜晚，我与一位正式民警在派出所值班，一位年迈的老奶奶带着一个六七岁的小男孩来到派出所报案称：小男孩独自离开家想要去市里，中途却迷路了。一天没有吃饭的小男孩又冷又饿地蹲在路边瑟瑟发抖，好心的老奶奶发现后立马将其带到了派出所。

老奶奶走的时候，小男孩慌张地想去拉住她。我轻声拍着他的背安抚他，将他抱到椅子上坐好，他却一直低着头不说话，显得畏畏缩缩。我出去买了一桶方便面，回来后给他倒了一杯热水。端着泡熟的面，他边吃边哭。我只得放低声音安慰他，低声询问着他的情况，生怕惊扰了他。他啜泣着，抽抽噎噎地说不清楚，一开始只会"嗯""好"。后来，可能是见我很有耐心，也比较温和，他便放下心来，给我讲了他的家庭具体住址。他还偷偷告诉我他不是迷路，只是不能回家了。然后小男孩就一直沉默。我和另外一位民警说："现在把他送回去吧，免得他的家人担心！"

送到他家楼下时他紧紧拽住我警服的一角，显得踌躇不安。我们敲门后惊讶地发现，开门的人竟是来报警的那位老奶奶……经详细了解我们才知道，孩子的父母离异，且均不愿抚养孩子，家中只有年迈的奶奶，但奶奶实在是没有钱来抚养他，才出此下策将小男孩送到派出所报案……我们联系了该辖区的居委会，了解到情况确实如此。世事诡异，我只得深深叹一口气。然后，简单地对老奶奶做了思想教育，严肃地指出其错误，并告知她可以向法院起诉。走的时候我摸了摸小男孩的脑袋，告诉他说："找不到路了就去派出所，警察叔叔会帮你的！"我们回到派出所时，已经是夜里三点。

寒夜里，在担心小男孩未来的道路该怎样的叹息中，我萌生了对自己未来生活的思考：生活是满布艰难辛，充满各种未知的挑战的，我们要在未知的世界中满怀信心地面对生活，就要忠于党，忠于信仰，忠于警魂，以坚定的态度去迎接它。实习亦如此，越是不了解，越是迷茫，才越是要充满梦想、迎接挑战。

朝阳东升，迎接美好

现在考研已经结束，我报考的是中国人民公安大学的公安管理专业。在等待中，我回想着自己在考研前的付出：每天严格要求自己，早上6点起床，晚上学到10点，每天的学习时间长达十六个小时，每天一段英文翻译，就算生病也不间断学习；自己去搜集各个大学的资料。警院的短短四年，我学会了遇到困难就要寻找解决办法，而不是像刚进校时那般手足无措，我学会了在人生旅途中，不管遇到任何困难险阻都用"我忠于党，忠于警魂"来激励自己勇敢面对。如今，我仍不时地感觉到，未来生活可能会充满失落与痛苦，可我相信，只要不忘初心，坚持自己的从警路，就一定能创造属于自己的成功。

大四下学期临近，我将迎来自己的毕业季。一种"黯然销魂者，唯别而已矣"的惆怅，未感离别苦，未抹伤心泪，只因深知不忘初心，方得始终。

细数这四年自己努力的成果：国家奖学金、全省公安机关"两学一做"征文赛散文类一等奖、警院"学业十佳"称号……这些荣耀让我深深感受到了忠于初心，坚守梦想，脚踏实地为目标而奋斗的力量。但我仍知，自己还需不断地学习与实践，趁正值青春年华，挖掘自己的潜力，争做一个不卑不亢、不骄不躁的人！不忘初心，这是我在毕业前对即将踏上社会的自己的一次深深的鞭策。敢于担当，勤勉尽责，不懈奋斗，是作为警院人的脊梁。

好男儿本该气如虹，挥汗如洪流，我的脚步一直都不会停下！忠心追逐梦想，朝阳展耀希望。

师长点评：段朝阳同学善思善学，刻苦钻研，成绩十分优秀；作为区队长，他是老师的"好帮手"，同学们的"贴心人"，有能力，有担当，有魄力，具有较强的创新能力和沟通协调能力；在逆境中不畏惧、不退缩、不屈服，克难攻坚、迎难而上。经过大学四年的磨炼、培养、成长，破茧成蝶，成为一名政治过硬、业务过硬、纪律过硬、责任过硬和作风过硬的优秀大学生。

四川警察学院学生七大队大队长　秦晓蓉

用双脚走出自己潇洒的姿态

成都东软学院 程 潇

程潇,女,汉族,1994年3月出生,成都东软学院应用外语系英语专业2013级学生,曾任应用外语系学生会副主席。曾荣获2015—2016学年度国家奖学金、2014—2015学年度东软·亿达一等奖学金、2013—2014学年度国家励志奖学金,取得2014年"外研社杯"英语写作大赛四川赛区三等奖,被评为2015—2016学年学院"十佳大学生""社会实践先进个人""三好学生""优秀三好学生""优秀团干""优秀志愿者"等。

时光荏苒,转眼间我已经是大四的学生了。回顾过去三年的大学生活,我感触颇深,有良师的指导,有益友的陪伴,自己迈出的每一步都坚实而有力。我既为自己在学业上取得的成绩感到高兴,也为自己能从工作和实践中得到锻炼感到欣慰。在这三年的大学学习生活中,我严格要求自己,积极进取,在老师和同学的鼓舞帮助下,在学习、思想、工作等各个方面均取得了较为优异的成绩。在接下来的学习生活中,我当秉持"精勤博学·学以致用"的校训,心怀"人无我有,人有我优,人优我变"的信念,努力成长为一个具有较高综合素质的大学生。

人无我有,专业花开三两枝

入学伊始,全新的环境和学习方式也让我感到有些茫然,与老师、学长学姐的交流和亲身实践让我明白了,大学学习更需要自主安排、自我约束和自我思考,老师更多的是扮演一个引导者的角色,而自己要以一种积极主动的心态去学习和探索。在课程学习中,我深切地体会到自己所学专业涉及知识的广度,作为一名语言学科的学生,对于本专业课的学习,从英语泛读到笔译口译，我慢慢探索出适合自己的学习方法，结合各科老师的指导，保质保量地完成各项任务，积极参加学术类比赛，并获得了老师的肯定。

对于专业的学习，我的兴趣也越发浓厚，学习态度认真，保持"人无我有"的上进态度，课上积极发言，课外踊跃参加比赛。在过去的三个学年中，我均取得了专业第一的优异成绩，多次获得学院"三好学生"荣誉；顺利通过了英语专业四级考试，成绩为良好；大学英语四、六级考试成绩理想；通过不断努力，我取得了全国商务英语初级翻译证书。我积极参加学院及系上举办的学术类的活动与比赛，在代表我院参加的"外研社杯"写作比赛中，荣获四川赛区三等奖。我还取得了全国大学生英语竞赛B类二等奖、学院第二届"外研社杯"英语辩论赛亚军、学院第五届大学生中文辩论赛亚军、"妙笔东软"写作比赛特等奖等优异成绩。

此外，为响应学院T-C教育教学改革的新步伐，提升自身的综合素质水平，我也开始有意识地培养自己的自学能力，不浪费时间，学着去管理时间，踏踏实实，一点一滴地积累，决不放弃。在学习专业知识的同时，我始终坚定"人无我有"的信念，三年来，我并未将眼光局限于专业课知识的学习，自主参加到第二学历，即销售管理的学习当中；通过自学，我考取了教师资格证、普通话等级认证等证书，同时通过课外阅读国际商务类的书籍拓宽国际视野。

我始终相信，努力就会有回报。三年以来，我非常喜欢泡在图书馆，一是因为安静的环境，二是浓厚的学术氛围，三是优质的馆藏资源。每一次的图书馆经历都让我感到充实和愉快。

也许我的起点没有其他同学那么高，但是我一直在进步，即使有时候进步很慢，甚至很长时间都看不到效果，但我依然坚持着，就像亚拉伯罕·林肯所说：我走得很慢，但我从不后退。

然而，一时的优秀并不能代表什么，这只会成为不断鞭策我前行的动力。只有虚心求教，孜孜不倦，才能离目标越来越近。在今后的学习生活中，因为热爱，我不怕困难；因为热爱，我勇于坚持；因为热爱，我将继续负重前行，不断在大学生活中取得更加优异的成绩。

人有我优，学以致用立于行

积极参加学校组织的活动，不仅是对自己能力的培养和提升，更能体现我们的责任心。作为学生，我有责任使学校、学院这个大集体变得更好。

以身作则,切实做到"人有我优"。自加入应用外语系学生会这个大家庭以来,从最初的一名普普通通的办公室干事到副主席;从最初的找寻归属感到为他人创造具有归属感的环境;从最初的写策划、做好会议记录到后期指导安排活动的开展;从最初的做事拖拉到有条有理,每一步我都脚踏实地,兢兢业业。这些活动不仅提高了我与他人沟通交流的能力,更让我懂得了团队分工合作的重要性,学会了如何处理学习和学生工作之间的关系。难以忘记和小伙伴们挑灯布置活动场所,难以忘记一次又一次的讨论,难以忘记第一次穿上正装和高跟鞋时自己那神气的模样,难以忘记活动成功后老师欣慰地鼓掌和大家喜悦的欢呼……在丰富的学生活动中,我自身的能力也在不断提高,我开始学会倾听,吸取周围不同伙伴的意见和建议,合理恰当地表达自己的观点和看法。

作为班级干部,我始终坚持为老师、为同学们服务的信念,我不仅是老师和同学之间有效沟通的媒介,也是各位同学所信任的伙伴。整个班级就是一个大家庭,在困难面前,无谓你我,大家团结一致、互相尊敬、互帮互助,只有这样,才能让每一位同学在健康的环境中茁壮成长。

为了帮助新生更快地适应校园环境,我成为应用外语系 2014 级新生导生,2015 级新生工作总导生,陪着各位新生一同军训,一起探索大学这陌生而又新奇的环境,帮助他们解决进校时遇到的种种问题,找到大学生应有的状态。

我也热心公益活动,除了在学生会中参加学生工作之外,我还热心各种志愿活动,如无偿献血、第九届残奥会志愿者活动、成都双遗马拉松等,并成为 2015 年成都双遗马拉松赛事优秀志愿者。2015 年暑假,我还担任了应用外语系暑期三下乡社会实践外语系爱心队的副队长。我希望通过自己的亲身奉献,为当地的基础教育贡献自己的一分力量。支教的短短半个月间,从后勤到安全,从教学到家访,我不仅锻炼了自己的能力,更深切地体会到山区的孩子们对知识的渴望以及乡村留守儿童基础教育问题的严峻程度,这一切,都需要我们全社会的共同努力。通过这次支教,我希望更多的人珍惜现在所拥有的,也希望有更多的人关注农村落后贫困地区的教育。

人优我变,敢为人先路不凡

创新创业是社会进步发展的核心竞争力,对于学生而言,这句话也同样受用。三年来,我成功地申请了四川省大学生创业补助;参加学院举办的第二届"创青春"大学生创业设计大赛并获得优胜奖;参加由学院开展的 TC 讲师活动；参加由成都市创业促进中心与学院合办的SYB课程并顺利结业；还受邀成为教联举办的优秀大学生巡回分享活动主讲人，与学弟学妹分享探讨创新创业经验。

这三年以来的成长与收获，离不开成都东软学院所提供的平台，离不开各位良师的耐心指导，离不开朋友的陪伴，也离不开父母的鼓励。而这些帮助亦为我继续前行提供了源源的动力。

在今后的学习深造过程中，无论下一个转角迎接我的是胜利的喜悦抑或是失败的泪水，我都会不断超越自己，不断进步，继续坚定"人无我有，人有我优，人优我变"的信念。

三年的大学生活，锻造了我坚毅的品格，让我愈加沉稳，也让我看清了自己的缺点和不足。就像《钢铁是怎样炼成的》中的主人公保尔·柯察金所说："一个人的一生应该是这样度过的：当他回首往事的时候，他不会因为虚度年华而悔恨，也不会因为碌碌无为而羞耻。"在今后的路途中，我将改正缺点，披荆斩棘，加倍努力。如果看不到路，那就要用自己的双脚走出潇洒的姿态；如果是前路漫漫看不到头，那就要用自己的信念留给世界一个奋力前行的背影；如果碰到黑暗无光的困难，那就要用自己百折不挠的坚持突破瓶颈，创造出闪闪发光的成绩！

师长点评：程潇同学在大学期间各方面表现优异，思想先进，积极向党组织靠拢；她专业知识扎实，成绩名列前茅；努力上进，积极参加各类专业竞赛；工作认真仔细，勇于实践，敢于创新；生活勤俭节约，群众基础扎实，是一名综合素质优秀的大学生。

成都东软学院应用外语系主任　刘文涛教授

青春,是用来奋斗的

电子科技大学成都学院 董 了

董了,女,汉族,1992年8月出生,中共党员,电子科技大学成都学院行知学院电子信息类专业2013级学生。获国家级、校级奖学金6次,获全国电子设计竞赛奖项2次,获数学建模联赛国家级奖项1次、省级奖项1次,获英语类竞赛国家级奖项1次、省级奖项1次,获校级比赛奖项4次。

每个人都拥有属于自己的梦想,拥有一个想要实现的目标,拥有一个前进的方向。人生就是一个拥有梦想,追逐梦想,实现梦想的过程。我托梦于大学,似乎看见磨砺后的宝剑锋芒四射,苦寒后的梅花馥郁芬芳。还记得初入大学的我,充满了与理想大学失之交臂的悔恨。可我清楚地明白,生活不似林黛玉,不能因为忧伤而涕泣垂泪。与其懊恼昨天的失误,不如静下心来,调整方向,重新起航。人生不怕失败,怕的是没有蟾宫折桂的勇气、坚持不懈的信念和艰苦奋斗的精神。

成 长

从迈入大学校门第一天起,我就明白,从此我的人生历程就掀开了新的一页。我的人生理想将在这里起航,我的美好生活将在这里开拓,面对崭新的世界、陌生的环境,我满怀希望和憧憬,内心充满着新奇与兴奋。相对中学而言,大学采取自我管理、自我服务、自我教育的形式,这里再也没有了高中老师孜孜不倦的管教,也没有了父母无微不至的呵护,而是具有很大的自主选择的空间。面对宽松的学习环境和自由的学术氛围,我没有选择"解放"自己,而是一边认真学习,一边积极参加各种活动,争取全面发展自己。

刚进入大学不久,我就报名参加了全国英语写作大赛、四川省"联盟杯"

高校英语写作大赛，后来又参加了学校的运动会、读书报告会以及学校组织的暑期社会实践等活动。我并不擅长运动，但为了挑战自己，我报名参加了女子1500米长跑比赛。为了在比赛中取得好的成绩，更为了超越自己，我提前一个月就开始训练，白天认真上课，晚上九点自习结束后，就去操场跑步，最后拖着汗流浃背的身体回寝室。于我而言，那个时候的夜晚总是睡得格外的踏实，一夜安眠。我想不是周公没来，而是我没空理他。清楚地记得那次运动会我在女子1500米比赛中取得了第三名（前两名是体育专业的学生）的好成绩。然而，命运总是那么喜欢捉弄人，我还来不及高兴，我的右手就脱臼了，痛，真的特别痛，痛得我的眼泪止不住地流，委屈、伤痛、害怕一起包围着我。

　　运动会结束了，但学习还得继续，我右手绑着绷带，继续过着披星戴月的学习生活，甚至比之前更加认真、更加努力。功夫不负有心人，在期末考试中我取得了优异的成绩，获得了专业一等奖学金。从此以后，我更加坚信：人生多些磨难，未尝不是一件好事。带着经历过的磨难，带着理想和信念，总会有幸福开花的时刻。我很喜欢儿童文学家冰心的那句话："成功的花，人们只惊艳它现时的明艳。然而当初它的芽儿，浸透了奋斗的汗水，洒遍了牺牲的血雨。"

蜕　变

　　蝴蝶从毛毛虫蜕变而来，凤凰自火中涅槃重生。所谓厚积薄发，正是如此。与高中固定的日常学习生活不同，大学的生活怎么安排完全取决于自己。如果你勤奋刻苦，大学绝对称得上是获取知识、锻炼能力的最好地方；如果你放任自己、虚度光阴，大学也完全可以成为你娱乐的场所。不同的选择会有不同的体验。当然，不同的选择也决定了你毕业后会拥有多少就业的资本。为了在学习中享受到最大的快乐，为了在毕业时找到自己最喜爱的工作，我选择了过充实的大学生活。

　　进入大二，我们的课程量明显增加，课程难度明显提高。老师常常会把班级同学分成不同小组，以小组为单位，进行课题汇报竞赛。小组合作学习不仅有利于拓宽我们学习的空间，培养主动参与的意识，同时也更能体现出学生的主体地位，提高学习效率和自学能力。我印象最深的是有一次专业课的课题汇报，当时几乎每天都是满课，可以利用的课外时间很少，因此我只能挤占自己的睡眠时间。因为我知道，如果想要把任务完成得漂亮，就必须付出更多的时间和精力。我开始疯狂地恶补自己欠缺的知识,在凌晨4点的寝室里,只有哒哒哒的键盘敲击声和室友的梦呓声陪伴着我。虽然睡眠时间被压榨的只剩3个小时,但是我知道,越王勾践卧薪尝胆,十年治民十年治兵,苦干二十年才创造"三千越甲可吞吴"的神话;大儒司马迁含冤受刑,未见堕落而见其日益奋进,终于"著成信史照尘寰"。日子就这样一天天在忙碌中过去,终于到了课题汇报那一天,我依然只睡了3个小时,但当汇报完毕台下掌声响起那一刻,我知道,我做到了,我微笑着。整个大二这一年我都是在各种各样的挑战和忙碌中度过的,我尝试着不断地改变自己,完善自己,提升自己。虽然有时候我也会遇到"行到水穷处"的困境,但无数事实证明,只要有着坚持不懈的意志,坚忍不拔的精神,总会收获"柳暗花明又一村"的惊喜,那一年,我获得了学院特等奖学金。

绽 放

等一朵花开,用一生的时间。

我期待遇见更优秀、更成熟的自己。在三年多的学习和工作的经历中,我想我蜕变了,多了面对生活中各种困难的勇气,最终破茧成蝶。那绚丽的色泽和舞动的身姿告诉我,我们会在尝试中成长。通过加入学校的数模和电子设计协会,大三的我在专业知识学习和实践技能方面都有了很大提升,我想可以进一步挑战自我了,于是我报名参加了全国大学生电子设计竞赛。永远不会忘记在"备战"的日子里我所有的付出:早上我总是第一个来到实验室,晚上也是最晚才走,而且我放弃了坚持多年的午休习惯,吃饭也是狼吞虎咽,争分夺秒,回到实验室又是埋头苦干。有时候也会因为实验意见分歧和队友讨论到深夜甚至凌晨。在比赛前三天,我和队友直接就在实验室打了地铺,困了就小憩一会儿,然后起来继续忙碌,最终完成了我们的参赛作品。

所谓苦心人,天不负。还记得一切都结束的那个晚上,我整个人一下子就轻松了,比赛前的紧张消失殆尽。我和我的队友一起庆祝,一起聊着比赛中精彩而有趣的事,一起笑着。我知道,所有的参赛的人员都是不容易的,我们每一个人都有自己的梦想,所以不管付出多少时间和精力,不管结果怎样,我们都无怨无悔。

回顾我的大学生活,学习上我认真刻苦,不断努力进取。在课外,我积极参加各种比赛和活动来锻炼自己,不断挑战自己,超越自己。困难也好,挫折也罢，我都以刻苦的精神和坚韧的毅力，全力以赴，排除万难，争取做得更好。终于，在大三这年，我获得了国家奖学金。能够获得国家奖学金这一殊荣我十分激动，对我来说，这既是一种荣誉，也是最大的肯定和鼓励；是终点，更是起点。不管曾经取得怎样的成绩，都只代表过去，心存更高的追求，才有继续向前的动力。学习就如逆水行舟，不进则退。我要求自己始终保持勤奋学习、不骄不躁的态度，在今后的学习、工作和生活中不畏困难和挫折，不断努力，奋勇向前。因为每个人的青春都只有一次，青春是用来奋斗的，理想是用来实现的。

师长点评： 董了同学思想积极向上，乐观进取，学习刻苦认真，成绩优异，具备丰富的理论知识和较强的实践能力。他兴趣爱好广泛，积极参加院内外各项活动并屡次获奖。他为人正直，作风踏实，人际关系融洽，是一名品学兼优的大学生。

电子科技大学成都学院行知学院办公室主任、研究实习员　漆进

当青春走过，现实已不再失落

电子科技大学成都学院 毛雪东

毛雪东，男，汉族，1995年12月出生，中共党员，2013年9月进入电子科技大学成都学院文理系信息与计算科学专业学习。获国家级、校级奖学金5次；获数学建模联赛国家级奖项1次，省级奖项3次；获全国优秀成才优秀学生典范奖项2次；获国家及省市级优秀志愿者6次；获校级比赛奖项6次。

直面困境，敢于承担

生活总归不会那么一帆风顺，偶尔也会跟你开个玩笑。我出身于农村，家境并不富裕。家中有五口人，姐姐、妹妹、爸、妈，还有我。2014年6月份，一场突如其来的车祸打破了原有的平静，母亲在车祸中脑部及脑干重创，9级伤残，术后一度成为中度植物人，两年后才慢慢恢复知觉，家中也因此耗费了几十万的医药费。而父亲由于长期操劳，积劳成疾，患有腰椎盘突出、胃病。妹妹心细，不顾家人的劝阻，坚持在高一时辍学在家照顾母亲。

我是一个不服输的孩子，不承认生命会像风一样划过心田，不留痕迹。母亲的车祸，让我逐渐变得坚强，学会担当。在这之间虽然有无数次的跌倒、无数次的碰撞，但我都没有被打倒，捡起一路的悲伤与伤感，依然朝着心中的憧憬狂奔。在最后的三年里，我通过各种兼职与勤工俭学，承担了自己的大部分学费以及生活费。四年，我通过各种努力撑起了家和自己。生活虽然艰苦，可是洋溢在我脸上的仍是那熟练而又自信的笑容。

天道酬勤，勇于创新

大学是一个自由散漫而又伴有浓厚学术氛围的地方，交织着各种影响未来走向的因素，稍有松懈懒惰，就会跟不上前进的步伐。

"脚踏实地，勤奋努力"，这八个字几乎贯穿了我的整个学习生涯。无论在任何阶段，我都刻苦学习、努力奋进，一步步地探寻科学的真理，积极勇敢地挑战未知。坚持不懈地努力过后，肯定会有收获。大学期间，我获得两次一等奖学金，一次特等奖学金，一次国家励志奖学金，一次国家奖学金，两次"国家资助、助我飞翔"全国励志成才成长优秀学生典范二等奖，四川省优秀大学毕业生，等等。此外，我还积极参加英语类竞赛，获得全国大学生C类三等奖。

大学让我收获最多的就是数学建模。在数学与建模联盟协会里，我不仅得到了与其他系优秀学生相互探讨专业问题的机会，还收获了纯真的友谊；我们不仅在集训中相互竞争相互比拼，还在比赛中建立了高度的默契；我不仅提高了写作、编程能力，还提升了自己的综合素养。

大学三年的建模比赛经历是宝贵的，尤其是国赛、美赛、区域赛准备阶段中的高强度、高严密、高集中的培训，除却每天常规、枯燥的练习，更多的是要克服在模型建立遇阻时放弃的念头。现在依然清楚地记得自己第一次参加国赛时，我们做的是有关影子定位的题，其间我们花费了大量的时间在视频分析处理上，同时还要学习模式识别、机器学习等从未接触的知识。最后18小时里，所有队友几乎都没有合眼，但当时还有两件事情没有做，格式没有调整，还要预留时间写摘要，同时我们还要考虑提交论文高峰期网络堵塞的情况等问题。因此，我们直到系统关闭前最后一小时才草草提交了论文。不出意外，第一次国赛我们以失败告终。我一直铭记"只有经历，才会懂得"这句话，国赛的失败，并没有让我放弃建模，而是让我一次次坚定了自己的建模路，我坚定了决心，要克服困难，坚持到底。正因如此，在之后的比赛中，我获得了优秀的成绩：四川省首届"云端数据杯"独立学院数学建模联赛一等奖、四川省第二届独立学院数学建模联赛一等奖、第八届"中国机电工程杯"全国大学生电工数学建模大赛二等奖、第十二届五一数学建模联赛一等奖。

热爱公益,积极助人

在实践中赢得价值,在交流中锻炼自己。在大学,我们不仅要学习课本上的知识,课外的实践也是一个很重要的环节。

志愿者是我的第二个身份明信片,无论是在志愿服务中还是在日常生活中,我都积极履行这一身份应尽的职责与义务。在大学三年里,我积极加入学校的青年志愿者联合会,参加各项志愿服务,如成都市"新川杯"半程马拉松慈善助跑,高新区"网络嘉年华"活动,西部国际博览会,第九届全国残疾人特奥会暨第六届特殊奥林匹克运动会。此外,还有温江敬老院、郫县人民英雄纪念碑、武侯区善工家园、团结敬老院、犀浦幼儿园、双流爱心播种、温江流浪狗之家……在众多的志愿服务中,令我感触最深的是善工家园,这个里面大部分都是自闭症患者,有几岁的,有十几岁的,也有年长的,他们因为各种各样的原因来到这里。那一次的任务中我负责一个青少年,陪他做数圈圈的游戏,但是无论我重复多少次,他都不能完整地数完,可能是我比较心急,一不小心把他给弄哭了,后来我慢慢地安慰他,他才恢复正常。四个小时的服务结束,在公交车上,我不由自主地感慨生命的脆弱,弱势群体是多么需要他人的关怀与呵护。

每当我回顾自己的志愿者生活,都感到无比的幸福,内心暖暖的。每当活动归来,我的身体虽有些疲惫,但内心的热流涌动与别人的一声谢谢,抚慰着我疲惫的身躯,用手轻轻触摸跳动的心脏,感受那美妙的频率。

生活的曲折与顺畅是命运,也是考验。我们不要畏惧它的无常,虽然有时它来去无踪;也不要因它怪诞就俯首听命。我们越努力,心中的信念就会越强大,物质和精神获得就越丰硕。活着并快乐着,便是人生最大的幸福。人生的快乐在于自己对生活的态度,快乐是自己的事情,只要愿意,你可以随时调换手中的遥控器,将心灵的视窗调整到快乐频道。学会快乐,即使难过,也要学会微笑着面对。

师长点评:该生是2017年四川省优秀大学毕业生,拥有良好的道德修养,正确的道德观和世界观,一贯保持乐观向上的人生态度,有责任心和上进心,处事为人友善。他在学习上勤奋刻苦,成绩优异,积极参加各类科技型比赛,主动参与学校和社会实践活动,有着丰富的志愿者服务经验,也多次组织并带队参与公益活动。

电子科技大学成都学院文理系党总支书记兼学生科科长、助理研究员
马玉波

青春有梦，勇敢去追

成都理工大学工程技术学院　马辉强

马辉强，男，汉族，1994年2月出生，成都理工大学工程技术学院核工程与新能源技术系核工程与核技术专业2013级学生。曾获学院羽毛球"迎新杯"奖，学院《紫芊》优秀作者，国家励志奖学金，国家奖学金，全国大学生数学建模竞赛一等奖，美国大学生数学建模竞赛一等奖。

每个人的青春都曾有过无数绚丽多彩的美梦，但唯有那些敢于勇敢追求、不懈奋斗的人，才能将之变成春暖花开的现实。

求学千里，自强不息

在师长朋友眼中，我是一个勤奋、上进、品学兼优的学生。然而，大学的前两年，我一心扑在学生会和社团工作中，忽略了自己的课程学习，所以成绩一直不太理想，我愧对他人的肯定和期望，更没有达到自己的要求。可以说，学习成绩一直是我精彩的大学生活中一个沉默区。所谓不在沉默中爆发，就在沉默中灭亡！我岂是一个自甘落后的人？我曾经把大学的重心放错了位置，学习总感觉力不从心，但是，那股上进、不认输的劲儿一直涌动在我心里。我没有一览众山小的"野心"，也没有只认第一不认第二的盛气。但是，我绝不认输，不向以前的自己认输。人岂能越过越糟糕？这绝不是我能接受的！

大三，是专业课程学习的重要学年，我把重心重新放到专业知识学习上。我暗下决心，要在这一年里尽最大努力去填补过往的空缺，不让它成为抹不去的遗憾。然而，事情并不是一帆风顺的。一开始，我发现自己总难以静下心来，而且，大三可谓是大学生涯的中年期，身边很多同学开始为找实习、找工作而奔波。同为即将步入社会的人，我一时也心急起来。经过一番心理挣扎，我终究又为自己的思想解围了。

大学本科四年,却有越来越多的人正在有意无意地把大学变成了三年,迫不及待地把自己推到职场上去。当然,如此为之且获得成功的师兄师姐大有人在,但我觉得,对大多数人来说,这是揠苗助长,欲速则不达;对我来说,也是如此。大学四年本来就不长,而知识是那么博大精深,岂能再压缩学习知识的时间做个"早产儿"?这并不适合我,也不是我的本意,在我看来,上大学并不仅仅是为了找到工作而已。明确了自己的任务后,一切都变得明朗了,我在学习上鞭策自己,从不无故缺课,不怠慢任何一科,踏踏实实,勤于思考。功夫不负有心人,一学年下来,我各科成绩优秀,名列前茅,取得了学习成绩排名第一,综合排名第一的成果。所谓没有最好,只有更好,我超越了自己,我认为这就是一种成功。我没有过多的惊喜和骄傲,因为我深知,这是我的付出所得。

勤奋的课程学习是我大三一年的主旋律,但不是所有,当然还要伴有丰富的协奏才能奏出精彩的乐章。我是一个内心积极热情、乐于奉献的人,这一点并没有因为我花费了更多的时间去学习而有所改变。此外,我积极参与班级活动,关心班级荣誉,篮球赛、足球赛、中秋班级活动、学院辞旧迎新晚会等,都有我活跃的身影。

筑梦青春,扬帆破浪

2015年我参加高教杯全国大学生数学建模竞赛,虽然那段紧张拼搏的日子已经过去,但时间飞快走过的感觉仿佛依旧,充实忙碌的情景依然时时浮现我的眼前。

"宇宙之大,粒子之微,火箭之速,化工之巧,地球之变,生物之谜,日用之繁,无处不用数学。"华罗庚先生这样赋诗来赞美数学应用的广阔天地。经过这次竞赛,我学到了许多东西,拓宽了对数学的认识,锻炼了自己的思维。理论联系实际,自从参加了数学建模集训—竞赛的整个流程后,我才真正踏进数学的殿堂,我发现,原来利用数学的知识还可以解决工业、商业和农业等生活中的问题。

数模竞赛的题目往往是从日常生产生活中提炼、抽象出来的,尽管题目已经得到了相当程度的简化,但对于我们这些仍在学校里求学而并未遇到过如此复杂问题的学生来说,并不简单。有时我们需要对海量数据进行处理,有时我们面临的却是零数据，无论何种情形，要解决这种问题都很让人头疼。不过这并不要紧，我们是勇敢者，既然已经选择了挑战，那么无论有多艰难都要坚持下去，绝不退缩。我们努力在纷繁复杂的题目中寻找规律，运用合适的数学工具加以解决，对问题进行有效的分类，并将它们逐个击破。

团队合作是一种艺术，只有大家不断地磨合，才能使合作达到默契的程度。参加了这次比赛，我真正体会到一种与集体融为一体，与数学融为一体，与竞赛融为一体的感觉。分工并不是大家各自为政、互不交流，而是为了更好地进行合作。遇到问题时，大家需要共同讨论，发表自己的见解并理解同伴的想法，最后我们将意见统一起来，齐心协力，共同攻克难关。经过三天三夜的苦战，我们最终完美地解决了所有的问题。

在九月末，我们惊喜地收到了组委会的答辩邀请，喜悦之情溢于言表，半年的准备，三昼夜的冲锋终于结出了果实。答辩会场上，我们清晰地阐述了我们的思路和方法，简洁明了地回答了老师的提问，经过一系列的审核，我们最终荣获国家一等奖，为自己的目标、师友的期望、学院的培养交上了一份满意的答卷。

独立生活

我的家庭状况并不乐观，这让我很早就有了独立和简朴的意识。父母的艰辛和关怀更让我觉得，我必须独立。我的父母在别人眼里再平凡不过，但在我心中，他们永远都是最了不起的，无人能及。他们在艰辛的条件中始终给予我最大的支持，包括精神和物质。如今，我早已不是小孩子了，理应自力更生。大学以来，我利用课余时间去做兼职，力争减轻父母的负担。我选择了当家庭教师。三年里，我辅导过多个学生，教得不亦乐乎。这对我来说，不只是一个赚取生活费的兼职，更意味着一种责任。所以，我以一个老师的标准严格要求自己。每次给学生进行辅导，我都会精心备课，无论做什么，要么不做，要么就在自己的能力范围内做到最好，做到问心无愧。而且我觉得有自己的学生并能真正帮到他，对自己而言是一种快乐和收获，我乐于精心为他设计一套教学方案。在这个过程中，我想我深刻体会到了老师为学生付出的心血，不由地充满了感激。

不忘初心，方得始终

三年的时间转眼已过，但当初踏进校园时的梦想我从未忘记。回首当年刚踏入大学校园的我，还带着一丝青涩，如今在母校的培养下，我已羽翼渐丰。很庆幸，我的大学生活是精彩的。在这个殿堂里，我学到的不仅仅是知识，丰富的课外活动也在人际、处事、承受能力等方面磨炼了我，是一笔不可多得的财富。那些一起奋斗的朋友们，那些公益活动，是我的精神寄托，也是体现大学生价值的平台。现在，我也已用实际行动填补了自己的空白之处，点亮了曾经黯淡的区域。大三一年，不闪耀但踏实，不骄人但无悔。我会再接再厉，永不停止进步的步伐。人生没有彩排，每一天都是现场直播。从这些大大小小的比赛，长长短短的社会实践当中，我学到了太多知识，同时也时刻不忘将理论和实践相结合，不断地去验证我的人生信仰。作为一名自强不息的有志青年，我的肩上不仅仅有我自己，还有实现中华民族伟大复兴中国梦的人生担当。我始终保持这一颗积极进取的心，始终注重提升自己的综合素质，始终不忘自己背负的时代使命，努力成为一名综合能力突出的大学生，不辜负家人、学校和祖国对我的培养。

师长点评：自强、自尊、自立、自省是你宝贵的人格力量，进取、担当、攻坚、克难是你勇往的精神利剑。在人生跋涉的历练中，你善于拾取一颗颗被汗水浸透的人生珍珠。不忘初心，继续前进，收获那串闪耀的人生项链还远吗？

成都理工大学工程技术学院核工程与新能源技术系党总支书记、副研究员
郦文忠

在人生路上绽放绚丽的青春梦之花

成都理工大学工程技术学院 朱 冬

朱冬,男,汉族,1993年10月出生,2013年9月进入成都理工大学工程技术学院资源勘查与土木工程系地质学专业学习。曾荣获国家奖学金、国家励志奖学金、全国大学生"互联网+"创新创业大赛优秀奖、第三届"创青春"四川青年创新创业大赛暨第七届高校毕业生创业大赛铜奖、暑期社会实践二等奖、"四川省优秀毕业生"荣誉称号、"优秀学生干部"荣誉称号、"SYB创业培训优秀学员"荣誉称号、"中核集团优秀志愿者"荣誉称号。

路漫漫其修远兮,吾将上下而求索。自从踏入了梦寐以求的大学校园,我的青春之花便在成都理工大学绽放,光彩夺目。

在知识海洋中,含苞待放的"充实之花"

我童年的梦想就是长大后能成为一名地质工作者,直至迈进大学校门,成为一位地质学专业的学生,我的初衷仍旧没有改变。

要成为一名合格的地质工作者,不仅要德智双馨,还要具备一定的野外实践能力。大学正是锻炼能力,展现魅力的舞台,我将在此期间尽力地去付出和争取。

"不积跬步,无以至千里;不积小流,无以成江海。"我对待学习总葆有一颗踏实勤恳的心。我一直坚持我的座右铭——"Don't aim for success if you really want it. Just stick to what you love and believe in, and it will come naturally."(少一些功利主义的追求,多一些不为什么的坚持)。除了认真学好专业知识,掌握好地质野外专业技能以外,我还利用课余时间学习了计算机二级C语言知识,通过书刊网络等媒介涉猎各方面信息,完善自己的知识结构。随着时代的发展，当代大学生必须掌握一门外语，英语尤为重要，我平时也用课余时间苦学英语。"精诚所至，金石为开。"凭借着优秀的专业成绩，我多次获得学习成绩专业第一名，并取得了国家英语四级、英语六级以及国家计算机二级C语言证书。

野外地质填图，条件很艰苦。理学专业，应更加注重野外实践。要成为一名出色的地质工作者，就必须把握好难得的野外填图机会。在江油市马角坝镇野外地质填图实习中，我认真跟着指导老师翻山越岭跑完每一条线路。在实习中，我理论联系实际，积累了不少野外工作方法。在实习倒数第二天，指导老师带我们去寻找化石，我们花了大半天时间努力寻找，大多数人都在心里打退堂鼓，而我坚持继续寻找，功夫不负有心人，我终于找到了一块罕见的珊瑚化石。

在忙碌实践中，盛开"能力之花"

凡事预则立，不预则废。在担任班长、学院学生会办公室学生干部和班主任助理期间，虽然遇到过不少烦琐的工作任务，但我调整好心态，虚心求教，与同学们协调合作，共同完成，力求做到最好。工作经验的积累使我的办事能力得到明显提高。"优秀学生干部""优秀团干"等荣誉激励我不断进取。同时，我也光荣地加入了中国共产党。

担任学生干部，对大学生各方面能力的培养作用是巨大的。进入大学以后，我参加了学院学生会干部的竞聘，并成功地竞选为学生会办公室负责人。在工作和学习中，我一丝不苟，参与组织了六小龄童讲座、学院迎新晚会、"五四"文艺晚会、理工最强音、校园模特大赛等活动，得到了老师和同学们的肯定。

积极参加社会活动。大学期间，我参加了乐山市大佛节志愿者和中国核工业集团新员工入职培训志愿。虽然志愿者服务很辛苦，但志愿者服务让我的团队合作和协调能力全面提升。我出生于一个清贫的家庭，大学期间，我一直做家教兼职来补贴自己的生活费和学费。

努力争取专业学习进步。我努力坚持口语训练，坚持专业课程，成绩始终保持在前列。在各项专业活动中，我都积极展现自我。

在青春创新路上，绽放"超越自我之花"

"大众创业，万众创新"，我积极投身其中。

在忙碌的大三生活中，学院组织了第三届"创青春"四川省青年创新创业大赛暨第七届高校毕业生创业大赛。我思考再三，决定挑战自己的能力，便和几个朋友组队报名参加了，我们齐心协力，有了一个自己的创新项目。对于一个学地质的学生来说，要去开发电子通信有一定的难度，我有点胆怯了。但是队友对我说："没有尝试，怎知道自己不行，要不断超越，挑战极限！"队友给了我深深的启发。在备战的日子里，我们早出晚归，在图书馆查阅和学习有关创新项目的资料，过五关斩六将，我们的项目通过层层选拔，最终被推到四川省决赛。想到学院领导和老师对我们的支持和精心指导，我们暗下决心，一定要在省赛中获奖！决赛当天，我们参赛队伍按照之前协商好的项目成果进行答辩，答辩完后，现场响起了阵阵掌声，我们最终获得了铜奖。

以此为契机，我在创新创业路上越走越勇，在参加完"创青春"比赛后，我又和几位学弟学妹组队参加了全国"互联网+"创新创业大赛，并最终获得了四川省优秀奖。

大学是我人生的转折点，也是我人生之路的加油站。在未来的生活中，我将以百倍的信心和万分的努力去迎接更大的挑战，用辛勤的汗水和默默的耕耘谱写美好的明天。

师长点评：实践创新筑青春梦想，勤学挑战强自我。在"穷究于理，成就于工"的理工氛围中培育出来的他集思进取、勇于创新、敢于挑战自我。他有骄人成绩，为人谦逊低调，在每次创新挑战都收获颇丰，不断地提升自我素质和能力，为自己的青春梦打下坚实的基石。创新活力和务实强干的他定能在人生路上绽放绚丽的青春梦之花。

成都理工大学工程技术学院党总支副书记　李正伟

给自己定个小目标

四川传媒学院　靳晓沛

靳晓沛，男，汉族，1995年1月出生，中共党员，就读于四川传媒学院2013级播音与主持艺术学院本科。曾获2013—2014学年四川传媒学院一等奖学金、2014—2015学年四川传媒学院特等奖学金、2015—2016学年国家奖学金、成都电视台主持人大赛优秀奖、四川传媒星秀主持人大赛一等奖、优秀共产党员称号、五四青年奖章获得者、优秀学生干部称号。

北京时间的6：58，我戴上耳机，推上话筒，熟练地向听众say bye。就在刚才，我完成了FM88.2成都故事广播早间音乐节目《岁月留声》第100期的直播，我选择在这期节目的末尾来播放由好妹妹乐队演唱的电影《谁的青春不迷茫》主题曲《不说再见》。

一转眼我已实习半年。想起2013年9月，我初入大学校园，曾经给自己定下的6个小目标。

我要当班长。没错，这是我的第一个小目标。就像王健林在《大咖一日行》当中说到的，他的目标是挣到一个亿，而我的目标是当班长。入学第一天，我对辅导员张颖老师说："我是一个很靠谱的人，我会很负责任地对待班级事务，做您的得力帮手，主动帮助同学，请让我做班长。"经过一段的考察期，我竞选成功，由此开启了我四年的班长之路。这四年中，我和全班30多名同学一起共进退，协助辅导员完成了多次的活动任务，从日常琐碎的寝室卫生检查到重大迎检活动，在1200多个日日夜夜里，有制作纷杂表格的心如乱麻，也有完成卫生大检查时的团结一致；有劝导旷课同学的苦口婆心，也有毕业晚会的喜极而泣。记得大一下学期，全班陷入了懒惰的"怪圈"之中。不晨练、旷课迟到的事情屡屡发生，我与辅导员商量后，决定召集全班同学开一次特殊的班会。班会上，我们让大家以"不忘初心　方得始终"为主题各抒己见，全班30多位同学深情地讲述了自己的故事，在唤醒自己理想的同时也为自己和别人打气。最终，我带领全班在 2014 年度获得了班级评比前三名的好成绩。

小目标之二是我要加入中国共产党。大一开始我便确立了自己的政治目标。我知道，入党认识是我长期追求的目标和理想。中国共产党是工人阶级的先锋队，是中华民族的先锋队，每个追求上进的人都想加入其中。为了实现这个目标，我大一便慎重地向党总支递交了入党申请书。我参加了党知识的培训班学习，认真学习党章，认真学习了马列主义、毛泽东思想和邓小平理论，从小事着手，逐步实践，同时坚持正确的政治方向，定期向党总支汇报思想，接受党总支的考验与考察。在具体实践中，我能认真学习理论知识，积极参加学校和学院组织的形势与政策及党内的各项活动，在思想和行为上积极主动向党组织靠拢，时刻注意自己的言行，严格要求自己，督促自己，检查自己，并经常与老党员交流学习，向党支部书记口头汇报思想。通过努力，我终于在 2014 年 12 月被党总支发展为一名中共预备党员。在 2016 年 6 月，我荣幸地作为学生党员代表在"两学一做"教育启动会上发言。不知不觉间，我在政治上不断提高，不断成长。

小目标之三：我要考第一。当然，我不认为这是争强好胜或者是事事都喜欢超过和压倒别人的心理在作祟。我简单地认为，只有这样才能不辜负我四年的大学时间和父母的期待，前几天和朋友聊天，我说四年来我没有旷课，记忆中也没有迟到，朋友们纷纷惊愕。我没撒谎，四年来我上课基本不会迟到，每次都坐在前三排，大三坚持晨练是我的规矩，把大学的课当高中的课来上也是我的信条，再加上平常喜欢读书，我的成绩很快就得到了提升。2013—2014 学年和 2014—2015 学年，我连续两年取得年级第一名的好成绩。此外，我还获得了学院特等奖学金、一等奖学金，优秀共产党员、优秀团员、五四青年奖章、优秀学生干部、优秀学生等称号。有一天我突发奇想，把大学四年获得的证书奖状全部摞起来，高度竟然达到了我的小腿。真是应了一句话："态度决定高度！"

当然学习是多方面的，仅仅靠书本上的学习是远远不够的。四年来，为提高自己的专业能力，积累媒体经验，我从大一开始，就在学好各门专业课的同时，充分利用课余时间积极参加传媒实践活动。

2015 年，我在新华网四川频道参与巴蜀文化纪录片《坝坝茶里的老成都》《寻找遗失的记忆——川大女生院》《李劼人故居》的策划、拍摄；采访过作家流沙河、林文询，摄影家葛加林，报人曾伯炎等有影响的文化名人。说到这儿，我想起来一件很有意思的事儿。在拍摄《坝坝茶里的老成都》时，我们联系上了四川文艺出版社的编辑室主任林文询,将针对"六腊战争"的问题采访他。说来也巧,采访当日,互不相识的我们,在电梯间里"偶遇了"。由于功课做的足,我对林老师的生平以及著作都大致了解到位,所以在电梯上一眼认出了他。我大胆走上前去说道:"林老师,您好,我是……"林老师的表情由错愕转为欣喜,他用四川话说:"你认识我?"事后,林老师说,这么多年了,没有人认识他们这群老学者,更很少会有人愿意花时间去了解他们,我从电梯里喊他的名字的时候,他其实是很感动的。

为了进一步提高自己的主播能力,我还在山东济宁电视台107私家车广播任实习主播。同时,为了锻炼自我抗压能力和表现力,我还参加了山东临沂电视台魅力新主播主持人大赛并取得全国30强;参加了四川电视节首届主持人新秀大赛取得社教组全国4强;参加了成都电视台主持人大赛获优秀奖。说起来,每次比赛都算得上一场"鏖战"。其中,我印象最深的是四川电视节首届主持人新秀大赛。从20多所校内初选,到走上省级舞台,一个月的日日夜夜里,我反复打磨自己的主持作品。当站上全国十强的舞台的时候,我已经不是一个人在作战,我的身上也肩负了学校的荣誉。

小目标之四是我要做社团的主心骨。有这个小目标纯属机缘巧合。从迷上偶像柴静开始,我就狂热地想要成为一名记者,一名战地记者或是暗访记者。大一入校,社团招新,我便积极加入。现在想起来,特别感动于当时的稚嫩和可爱。抱着这样的想法,我参与了四川传媒学院播音主持系的光影频道新闻部工作,从最开始的采写新闻稿件,拍摄新闻片,到后期的录制节目口播,剪辑完整视频,我一步一个脚印,从普通成员做到了主持人部的副部长。工作总结大会时我才发现,从《图说天下》《深度评论》主播到策划并拍摄剪辑新闻片18部,我只用了一学期时间。

此外,我还在四川传媒学院大型节目制作团队任《四川传媒学院新闻》主播,参与校级多次重大接待任务。在假期,我还积极参与学校的招生工作。2016年,我任四川传媒学院山东招生办播音助考组组长。

我要进省会台,这是我的第五个小目标。大三下学期开学时,我正为实习单位而发愁,恰巧成都人民广播电台交通文艺广播举办了"新生一代"主持人大赛,进入决赛的人都有机会进入电台实习,这正是我所梦寐以求的。怀着忐忑的心,从海选初赛复赛决赛总决赛,一轮轮、一次次,从300到150到90到30到15,我终于挺到了最后,获得了优秀奖,也进入了成都电台故事广播实习,现为FM88.2《岁月留声》节目的主持人。在半年的实习期中,我担任过首届《中外文艺》蓝塔诗会主持人;成都文联主席梁平诗歌朗诵会主持人;

余秀华、廖伟棠新书见面会主持人；遂宁市作协主席蒲小林诗会总导演；回忆专用小马甲读者见面会主持人；杨澜读者见面会（成都站）主持人。我还采访过作家阿来、祝勇、萨苏、杨澜、余秀华、廖伟棠、回忆专用小马甲，主持人张悦、虹云，歌手方大同、吉克皓等。

　　这其中让我印象最深刻的，莫过于12月的杨澜成都书友会。按照制作方安排，我将担任主持人，其中包括了对杨澜半小时的专访。这对于我来说，是太宝贵的机会，同样也是极大的挑战。作为中国高端访谈节目的开拓者，杨澜在过去采访过600位世界名人。对于主持采访的技术，我在她面前太过稚嫩。为了能够出色地完成采访，我在两周之内，读完了杨澜所著的4本书，希望可以从中汲取灵感，看了10期《杨澜访谈录》以向她学习技巧，同时，我还翻遍她的微博了解她的近况，从见面该握左手还是右手，到每一个问题的设置衔接，我都做了极其细致的规划和演练。在完成整个书友会之后，杨澜亲切地和我合影，并为我题字"祝骁川（播音名）先生前程远大"。现在想起来，这些对于我来说，都是太宝贵的财富。

　　刚才说，六个小目标，到今天我完成了五个，还有一个"我要登遍川传的舞台"，还在实现过程中。对于我来说，传媒学院有5个舞台是必须要站上去的，第一个就是播音主持学院楼下的新闻直播间，然后是全媒体技术中心的全景演播间、艺术交流中心、大型演播厅，还有最重头戏的艺体中心。这四年来，我在其他舞台上都留下过自己的身影，只剩下登上艺体中心的舞台这个小目标还在努力实现中。时间如白驹过隙，转眼间还剩下半年时间，希望我可以早日实现这最后的小目标吧。

师长点评：靳晓沛同学在四年大学生活中不断力争上游、勇攀新高，整体素养和综合实力有了极大的提升，获得了让老师为之骄傲的成绩。四年中，她不断修身立志，努力培养实践能力，优秀事迹足以成为其他同学的模范。

四川传媒学院播音与主持艺术学院党总支书记　卢桂萍

坚持中盛开

成都信息工程大学银杏酒店管理学院 夏　康

夏康，女，汉族，1996年5月出生，成都信息工程大学银杏酒店管理学院外语系商务英语专业2014级学生。曾获国家奖学金、外研社杯全国大学生英语演讲比赛四川省三等奖、21世纪联合国环球青少年形象大使全球亚军、国际志愿者称号、联合国环球青少年最佳形象大使称号等。

诗书勤乃有，不勤腹空虚

陶渊明在《杂诗》中曾谈到，"盛年不重来，一日难再晨。及时当勉励，岁月不待人"。这首诗亦成为陪伴我大学三年的良师益友。惜时、读书是个再简单、浅显不过的道理。自小父母便教导我珍惜时间，更要好读书，读好书。于是，在我成长的十多年光阴间，"腹有诗书气自华"便成为我孜孜不倦追求的目标。

受父母的影响，我从小便深谙学习的重要性，在九岁时，我被父母送到了成都，从此，便独自一人踏上了漫漫求学路。我知道，人的一生是离不开学习的，无论一个人处于一个什么样的状态下，无论从事何业，都不能将对该行业的认识、学习、实践过程相割裂。学习对我来说是一件很快乐的事儿，当我成为一个有学识的人时，那该是一件多么高兴而痛快的事。当我的学识得到众人承认时，我有一种说不出来的成就感。正因如此，从小学五年级到大学，大多数时光我都是在校园中度过的，寝室、图书馆、食堂成为我最熟悉的地方。但我并不觉得这样的生活枯燥乏味，反而乐在其中，引以为豪。我时刻谨记，"读书勤乃有，不勤腹空虚"，并且在这条路上踏实努力地走着。三年前刚踏进校门的那一刻，我心中充满了对知识的渴望。为了学好专业，我每天早上6点顶着寒风在食堂门口借助微弱的路灯光认真地背单词；为了参加老师的科研课题研讨活动，我泡在图书馆不知疲倦地查阅资料，写论文；为了准备各种演讲朗诵比赛,我在办公室向老师请教,无数次对着镜子紧张地排练……这些都成为我大学生活中弥足珍贵的场景和时刻。

纸上得来终觉浅,绝知此事要躬行

对于外语专业的学生来说,学好语言,了解外国文化历史环境总是最重要的。于是,我在大一的暑假参加了学校的赴美带薪活动,大二参加了赴联合国的形象大使比赛以及国际志愿者活动。在众多的比赛活动当中,我结交了来自各个国家的朋友,也参观了很多外国城市。我无比感谢父母的支持和理解以及老师的不断鼓励。在赴美带薪工作的三个月中,在当地餐馆当服务员的经历让我终生难忘,我从一个内向从不主动和别人说话的人一步步变得健谈开朗,甚至能和当地外国人一起聊聊中国的历史文化,一起谈谈长城故宫,也经常相约去教堂做礼拜,感受传统的西方文化;更重要的是,我学会了吃苦耐劳和坚持,这些都是课本中无法学到的。记得参加外语系老师课题研讨活动,讨论TPR教学法在小学英语教育中的运用时,从未接触过教育教学法的我一头雾水。于是,我利用课下时间,在图书馆查询相关教育理念的书籍,多次请教老师,整整一个学期的周末我都在做小学生英语家教,将学到的教育理念运用于真实的英语教育环节中,再不断地进行修改,总结经验,最后这篇论文终于成功地发表出来。在我眼中,学习最大的魅力就是学以致用,这也是我最大的感受,大学是体验生活的最佳时期,我们应当丰富自己的阅历,开拓眼见,而不是一味地沉迷于韩剧、游戏、睡觉,重复这种单调乏味的生活。

博观而约取,厚积而薄发

在过去的大学三年,我一直都在乐观探寻并丰富自己的课余生活,积极参加各类比赛也成了我大学生活不可分割的重要部分。小到校级的朗诵比赛配音大赛,大到省级国家级世界级的比赛,我都积极参与并取得了不俗的成绩(配音大赛取得全校第一名,外研社杯全国大学生英语演讲比赛四川省三等奖,21世纪联合国环球青少年形象大使全球亚军)。但我在途中也遇见了层出不穷的困难和挫折,2016年3月参加21世纪联合国形象大使比赛的场景还历历在目。那时正逢专业四级考试,我正在紧张地埋头备考期间,突然被辅导员老师通知参加比赛,当时我的内心无比焦虑,我一边担心专四考试,一边担心比赛。还记得那段时间我早上上课，下午泡在图书馆一遍遍地刷题复习，整理错题，一到晚上，我便开始准备比赛，成千上万遍地修改演讲稿，排练脱口秀，熬夜失眠成了常态，压力不言而喻。然而，坚持再坚持成为我内心不可动摇的力量，支撑我走了下去。终于，在来自各个优秀学校高手云集的比赛选手中，我脱颖而出，获得了参加中国赛区决赛和世界级比赛的资格，那一刻，我感受到了无可比拟的快乐和由衷的满足。但紧接着要在美国举行的决赛也让我临近崩溃。当时一心追求完美的我在面对"故乡"这样一个普通空泛的演讲题目时伤透了脑筋。我曾大清早到人民公园录下当地老人晨练喝茶的生活场景，也去到宽窄巷子采访变脸师傅，向皮影戏师傅拜师学艺，但这些最终都被自己一一否定。如何让人耳目一新，如何让这个题目变得有社会价值，经过无数次和老师的沟通交流，我终于找到了灵感，决定从留守儿童出发分析对西南城市经济的影响。最终，我不负众望，这个演讲吸引了洛杉矶加州大学老师们的兴趣，我也在决赛时就这个话题和哈佛大学教授展开了探讨和分享。功夫不负有心人，最后我获得了比赛的世界亚军。这对于我来讲是一个无比宝贵的比赛经历，同时也让我再一次坚信，付出必有收获。

  回顾大学，我做到了惜时、好读书，也做到了不断丰富自己的课外生活。如何规划好生活，如何平衡学习和各种活动，成为我最热爱的事。每周的星期日，我都喜欢将接下来一个星期重要的事、需要完成的事以及能够提高自己的事情分门别类，列出一张表格，将每件事情细化到每天的具体时间完成，有条不紊地开始新一周的学习生活。要做就做到最好，即便要花费比别人更多的时间和精力，这是我的信念和目标。我做到了读万卷书，行万里路，挤出时间也要阅读，在周末回家的地铁上，睡觉前的半小时，积少成多，我养成了读书的好习惯。在假期，约上朋友，各处走走也成为我的一种习惯，走的越多，我越深知学习的重要性。于是，我更加投入地学习，提高自我。大学的时光，曾有比赛失败遭遇挫折时的悲伤泪水，也曾有通过考试获得收获时的欢喜雀跃，这些都成为人生道路上难能可贵的星星点点，都指引着我不断努力前进。而我始终相信生命不止，奋斗不息，未来，一定能在坚持中盛开一朵娇艳的花儿。

  师长点评：夏康同学，生活中积极乐观，具有良好的人生观与道德观。在学习、生活、工作中，她能充分发挥榜样示范作用，是一名品学兼优，综合素质过硬，专业素质突出，全面发展的当代大学生。
成都信息工程大学银杏酒店管理学院外语系党总支副书记兼办公室主任
李丹

支教让大学生活如此美丽

成都文理学院 林 芸

林芸，女，汉族，出生于1995年12月，中共党员，成都文理学院2014级文学院汉语专业学生。在大学期间先后担任文学院学生会主席等职务，获得一等学习奖学金（2次），二等学习奖学金（2次），国家励志奖学金，国家奖学金，优秀学生（三好学生）荣誉称号（3次），"三下乡社会实践活动"优秀个人。

进入大学后，我既感到了学习的自由，又感受到了自己各方面的不足，我迫不及待地想要改变自己，成就自己。

千里之行，积于跬步

刚进大学的我，内向、胆小，当众自我介绍也会紧张得满脸通红。我渐渐地意识到，要成为一名优秀的大学生，不仅要学好专业知识，更要注重自身的全面发展。

通过努力，我加入了文学院分团委学生会。从一名干事到大二的部长，再到大三的学生会主席，我时刻满怀激情，工作认真积极，用心地对待每一件事。在学校举办的寝室文化节中我获得了"优秀组织奖"，在汉字听写大赛中我的作品也获得了一致好评。这些活动极大地锻炼了我的组织、协调、沟通能力，我也变得开朗了许多。

万里之船，始于罗盘

我立志要成为一名人民教师，所以在上大学时选择了汉语（少儿教育方向）这个专业。希望自己能够站上三尺讲台，教书育人，成为一名优秀教师。大学期间，我抓住每一次上台实习为小朋友传授知识的机会，以提高自己的表达能力。

我报名参加了"童梦心愿"义务支教活动，到学校附近的港青学校支教。从小朋友那清澈的双眸中，我感受到了孩子们对知识的渴望，这让我更加地喜欢教师这个职业。

2016年暑假，我带领文学院支教队参加了"三下乡"暑期社会实践赴乐山市碧山学校进行支教。这里的小朋友基本上都是留守儿童，山区各方面条件差，监护人照顾不到位，小朋友们的学习成绩普遍不好，他们都比较内向，不敢和我们交流。但因孩子们的坚韧，他们的体育成绩大多比较好。"天将降大任于斯人也，必先苦其心志，劳其筋骨，饿其体肤，空乏其身。"在我的鼓励下，小朋友们渐渐找到了自信。在熟悉后，同学们开始主动地聊天，做游戏。

支教的过程，也是学习的过程。"三人行，必有我师焉。"每当学生放学后，我们支教队就把藤椅搬到操场上，大家一起聊天，交流当天的教学心得。在《出师表》中，诸葛亮说："不宜妄自菲薄，引喻失义。"这提醒我们要看清自己，不要自卑，要谦虚；不要自负，要自信。我们制定计划，树立目标，慢慢地实现着它。我们相互鼓励，相互学习，重燃工作热情与学习信心，第二天又精神百倍地为碧山学校小朋友传授知识。

支教期间，学校的住宿条件不好。学校没有电视和WIFI，且非常的潮湿，洗漱不便，蚊虫特别多，我们全力克服了洗澡、做饭、饮食等各方面的困难。我们工作充实，我们依然快乐。虽然在碧山学校的住宿条件很差，但这里让我恋恋不舍，我舍不得那些可爱的孩子、淳朴的老师、自然的环境，难忘大家一起学习、游戏的场景。

经历了此次支教，我更加坚定了自己想要成为一名人民教师的决心，也更加认真地学习专业知识与师范技能，希望以后能真正站上讲台传授知识给更多的人。

生命不息，前进不止。人生的道路上还有很多的困难与阻碍等着我们战胜。我将不忘初心，继续前行！

师长点评：作为一名学生，林芸同学在校期间，学习成绩可圈可点。其间，学校一共评了四次奖学金，她每次都获奖，不是一等奖学金就是二等奖学金。工作方面，从干事到学生会主席，足以证明她有一定的组织领导能力。读万卷书，行万里路。学习的真谛在于实践，林芸同学能够将所学知识应用于支教，应用于服务社会，这也是很难得的。因此，林芸同学获得奖学金，我认为实至名归。

成都文理学院党委副书记、学生工作部部长　王亚军

最美的青春遇到最好的自己

成都文理学院 张晓燕

张晓燕,女,汉族,1994年10月出生,中共党员,成都文理学院2014级广播电视编导专业学生。在校期间担任团委学生办公室主任等职务,曾获得国家奖学金、国家励志奖学金、党章知识竞赛(现场竞答)一等奖、"优秀学生"荣誉称号等。

习近平总书记曾寄语青年:奋斗的青春最美丽。我认为,青春是本打开了就合不上的书,人生是踏上了就回不了头的路。在最美好的年华,我要用自己的奋斗绘制我人生中最精彩的画卷。

大学不仅是一个锻炼人的地方,也是一个考验人的地方。进入大学后,我积极加入学生组织,从宣传部记者干事,到团委宣传部记者团的团长,再到团委学生办公室主任。一步步的成长,让我感受到身上的担子更加沉重,脚下的步伐也应更加沉稳。

坎贝尔曾说过:假如你希望在你的生活中也获得那样的机遇,你必须播种,而且最好多播种,因为你尚不清楚哪一粒种子会发芽。2016年5月份,我遇到了人生中一个重要的转折点——四川省优秀青年马克思主义者培养工程开始第一届招生。对照选拔条件,经学校推荐,我走上了"竞争"之路。从6月初到8月中旬,省人才工作领导小组会同省教育厅、团省委对推荐人选进行资格材料审查,组织专家评委对推荐人选进行面试评定,公务员录用体检标准体检(复检),报经省人才工作领导小组审定录取名单等层层"严苛"的选拔程序,我终于有幸成为43名青年马克思主义者培养工程班(以下简称"青马班")学员中的一员,能够与诸多硕士博士、学生会主席一起学习。

然而,命运是一件很不可思议的东西。人往往在实现理想时会遭遇许多的困难。

面试的时候,我了解到有那么多的硕士博士参与竞选,顿感自己和别人之间存在着无法忽略的差距，身上的压力不觉增大了，尤怕辜负学校、师长对我的期望。如果说对手的强大让我倍感压力，那假期对父母的愧疚，对突如其来的磨难的恐慌，我真的想不到合适的形容词。

2016年7月4日晚上，我回到山东的家，还没来得及享受"公主"般的待遇，5日下午就接到电话："回之前体检的四川省医院复查。"我的眼泪瞬间就下来了，哭着问妈妈是不是身体有什么问题，接着就是查机票。妈妈一边安慰我一边给我收拾行李，让我突然有了勇气。我6日就回到了四川，7日进行复查。一个人的情况下即使晕血也只能咬牙坚持。就这样，体检这个过程一直持续了一个月，而我的假期也只有二十天待在家里，父母的理解是我坚持的最大动力。

"青马班"的第一堂课，我真正感受到了"天外有天，人外有人"。在所有学员进行自我介绍时，我一直是目瞪口呆的状态！43名学员中不仅有很多学术精英、专利获得者、国家奖金获得者，还有出色的大学生创业者，等等。或许跟优秀的人在一起，最好的状态就是去与他们比较，在比较中发现更多的差距，然后补齐自身的短板。压力是有的，在"青马班"的日子里，我需要好好学习，锻炼好身体。培训中，我每天的培训内容都很丰富，回到公寓根本不想动，却还要整理当天的笔记，写好自己的日志。但这种充实让人感觉到了踏实。在"青马班"的日子里，我进一步感受到了党和政府对青年的关注，真正理解了"青年兴则国家兴"的真谛，真实感受到了自己对于国家、对于民族的责任。

除了众多优秀的学员外，师资配置更是顶级的，既有电子科技大学的老师，也有将军、部长等行政人员，国内知名教授，课程内容更是涉及时政、军事、历史、综合素养、新媒体互联网等多领域，实践课程包括参访创业区菁蓉小镇、重走长征路等，接下来我们还会有机会参访政府部门、下基层、出国交流。如此丰富的课程，我们可能没办法全部吸收，但25场讲座绝对会使我们看问题的角度发生了转变，视野变得开阔，以前我总是闷头做事，从来没有想过为什么，大多数事情都是知其然而不知其所以然，跟老师们交流时才发现自己宛如井底之蛙。除此之外，我还认识了很多优秀的人，有同学，有老师，我与他们都成为朋友。这也是一种资源的储备，一种学习的收获。更重要的是，在这之前，自己曾有些许的骄傲，有些浮躁，来这里之后，我还学会了正确客观地看待自己。

"志存高远、德才并重、情理兼修、勇于开拓"，我一直记着习总书记对当代青年说的这句话。

回到学校以后，我开始更加认真地规划大学生活。不再只是单纯地记录，而是要自己导演。我开始给自己定了几个目标，等级考试也好，期末考试也好，学生干部的成长也好，有目标就会有动力，它会督促着我一步一步朝着彼岸前行。为了更好地兼顾学习与学生工作，我争分夺秒，惜时如金，别人坐着的时候我站着，别人站着的时候我走着，别人走着的时候我开始奔跑。每天早上我都比同学们早起，坚持自习，晚上大家看电影娱乐时，我在图书馆复习功课，又或者是开展学生工作。大学生活虽然忙碌，但却带给我前所未有的充实和满足。苦心人，天不负，卧薪尝胆，三千越甲可吞吴。终于，我站在了国家奖学金答辩的舞台上，在苦寒的日子里尝到了生活的美味。我明白，无论什么事情都应跟着自己的心走，把淡定写在脸上，把悲伤埋在心里。学习上，我利用课间主动与各科任课老师请教交流，同学投以不解的眼神，我处之淡然；工作上，晚上时常需要加班，有时甚至周六周日也不例外。为此，身边很多人都不能理解，但是，我一心坚持，用心绘制我的大学画卷。

　　除此之外，我也立志将我在"青马班"的所学所思分享给更多的文理学子。截至2016年12月1日，我已经完成了12场分享交流，涉及"校园新闻稿写作技巧""学生干部综合素养的培养""脚踏实地谈信仰"等多个主题。令我感到欣慰的是，在我分享时他们予以我充分的信任，在参加我的分享会后，他们会向我表达他们的感激之情。每每此时，我的眼前仿佛呈现出一张张甜甜的笑脸，让我坚信自身的价值，也赋予我更高的使命。

　　在成长的路上，我也不断提醒自己，时刻保持清醒的头脑，坚持不断地学习。一时好不代表永远好，一方面优秀不代表面面了不起。偶尔觉得自己有点懒惰、有点膨胀、有点飘飘然的时候，我就去蹭课，让自己在知识的海洋中沉静下来。

　　"青马班"一共有两年的学习时间，我们利用寒假、暑假、每个月周末时间在一起，风雨同舟，共同学习。我无比感谢这漫长又短暂的过程，在这个过程里我所享受的所有都是接下来对自己强有力的监督。未来，我会一直这样——坚定而又努力。因为我不想过那种没有理想的生活，又或者在陌生的城市"蚁居"时，才发现"喂马劈柴周游世界，面朝大海春暖花开"是一场梦，"世界那么大，你只能想想"。因为我知道，生活绝对不会亏待任何一个有理想的"路人甲"，我只要尽全力在镜头前展现自我，哪怕只有一秒，都已足够。

　　青春如此多彩，我们应该坚持梦想，为之奋斗！羊有跪乳之恩，鸦有反哺之义。接下来的日子，我将带着感恩之心，迈着坚定的步伐，努力向前，绘制更加绚烂多彩的大学画卷！

师长点评： 民办高校的学生能够入选全省40余名青马工程学员，学校为此倍感荣耀，这也充分说明了张晓燕同学有着过硬的综合素质。除学习成绩优秀之外，张晓燕同学还是一名优秀的学生干部，最重要的是她有着坚定的政治理想、明确的政治追求和常怀感恩之心、常为感恩之行的思想意识，在各方面都发挥了党员的先锋模范作用。在当前加强学生思想政治教育的大背景下，张晓燕同学无疑是学生思想品德建设的一个标杆和榜样。

成都文理学院党委副书记、助理研究员　骆云英

志存高远，为理想努力奋斗

四川外国语大学成都学院 陈滕聪

陈滕聪，男，汉，1994年12月出生，四川外国语大学成都学院法语意大利语系法语专业2013级学生。曾获2015年"卡西欧"法语演讲比赛全国第二名，2016年法国驻华大使馆主办的中国"毕佛听写"全国第六名。

坚定信念，积跬步至千里

踏进大学校园的那一刻，我告诉自己要充实地过好每一天，并为自己定下了奋斗的目标。今天，回望走过的路，我做到了。以后的路还很长，我也会继续努力！在学习生活中，我有时也会感到困惑和迷茫，但成功的人寻找方法，失败的人寻找借口，我告诉自己，"再走一步就是成功"，坚信着：有志者，事竟成！每学期我都为自己定下学习目标，并按着计划一步一步地朝着目标前进。我深信笨鸟先飞这个道理，用别人休息的时间弥补自己的不足，经过不懈的努力，我终于叩开了成功殿堂之门！

在专业知识学习上，我一直以积极认真的态度对待，脚踏实地，走好每一步。我上课认真听讲，课后积极复习，不满足于课本知识，还注重拓宽专业视野，学习和了解专业前沿知识和研究领域。在法语的学习上，我抓住课堂学习的同时，利用课余时间进行专业相关的社会实践，担当欧洽会、糖酒会法语翻译、法语培训学校老师，真真正正地把专业知识运用到实践当中去。从大一的牙牙学语到大四的自如表达，经过三年多的努力，我以优秀的成绩通过了法语专四、专八，并获得了法语 DALF C1 文凭。

角逐竞赛，提升专业能力

纸上得来终觉浅，于是我积极参加专业竞赛。2015年12月，经过初赛的过关斩将，我有幸代表学院参加了在厦门大学举办的第八届卡西欧杯全国法语演讲比赛，凭借着过硬的专业素质和良好的舞台表现，我赢得了全国第二名的好成绩。对那段备战岁月我至今仍然记忆犹新。犹记得录制初赛参赛视频时那个在操场银杏树前旁若无人背稿子的我，在主席台上面对着操场想象演讲场景的我。飞赴厦门前老师同学们的鼓励，决赛前夜同老师的"彻夜长谈"，比赛第一轮结束后来自老师微信的支持和点拨，这些点滴于我而言是永生难忘的。2016年3月，经过微信初赛和电话面试，我最终参加了由法国驻华大使馆举办的"毕佛听写"决赛，在29名决赛选手中位列第6。2016年7月，凭借大学三年来的优异学习成绩和丰富的相关专业知识竞赛和社会实践活动，我成功入选北京外国语大学研究生院组织的"探索国际组织需要的复合型人才模式项目"夏令营。夏令营为期一周，而在这短短的一周内，所有的营员都要参加专业科目考试、英法演讲比赛、各类专家学者的知识讲座、联谊晚会。夏令营结束后，我获得了北外的拟录取名额。借助学院的平台，通过自身的不懈努力，我在专业知识竞赛方面取得了突出的成绩，提高了自身的外语能力。

热爱生活，用激情点缀大学生活

我兴趣广泛，喜欢不断尝试新的事物，在学习之余积极参加各种文体活动，抓住每一个展示自己、提高自己的机会！演讲赋予我激情，主持使我敏锐，辩论让我思维缜密。从朗诵到文艺表演，从做主持人到辩论赛，都能见到我的身影。我曾多次主持大型活动，如2016年外语晚会、法意系十周年晚会、2016年卡西欧杯法语演讲比赛决赛。"长知识、增才干、做贡献"，我积极参与到各种活动中去，尽力帮助别人。我的大学充满色彩，我的人生充满感动。丰富多彩的活动让我从中受益颇多，能够让我在学习之余放松心情，而后我以更多的激情和活力投入到学习中，达到了事半功倍的效果，同时也收获了友情和真情。

投身社会实践，用外语服务社会

因为热情，通过学院平台，我积极投身各类社会实践活动，先后担任过志愿者、培训机构兼职老师、法语导游、大型活动翻译员，大学以来我充分利用课余时间参与社会实践活动。大二的暑假，我谋得了一份法语助手的差事，与一位法国老人同住同行2个月，出席各种场合，其间我感受文化碰撞，自身的法语水平和待人接物能力都得到了很大的提升。大三期间，我抓住机会担当了欧洽会、糖酒会、巴黎旅游推介会等大型活动的翻译，过硬的专业知识以及良好的职业素养使我获得了主办方的一致好评。

成功属于过去，立志为国家做贡献

一路奋斗，一路感恩，一路收获，我从未停下过脚步，不断地前进再前进。这几年，我获得了些许荣誉，但是我深知，成功属于过去，应该将目光着眼于未来。与未来漫长的人生相比，我的路才刚刚开始。在以后的人生旅途中我会把过去的荣誉当成人生的财富珍藏起来，并在未来的旅途上继续追求，争取再创辉煌！

用汗水浇灌梦想，用激情照亮青春！作为一名大学生，要回报社会，为国家贡献一份自己的力量，就必须有良好的专业知识做基础。作为一名法语专业的大学生，我会更加努力，志存高远，全面发展，立志成为一名合格的翻译员，为促进中外交流发展贡献自己的力量。

"团结、勤奋、求实、创新"，这16字箴言是学院的校训同时也是鞭策我不断进步的源泉。我将会以更加优良的素质和过硬的本领去谱写美丽的青春华章。

师长点评：陈滕聪同学坚守梦想，勤奋刻苦，能力出众，多次参加全国各类比赛活动，成绩突出。他孜孜以求，脚踏实地，以实际行动践行学院"1+N"人才培养模式。他热爱生活，积极乐观，勇于创新，是一名全面发展的优秀大学生。

四川外国语大学成都学院法语意大利语系党总支书记　叶鹏

未来,请见证我创造奇迹

四川外国语大学成都学院 李小燕

李小燕,女,汉族,中共党员,四川外国语大学成都学院2013级西班牙语专业4班学生。曾获2015—2016学年国家奖学金、国家励志奖学金、学院优秀学生一等奖学金、学院优秀新生奖学金;曾获学院创新创业大赛三等奖、西班牙语模拟面试大赛二等奖、四川省大学生综合素质A级证书和SYB创业培训合格证书;曾荣获学院"优秀学生干部""优秀共产党员""优秀志愿者"等荣誉称号。

砥砺风雨,勇往直前

我叫李小燕,是一个永不言放弃的女孩。自幼因父母经商失败,我只能与爷爷一起生活,从小便开始肩负起照顾爷爷、照顾家庭的责任。爷爷年迈,我每天放学回家都要为他做饭洗衣,尽管那时候我只有7岁,还够不到灶台的高度……老家在乡下,只有镇上才有学校,为了上学,我每天早上五点就得起床,匆匆吃完早饭后要走十几里山路才能到达学校。无论刮风下雨,日日如此,年年如此。遇到下雨天,路面很滑,我只能光着脚丫走路,一次次摔倒又一次次爬起,我已经记不清自己曾经摔过多少跟头,磨破过多少双鞋,只记得无论是寒冬腊月还是骄阳酷暑,都抵挡不了我对知识的渴求。

都说穷人的孩子早当家,比起同龄人来说,我要成熟许多,懂事许多。因为条件所迫,我不得不让自己学会坚强、学会独立。母亲一直教导我,"要让自己变得强大才能独当一面"。每当遇到困难的时候,想起妈妈的这句话,我便浑身充满了力量。我坚信,知识改变命运,只有努力学习才能实现自己的梦想。"宝剑锋从磨砺出,梅花香自苦寒来",2013年9月,我如愿来到了四川外国语大学成都学院。

求知若渴，信念坚定

大学是一个人才济济的地方，在这里可以学习更多的专业知识和各种技能。在大学校园里，我经常听到学长学姐成功成才的故事，我也期待着自己能像他们一样，拥有一片属于自己的天空。

我一方面努力学习专业知识，虚心求教；另一方面积极参加各种社会实践，提升自我。大一时，为了减轻家里的经济负担，我一口气做了五份兼职：中国移动的直销员、校稿、食堂保洁、家教等。新学期开学时，是移动公司最忙的时候，我每天的工作量都很大，经常忙得连早饭午饭都没时间吃。为了增加业务量，我一个寝室挨着一个寝室地宣传，每天忙得浑身酸软无力，甚至说不出话来。

当寝室的同学在冬天里抱着暖水袋、吃着零食看韩剧时，我选择自习白天做兼职时耽误的功课；当同学们都已进入梦乡时，我聚精会神地为字幕公司校对稿件；当同学们端着热腾腾的饭菜时，我在食堂忙着打扫餐桌……因为每天有太多的事情要做，营养也跟不上，经常有同学说"班长你的气色好差"，"班长你何必这么拼命呀"……每当听到这些话，我都会笑着说"还好啦"，因为我从不觉得苦，也不觉得累，我始终相信，"天将降大任于斯人也，必先苦其心志，劳其筋骨，饿其体肤，空乏其身，行拂乱其所为，所以动心忍性，曾益其所不能"。

不管是在假期还是在学校，我始终怀揣自己的信念，投身于社会实践，积累各种经验。大学期间，我当过培训机构的老师，发过传单，当过火车站志愿者，做过市场营销，为房地产商做过销售……我一直默默地努力着，期待有朝一日可以施展自己的才能。

在这个过程中，我很感谢学院和老师们，他们不仅为我提供了勤工俭学的机会，也给予了我很多关心。终于，功夫不负有心人，我以优异的成绩获得了学院优秀学生一等奖学金、国家励志奖学金和国家奖学金。

我一直希望可以从事外贸工作，选择学习西班牙语也是希望能为自己将来的工作打下语言基础。读大学后，我一直想修习国际经济与贸易的双学位，但由于家里经济条件不允许，大二暑假我独自一人去了深圳，想挣够双学位的学费。我没有工作经验，也没有任何学历证明，经过十几天的苦苦寻找，我终于在一家外贸公司找到了一份打杂的工作。尽管工作很辛苦，有时也很委屈，但我认真地做好每一件事。我从不放弃任何学习机会，默默地观察不同领导的讲话艺术，了解每个老板的做事风格，学习下属汇报工作的方式方法。这一切，我都默默地记在心里，转换为自己的能量储备，我坚信总有一天，自己也能成为一名社会精英。

我每天勤勤恳恳地工作，最终得到了老总的赏识，除了获得较高的报酬之外，公司还邀请我留下来继续工作。但想到自己的学业和梦想，我婉言谢绝了，回到学校继续自己的学业，并毅然报了国际经济与贸易的双学位，离梦想又近了一步。

抓住机遇，大胆创新

大三暑假，我又来到了广东，一个我所向往的地方。我来到了一家工厂，由于经营模式不同，他们没有自己的跟单员。我努力说服老板，于是我成为他们厂里唯一一个西语翻译兼外贸跟单员。我非常感激老总对我的赏识，每天都工作到很晚，努力去寻找客户。

机会总是留给有准备的人。当一位委内瑞拉客户到厂参观后，我抓住机遇，努力洽谈，最后售出了一个价值60多万的大货柜。老总非常高兴。借此机会，我建议老总去墨西哥瓜达拉哈拉开展会，因为只有走出去才能获得更多的客户。本只是抱着试一试的心态，没想到老总竟然同意了我的想法。就这样，我作为公司里唯一的代表参加了为期三天的国际五金展，漂洋过海到了瓜达拉哈拉，在美国转机时我也不忘观察各种商机。

在与墨西哥客户交流时，我发现自己任职的工厂存在很多问题，急需改革才能顺应时代发展的潮流。于是，回国后，我向老板建议开通阿里巴巴国际站，但却遭到了反对。但我没有放弃，利用自己学习的国际经济与贸易知识，利用大学几年做兼职攒的钱和奖学金买到了货，开设了自己的淘宝店，在网上销售合页、门吸、猫眼等小五金。本觉得这些商品走网上销售可能不太行得通，但没想到，不到半年时间，我的店便取得了线上交易两万多的营业额，加上我坚持线上线下同时销售的原则，至今已经盈利五万多元，这给了我极大的信心！

于是，我继续投入更深层次的研究，借助现有条件，我设计制作出了不锈钢衣钩、天鹅头大型吊灯、电子合页等新产品。我始终坚信，小五金有很大的发展前途，并准备投身于销售电子合页等智能化设备的产业中。目前，我用淘宝店创下的收入，已经在香港递交了申请，准备建立属于自己的外贸公司。我希望将来能够引进密码锁等智能设备，打造一条属于自己的智能化产品路线，并利用自己的西班牙语优势，开发广大的拉美市场。

尽管曾遭受过各种质疑，缺乏资金和经验，遇到过各种挫折，也遭受过冷眼和拒绝，但我永远不会放弃，我始终坚信，只要努力就一定会有收获。都说大学生创业寿命短，但我想用我顽强的意志力和永不言弃的坚持去战胜这一切，去创造一个又一个奇迹。

师长点评：李小燕同学面对生活的艰难困苦毫不畏惧，她坚守梦想，坚定信念；她学以致用，以自己的不懈努力赢得了一次又一次的机遇；她大胆创新，努力开创属于自己的一片天空；她永不言弃，无论前方的路多么坎坷；她总是充满自信，坚定执着地走下去。

四川外国语大学成都学院葡萄牙语西班牙语系党总支书记　陈达伴

可汇流成海，却非要滴水穿石

成都医学院 曾国丹

曾国丹，女，汉族，1994年6月出生，成都医学院生物医学系生物技术2013级本科班学生。入学以来连续荣获国家励志奖学金2次，国家奖学金1次，获首届"互联网＋"全国大学生创新创业大赛四川省铜奖2项，获"创青春"全国大学生创业大赛二等奖及优秀大学生。2016年被推选为省级优秀毕业生，同年以并列第一作者发表SCI文章1篇。

在迎来收获与沉淀的大四，我如愿获得了2015—2016年度国家奖学金。听到这个消息时，我的内心除了激动，只剩感激。党和政府对我们学子的重视和培养，父母、学院领导、辛勤工作的辅导员和各科老师的默默付出，一幕一幕浮现在脑海，感恩两个字奔涌而出，没有他们的辛勤培育和谆谆教导就没有我今天的荣誉。

少小离家，不忘初心

我是一名农村的孩子，从小家里一直很穷。还记得在我很小的时候，爸爸就曾经对我说过这样的一句话："人活着就一定要有骨气，农村的孩子要想摆脱贫穷，要想改变命运，读书是一条长志气的路。"一直以来，父亲身体非常不好，医药费用非常昂贵。要供我读书，每学期的学费是一件令人十分忧虑的事。家里总是拮据地生活着，才省足学费，有时甚至没能凑出学费，总是到处向叔叔伯伯借钱。学校离家很远，中午需要带饭，多数时候都是一盒白米饭。每天吃午饭时最大的期望莫过于食堂师傅将我的饭在炒过菜的锅里煸一煸，仿佛通过了这道工序就能凭空加入了无数菜一般。有时候能从家里带上普通的土豆丝炒饭，便觉得是人间美味。清新寡淡的饮食，却更加激励我在学校发奋学习、努力拼搏，用"满汉全席"般的优异成绩来回报自己的父母。

我本是天真淳朴的女孩，在这样的环境中，却比同龄的孩子更早熟。因为户口与生活的城市不在一处，害怕参加不了中考的我，从15岁开始便离开了家人，一个人在另一座城市生活、学习。这样的生活一直持续到现在。8年独自的生活经历，使我养成了自强、独立的性格。是对未来生活的美好向往和追求，一直支撑着我克服一个又一个的困难，跨越一个又一个的难关，追随着自己内心深处的信念。在2013年的高考时，我顺利地考入成都医学院，来到这个新的环境。我虽然离家更远了，但却离"努力使自己的人生变得更加充实，更加有意义"更近了。

三年时光，水滴石穿

在并非一帆风顺的成长过程中，我还经历了至亲的去世。那时，难过的我为自己取了一个延续到现在的QQ网名：冷水，泪水是冷的，雨水是冷的。从来到大学的第一天开始，我又不得不肩负起许许多多的责任：为家人减轻负担，为自己的未来负责，为培养我帮助我的人争气。我曾告诉自己：总有一天，我会把冷水汇成汪洋，滴穿命运之石！

大学是人生的一本教科书，我很庆幸自己读了《成都医学院》这本书。浓厚的学习氛围，蓬勃的运动生机，丰富的团队生活，真诚的同窗友谊，大量的锻炼机会，这是大学生活给我留下的印象。"博学博爱，精益求精"是我们学校的校训，也是我们学校每个学子为之奋斗的目标，更是我前进道路上的航标。"学则精于术业，习则诚于知行"是我们学校的校风，是每个学子在求知道路上的灯塔，更是我一直秉承的学习原则。我要感谢这样深刻的校训和学风。三年间，我曾经连续两次获得国家励志奖学金，从一个性格内向的学生变得敢于展示敢于分享；三年间，我参加了教师科研课题实验组，发表了SCI文章，真正有了在探索生命科学奥秘的乐趣；三年间，我通过自己的不断努力，让自己辛苦的汗水没有付诸东流；三年间，原本是一张白纸的自己，变成了一册厚重的书籍。三年的时间不仅仅教会了我怎样学习，还教会了我怎样做人、怎样处事。我始终真实诚恳地做人，认真负责地做事，孜孜不倦地学习，因为我一直坚信，成功"非捷径"。

一路走来，我也曾有过自大、有过骄傲，也有过灰心丧气，但我很庆幸，总有人将我从歧途上引回正轨，或是老师不经意的一句关心，或是挚友夜晚温暖点亮的台灯。这些都烙印在我内心，鼓舞着自己不忘初心，继续前行，在不断探索中精益求精，不断成长，做更好的自己。生活的冷水，好像化作了涓涓细流，心底那块石头好像也滋生、孕育出了新的土壤。

长路漫漫，吾将求索

如今，作为一名国家奖学金获奖者，我在受到别人帮助的同时，也深深感受到了社会无比的温暖，并时刻提醒自己一定要像帮助过我的人一样去帮助另一批需要帮助的人，凭着自己踏实的学习精神和用心钻研专业的品质来影响带动身边的人。因为我明白获得奖励之后的那份喜悦，明白那份奖励给我生活带来的巨大影响，所以我也要尽力让需要帮助的人体味到那份甜蜜的滋味。我想这也是国家奖学金内在的意义，是它启迪了我们思考"滴水之恩，当涌泉相报"这样的一个道理。

"路漫漫其修远兮，吾将上下而求索"，昨天和今天的荣誉已随时间的前行而终将成为历史，只有学习才能代表将来。奖学金对我们每一个人来说，既是一种荣誉，是对自己曾经努力的肯定，又是一种激励和鞭策。我将始终践行优秀的学习作风，在今后的学习、工作和生活中不畏困难和挫折，不断努力，不断奋勇向前。

冷水还是冷水，但冷水又不再是冷水，冷水可以是我，也可以是你，也可以是我们的父母、老师和任何有生命的东西。冷水滋润了万物，既能汇流成海又能汇聚不同的生长。她包含了"滴水之恩，涌泉相报"的温暖，她也会笑笑调皮着说："为什么非要执着于滴穿命运的石头呢？你看现在它已经被冷水和阳光孕育出新的土壤和生命，我要轻轻地抚摸石头上坚强新生的幼苗，陪伴它参天茂密，拥抱那些美好的气息。当水分解成氧时，你看全世界不就都是我们需要的满满空气和爱吗？"

师长点评：父母离世，接连不幸，未击垮坚强女生自强不息；强大内心，不屈意志，铸就少女坚强风骨；励志国奖，校优省优，只是她成长路上斑斓背影。低头科研、抬头微笑的她会收获更多感动与成功，因为这滴冷水是灼热的。

成都医学院生物科学与技术学院副院长、党总支副书记　杨雨晗副教授

一分耕耘，一分收获

成都医学院　游淋玉

游淋玉，女，汉族，1995年11月出生，中共党员，成都医学院临床医学院医学影像系医学影像学专业2012级学生。入学以来连续荣获国家奖学金2次，获第九届"挑战杯"全国大学生创业计划竞赛铜奖1项，四川省挑战杯比赛金奖1项、铜奖1项，获四川省大学生综合素质A级证书，被评为优秀大学生，公开发表学术论文6篇，参与课题5项等。

2012年，我怀着对医学的满腔热忱成为一名光荣的医学院学生。大学是什么？对我来说，它是一种态度，一种学习态度，一种做事态度——敢于承担责任、做事有担当的态度。而责任与担当对于我们医学院学生来说更具意义。作为医学院学生，将来我们要依靠所学知识就业，治病救人，这是责任，是对医生这份职业的尊重与对这份职业的责任的承担。为了让毕业后的自己能够胜任这份伟大而光荣的职责，四年来，我刻苦努力地学习，踏踏实实地工作，力争做到品学兼优，全面发展，力争拥有过硬的专业知识；四年来，我勇于拼搏，敢于创新，在实践中追逐自己和团队的梦想，也获得了书本以外的无价之宝；四年来，我感怀"医者仁心"，培养自己无私奉献社会的精神，在不断实现自我价值的同时，也赢得了全校师生的广泛赞誉。

勤奋学习创佳绩，刻苦钻研勇攀峰

作为一名医学生，我要把所有的汗水、智慧以及恒心都投入到极致。精巧雕琢，方为美玉，要实现医生的职业理想，我在磨炼自己的思想、意志等方面都下了百分百的功夫。作为一名光荣的共产党员，我始终坚持以马列主义、毛泽东思想和中国特色社会主义理论体系及习近平重要系列讲话为指导，积极参加思想政治学习，不断提升自身觉悟。作为一名光荣的医学生，我找到了党的事业和医学事业的共通点，以中共党员的标准要求自己做人，以医生的标准要求自己做事。我在学习专业知识的同时，也不断加强对党的理论知识的学习，明晰一个年轻的共产党员的价值观、人生观，增强自己应对纷繁复杂社会现实的能力。

我深知，医学不是坦途，不是单靠学校书本知识的学习就能学成的。"像雄鹰一样勇敢地搏击蓝天，像海燕一样渴望风暴的席卷，像小溪一样坚持不懈，不畏阻挡地汇入海洋。"这，是我奋斗的人生格言。从进入大学开始，我就为自己的五年大学时光定下了一个时间表。我善于规划时间，利用时间，对时间的要求近乎苛刻，每天都预留了一定的学习时间，也主动寻找那些"边角""棱角"的时间来提高学习效率，在抓学习方面不曾有丝毫的懈怠，这使得我在专业课的学习中名列前茅。外语对医学的作用不言而喻，所以无论阴晴雨雪，我都会坚持在清晨背诵外语；无论寒冬酷暑，我都选择在深夜再来巩固一天的学习。有了扎实的英语基础和高水平的口语能力，我在业余时间常常阅读英文专业书籍，了解国外医学研究发展进程，也常常与世界各地的朋友交流学习，定期参与哈佛、耶鲁等世界名校公开课的课程并积极与朋友们讨论交流。这些行动看似困难，但在合理规划时间的前提下，我不仅没有自乱阵脚，还提高了自己论文的写作能力。功夫在诗外，我甚至抽出时间将法语作为第二外语，打开了一扇获得更多知识的大门。

纸上得来终觉浅，绝知此事要躬行

为了平衡工作与学习的关系，我常常放弃周末的休息时间，选择待在实验室，在自己电脑上安装最新实验处理软件，一步一步地学习使用方法；有时候为了进行数据的过滤和分析，还会待到半夜；我还自己克服了几百页的全英文的实验注意事项，学习实验数据的采集、实验数据的过滤和处理，和老师一起完成论文的写作，最终，我的论文被核心期刊发表。在面对科研课题时，我大胆地假设，小心地求证，每次都力求将实验做到完美，将数据落到实处。我曾为了得到准确的实验数据连续在实验室待上十多个小时。在我的影响下，越来越多的同学对科研创新产生了浓厚的兴趣，求真务实的精神和良好的学习态度在班级蔚然成风。

在理论知识学习的同时，我还积极投身科研实践。假期我与家乡医务人员多次深入社区探访当地居民的身体健康状况，并随时记录，以便取得第一手详细资料，并且将实践中取得的第一手资料用于进一步的科学研究。大三下学期，我主动报名参加了"2014年创青春四川省大学生创新创业大赛"。我积极关注社会热点，并把其作为自己的研究课题。在"老龄化"现象越来越严重的今天，很多家庭由于忙于工作等众多原因，不能照顾老人，这时，一份新兴的职业——护工应运而生。然而，护工市场管理混乱，常常导致医患关系矛盾不断激化。因此，我决定选择善养护工有限责任公司的项目课题。我和其他成员利用两个周末的时间独自前往四川省各大小医院进行实地考察，发现该课题具有巨大的市场潜力，便和其他成员一起完成了此项目，最终此项目荣获四川省金奖及国家三等奖。

木兰遗风，不让须眉

在加强理论知识学习的同时，我也积极参加学校的各种社团组织。在大一刚刚入学的时候，我就成功当选教务代表一职。我还加入了校学生会和院学生会，成功进入校学生会学习部和院学生会外联部，并担任部长助理。大二上学期，我又成功当选麒麟社社长和成都市全媒体中心通讯员。在学团工作期间，我坚持多策划，多宣传，多举办，立志要丰富同学们的业余生活，给在校同学提供一个展示自己的平台。学生会是一个团体，需要彼此的交流和沟通，我积极与其他部门协调，策划举办了一系列活动：与学习部一起举办英才辩论赛，与体育部一起举办运动会，与勤工助学部一起举办志愿者晚会……

对我而言，每一次的活动经验都是一笔来之不易的财富。工作期间，我始终以"甘于服务，乐于奉献"要求自己，从来不以学习任务繁重而置学生会工作于不管不顾。工作中，我大胆创新，虚心请教，不断总结，受到了领导、老师和同学们的一致好评。

实践志愿精神，争做友谊使者

8月暑假，烈日当空，骄阳烤得每一个人都睁不开眼睛。小小村庄里此时忙碌着一群穿着白大褂的医护工作者，我拿着血压计，穿梭在人前人后。虽然辛苦劳累，但是一看到群众一张张充满感激的脸，心里就泛起丝丝甜意。有爱心、乐于奉献、不求回报，能从中收获快乐，这是我们每一位医学志愿者的共同理想和心愿。"奉献、友爱、互助、进步"是我们志愿者的精神，我们在献出爱心的同时，得到的是帮助他人的满足和幸福，得到的是无限的快乐与感动。路虽漫漫，吾将上下而求索！

  作为一名大学生，我敢于创新，成绩优异；作为一名学生干部，我全面发展，起到良好的带头作用。在学校和学院领导老师们的关心培养下，我在实践中不断成长，在锻炼中日趋成熟，力争做一名新时期综合素质优秀的大学生。

  师长点评：游淋玉同学在校期间，思想上，积极上进，积极向党组织靠拢，已成为一名中共党员；学习上，能够严格要求自己，富有上进心，刻苦努力，认真学好专业知识，成绩一直名列前茅；工作上，认真负责，落实到位，具有较强的组织协调能力；生活上，尊敬师长，关心同学，集体荣誉感强。

成都医学院马克思主义学院院长　张俊教授

顽固的人不喊累

四川大学锦城学院　韦文武

韦文武，男，汉族，生于1995年11月，四川大学锦城学院电子信息学院2014级物联网工程专业学生。热爱科技创新，共计研发制作了激光雕刻机、智能小鼠、智能机器人等50多件科技作品，大三时带队参加四川省大学生机器人大赛并获得一等奖。

我出生在四川凉山州会理县的一个农村，在我家那边有一句俗语，"黄荆条子出好人"，意思是用棍棒可以教育出好人。父亲非常尊崇这个观点，而我的成长过程恰好印证了这个观点。

小时候父亲对我的要求特别严格，尤其是做人方面，做错事就得挨打，导致我从小就很害怕父亲。这种教育方式持续到了我上中学，正是因为这样的教育方式，很多事情不用别人提醒我都会自觉地去做。

上高中以后父母几乎就不管我了，与我有关的事情他们都会尊重我的意见，我很开心，这说明我在父母眼里已经长大，很多事情都可以自己做决定了。我也没让他们失望，虽然他们没管着我，但我依然坚持走在正确的道路上，没让父母操心。

我二爸是一名家电修理工，受他的影响，我迷上了电子。小时候就会使用电烙铁焊个灯泡、马达什么的玩。小时候家里穷，我的脑海里根本就没有玩具这个概念，陪伴我度过童年的"玩具"都是自己做的。那时候我的理想就是长大后当科学家，发明一台智能机器人。慢慢长大后，我也使用废旧电路板上拆下来的电子元件做了一些小发明，和发小们一起玩，无形之中也锻炼了自己的动手能力。上了高中，我用奖学金买了手机，渐渐学会通过网络了解自己喜欢的东西，我周末回家不写作业，专门搞科技小发明，爸妈也没有反对，只是建议我多把时间用在学习上。

光阴似箭，我进入了大学，幸运的是我如愿被自己喜欢的专业录取。大一入学教育时，学长带着我们参观了电子实验室和他们的作品。虽然当时还不清楚那些东西有什么用，但是看着红红绿绿的电路板，我的心情无比激动，更让我激动的是，学长说我可以跟着他一起搞科技制作，我果断地留下了学长的联系方式。

原本以为找到了"靠山"，可以更快地接触专业知识，可是乐极生悲，学长并没有接受我的请求而选择了我的一个室友。我的感受就像刚要上船就被一脚踢下水，心里无比失落和嫉妒。虽然难过，但我并没有放弃。我省吃俭用，在电子市场和网店里买了很多电子元件和模块，在图书馆里找到了很多相关书籍，把寝室当成了我的实验室，开始一边学习一边做东西。由于小时候积累了一些电路方面的知识，模拟电路学起来相对简单，于是我开始向单片机方面进发。我直到上了大学才接触到电脑，刚学完了C语言马上就应用于单片机编程里，起初我是按照书上的节奏学习，程序完全照抄。慢慢熟悉以后，我发现相关书籍上的内容都大同小异，后来就自己创新想课题来做，不懂的东西就上网查资料，发论坛求助，随着一件件作品渐渐完成，相关的知识我也掌握得差不多了。我的第一件作品是一盏多功能的照明灯，由 8×8 的白光 LED 组成，通过单片机控制可以调节亮度，显示各种图案，显示温度，红外遥控等，这件作品是我在某个凌晨两点迸发出的灵感，我早上七点不到就起床开始做了，当时我抑制不住自己体内的洪荒之力，迫不及待地就把它做了出来——这盏灯现在还保留着。

我们大二开始上的单片机课程，由于大一时我就自学过，上课时显得尤为轻松，大部分实验课时间都在帮同学解决问题，下课也帮助老师整理课件。事实证明，有没有人带不重要，重要的是兴趣和坚持。大二上期我制作了两套阳光跟踪系统，可以用于光伏发电产业，提高阳光的利用率。除了学习，我平时没事的时候还会逛逛百度贴吧，我最喜欢里面的"技术宅吧"，里面其他科技爱好者的作品总能给我带来一些灵感，我大二下期制作了一台 Core-XY 结构激光雕刻机，灵感就源于贴吧里用电脑光驱做的雕刻机和国外创客的 AXIDRAW 写字机器人。那时候我的指导老师给我提供了一间实验室，我每天都在里面待到很晚才回去。经过一个多月的酝酿和两周的制作，我的雕刻机诞生了，同时我还把制作过程及源码分享到百度贴吧里，帮助几位爱好者成功做出了机器，获得了不少的关注。

经历了被人冷遇的痛苦和帮助别人的乐趣，我更喜欢"共享"所带来的成就感。于是，我和同学一起创立了"锦城创客空间"，意在为学校建立一个开放的科技实验室，让学校的科技爱好者都能有发展的机会和资源。我建立了

QQ群，让里面的爱好者自由地讨论，又申请了公众账号定期推送相关的文章和我们活动的报道，我把我以前积攒的电子元件、工具全部放到实验室，供给学弟学妹们使用，目前已吸引全校共60多位同学加入。

四川省大学生机器人大赛来临了，这是检验我们成果的好时机。但是时间仓促，经验缺乏，我们都承受着巨大的压力，作为队长的我更是"压力山大"，除了要团结队友、合理分配工作，想方设法让队友放松情绪外，每天还要向老师汇报进度。我们的院长陶爷爷非常重视这次比赛，每天都要给我打很多电话询问进度和帮我们提供解决方案，最多的一天居然打了十多个电话。短短一个多月的时间，我们从零开始，每天起早贪黑泡在实验室里，后期几乎每时每刻都在场地上调试机器人。经过一个多月的坚持，我们用最简陋的工具、最廉价的材料，终于在比赛前研制出机器人。我们将机器人取名为小月，以纪念这一个月以来的努力。第一天比赛结束，我们回到学校都已经晚上11点多了。为了保证第二天的比赛，我们在体育馆里调试到凌晨两点多，回到实验室又继续修理撞坏的舵机，全部修好测试通过时已经四点多了。具有热情的人总是不知疲倦的，我们四个人围在一台热风机前面睡了一个多小时，天亮后又精神饱满地去参加比赛。起初，别人看到我们造型简陋的机器人时都带着嘲笑的眼神，随着比赛的进行，我们的机器人渐渐突出，不少人开始蹲在地上观察我们的机器人，赞美我们的巧妙设计，当时我们心里别提有多高兴了。终于，我们的机器人不负众望，杀出重围，在30多个参赛队里仅次于电子科大，获得了大赛的一等奖！

很巧的是，那天是我21岁的生日，这个奖项是我出生以来最有意义的生日礼物，同时也算是实现了我儿时的一个小小理想，并向我的最终理想——科学家迈进了坚实的一步。

未来，我相信自己会克服一个个困难，攀过一座座高峰！

师长点评：韦文武同学在大学里，不仅自学研制科技作品，还成立"锦城创客空间"，带动其他的科技爱好者进行科技制作。他的无私共享在锦城掀起了一股科技浪潮，这是互联网精神的最佳体现。

四川大学锦城学院电子信息学院院长、博士生导师　陶德元教授

行走在建筑文化调研的路上

四川大学锦城学院 翁悦涵

翁悦涵,男,汉族,1994年7月出生,中共党员,四川大学锦城学院建筑学院学生。曾获国家奖学金,所带领的锦城建筑文化调研队获评"三下乡"国家级重点团队。

暗自发力:从"学渣"到"学霸"

刚进入大学时,我成绩排名靠后,表现平平,总觉得时间不够用,没有很好地兼顾学业和社会实践。经过了一年的学习生活,我痛定思痛,从大二开始抽出业余时间来恶补自己学习上的漏洞,终于完成了由学渣到学霸的蜕变,在学业上小有收获。通过努力,我的专业排名(本专业总人数共315人)从2014年度的210名到2015年度的75名,再到2016年度的14名,并在2015年度获得了国家励志奖学金。

暑期三下乡:从"学霸"到社会实践

有了学习成功作为基础,我在2015年组织并参加了本学院的暑期三下乡社会实践活动。活动主要为当地的留守儿童带去假期兴趣培训的课程,让他们了解到大山外的世界是怎样的,从而增长他们的见识,开拓他们的视野。

在实践活动期间,由于当地条件的限制,我们只能用柴火做热源。每天的做饭任务十分艰巨,需要到很远的地方挑水,到山上砍柴。为了拉近和当地居民的距离,我们派志愿者到他们的家中帮助他们做农活。

在实践活动中,课程结束后,我们需要进行家访工作。在进行家访工作时，我发现当地建筑十分具有中国传统民居特色。这样完整的古建筑样本十分难得，如果能进行系统的调研测绘，将对传统文化的保留和分析具有重要的意义。

在实践之余，我萌生了对这些宝贵遗产进行保护的想法，想通过自己和团队的努力，去"抢救"这些尚未遗失的传统文化财富。一开始，我们认为进行系统的测绘和资料采集是首要的任务。我们将自己的想法和老师们进行交流，并得到了系统而专业的建议和指导。紧接着我们与当地政府积极沟通，向他们传递一些想法和建议，地方政府对我的想法也十分认可和支持。经过多方协商，我们团队与广元市朝天区麻柳乡人民政府最终达成长期合作，签订了十年合作协议，建立了四川大学锦城学院在广元市的暑期社会实践基地。

放飞梦想：成立锦城建筑文化调研队

活动需要载体和团队。经过精心筹备，在2016年暑期三下乡活动期间，我们成立了锦城建筑文化调研队，并在2016年7月12日—8月2日期间在广元市朝天区麻柳乡进行暑期"三下乡"——锦城建筑调研。然而仅仅只靠我们单枪匹马是不够的，我们需要唤起更多人对于传统文化以及传统建筑保护的意识。我在组织调研工作的同时也积极申报"三下乡"国家级重点团队，并最终获评。获评后的新闻报道和宣传让更多人看到了中国传统民居的现状，这样的建筑文化需要更多的人去努力保护和发掘。

所有的成就离不开我们团队每一个成员的努力。在大学的三个暑假。有70多个暑天我们都奔走在广元市农村的第一线，累计拍照1000余张，绘图50余幅，走访当地65岁以上的木匠4人，测量建筑11栋，并收集整理各项资料，科学采集作品，忠实记录原貌。

在此期间，我们也遇到了许多困难。例如，在测量过程中经常会遇到山间突变的天气，要在大雨来临之前抢收仪器和回收测量数据和资料，调研队的成员多次被淋成落汤鸡；有时需要走上十几里山路，尖利的路面常常划破我们的鞋子；还有一次因为暴雨，车子陷入泥潭，大家不得不冒雨推车，个个都成了泥人。除了在一线调研，我们还花费了大量时间在后期的整理工作上，熬夜是常有的事。但想到调研是对川北民居建筑传统文化资源的一次抢救和挖掘，能为我校古建筑研究院储备一手资料，大家都咬牙坚持了下来。一个好的想法是靠每一个人的努力和坚持来实现的，没有团队成员的努力和坚持，我们也不会取得今天的成就。

我的学校锦城学院一直着力于让学生在传统文化的熏陶中进行学习,我在此次调研重新认识到"工匠精神"和"传统民居"的珍贵。对广元市朝天区麻柳乡古建筑的详细测绘,向当地木匠师傅学习专业技能,以及后期整理形成的图纸、数据和调研报告,让我受益匪浅。活动所带来的不仅是专业知识的长进,更是人生的历练和收获。同时,我们团队的建筑文化调研也已经从广元市走向四川省,四川宜宾片区民居建筑文化调研(项目编号20161390309)、四川泸州合江尧坝古镇建筑文化调研(项目编号201613903096),均已成为四川省大学生创新创业训练计划项目。

目前,经过几批团队成员的努力和奋斗,随着政府的帮助以及当地老百姓的理解和支持,我们的工作环境得到了很大的改善。我们将继续行走在建筑文化调研的路上,不管是在当下还是未来。

师长点评:翁悦涵同学学习成绩优异,社会实践能力表现突出,他所组建的锦城建筑文化调研队体现了当代大学生对于保护传统文化的责任意识,团队的成功更离不开他个人的魅力、努力和意志力。

四川大学锦城学院建筑学院党委书记、副院长、副研究员　卢尚志

怀揣梦想，勇往直前

西南财经大学天府学院　鲁彩玉

鲁彩玉，女，汉族，1996年12月出生，西南财经大学天府学院金融专业风险管理方向2014级学生。曾获得国家奖学金、国家励志奖学金，校级"优秀共青团员""三好学生""优秀班干部"等荣誉称号。

时间如白驹过隙，忽然而已。经过自己的不懈努力一路拼搏，我终于如愿考上了理想的大学。怀揣新的梦想与希望，满怀期待与激动，2014年9月，我从一个贫困地区的小县城来到了地处绵阳的高校——西南财经大学天府学院，我的人生也在这里开启了新的旅程。

仰望星空，脚踏实地

我来自四川省东北部的一个农村家庭，我们一家生活在贫困地区，县城依河而建，四面环山，规模不大。我们一家六口住在县城以西一个八十多平方米的房子里，这里临近菜市场，靠近河边，房子虽小，却很温暖。打我记事起，就一直在这片土地上生活，这里淳朴的老乡、和睦的邻里、优美的景色都是我心中最美丽的画面。这片人杰地灵的宝地赋予了我温和稳重、坚持不懈和自强不息的性格和品质。

父母是地地道道的农村人，十几年前，他们来到县城打工。不管是睡板凳还是睡地板，不管是吃窝窝头还是喝粥，不管是什么脏乱差的活还是什么考验体力的活，他们都咬牙坚持。渐渐地，他们终于有能力自己开一个小餐馆了，十分用心地经营着。我从小知道父母赚钱的不易，那背后的辛苦和艰辛一般人真的坚持不下来。父母自身文化水平有限，所赚的钱都是凭自己的体力和汗水一分一分挣来的。他们虽然只有小学文凭，但和每一个山里的老乡一样，特别希望自己的子女以后不要像他们那么辛苦，特别希望自家能够出个高文凭的知识分子。的确，对于在贫困山区长大的孩子来说，知识就是财富，知识就是力量，只有好好学习才能走出大山，才能摆脱贫穷。在我们那个小县城里，能够考上大学是值得每一个家庭骄傲的事情。记得初中语文学过这么一首诗《在山的那边》，当时的我就一直在想，山的那边究竟是什么呢？依然是山吗？从来没有出过山去看看的我对外面的世界萌发了好奇。

于是，怀着对山那边的好奇和渴望，带着全家人的希望和祝福，在自己夜以继日的勤奋拼搏下，我终于考上了理想中的大学，成为父母和亲戚的骄傲。在收到西南财经大学天府学院录取通知书的那一刻，抑制不住的泪水流淌在我的脸庞，那是激动，是喜悦，是努力过后的收获，是新的希望。我终于有机会去看看山那边的风景了。在得知我大学学费昂贵的那个暑假，我开始在县城里做家教做兼职挣学费，希望能够减轻父母的经济负担。父母不仅要供我和弟弟上学，还要赡养爷爷奶奶，除去日常开支，还有一大笔债务要还。最后在亲朋好友的帮助下，我带着全家人的希望和对未知世界的憧憬勇敢地踏上了新的征程。

我的故事开始了。

不忘初心，方得始终

初入大学的我像是刘姥姥进大观园，对每件事都充满了欣喜和好奇，都想要去尝试和挑战。于是我参与了很多部门的招新，见识到了学姐学长们的百般"挑剔"，极大地锻炼了自己的胆量和口才，也结识了很多好朋友。除了部门招新，我还积极参与班级干部的选拔和丰富多彩的社团活动。才发现山那边的世界如此精彩！

大学入学时就听老师提过国家奖学金，当时的我对于这一奖项抱有莫大的期盼。听到学姐学长们讲述他们的获奖感言，深受鼓舞的我便立志向这些优秀的人学习，争取有朝一日也能拿到国家奖学金。

我深深记得习总书记于五四青年节在北京大学的讲话，正是他的这一讲话让我深刻理解到当代大学生的时代使命，也让我在今后的大学生涯中时刻不忘自己的初心——学有所成，学有所用。

青年要从现在做起，从自己做起，勤学、修德、明辨、笃实。我们大学生的本职工作仍是好好学习。秉承着习总书记的教诲，我开启了以前从未有过的学习模式：上课认真听讲，主动回答问题，按时提交作业，线上线下多方位学习，留更多的时间进行自己学习和思考。非学无以广才，非志无以成学。在学习这条路上踏实努力地走下去，既要术业有专攻学好本专业的知识，又要博览群书家事国事天下事事事关心，希望做到学有所成、学有所用，将自己的人生价值与社会价值相融合。

德才兼备，学习与品德同等重要。在大学里，我时常和党支部的同学一起开展各种思想教育活动和公益活动。在"两学一做""四个全面""三严三实"等思想教育活动以及每学期多次展开的党组织生活会上，通过学习领导人讲话，学习优秀党员，进行自我反思与批评，积极讨论当代大学生应该怎么做，极大升华了自己的党性修养，我真真实实地感觉到，这些政策方针口号的提出是扎根实际接地气的，作为当代大学生，我们要时刻树立自己的学生党员意识，积极与同学沟通，争当排头兵，为更多大学生树立积极向上的榜样。通过筹划和参加寒暑假的"三下乡"活动，清明节烈士墓扫墓活动，敬老院陪伴孤寡老人的活动等，我在实践中运用和发展真理，在一个个实践活动中用最真实的自己去感受和发现，用心去做好每一件事情。这些精神层次上的提高不是只靠理论就能达到的，而是需要在实践中发现。

正是怀着这样一颗初心，我有幸获得了国家励志奖学金和国家奖学金。没有想到平凡的我通过努力，最终也会有不普通的一刻，不忘自己的初心，方能始终。

栉风沐雨，砥砺前行

大二这一年是忙碌又充实、紧张又快乐、有压力又有收获的一年。这一年，我从什么都不懂什么都好奇的新生变成了知晓很多事经验较丰富的老生；这一年，父母的年龄又加了一岁，身体大不如以前，餐饮行业的竞争激烈，生意也不如以前；这一年，奶奶的病加重了，远在外地的我时常牵挂，过年回家也忍不住掉下了眼泪；但也是在这一年，我开始认真思考自己的人生，从一个前方道路很多不知何去何从的探寻者长成了一位不再迷茫、选定道路后便坚定不移走下去的勇士。

经过大一一整年的学习生活，我养成了良好的作息时间和学习习惯。我每天早上6点多起床记单词读书，认真地吃完早饭之后上课，在课后的闲余时间送外卖、做家教、做销售等兼职，每周五下午参与教室打扫等勤工助学活动，周末或做家教或和党支部的同学一起去福利院或在图书馆学习。我之所以做很多兼职，一方面是想减轻父母的经济压力，赚点生活费，另一方面也是想提前感受下工作的具体情况。也正是这些兼职让我亲身体会到父母赚钱的辛苦、社会竞争的激烈、知识就是力量的重要性，实现自我价值与社会价值相融合的责任感和奉献精神，让我坚定了好好学习的信心，也让我感到了青年要担当的国家责任和对这个时代的引领作用。

我时常给父母和亲人打电话，说自己在学校里一切都好，不用担心；也时常给弟弟打电话，教育他要好好学习，踏实认真，不要惹父母生气；当然，我也时常给爷爷奶奶打电话，希望他们身体健康，开开心心。大二有时候学习压力很大，各种作业和任务忙得我喘不过气来，感觉自己快要扛不住的时候，我就会听听习总书记的讲话，感受到他传递给我们青年人的正能量，天将降大任于斯人也，必先苦其心志，劳其筋骨。千淘万漉虽辛苦，吹尽狂沙始到金。一切都会过去的，成功的背后必定是艰辛努力。

在深思熟虑并与父母商量之后，我决定考研。前方的路有无数条，每一条都布满荆棘充满未知，我不断地努力是为了变成更好的自己，我不停地奋斗是为了更好的将来，而只有将来的自己更好，才能为祖国奉献更多！现在的我依然在前行，武器就是我紧握的梦想，而我受过的伤都是我的勋章！

坚定信念，勇往直前

今年的我二十岁，大三，正是青春年华。而我也正处于国家"十三五"和"十四五"计划的十年，这十年是我们青年一代发展的关键十年，也是祖国发展的关键十年。正如习总书记所说，实现"两个一百年"奋斗目标，我们和千千万万青年将全过程参与。有信念、有梦想、有奋斗、有奉献的人生，才是有意义的人生。接下来的日子里，我会保持初心，努力拼搏，崇文尚武，敏思践行，厚德载物，自强不息。有着坚定信念的人都是英雄！

师长点评：鲁彩玉同学是一名有信念、有梦想、有追求、有奉献的当代大学生。她为人诚恳，责任心强。学习勤奋刻苦，成绩优异。思想品德高尚，乐于助人。生活勤劳朴素，关爱同学。相信在今后的人生中，她将继续不忘初心，坚定信念一路前进！

西南财经大学天府学院德馨苑党支部书记　杨艳副教授

命·运

四川大学锦江学院　严晓丽

严晓丽，女，汉族，1993年3月出生，中共党员，四川大学锦江学院管理学院市场营销专业2013级学生。曾荣获国家奖学金、国家励志奖学金；第六届全国大学生市场调查与分析大赛三等奖、第三届"创青春"四川青年创新创业大赛铜奖等；2016"国家资助　助我飞翔"励志成长成才优秀学生典型。

命是弱者的借口，运是强者的谦辞。

——题记

出生在农村的孩子总免不了算命老先生的指点。当年的老先生说，这孩子命太苦。好像从那一刻开始，耳旁总会有人告诉我，孩子，你的命苦啊！年幼的我，难以理解这两个字的深意，而现在的我，已慢慢懂得什么是命运。

命由天定，人难胜天？

我生活在单亲家庭，一直以来和母亲、外婆相依为命。

没有文化的母亲为了支撑起家庭的重担，带着还没满一岁的我加入了外出打工的浪潮。母亲和我好似路边的蒲公英，风往哪儿吹，我们就往哪儿飘。我们去过上海、杭州、安徽、广州，我们摆过地摊，开过早餐店，卖过服装，做过保姆，总之，什么可以赚钱，我们就做什么。在外乡漂泊和拼搏，日子是浸在汗水里，但我和母亲是两根紧牵的线，相互依偎，一刻也不曾分开。

那个时候，我们的生活单薄和平凡，艰辛对于我和母亲而言就是每天照常升起的太阳，不曾改变，但也给我们带来希望。母亲常对身边的人说："我家丽儿命苦！"我在心里总会默默反驳，有一个这么坚强勇敢的妈妈爱着我，我的命才不苦呢！但是当母亲再也不会对旁人说出这句话的时候，我才真正觉得原来我的命确实是苦的。

我最后见到妈妈是在殡仪馆里，看着母亲苍白的身躯，霎时间觉得天崩地裂，支撑自己的世界顿时支离破碎。母亲的猝然离世，给外婆和我带来了无尽的伤痛，甚至好像抽取了我身体里所有的力气和血肉，带走了我全部的希望和支撑的勇气。然而，无尽的悲痛后，我还不得不面对残酷的现实，为了料理好母亲的后事，家中负债累累，我们只能依靠亲友的帮助度日，学费也是东拼西凑，心理上的打击和家庭经济问题的困扰，使我的身心备受煎熬。我开始变得沉默，变得消沉，我甚至开始不停地给自己找借口，也开始慢慢接受我就是命苦的孩子，命就是天定的，谁也无法改变。

在我陷入绝望的时候，是学校的领导和老师给予了我经济上的帮助和心理上的安慰。他们鼓励着我，安慰着我，倾听我所有的哭诉，不断开导我走出阴影。他们不遗余力的帮助，使我又看到了希望。我慢慢开始明白了生命的难以预料，开始接受生活的酸甜苦辣，开始思考自己颓废的时光，对生命的无常和生活的困苦充满了疑问，难道真的是命由天定？人难胜天？

我不信！

命由我定，人定胜天！

现实的情况已然如此，难以改变的过去终将成为记忆，但未来掌握在自己的手中。家庭情况无疑会成为我求学之路的阻碍，但我相信这一切都可以通过自己的努力去改变。我相信，我弱小的身躯能够承担起一个家庭的责任；我相信，通过自己的努力，可以给外婆一个好的生活条件，一个我曾向去世的母亲所许诺的未来。

我开始振作起来，为了补上落下的专业课程，我每天早早赶到教室温习书本，积极向老师和同学请教不懂的知识点，课后认真整理上课的笔记。每当自己稍有松懈之意，我就会告诫自己：改变现状，只能靠自己！慢慢地，我不但补上了所有的专业课程，还慢慢总结出了一套适合自己的学习方法。一分耕耘，一分收获，我连续三年都保持专业排名第一的好成绩，多次荣获国家励志奖学金和四川大学锦江学院张桂芳助学金。

在学习的同时，我积极参加了学科竞赛和创新创业比赛，曾获得第五届"全国大学生市场调查与分析"大赛总决赛全国三等奖，第三届"创青春"四川青年创新创业大赛铜奖及第二届四川省"互联网+"大学生创新创业大赛铜奖,并在2016"创青春"四川大学锦江学院大学生创业大赛创业计划竞赛和公益创业赛均荣获一等奖。这些比赛让我收获了成绩,开阔了我的视野,培养了我的组织协调能力,也让我认识了一群志同道合的朋友。

常言道"实践出真知",除了认真掌握课本上的专业知识,更应该将理论运用到实践中。为此,我积极投身社会实践,热心公益,曾多次参加敬老院献爱心等活动。2014年暑假,我参加了西昌上马窑小学的支教活动,为山区的孩子带去欢乐和关怀,获得了"社会实践优秀个人"的荣誉称号。2015年寒假,我在太阳雨太阳能有限责任公司四川省南充市分部实习工作。此次的锻炼,使我的专业技能得到了很大提升。同时,我也积极参加学校、院系、社会组织的各项活动,曾获学校第三届5·25"心理之心"大赛一等奖和"心理之星"称号、校"千年民族魂"中文演讲比赛二等奖和最佳原创奖等荣誉。

在同学眼里,我是蝉联第一的学霸,我是竞赛获奖的能手,我是励志向上的好学生。大家见到的是我站在领奖台上获得荣誉时的微笑,而成绩背后的坚持和汗水只有我自己最清楚。记得大三下学期,为了赶竞赛项目的进程,我和队友在办公室熬了近一个星期的通宵。回寝室的路上,静无一人的校园,只有点滴的星光陪伴夜空,充满凉意的风吹在我的脸上,耳边是同伴的笑声,夜黑得让我看不清楚前方的路,但我却充满了力量和勇气,不停地向前冲,心中是止不住的满足和畅意。那一刻,我明白了,命运,不过是失败者无聊的自慰,不过是懦怯者的解嘲。人的命运只能靠自己的意志、自己的努力来决定。如果命运注定我要暗淡,那么我就要燃尽生命的全部力量,放出所有的光芒来照亮我前进的荆棘之路。

我坚信:命由我定,人定胜天!

永不言败,改变命运只有自我

有人说,人生需要而且有必要经历一些坎坷和失败。因为只有在经历了这些挫折之后,你才会发现,人生不是常人眼里的那样顺利和风光,也只有经历这些,你潜在的能力才会在困难中被激发出来。是的,人的一生难免会遇到风浪和礁石,何况我这样一个平凡的小女子。但我知道,改变自己的命运需要坚持和决心,需要拥有一颗乐观的心,把自己作为命运的主人,不抱怨自己的出身,也不哀叹自己的不幸。只要能保持乐观的心态,坚持不懈地奋斗,再大的不幸，也不能阻碍一个人的成长；再低的起点，也不能阻碍一个人的成功。时间的长河会用它独有的方式让我们慢慢明白，不管怎样被生活对待，都要许诺自己明天必有太阳。对于人生，我们应该用最少的悔恨面对过去，最少的浪费面对现在，最多的努力面对未来！

如果困苦是水，那我就是石灰，水越多，我的人生越沸腾。

我命由我不由天！

师长点评：严晓丽同学乐观上进，勤奋刻苦，在校期间一直担任班级和学院的主要学生干部，积极参加各项学科竞赛和社会实践，表现优秀。她曾获学校优秀学生干部、优秀学生、优秀青年志愿者等荣誉；多次获得优秀学生奖学金、励志奖学金；曾获第五届全国大学生市场调查与分析大赛总决赛全国三等奖，第三届"创青春"四川青年创新创业大赛铜奖及第二届四川省"互联网＋"大学生创新创业大赛铜奖等奖项。

四川大学锦江学院管理学院副院长　安义中教授

以学为本,立志馈人

四川电影电视学院　龙　菲

龙菲,女,汉族,1996年10月出生,中共党员,四川电影电视学院戏剧影视文学专业2014级学生。先后获得一等优秀学习奖学金3次,三等学习奖学金1次,社会工作奖学金2次,国家奖学金1次,并荣获学院优秀学生干部、三好学生、优秀团干部等多项荣誉称号。

未来属于对成功充满渴望的人。经过一路拼搏,我终于如愿以偿地怀揣着希望与梦想,满载着期待与收获,来到了让我追求梦想、实现自我价值的地方——四川电影电视学院。

自力更生,奋发向上

学艺先学做人。作为艺术院校的学生,我一直都觉得自己是幸运的。虽然出身于一个普通的家庭,但父母却教会了我怎样去独立,去拼搏。他们用微薄的薪水为我提供学费及生活费。他们这样的辛勤付出,让我觉得自己应该加倍努力,不能辜负父母对我的期望。我的家庭很普通,没有其他同学那样优越的家境,但优越我也绝不会和其他同学攀比,而是踏踏实实地做好自己的事情。父母是我自力更生、奋发向上的动力来源和精神支柱。我学会用父母教导的为人要踏实、做事要吃苦耐劳的处事方法去努力改善我们的生活。父亲常常叮嘱我,一定要认真读书,他说:"孩子,一定要好好读书,上学的费用你不要担心,即使让我向别人借钱也会让你读下去。"每当听到他的这番话,对我来说又是一次鞭策。父亲希望我能有一个光明的前景,能靠知识去打拼去创造新生活,不要像他一样为了生计而四处奔波。父母的教诲一直影响着我的成长。从小到大,我从他们身上学会了如何努力去面对人生中的艰难险阻,学会了如何努力去改变命运。在我看来，努力学习就是为自己和家人去创造一个美好的未来，为国家和社会做出更大的贡献。

在我的大学生活里，学习永远是我的首要任务。非淡泊无以明志，非宁静无以致远。作为一个想要全面发展的我来说，立足于专业学习的基础上，一有闲暇的时间，我就会选择去图书馆阅读经典文学著作，或者在寝室看上几部经典电影，这些对于我的剧本写作和影视创作与实践是非常有利的。对学习的渴望让我不断去丰富自己的知识，提升自己的能力。一路走来，风雨兼程，历练出的是成长，磨砺出的是品质，坚持不懈的是信念，永不放弃的是追求。《诫子书》中说："非学无以广才，非志无以成学。"所以从一进大学，我就给自己做好了职业规划，我想要成为一名优秀的影视传媒人，并且要为之努力奋斗，一步一步实现我的梦想。对于未来，我已做好了扬帆起航的准备！

博学慎思，问道求索

大学期间是我形成积极正确的世界观、人生观、价值观的关键时期，从高中的稚嫩到走入大学后的逐渐成熟，我在复杂的生活环境下面临着各种挑战。在大一这关键的时期，我坚定了自己的信仰，从进入大学后，就参加党校党课学习，认真学习党章党规、马列主义、毛泽东思想、邓小平理论和"三个代表"重要思想，学习习近平总书记的系列讲话，并递交了入党申请书。带着这种敬畏，我不懈地学习，严格用党员的标准来要求自己，不断修正自己的入党动机。不久，我就被推荐为入党积极分子。经过党组织的培养和自己的努力，2016年12月，我光荣地加入了中国共产党，成为中共预备党员。

既然选择了远方，便只顾风雨兼程！从大一任职班级团支书、学生会干事，再到大二任学生会纪检部部长，尽管自己的工作量很大，但作为一名学生，我始终牢记：学习永远是首要任务！我从来没有忘记过自己想要成为优秀影视传媒人的梦想，从来没有把工作忙当成放松学业的借口，更未想过退缩和放弃。我一直体验着身兼数职的辛苦和工作学习双兼顾的不易，但也享受着认真工作学习的成就。作为学生干部，我工作勤勤恳恳，办事踏踏实实。在班里，身为团支书，我努力起好带头作用，与班里同学一起努力，使班集体在2015—2016学年被评为诚信考试先进班集体。我自己也在学院的五四青年表彰大会中荣获优秀学生干部的荣誉称号。

作为戏剧影视文学系的学生，我需要阅读大量的经典戏剧剧作，要有深厚的文化内涵积累、敏锐的思维以及洞察生活的能力。艺术来源于生活,更高于生活。我深知自己的专业课程很难,戏剧影视文学类课程也比一般的专业课程多,经常需要熬夜构思写剧本,自编自导自演舞台剧。我从未放弃自己的追求,因此我放弃了很多别人玩耍休息游戏的时间来提高自己的写作能力。最难忘的还是寒假来临前期末复习的日子,在别的同学还在享受温暖被窝的时候,我每天六点多起床洗漱后就开始复习专业课程,认真研读课堂笔记后并整理出自己的复习提纲。对我来说,那是一段难忘的辛苦并快乐的日子,我以后还会继续坚持下去。

不断进取,谦虚前进

我在学习方面努力进取,谦虚前进。一分耕耘,一分收获。目前我在四个学期共获七次校级奖学金。其中,一等优秀学习奖学金三次,三等学习奖学金一次,社会工作奖学金两次,国家奖学金一次。我还荣获了学院优秀学生干部、三好学生、优秀团干部等多项荣誉称号。今年12月,我被学院评选为"十大最美孝星"。这些成绩不是我炫耀的资本,而是促使我继续前行的动力。青春是美好短暂的,是充满机遇和挑战的。我会珍惜宝贵的青春时期,决不会无所事事碌碌无为,我要对得起我的父母,我要对得起身边给予我帮助和支持的老师和同学们,我更要对得起自己。如今我20岁,我的未来很漫长,必须虚心求教,踏实肯干,不骄不躁地做好本职工作,成为一名优秀的大学生,学好专业文化知识,为成为一名优秀的影视传媒人打下坚实的基础。

心怀感恩,奋斗不息

"天行健,君子以自强不息;地势坤,君子以厚德载物。"做人就像蜡烛一样,有一分热,发一分光,给人以光明,给人以温暖。我很感谢我的父亲,他是我坚强的后盾,每当我思想松懈时,想想为了给我创造一个较好的生活学习环境而仍在奋斗的他,自己就又咬紧牙关挺了下来。在专业课程影视剧作与实践中,因为需要拍摄微电影,有很多技术和资金方面的不足,身边的很多朋友都对我伸出了援助之手。因此,我始终心怀感激之情,从身边小事做起,去帮助身边那些需要帮助的人,回报他人,回报社会。

以学为本，立志馈人。在人生最宝贵的大学生活里，我没有自我松懈，也从未因为抱怨生活而扼腕叹息，而是选择继续为之奋斗。求学的道路是艰苦而又漫长的，积极乐观的生活态度一定会让我的未来更加光明和美好。作为90后，我会挑起祖国发展的大梁，在个人价值与社会发展的统一中实现自我。时间还在继续，生活还在进行，我会马不停蹄地拼搏努力，在磨炼中成长，在奋斗中进步，相信我！

师长点评：该生思想积极上进，勇于批评与自我批评。她工作认真负责，细心谨慎，学习勤奋努力，态度端正，目标明确，具有较强的分析能力和创新能力。她在学习、工作中不怕困难，目标明确，成绩优异，生活勤俭节约，为人谦和懂礼貌。

四川电影电视学院戏剧影视文学系副主任　郭怡然

坚持+努力=实现梦想

成都航空职业技术学院　龙　文

龙文,男,汉族,1995年12月出生,中共党员,成都航空职业技术学院信息工程学院计算机网络技术专业2014级学生。曾担任信息工程学院团总支副书记,获2015—2016学年度国家奖学金,全国高职技能大赛计算机网络应用大赛全国三等奖,团中央镜头中三下乡优秀入围团队奖。被学校授予"优秀团干部""三好学生""勤学上进好人"等荣誉称号。

2014年的初秋,我拖着沉重的行李箱,带着些许的失意来到了成都航空职业技术学院。当时的我,望着校门口那架歼-10的模型机,内心充满了迷茫,高考的失意还充斥着我的内心,我的大学三年时光能不能像这座歼-10一样一飞冲天?这一切对于那时的我来说,都是一个未知数。

骄子梦坠　路在何方

刚入学的我,是众多新生中的一员,我时常会找不到方向,没有自我定位,没有目标规划,没有动力方向,但又渴望证明自己。于是,我参加了当时几乎所有能加入的学生组织:学生会、自律社、辩论队、新媒体……也许是我的幸运,抑或是我的不幸,我居然通过了所有的面试。大一整整一年,我都忙碌于各个组织之间,牺牲了几乎所有的课余时间。那时的我,时常会在疲惫的时候陷入困惑,因而也常常质问自己:这样做,值吗?

拾梦路上　唯有坚持

是放弃，还是坚持？在命运的十字路口，我的内心有些慌乱，身体的疲惫，精神的懈怠，身边的诱惑，都暗示着我放弃，可是内心的那份责任感，那份渴望证明自己的热情，那份高考过后的失落感，都在告诉我，不能放弃，放弃过后的我，可能会重蹈高考的覆辙，既然想要展翅高飞，为何不像堂吉诃德一般勇往向前？至少，面对命运，我们也曾为自己奋斗过。

既然选择了坚持，我便不再迷茫：主持、策划、PPT、演讲、辩论、表演、宣传……我忙碌于在各个角色之间变换。工作上，我抓住每一个能锻炼自己的机会；学习上，我也未曾放松过自己。因为白天的课余时间几乎用于工作，我只能利用晚上的时间刻苦学习。实验室微弱的灯光，几台不停运转的路由器以及几十根交织在一起的网线陪伴我度过了一个又一个黑夜。

白天与黑夜，春夏与秋冬，每天我都在学习和工作中不停地"变换"着自己的角色，累吗？说实话，累！苦吗？不苦，因为我能清楚地感觉到，付出越多，我离梦想就越近。既然是为了自己梦想而受累，又哪能言苦呢？

梦想初绽　三省吾身

千里之行，始于足下，大学的第一步，我已经勇敢地迈出，在这之后，便是我挥笔书写大学这幅青春画卷之时。大二时，我有幸成功竞选为系团总支副书记。这是一个极具挑战却又富有使命性的职务，那时的我，想得并不多，不奢望能有多大的成就，不奢望能有多么大的作为，只是单纯地希望我能把所有学到的知识和技能都传承给团学会的每一位同学，希望他们能在团学会里感受到家一样的温暖，都能实现自己的目标，实现自己的人生价值，因为当年那个迷茫的我，正是在团学会里找到了自我。

在老师们的指导下，我和一群志同道合的伙伴在这个充满了活力的舞台上尽情地挥洒着汗水。无数次，我在漆黑的夜里对着电脑的微光修改策划；无数次，我在路上、在会议室解决自己的晚餐；无数次，我为了一个细节与其他伙伴吵得不可开交。那些日子，虽然很累，却很充实。一路走来，虽然吃过许多的苦，也受过一些委屈，但我不曾后悔，没有其他原因，只有四个字：责任、梦想。

大二这一年，我的学习成绩也有了明显的进步，在专业老师的建议下，我加入了学校信息中心，帮助老师维护学校网络。我很感谢我的老师给了我这样的机会，如果不是有这样的机会，或许我不会知道，原来我所学的知识，也可以帮助别人。当我每次帮助老师解决了电脑及网络问题，听到他们那声"谢谢"之时，我身体的疲倦都消失殆尽。那份帮助别人的快乐，那份精神上的满足，是任何身体上的疲惫都无法掩盖的。

在理论知识学习与实践相结合的情况下，我的专业知识与技能也得到了质的飞跃，也正是因为这样，我有幸代表学校参加各类比赛，并荣获全国高职技能大赛计算机网络应用大赛全国三等奖，思科网院杯CCNA高职组全国赛区三等奖。这些荣誉，令我喜悦，也令我深思。我的喜悦不仅仅是因为荣誉，更是因为那份付出之后水到渠成的成绩，耕耘之后自然而然的收获。回想起以前学习的日子，我每天"晨兴理荒秽，戴月荷锄归"，键盘上的字母，也早已被磨得看不清楚，甚至当初那双细皮嫩肉的手，也早就在一次又一次网线的制作过程中磨破了皮，长出了厚厚的老茧。深思，是因为从比赛归来后，那些纷至沓来的荣誉，那些身边朋友的夸赞，从那以后的很长一段时间，我都处于一种茫茫然的状态，因为那些荣誉似乎在一点一点地侵蚀着我的内心，试图抹去我的初心。

逐梦前行　不忘初心

或许就在那么不经意间，我惊醒了，看着手中的老茧，回想起刚进大学时的梦想，再看看手中的证书，才发现，自己仍然只是万千世界中的一粒尘埃。凤凰涅槃，我才走出了第一步。比我优秀的人不计其数，想到比自己优秀的人都依然在每个深夜里不知疲倦地学习，前进，我获得的这些荣誉又算得上什么？我又有什么理由躺在"功劳簿"上睡大觉？人生的无法回头，其实也是一件很美的事情。岁月教会了我如何珍惜，如何去爱，如何去用阳光温暖受伤的心灵。既然选择了远方，便只顾风雨兼程，既然已经醒悟，就不再徘徊。我收拾好心情，重新出发，在大二暑假，我报名参加了学校"三下乡"活动，并担任隆盛队队长，我想通过自己的一分力量，去回馈这个社会，去感恩这个社会。

在为期几天的支教过程中，我收获最大的就是学会了爱与被爱，而我的老师，正是那群天真无邪的小孩儿，是他们让我明白，人一生最大的快乐，不是得到多少荣誉，也不是收获多少财富，而是在你辛苦的时候，陪你一起度过，在你付出之后，一句简单的"谢谢"。我把我们的故事制作成了视频，参加了团中央组织的"镜头中的三下乡"活动，并入围"优秀组织奖"。当然，我参赛的初衷不是因为这份荣誉，而是想让更多的人去帮助这些可爱却又缺乏关爱的孩子们，并加入志愿者的行列中来。

梦想起航　青春无悔

我的大学三年的故事到这里，也即将画上一个句号。一路走来，酸甜苦辣，各有滋味。我很庆幸，自己在应该努力奋斗的年华选择了勇往直前，并在奋斗的路上，遇到了值得我铭记一生的良师与挚友。是我的老师让我明白，大学，绝非高考过后，供学子们嬉戏放松的游乐场，而是一个需要我们努力拼搏，不断突破自我的试炼场。

青春，本该就是这样，在失败与成功中，不断成长。铁，百炼方可成钢；人，历经万千终能成才。

师长点评：一步一个坚实的脚印，三年如一日，龙文同学勤奋学习，勇于创新，实践着"有付出就有收获"的理想追求。他用实际行动践行着成航人"航空报国，追求卓越"的精神，放飞梦想，在成都航院自信地启航。

成都航空职业技术学院党委副书记、副院长　陈玉华教授

我的成长路

成都职业技术学院 袁敏学

袁敏学，男，汉族，1995年3月出生，成都职业技术学院软件分院计算机网络技术专业2014级学生。先后获国家奖学金、H3C杯全国大学生网络技能大赛决赛一等奖、全国职业院校技能大赛信息安全与评估赛项三等奖、全国职业院校技能大赛计算机网络应用评估赛项三等奖，并获四川省优秀大学毕业生称号。

论成长

如果说大学是一本书，那么书的作者就是我们自己。也许我们做不了像鲁迅先生那样的著名作家，但我们可以书写自己的篇章，做一个真正的作者。2014年9月，我怀揣梦想，踏上新的征途，期待着用自己的努力创造一片新的天地。初抵校园，校训说得很好，"德行天下，技走人生"，这慷慨激昂的八个字深深激励着我不断前行。

逆境中成长

我是一个来自农村的孩子，即使家庭条件并不富裕，父母也总是尽最大努力让我受到良好的教育，我只能以努力学习、成人成才回报他们。由于家庭原因，我读书都是住学校，吃饭穿衣也尽量节俭，不浪费一分钱。每个月回家拿生活费，曾好几次遇到爸妈身上拿不出400元，情急之下去隔壁邻居借400元给我的情况。这场景深深地烙在我的脑海里，我深知，唯有努力学习，才能摆脱这些困境。逆境迫使我沉淀下浮躁的心，教会了我坚持恒定。滴水穿石，铁

棒磨针,学习是一个长期积累的过程。在校两年,专业实验室见证了我努力的每一个脚步,学院图书馆见证了我坚持的每一个信念,学生宿舍见证了我奋斗的每一滴汗水,天道酬勤,我相信付出总会有回报。

兴趣中进步

有了兴趣,才能谈如何学习,才能寻求学习的方法和技巧。托尔斯泰说过:"成功的教学所需要的不是强制,而是激发学生的兴趣。"我的老师告诉我,"学以致用、用以促学、学用相长",这句话指引着我开拓进取,为我揭开专业后续学习的神秘面纱。为此,我积极参加各种科技创新活动、各大科技公司开办的合作伙伴大会,从中我学到了许多课外知识,同时也认识了许多专业同行。通过老师,我掌握了专业理论知识;通过专业同行,我了解到了行业发展情况、未来技术趋势、客户需求、架构设计等一套完整的体系知识,这些都能更好地帮助我提升对自身学习情况的把握,帮我设想下一步我该朝着什么方向前行。在这个信息化时代,我还在网络上认识了专业前辈,他教我如何进一步学习专业知识,教我如何面对网络上大量的广告并从中提取有用的信息。我发现兴趣是我能够迅速进入学习状态的法宝,它使我不再被动地应对任务,而是学会主动出击,不断地摸索,探索,并不时回过头来看。

生活中茁壮

浓厚的学习氛围,蓬勃的运动生机,丰富的团队生活,真诚的同窗友谊,大量的锻炼机会,这是大学生活给我留下的深刻印象。大学中我的专业是计算机网络技术,在专业上学院为我们提供了实验室并让我们负责机房的运维,在此期间我们开展了各种网络实验,并在机房运维方面与老师和同学交流与沟通,如何去处理,如何进行有效的交流与沟通,如何对实验室进行有效利用等问题,都需要我们去思考。大学生活培养了我的好品质——乐观向上,心态端正,团结同学,友爱他人,有责任心,有爱心,能感染身边的人;让我学会了处事,学会诚恳地做事,学会自信,勇敢地面对挫折;也让我学会行动,勇于尝试。学会做人,学会学习,学会做事,这是我人生中的三件大事。我想,不管是现在还是将来,不管我走到哪一个高度,哪一个位置,我都会不停地去学习这三件事情。

工作中自信

为了进一步锻炼自己，大二下期结束的暑假我找到了一家 H3C 金牌代理商进行暑假实习，参与部署和实施了大大小小项目许多个，其中包括中国科学院光电研究院网络改造、成都勘察设计研究院云计算大数据平台搭建、泸州职业技术学院新校园网搭建。通过实习，我明白了工作与学校中学习的差异。工作需要理论与实际的结合、人际交往与沟通、团队协助以及较强的观察、分析和解决问题的实践能力。通过学校中的学习，我们已具备了一定的基础能力，再通过到企业实践中进行磨合，找出自身存在的差距，并在以后的学习期间及时补充相关知识，争取快速成长。如今我已在星网锐捷成都办事处开始正式实习，公司开展了为期 11 天的总部集中培训、四川托普信息职业技术学院云课堂测试、成都海关设备替换。有了学校的基础、暑假实习的实战过程经验，我相信我能在星网锐捷的大平台下更好地锻炼自己、完善自我，去迎接美好的明天。

回忆过去两年的大学生活，我收获很多，感触很多，成长很多。我会带着这些美好的回忆继续我的征途，向梦想出发。前方会有失败的痛苦，会有成功的喜悦，但我相信，只要我们拥有一份坚定的决心，无论前方的道路再崎岖，我都会积极、从容地面对，坚定不移地在梦想的道路上勇往直前。

师长点评：袁敏学非常踏实，他能够取得今天的优异成绩，全是靠他自己勤奋刻苦一步一个脚印走出来的。同时他也是一位热心肠的伙伴，在同学、老师需要他的时候，他总能积极响应，与他相处时时刻刻都能感受到正能量。

成都职业技术学院软件分院院长　李亚平教授

情怀天下，技艺人生

四川化工职业技术学院　张　弛

张弛，男，汉族，1997年6月出生，四川化工职业技术学院经济管理系会计专业2014级学生。在校期间曾获国家奖学金；参加全国应用型人才综合技能大赛金蝶云管理创新杯全国总决赛获得高职组第一名，夺得铂金奖，参加四川省"注协杯"会计技能大赛荣获一等奖。

我是四川化工职业技术学院的一员，在学校母亲般的怀抱里静静地享受着她的给予，慢慢地，我变得成熟、自信。2016年，我参加了多项会计专业技能大赛，斩获各类殊荣。2016年4月在成都市举行的四川省"注协杯"会计技能大赛上，我们团队获得了一等奖；11月，我又到北京参加了全国应用型人才综合技能大赛金蝶云管理创新杯的技能大赛，斩获高职组铂金奖。越来越厚重的荣誉没有让我沾沾自喜，反而让我更加冷静。夜不能寐时我经常在想，是怎样的幸运让我幸福如此。过往的艰辛、勤奋、感动，甚至是悲伤，都幻化成碎片，一股脑儿地涌出。我心甘情愿地整理，并与大家一起分享。

逐梦中，学习的光与影

学生的本职是学习，对于学习，我从来不敢懈怠，总是抓住每一分每一秒，务真求实，刻苦学习。"一分耕耘，一分收获"，作为大学生我们都明白这个道理，只有不断积累，才能实现质的飞跃。为此，我制定了严格的作息时间，不论春夏秋冬，每天都坚持早起，合理安排学习时间，养成了自主学习的习惯。图书馆是我每天必去的地方。畅游在知识的海洋里，我感到了大学生活的充实。就这样，我愉快地度过了大二，功夫不负有心人，在这一学年中我取得了系部年级综合排名第一的成绩，这让我感到很高兴，体会到了收获的喜悦。

回望大二这一年，我最深的体会是：生活中一定要有自己的想法，但更重要的是，要有为之而努力，坚持到底的精神。在这些如水般流逝的时间中，只有不断拼搏的人生才能迎来胜利的曙光，在回头追寻自己走过的足迹时，才能发现曾经的汗水在崎岖的险途上熠熠生辉。学习须持之以恒，成功永远不会降临到懒惰者的身上。只有锲而不舍，不断努力，不断追求，不断奋进，才能在学习上取得一定的收获。目前，我共获国家奖学金1次，校级奖学金4次，被评为学院"优秀学生干部"称号，同时也通过了计算机二级。我相信，每一份付出都会结出硕果，每一个理想插上翅膀都会翱翔，每一个青春因为奋斗都会变得精彩。

前行时，收获的苦与乐

学习的目的是丰富自己，提升自己，锻炼自己；而最佳的方式就是不断地去面对挑战，面对艰难。而最能说明艰难和挑战的就是各项专业技能大赛。

为了在比赛中收获成功，在学校精心组织、专业老师耐心指导下，我们日夜训练，不畏艰辛，牺牲周末和课余时间，终于在2016年4月四川省"注协杯"会计技能大赛上取得了一等奖。一时的成功没有让我们放松精神，我们团队再接再厉，继续征战更高的平台。2016年10月，我们参加了全国应用型人才综合技能大赛金蝶云管理创新杯的省赛，在省赛阶段我们势如破竹，以实务操作满分的成绩晋级全国总决赛，又在总决赛中披荆斩棘，一举斩获铂金奖。

三年来，最艰苦的比赛，无疑是2016年11月的全国应用型人才综合技能大赛金蝶云管理创新杯全国总决赛。团队里一共四名同学，都是会计专业。当看到今年题目的那一刻，所有人都傻眼了："企业合并财务报表分析。"作为高职院校的学生，我们感觉完全无从下手，查了一些资料，看了几篇文献后，还是不敢相信我们能完成这个不可能完成的任务。

等到真正着手去做的时候，我和队友更是深切体会到自己涉猎的知识与大型集团企业的报表分析的距离有多远，再小的知识点都要查文献，所有的知识都要从头学起，唯一能做并且有意义的事情就是不停地看文献、查专业术语和学习模型。

经过两天的奋战，我们身心俱疲，却还只是形成了初步的思路和框架。队友在深深的无力感下渐渐走向绝望，就在大家要集体放弃的时候，我突然想到：大赛并不是希望我们能提交一个多么专业的分析，而是希望锻炼我们的思维、激发我们的创造力和培养我们团队合作的能力，同时让我们明白企业中需要的究竟是什么样的人才，它不像我们想象中那样恐怖；其实，不仅我们觉得困难，大家也都会苦恼，我们不能放弃；我们只需整理文献，理清思路，努力编程跑出结果，设计方法自圆其说，就能做到相对出色。于是，我鼓起最后的勇气，用尽支持自己的最后一丝希望，说服队友，重新点燃激情，开始新一轮的苦干。搭建模型，撰写报告，反复修改……我们终于在比赛结束之前上交了财务分析报告。

征程上，丰收的喜与忧

自入校以来，我一直担任班长，争取工作与学习双兼顾，享受着其中的乐趣。作为学生干部，我工作勤勤恳恳、办事踏踏实实，积极负责班里的工作，在学院日常活动中，班级表现出色。我坚信，书山有路勤为径，学海无涯苦作舟。自在大一入学以来，我始终坚持着"预习—听课—复习—作业"四个基本步骤，在班级工作忙完之余脚踏实地刻苦学习，以身作则，为班级营造了良好的学习氛围，同学们学习起来也劲头十足。在年级学院各类的比赛中，同学们纷纷积极参与，热情高涨，团结奋进。

临渊羡鱼，不如退而结网。有梦便去追，为自己的青春插上翅膀，人生有了梦想才会有希望，所以要怀抱理想，风雨兼程，一分耕耘，一分收获。一个人离开了勤奋，可能也就远离了成功。大学是人生最宝贵的三年，与其在消磨以后扼腕叹息，何不从现在开始为之奋斗。我相信，我们会用自己的双手规划属于自己的大学，创造属于自己的未来。时间还在继续，生活还在进行，我会依然拼搏并且努力着。不断地提高，不停地挑战，争取在各个方面全面发展，完善自己，争做一个对社会有用的人。

师长点评：张弛同学思维敏捷、笃实勤奋。他志存高远，脚踏实地，认真做好每一件事，努力学好每一门功课；他孜孜以求，精益求精，参加技能大赛取得优异成绩；他作为学生干部以身作则，起到榜样作用，注重自己综合素质发展，带领团队同心协力，创佳绩。

四川化工职业技术学院经济管理系　蒙坪教授

让梦想在奋斗中闪光

南充职业技术学院 王 婕

王婕,女,汉族,1996年8月出生,中共党员,南充职业技术学院经济管理系会计专业2014级学生。曾任系团总支组织部部长,先后荣获国家励志奖学金、中国电信奖学金·飞Young奖、国家奖学金、"外研社杯"英语挑战赛写作比赛(高职组)三等奖、学院优秀团干部等荣誉,推荐为四川省2017届优秀大学毕业生。

蜗牛之所以能到达金字塔顶,不仅在于它有梦想,更重要的是它能负重前行,依靠执着的坚持和奋斗,用看似微不足道的进步最终抵达目的地。人生亦然,我们要实现自己的梦想,同样应该日积月累,坚持不懈,顽强拼搏,不断诠释持之以恒的"蜗牛精神",让梦想在奋斗中熠熠闪光。

志存高远 学业为本

三年高中阶段的艰辛付出,换来的却是考场发挥失利,不尽人意的分数让我着实一度犯难,是复习升本,还是报读专科学校"曲线救国"?我认真分析了利弊,权衡了得失,在家人的理解与帮助下,毅然选择了后者。打那时起,我就确立了自己的梦想:三年后,我通过"专升本"来实现自己的愿望,怀揣着这份虔诚的渴望,我来到了南充职业技术学院,开始了人生新的征程。

"既然选择了远方,便只顾风雨兼程",两年多来,我坚持以学业为本,排除众多干扰,坚持每天早上七点半准时赶到教室上自习,课堂上认真听讲,课前预习,课后认真完成老师布置的作业。学习上紧跟老师的步伐,不耻下问,虚心求教;考试中,努力做到了胜而不骄多总结,败则不馁多反省。辛勤的耕耘,终于换来秋后的收获。天道酬勤,两个学年中,我的课程平均绩点达到了

4.38，位居全专业第一，先后获得了国家励志奖学金、中国电信奖学金·飞Young奖、国家奖学金等诸多荣誉。在读专科的同时，我还参加了西南科技大学现代商务专业的本科自考，并顺利通过全部学科考试，通过了毕业论文答辩。随着一个个目标相继实现，自己离当初所确立的梦想又迈近了一步。

始于尝试　贵在坚持

初入象牙塔，我还没有来得及适应新鲜的校园环境，学生组织和学生社团的招新活动便纷至沓来。英国哲学家怀海特说过：在中学里你伏案读书，在大学里就应该站起来四面瞭望。既然已经告别了中学死读书、读死书的时代，在大学里就应该多参加各种社会活动，博览群书，努力提高自己的综合素质。有了这样的认识后，我决定报名参加学院团委会和系团总支组织部的招新竞选。面试那天，报名人数远远超出了我的预期，简直不亚于报考公务员，竞争之激烈可想而知。但我从小就有些执拗，越是这样就越想前去尝试一下。面试过程中，我从容应答，顺利通过了初试、复试，最终被录聘为院系团委（总支）组织部干事。

接下来的两年里，我从一名干事成长为系团总支组织部部长，其间经历了太多的酸甜苦辣。组织部的事务繁杂，我只能利用课余时间完成，我一下子变成了一个大忙人，成天奔走于寝室、教室和系办公室之间，用废寝忘食这个词来形容我的工作状态一点也不为过。寝室同学看在眼里，急在心上，关切地劝我不要干了。可这哪里是我的个性呢？干工作和学习一样，不是靠三分钟的热情，而是需要持久的坚持，只要坚持住，就有成功的希望。进入组织部不久，上届部长为了培养和考验我的组织协调能力，特意将大学生创业大赛系级初赛交由我负责。因缺乏工作经验，我对很多环节事先考虑得不周全，导致活动现场一片混乱，效果较差，我也因此受到了部长的严厉批评。但我并没有因为这次的败走麦城就打退堂鼓，而是客观地分析原因，总结教训，找到了失利的症结所在，后来的类似活动中，我再没有出过同样的差错。由于工作中出众的表现，我被评为了学院2014—2015学年"优秀团干部"。

扬己之长　追求极致

语言类学科是我的优势所在，特别是英语。当初选报专业时，我一度想学英语教育专业，因为这也是我长期以来的一个梦想。虽然后来学的是财务专业，但我对英语的喜爱程度一点也没减。进入大学第一学期，我就以全校第一的优异成绩顺利通过了大学英语三级和四级考试。面对成功，我并没有满足于此，又开始向大学英语六级冲刺。

2015年，我利用暑期到北京"新东方"进行六级考试集训，在那里，我学到了很多应试方法和技巧。秋季开学后，我开始有步骤地进行练习。词汇是基础，每天早上6点我准时打开手机，戴上耳机开始记忆六级英语单词。在寝室嘈杂的环境中，我也不忘利用零散的时间来练习听说读写。功夫不负有心人，我终于通过了大学生英语六级考试。与此同时，我也坚持普通话的学习与运用，顺利拿到了《普通话水平测试等级标准》一级乙等的证书。这一切的成绩都在告诉我，我人生的宏伟目标，正在这点点滴滴的进步中实现。

创新实践　挑战自我

"大众创业，万众创新"的政策为我们生活在这个时代的大学生的创新创业提供了众多的机会和途径。我的论文《大学生如何践行社会主义核心价值观》在《教育教学论坛》2015年第44期发表，从此，我开启了自己的创新之旅。2015年，我抓住全省大学生创新创业训练项目申报的机会，主持的项目《高职学生手机依赖症干预疗法研究》获得四川省创新训练计划项目立项资助，受访学生2000余人，自制手机存放袋10多个，试验用班级20余个，得到了师生一致好评，研究成果也发表在《高教学刊》2015年第20期上。

首战告捷并没有让我停步不前，2016年，我主持的项目《"互联网"背景下高职学生创业途径研究》再次获得省级立项资助，项目已入驻学校大学生创业园。同时，我还通过创新创业比赛的途径磨砺自己，2016年，我主持的项目《果城阳台绿韵工作室》晋级南充市第四届青年·大学生创新创业大赛决赛，获得了专家的一致好评。创新创业永无止境，我将在今后的学习和工作中继续我的创新之旅，迎接人生更大的挑战。

不忘初心　砥砺前行

　　奖学金和荣誉是对我所付出努力的肯定，更是对我今后奋发向上的一种鞭策和鼓励。对我而言，它不仅仅是一种荣誉，更是一种责任和动力。荣誉的光环就如昙花一般，它终将成为过去。没有最好，只有更好。在未来的路途上，它将激励我不断地努力拼搏，完善自我。"冰冻三尺非一日之寒，水滴石穿非一日之功。"在今后的人生道路上，还有很多磕磕碰碰，坚持就是胜利，只要踏过了这段荆棘之路，前方必定是光明一片。

　　"不积跬步，无以至千里；不积小流，无以成江海"，只有脚踏实地，一步一个脚印，最后才能到达终点。"路漫漫其修远兮，吾将上下而求索"，未来的生活中，我将始终坚守梦想，不忘初心，以百倍的信心和万分的努力，用辛勤的汗水和默默的耕耘，去谱写未来美好的篇章。

　　师长点评：王婕同学并没有因高考受挫而一蹶不振，而是坚守自己的梦想，坚持不懈，努力拼搏，全面发展，不断诠释持之以恒的"蜗牛精神"，朝着自己确定的目标奋勇前行，让梦想在奋斗中熠熠闪光。

南充职业技术学院党委委员、副院长　高炳易教授

不屈于荆棘密布的起点

绵阳职业技术学院　刘恺越

刘恺越，男，汉族，1996年2月出生，绵阳职业技术学院人文科学系应用英语专业2014级学生。先后获得2014—2015学年度国家励志奖学金，2015—2016年度国家奖学金，第六届"外研社杯"全国高职高专英语写作大赛四川省专业组三等奖，2016年全国大学生英语竞赛B类三等奖。

2014年8月，在焦急的等待中，我收到了绵阳职业技术学院的录取通知书，拿到通知书的一瞬间，我的眼泪夺眶而出。寒窗苦读十八载，从闷热高温的夏天到寒风凛冽的冬天，我数不清走过了多少条街道，从语文课本中诗仙李白的"长风破浪会有时，直挂云帆济沧海"，到数学算术题中的集合函数与方程；从英语的词汇语法，到文综政史地的记忆背诵。我知道，这一刻的眼泪是幸福的。"重德、精业、求实、创新"八字校训映入眼帘，像是母亲的手温暖地安抚着我激动的内心，又像是父亲坚实的臂膀给予我力量勇敢前行。

2014年9月，怀揣着梦想，我来到了中国科技城——绵阳，我对这座美丽的城市充满了好奇，对绵阳职业技术学院充满了期待，对于我来说，一切都是新鲜的。新的环境、新的事物、新的挑战，蛹蜕成蝶，蚌砺成珠。进入校园的那一刻，我便立志要做一名优秀的大学生。我对自己说，"大学三年就是我的三个高三"。

天道酬勤　　永不言败

兴趣是最好的老师，诸多的专业里，英语是我的最爱。报考应用英语专业，是我高中时就定下的目标。进入应用英语专业课程学习后，我深深地被其吸引了，也感到无比的震撼，这也更加坚定了我刻苦学习的决心。图书馆是我在大学里最熟悉的地方,这儿的每一张自习桌都像是我的老朋友,定时定点地见面则是我们之间心照不宣的约定。

作为一名语言学习者,声音是我们温柔又锋利的王牌武器。大一的语音课堂上,老师教授四十八个国际音标的正确发音,却成为我前进道路上的第一道关卡。不标准的发音让我羞红了脸颊,要克服母语对英语发音的影响,就意味着需要付出更多的努力,而纠正发音也成为我那时最重要的事情,可整个过程却是那么的乏味、枯燥。一次又一次的训练,宿舍、教室、林荫道上,我随身携带播放器,听着录音一遍又一遍地跟读,总爱将摩擦音"s""z"与破擦音"ts""dz"混淆。单独发音对于我而言已经有些吃力,而通读多次出现在整篇文章中时,也给我带来了不小的麻烦。

记忆犹新的是那时我每天坚持六点起床,一个人坐在学校的静心亭,跟着录音一次次地尝试,却又一次次地失败。渐渐地,自己想要放弃,可内心却涌出一个声音,"刘恺越,这只是你起跑线上的一个小障碍物,加油,你行的!"学海无涯,一个人的力量也许是渺小的,于是我开始每天跑办公室向老师请教。两个多月后的语音课上,我终于准确无误地读完一篇文章,那一刻就如同迷失在沙漠中的旅者找到方向,我感到欣喜而自豪。而这一次的付出也更加让我坚定,"一分耕耘,一分收获"。

大学期间,我始终坚持着"预习、听课、复习、作业"四个基本步骤,我坚信,书山有路勤为径,学生的本职是学习,而这个良好的习惯也影响着我身边的同学们。三年的时间里,我带头成立了学习帮扶队,班级也渐渐地形成了你追我赶的良好学习氛围。

在挫折中扬帆起航

除了认真学习专业知识外,我还积极参加校内外各项活动和比赛,努力提高自己的综合能力。大一下学期,通过竞聘,我成为人文科学系学生分会的一名学生干部。如何合理安排时间,正确地处理工作和学习之间的关系,又成为我面临的新的挑战。我主动找辅导员沟通交流,她告诉我,"When you can fly, don't give up flying"。回到宿舍,我开始静静思考,心里的声音又一次出现:"充实自己,去做一只翱翔的雄鹰。"

于是,我放弃了很多休息时间,开始学着写策划书、写活动简讯,总结活动的得失。用两个多月的时间策划举办了绵阳职业技术学院第十一届英语口语大赛，从租借场地到联系选手和评委老师，从找活动经费的赞助商到邀请演出嘉宾，那一段时间，我常常忙到凌晨一两点钟，生活节奏被打乱，顾不上吃饭就买一个面包充饥，由于长时间不规律的生活，自己的身体亮起了红灯。因为患有强直性脊椎炎，我需要长期吃药控制病情，但由于太过疲惫操劳，渐渐地，我发现药物已经不能止疼，并压迫到了右小腿的神经。随着游园晚会和期末考试的临近，忙碌的事情越来越多，身体的疼痛开始慢慢扩展，使我夜夜辗转难眠，但我不愿就这样放弃，时常在凌晨三四点一个人在水龙头前，把冰凉的水淋在脸上，似乎也缓解了一丝疼痛。

放假回家后的第三天，我的右小腿疼痛至极，已经无法支撑再站立，这是我第三次被送进手术室。本以为自己已经习惯了，但在躺上去的那一瞬间，我还是会紧张到双手紧紧握住压力球。手术后，陪伴我的除了一盒盒消炎药，还有老师和同学们满满的关心和问候。躺在病床上的日子里，我开始准备参加第六届"外研社杯"四川省高职高专英语写作比赛，指导教师不厌其烦地给我讲解考点，一个月后，我获得了四川省专业组三等奖。就像是意外地做了一场噩梦，带着所有关心我、帮助我的人的鼓励和支持，我战胜了恶魔，勇敢地醒来。

学在成贤　内外兼修

回首过去，无愧于心，展望未来，努力创新，争取做一个社会上独一无二的小齿轮是我的梦想。大学三年的时间里，我利用假期兼职，先后从事了超市促销员、饭店服务员、助教老师等工作。虽然"牺牲"了大量和家人团聚的时间，但想到能为年迈的父母减轻一份负担，整个人便充满了奋斗的动力。一路走来，我受到过许多人的帮助。父母时常告诫我要学会感恩。在寒暑假的社会实践中，我加入了自贡市灵犀义工联合会，成为一名志愿者，用自己一点一滴的力量回馈他人，服务社会。

我曾奔赴自贡市夕阳红老年公寓进行志愿者服务活动，公寓里的老年人们，有的失去了儿女，有的是聋哑残疾，有的正饱受着病痛的折磨。看着老爷爷老奶奶佝偻着腰，佩戴着沉重的助听器，但目光依旧那么慈祥，我的内心受到了极大的触动。我组织大家伙分工，一些人打扫房间，一些人为不识字的老爷爷老奶奶读报纸，我负责给老人们剪指甲，看着他们满是皱纹的脸上露出笑容，我感觉肩上的担子变得更加重了。作为一名大学生，我们有责任去关爱老人，孝顺是中华民族的传统美德。我明白自己的力量远远不够，但我会用实际行动将爱不断延续，让更多的人感受爱、传递爱。

大学是人生中的一个转折点，而非终点。时间的齿轮没有停止转动，生活也还在继续，我感谢过去的自己，没有在最艰难的时候轻言放弃，"路漫漫其修远兮，吾将上下而求索"，未来的路，还是要靠自己一步一个脚印走下去。纵使一路风雨兼程，仍可以满载母校的期望乘风破浪，学最好的别人，做更好的自己！

师长点评：刘恺越是人文科学系非常优秀的一名学生，能够在不同阶段正确认识与评价自己，自强不息，不断超越自我；他学业精进，又在实践中不断锻炼，提升自己的综合素质和能力；他懂得感恩，积极回报社会，真正践行了我校"重德、精业、求实、创新"的校训。

绵阳职业技术学院党委副书记　王荣海教授

让坚持之花在枝头绽放

四川交通职业技术学院　张鹤锦

张鹤锦，女，汉族，生于 1996 年 6 月，中共党员，四川交通职业技术学院信息工程系计算机应用技术（中加联合办学）专业 2014 级学生。曾获得国家奖学金，学院优秀团干部、优秀学生干部。

一滴水因为坚持所以穿石，一朵花因为坚持所以绽放。

——题记

2014 年初秋，接受了高考的洗礼后，带着对大学的憧憬与期待，我来到了四川交通职业技术学院。高扎马尾辫，身着白色连衣裙的我，站在校门口拍下了我的第一张大学照片。映入眼帘的博学馆，停泊在远处的鱼凫号，陌生的同学和老师，一草一木，一句问候，一个笑容……一切仿佛都定格在那年的九月一日。我清楚地知道，我即将在这里探索关于青春与未来的无数种可能，那一刻，我告诉自己：既然选择了远方，便只顾风雨兼程。

初入大学校园，懵懂稚嫩的我便思忖着如何才能把握我的大学生活，统而言之乃"用行动让青春无悔，弃豪言使韶华有光"。但现实却如朱自清先生《匆匆》中写的那样："洗手的时候，日子从水盆里过去；吃饭的时候，日子从饭碗里过去……等我睁开眼和太阳再见，这算又溜走了一日。"白驹过隙般，一千多个日日夜夜从指缝中溜走。如今即将毕业，蓦然回首，才发现原本以为会走得很辛苦的这条路，其实自己已经走了很远……不由得想起约翰生的一句话："成大事不在于力量的大小，而在于能坚持多久。"

因为坚持，所以成长

又是一个即将迎接周末的星期五，走过砚池的小桥，看着枯黄的落叶簌簌地落下与水面亲吻，周末的自由时光在向我招手。和大多的同龄人一样，我贪恋早晨舒适的温床，享受午后恬静的时光，喜欢傍晚休闲的活动。但与许多同龄人不同的是，我作为一名理工科院中的文科生，学习着毫无兴趣可言的软件编程类专业，承担着全院最高的上万元学费。父辈们聊起大学生时总说："不管是读什么样的大学，哪怕再优秀，也会有自甘堕落之人，但结果的好坏完全取决于自己。"天生"多血质"的我自然不甘堕落，可是我该怎么做？深思与无奈缠绕着我。直至有一天，一个微信公众号上的一句话彻底敲醒了我："接纳不喜欢的事情，并不代表妥协，而意味着你内心成熟到可以容纳这些不喜欢。"我深有所感，决定放手一搏。

我逐渐转变学习态度，上课全心投入，看着原本觉得乏味的代码竟觉得有趣了许多，我认真罗列任务清单，一一圈点完成，向同学老师请教疑难，当电脑屏幕输出"Hello World"时，不得不说我的成就感爆棚。图书馆，承载着我三分之一的大学时光，一人一桌一椅，从基础编程教程学起，简单的入门章节到完整项目的实现，让我切身体会了"从入门到精通"这一过程。《基于ASP．NET 开发的网上购物系统》《基于Java 开发的计算机等级考试报名系统》《基于Android 开发的二手市场APP》等项目在不断摸索中完成。

渐渐地，世界因我的坚持而动容。就这样，我的学习成绩专业排名从大一的前十名提升到大二的第一名，获得了"学习标兵"的称号；取得了英语三级、计算机Java 二级和教师资格证等证书；我选择专本套读弥补学历短板，现已通过了本科毕业答辩。越努力越幸运，坚持接纳自己的"不喜欢"，我领略到了别样的风景。

因为坚持，所以闪光

学习只是大学生活的一部分，如果只顾学习，那么我的发展必然是"不全面"的，丰富多彩的大学生活像是一块调色板，我可以信手涂鸦，至于画板，我选择了"记者团"。历经笔试、面试、试用期层层考验，当佩戴记者证的那一刻，我暗下决心：我要用坚守和热情在记者团中描绘自己个性化的青春。朋友问我，那么多的学生组织你为何选择记者团？因为"爱"。此"爱"非"喜爱"，乃"热爱"。

不过做事仅凭"热爱"二字不够，还在于"坚持"。因为"坚持"，宿舍里总有一盏灯亮到凌晨一两点。当室友已进入深度睡眠，我仍沉浸在新闻稿的撰写中，待睡意蒙眬，我总会在纸上写下"铁肩担道义，妙手著文章"。李大钊先生的这幅名联，引领着新闻爱好者积极投入校园新闻工作，强大的思想后盾让我爱我所爱，想我所想，坚持我认为我该坚持的。

每逢课余，我深入创业基地采访校园创客，参与"重返母校"活动采访知名校友，观摩辅导员技能大赛采访一等奖获得者……一张纸片了，一根笔杆子，两片嘴皮子，两个眼珠子，换来篇篇最新最热的新闻稿，《歌舞青春，炫动交院》《夜空中最亮的星》等4篇文章荣登院报。如叶圣陶先生所说："看书读书其实就是听他人的话——用眼睛从书面上听他人的话，作文其实就是说自己的话——用笔在纸上说自己的话。"我时刻提醒自己：千万不要借着忙碌的幌子丢弃自己热爱的事，身为学院"宣传人"，我理应坚持执笔讲好交院的故事，这样才有更多自己的话可说、可讲。随之，我把工作阵地向校外扩充，2015年起我开始担任四川一直大牛科技有限责任策划创意顾问，在一点资讯、搜狐、凤凰网、论坛发布《电商家具配送安装行业如何破局》等文章。

因为坚持，所以绽放

大学里的第一次班委竞选，我被选为纪律委员。曾一直担任班长的我并不小觑这个"小角色"，因为我相信"小角色练就大能力"。两年多的学生干部工作，我始终坚持以下两点。

第一，责任心和表率力。自担任纪律委员以来，我将"绝不迟到、绝不早退、绝不旷课"作为基本工作准则。行为心理学中有种现象称为"21天效应"：凡事坚持21天，就能养成一个习惯。两年下来，35个21天，"早到王""前排户"成为我在同学中的代名词。良好班级纪律的养成，首先需要一个班级"带头人"，站好纪律之岗，我义不容辞；其次需要一个温馨提示"困难户"的"监督员"，矫正不良之风，我奖罚分明。最终，在班级中形成纪律合力，一切便水到渠成。

第二，团队精神。一次系部组织的学生干部的拓展训练让我真正领会到

"团队"二字的真谛。其中，令我记忆犹新的是最后一天的"生死墙"——一堵高4米且垂直需要集体翻越的围墙。尝试前教官讲了有关"生死墙"来源的故事，我们看着如此高大垂直的墙体，心中发怵。不过，我们运用团队智慧，采用"叠人墙""分组""选底座"等方式用20分钟的时间意外地完成了任务。大家尝到了成功的喜悦后，看着作为"踏脚石"的5名同学血痕斑斑的肩膀，不禁感动地流下眼泪来，"团队"的力量令人震撼。在"生死墙"任务中我的力量不足以做团队的"踏脚石"，但在班级中我甘愿做团队的"底座"，和辅导员、班级成员们共同翻越每一堵墙。于是，我的名字总出现在各个团队中。主持特色团会活动、筹划技能大赛、策划调查方案、撰写系统说明书、参加三下乡实践活动、参加中国"互联网+"大学生创新创业大赛……在学生干部工作中，我找寻到快乐，绽放了精彩。工作方式与态度一旦坚持下来了，就是自己的风格。

我们走过的路，做过的事，有时候看起来平淡无奇，细想时才发现所有的细枝末节都编织在一起成为奇遇。回首过往，这不仅是一段青春的历程，更是一种蜕变。坚持的背后是一次次颓废迷惘后的不懈努力、劳碌奔波后的不言放弃、崭露头角后的真我执着。追梦逐梦，让坚持之花在枝头绽放，只为遇见更好的自己！

师长点评：张鹤锦，一个不忘初心，砥砺前行的女孩。学习中的她有一种拼劲儿，为了难题可以奋战到凌晨；工作中的她有一种干劲儿，在普通的岗位中诠释着责任与担当；喜欢写作的她有一种闯劲儿，善于思，勤于笔，有多篇文章发表。

四川交通职业技术学院汽车工程系党总支书记　凌晓萍副教授

弦歌不辍，匠心相传

四川工程职业技术学院　李小宁

李小宁，女，汉族，1995年10月出生，中共党员，四川工程职业技术学院机电工程系2014级模具设计与制造1班学生。曾获国家奖学金、国家励志奖学金、全国大学生机械创新设计大赛三等奖、学院"学习标兵""三好学生"和"优秀共青团员"。

生命是有限的，终有尽头；知识是无限的，待人徜徉。时光是永恒的，生命在这永恒的时光里，又算得了什么。倘若不用知识装点这有限的生命，漫漫却又短暂的岁月，我又该如何度过？

背负遗愿，卧薪尝胆

一直有一个声音在我的脑海里回荡，"孩子，一定要好好读书呀"，这是爷爷在临终前对我说的一句话，很多年过去了，我早已不记得爷爷的模样，但是看着爷爷仅存的一张泛黄的照片，爷爷陪伴的快乐时光一帧帧再次浮现，这句话更是一直在我的脑海里回荡，这么多年都不曾遗忘。

我出生在一个农村家庭，爷爷是一个不识字的手艺人，十里八乡地给人剃头。爷爷的手艺相当好，远近闻名，家里人都不愁吃穿用度。后来，时代的变迁，各种行业都很快地发展起来，社会越来越需要知识分子的参与，没有人愿意来学习这种手艺。爷爷这种游乡的挑客手艺人的生活开始变得艰难，也越来越被人看不起。那时正到了父亲上学读书的年龄，可是爷爷却为难了，没有了手艺，生活的担子越来越重，哪里还能送得起父亲上学。爷爷若要坚持自己的老本行，把他热爱的手艺坚持下去，生活的担子只会越来越沉重。无奈生活所迫，爷爷最后放弃了他所热爱的手艺，断了手艺的传承。只是委屈了父亲，错过了最好的上学年纪，跟着爷爷做了一辈子的农民，爷爷也因为这事遗憾了一辈子，而这也沦为十里八乡的笑柄。

我懂得那些流言的威力有多大，它就像一把锋利的剑，伤人于无形。即使再怎么解释也不会有人理解，谬论就是谬论，与其喋喋不休地争论，不如不去理会。然而，我就要用行动推翻那些中伤之言。而我能做的，就是实现他们对我的期望，而且还要做得更好，用我的努力抹去他们背负多年的流言。

拨云见日，终见云天

高考完的那个夏天，一个阳光的午后，我依靠在院子里的椅子上，椅子旁的橘子树争先恐后地舒展着枝叶，但还是接不住洒下的阳光，斑驳的光影，随着微风荡漾着。我在树荫下小憩，父亲拿着录取通知书回来了，看着他满脸的喜悦，笑容堆叠成了一层层的皱纹。我紧紧抱住父亲，他颤抖的双臂，也紧紧地抱住我。积蓄多年的不安与委屈，都在这一刻释然。阳光下，父亲的身躯显得很高大，被负担压弯的脊背，在此刻却都变得挺直了许多。这一刻，父亲等了很久，我也等了很久，所有的云都在这一刻消散，天空变得格外明朗。

家人是我心中的支撑，我带着那份信念，背负着家人给予的期望，踏上了更远的求学之路，进入现在所在的大学学习，去完成那个属于我的"历史使命"。

勤学苦练，刻苦钻研

大学里见多了形形色色的人，或傲慢，或堕落，或积极，突然从紧张压抑的环境变成了自由放任的生活，大多人都开始享受这样的时光，贪婪或放肆。我不曾想象这是真实的生活，但他就在眼前一幕一幕地上映着。我曾记得，开学典礼上院长说得那句话，"勤学苦练，刻苦钻研"。这是学院和老师们多少年来不断践行的宗旨，也是学院寄予我们的期望，期望我们把这种精神一直传承下去。每一个人都应该像院长说的那样，勤学苦练，刻苦钻研，才能对得起那一份沉甸甸的录取通知书。

坚持不一定成功，但是放弃一定失败。我一直把这句话当作我的座右铭，简简单单一句话，却道出一份真理，做什么事情，都要坚持不懈，方能做出成绩。因此我抓住每一分每一秒，务真求实，刻苦学习。"一分耕耘，一分收获"，作为大学生我们都明白这个道理。只有不断积累，才能有质的飞跃。我是机械专业的学生，起初对自己的专业很迷茫，在上第一节课的时候，老师问我们"知不知道什么是模具"，没有人能回答上来。但随着时间的流逝，学习的加深，我深深地爱上了这个专业，在学习中，我能从很多老师的身上学到课本上原本没有的知识，图纸是很抽象的表达，只有充分发挥想象力，上课跟上老师的思路，弄清楚机械的工作原理，课间多跟老师交流学习，才可能学懂学精，取得更大的进步。在此刻，我仿佛明白，学习就和传承手艺一样，只是汲取的对象变了而已。爷爷是想把他精湛的手艺传承下去，而我是想学习到更多的知识，突然之间我好似找到了两者之间的共通点，爷爷的手艺并没有失传，只是换了一种方式在被我继承。

在竞争日益激烈的今天，只有不断地充实自己、完善自己才能使自己融入这个社会，适应这个社会。大学与中学不同，注重的是教，学习更多的是我们学生自己的事，因此我努力培养自己，使自己去适应这种自学的学习方式。机械行业的最高境界被称为"大国工匠"，能配上这个荣誉的，都是行业中具有顶尖水平的人。我一直把它当作我的学习目标，因此我一直都履行着自己的诺言，从未在学习上有一丝一毫的放松，不断巩固自己新学到的知识，做到温故而知新。也正是凭着我日复一日的刻苦与勤奋，在过去的两年里我取得了优异的成绩。我将在日后的学习过程中，不断提升自己，完善自己，向更高的目标奋斗。爷爷的"手艺"精神，指引着我向"工匠"精神靠近。

不忘初心，方得始终

天道酬勤！一分耕耘，一分收获。我付出着，也收获着。在校三年时间，我获得国家奖学金一次，国家励志奖学金一次，学院一等奖学金两次，"三好学生"两次。我相信每一份付出都会结出硕果，每一个理想插上翅膀都会翱翔！每一个青春因为奋斗都会变得精彩！

有人说女孩子没有必要那么拼，我却不以为然，他们不懂我的初衷。无论性别，无关行业，只要做好自己的本职工作，我们都可以成为对社会有所贡献的人，成为我国社会主义现代化建设中的基石。

面对苦难，我告诉自己千万不要放弃！中共党员是不会轻言放弃的！先辈们在苦难面前永不低头，才赢得了新中国的胜利。也正是因为中国共产党的坚持和指引，我们国家才进入了社会主义新时代。而我作为一名中共党员，更要坚持学习和继承这种精神，敢打敢拼，锐意进取。

时代淘尽风华，爷爷的"手艺"并没有失传，"匠心"如一盏明灯指引着我，用一生钻研，用一生攀登。让我带着梦想，扬帆，启航！

师长点评：李小宁同学秉承"大国工匠"之精神，勇于攀登高峰，勤学苦练，刻苦钻研。用心做好每一件事情，坚持执着，持之以恒。同时以党的先进理论和系统的专业知识指导自己的实践，态度严谨，脚踏实地，认真细致。不因失败而放弃，不因成功而自满，扬帆起航，追逐梦想。

四川工程职业技术学院机电工程系党总支书记　廖秀勇

志存高远,为理想努力奋斗

四川建筑职业技术学院 罗兴玲

罗兴玲,女,汉族,1995年10月出生,四川建筑职业技术学院土木工程系建筑工程技术专业2014级学生。曾获国家奖学金、国家励志奖学金、三好学生、优秀学生辅导员助理、一等奖学金、二等奖学金、优秀青年志愿者称号。

困苦磨砺人生,奋发铸就成功

俗话说:"穷人家的孩子早当家!"我来自贫困的农村家庭,家庭的影响使我养成了坚韧的性格。从小我就要比同龄的孩子们懂事,当他们还在嬉戏玩耍时,我已学会了干家务。农忙时节,我每天放学回家做的第一件事就是打水做饭。那时年龄小,家里面又没有水,我就走很远用盆一点一点往家端水,然后才能开始做饭。有时候我也会觉得委屈,小伙伴们都在外边玩耍,而我却待在家里做饭,哪个小孩不爱玩啊!可是看着父母拖着疲惫的身躯回到家,累得瘫坐在地的场景,我心里实在不是滋味,感觉自己所做的太微不足道。

从那以后我就用自己小小的肩膀承担起家里的大部分家务,洗衣服、做饭、刷碗、打扫卫生等。父母总是不让我干这些活,他们心疼我,一直尽自己最大的努力让我过上幸福的生活。这些我都明白,于是我就装着大人的口吻逗他们开心说:"女儿长大了,要做一些力所能及的事!"父母听见我这么说总会摸摸我的头开心地说:"娃娃真的长大了!"

虽然家庭贫困、困难重重,但我没有因此而放弃升学。父亲总说:"只要你想上,我们就是砸锅卖铁也要供你。"十多年来父母无怨无悔地供养我,从不索取回报,每当我想起父母在田里耕作劳累的场景,心里总会泛起一丝苦涩,我只有用努力学习来回报这份无言的爱。我的钱夹里一直放着父母的照片，每当我遇到困难、感到迷茫的时候，就会拿出来看看，然后小声地告诉自己，要努力，一定要努力。

大学期间我曾在图书馆勤工助学，也在酒店做过服务生，当过家教。做兼职的道路走得很艰辛，然而我从未想过放弃。无论多苦多累，我只给自己一个唯一的选择——坚持。远离家乡的温暖，我曾经孤独，曾经伤心流泪，曾经失落，但从小磨砺出的坚韧性格，让我选择了坚强，选择了独立。

在此期间，家里出了很多的变故，80岁高龄的奶奶双眼患白内障，动手术后双眼感染，最终导致她离不开人的照顾；母亲在田里耕作时累倒在地，大病一场。面对这一切，患有多种病痛的父亲只有独自一人承担，一夜之间他的双鬓更白了。这所有的变故，家人怕耽误我的学业都没有告诉我。我给家里打电话时，母亲还强撑着患病的身体和我聊到很晚，还一直嘱咐我在这边要照顾好自己。回家后我才知道这些事情，特别是听说那天晚上母亲是打了止疼针后和我聊天的时候，我再也忍不住哭倒在母亲怀里。父亲哽咽着跟我说："生活之中有太多的不如意，选择一种平常心去坦然面对吧！"面对这所有的一切，我沉默无语，我心疼父母的辛劳、不容易，我也痛恨上天的不公平。我暗暗地对自己说："我要努力，我要用自己日渐壮实的肩膀担起家庭的重担。"

困苦的家境，磨砺了我的意志，改变了我的人生，使我敢于迎难而上，自立自强，始终坚持脚踏实地。生活中，我一直保持着阳光的面孔，积极参与大学中的各项活动，同时把自己身上的温暖与快乐传递给周边的人；学习上，我保持着锲而不舍、积极向上的态度，不和别人比聪明，只和别人比勤奋。

坚定信念，再走一步就是成功

作为一名来自农村的学生，我的学习条件与其他同学相比较差，英语学习对于我来说也就更加困难。在学习生活中，困惑是在所难免的，但是成功的人寻找方法，失败的人寻找借口。我告诉自己"再走一步就是成功"，坚信着：有志者，事竟成！笨鸟先飞早入林，笨人勤学早成材。虽然我不是最聪明的学生，但是我比别人勤奋。在不懈地努力下，我终于叩开了成功的大门。我曾多次考试名列专业第一，学习方面曾荣获校特等奖学金1次、一等奖学金2次、二等奖学金1次、三好学生1次、学习单项奖1次，并且获得专业学习标兵荣誉称号，成为同学心目中名副其实的"学霸"。

我知道"一花独放不是春，百花齐放春满园"。在努力学习的同时，我还喜欢带动身边的人一起学习。同学们在学习上遇到疑难问题时，我都会耐心地为他们讲解，毫无保留地教给他们解题的方法和学习的技巧。期末复习时我往往不是一个人去自习，而是带着一群人一起去学习。在这个过程中，我们相互鼓励、共同进步。就这样，班级里渐渐地形成了一个良性循环，我的成绩提升了，周围同学的成绩也上去了。

贫穷的家境没有遮挡我的视野。在我看来学习和工作是两不耽误的，真正优秀的大学生不是学习或工作的机器。只有全面发展，培养广泛的兴趣爱好，我们才能拥有美好的人生和精彩的生活。我总是不断拓宽自己的发展领域，不断开发自己的各项潜能，不断挑战自己能力的极限。

回首过去的这两年大学生活，我印象最深的一次活动是 2015 年暑假，我利用假期时间开展了支教活动，在孩子们那一张张稚嫩的脸庞上，我看到了渴望知识的眼神，回想自己当年也是如此懵懂，于是我倾己所有给孩子们带去欢乐，带去梦想和知识。勤奋地学习、努力地工作使我收获了很多，我的大学生活是成功的。

这就是我，简简单单的我。有光彩但没有骄傲；有称赞但没有自豪。我从不去炫耀，因为天外有天，自己做好就行；我从不去自豪，因为骄兵必败，自己坚持就行。

成功属于过去，立志为国家做贡献

这几年，我获得了些许荣誉，但是我深知"成功属于过去"，应该将目光着眼于未来。我会继续努力，用汗水浇灌青春，让理想在校园飞扬！作为一名大学生，要回报社会、为国家贡献一份自己的力量，就必须有良好的专业知识做基础。我热爱建筑专业，作为一名建筑工程技术专业的大学生，我会更加努力，志存高远，全面发展，争取成为一名土木工程方面的专业人员，为我国的建筑事业发展贡献自己的力量。

师长点评：你以乐观向上的态度面对生活，积极向上，怀着感恩的心接受社会和他人的帮助，立志成才回报社会。"不积跬步，无以至千里；不积小流，无以成江海。"这是你人生的信条。正是你的勤奋刻苦，才换来了今天的累累硕果。

四川建筑职业技术学院土木工程系书记　程东

放飞梦想，成就未来

四川托普信息技术职业学院　陈　宝

陈宝，男，汉族，1994年10月出生，中共党员，四川托普信息技术职业学院经济管理系2014级会计电算化专业学生。曾获国家奖学金、国家励志奖学金；取得初级会计职称证、四川省大学生综合素质A级证书；曾获四川省优秀毕业生、优秀教学信息员、优秀团员干部、优秀志愿者、优秀干事等称号。

白驹过隙，时光荏苒，转眼间大学三年的时间即将过去，回首这三年，我有喜悦，有悲伤，有挑战，有成功。对于此次自己能获得国家奖学金，我感到无比的幸运与感动！幸运的是自己能在众多的优秀者当中脱颖而出，感动的是自己三年的努力终于得到了认可。自从踏进大学校门的那刻起，我就为自己设下了学习目标；从踏出学校步入社会的那一刻起，我也为自己设下了人生目标。因为我知道，一只没有方向的船永远到达不了理想的彼岸，一个没有生活目标的人永远收获不到成功的人生。

我来自农村家庭，坐落在繁华都市里的美丽校园，让我对大学生活充满了希望和憧憬；可是每每想到家里的情况，我总是隐隐感到一种无法言语的压力，这一点也常常让我感到自卑。但我知道，既然选择了上大学，就不允许我有太多的犹豫，不能有半途而废的想法。我也希望通过自己的努力来争取自己想要的未来和生活，让父母不再那么辛苦，同时也希望自己能成为一个对社会有用的人。

我深知自己不属于天资聪颖的那一类人，做同样一件事要比其他人花费更多的时间，但是我始终坚信，勤能补拙，笨鸟先飞早入林，只要我坚持不懈地去学习、去思考，就能不落人后。同时，为了更好地提高自己的综合能力，也让自己的大学过得更加充实，我在大一进校时通过竞选担任了班级的学习委员一职。在服务同学、服务班级的同时也督促自己加强学习和思考，时刻严格要求自己，利用课余时间自学会计专业考证相关学科知识，我还在大一下学期通过了会计从业资格证。同时，为了丰富自己的校园生活，我也积极参与学校的各类活动，还加入了校团委办公室，通过考核成为一名干事。到了大二时，我在会计方面的基础知识已经比较扎实了，还自学通过了会计初级职称考试。同时，我成为校团委办公室的一名干事，负责组织学校各类活动，完成部门安排的各项工作，协助部门培养更多优秀的学生储备干部。两年时间里，我学会了高效率地完成学习任务，在学习的同时兼顾工作，这一切使我变得忙碌，也使得我变得充实而快乐。

转眼间就到了大三，我即将走向社会，去实习，转变身份成为一个社会人，而不再是学校里那个埋头苦读的学生，要独立生活和面对生活中的种种。虽然大学时光还算平顺，但我从未放松警惕，因为我知道真正的考验还在后面。我自知来自农村家庭，所以在找实习工作方面只能靠自己，我在大三刚开始就着手准备简历，时刻关注各个公司的招聘信息。学校实训结束后我就开始在网上投简历，参加各种招聘会。终于，皇天不负有心人，我很荣幸地接到了埃森哲中国有限公司的面试通知，几轮面试下来，我成功地进入了埃森哲中国有限公司实习。我很珍惜这份实习工作并全心投入其中。

刚刚进入埃森哲时我有一点儿自卑，因为我的英语水平较差，公司使用的电脑软件是全英文版本，很多我都看不懂，经常需要请其他同事帮忙翻译。和我一起进公司的实习生都是本科生，只有我一个人是专科生，每次谈到学历方面我都不好意思参与他们的话题，不过后来我慢慢地释怀了。作为一个专科生，我能通过面试进入公司和本科生一起实习应该感到自豪而不是自卑，既然公司愿意录用我，就说明我身上有一定的优点，我应该抛弃那可笑的自卑，把自身的长处发挥出来，为公司创造更好的价值。英文版的系统看不懂，那么我就记步骤；公司代码记不住，就每天回家睡觉前背一遍；不懂的虚心请教同事，遇到问题提出自己的解决方案。就这样，通过一个多月的努力，我熟悉了项目组所有的工作流程，在各方面都得到了同事及领导的认可，很多事情他们都愿意交给我去负责。我从一个什么都不懂的新手变成了老员工，后面有新实习生进来时，负责人也会让我带新人。我想这也是负责人对我工作的一种认可吧，我的努力总算没有白费，自己在实习期间，各方面也得到了充分的锻炼和提高。

实习期间最大的一个问题就是工资。公司不提供住宿，需要自己租房，实习工资很低，只有一千多，每个月交了房租后所剩无几。还有上下班的交通费，日常生活开销等，仅凭实习工资根本不足以应付。但是即便自己累一点儿，我也不想再伸手向家里要钱。后来，我又在春熙路肯德基找了一份兼职，每周周一到周四下午公司六点下班后就赶过去上晚班，周末还在一家地毯公司做兼职，负责地毯的出库和入库，虽然日子有点辛苦，可是如果在该奋斗吃苦的年纪选择了安逸，我想那也是对青春的一种辜负，人生就应该多体验，多经历，多承担。

实习期间我朋友常常问我，为什么要让自己过得那么累，其实我也不想，家庭条件决定了我只能拼命地去努力。有时候我也会抱怨，我也想放弃，不过都只能是想想，抱怨过后睡一觉起来又重新开始努力。我知道，成功不会降临在懒惰者身上，只有不断努力，不断奋进，才能有所收获，抓住时间，抓住机遇，才有可能抓住成功。

能够获得国家奖学金我很开心，很感激，这是对我的肯定，也是对我将来勇敢向前的鼓励，这笔奖学金的获得对我的家庭来说也是一笔很大的收入，它为我们减轻了经济上的压力，也让我能更好地面对生活和学习。所以，在这里我首先要感谢省教育厅给予我们这群充满梦想的学子们如此殷切的鼓励和期望，这将是我们前行永恒的动力！我更要感谢我的学校——托普学院！在这个温暖而又积极向上的地方，我感受到了家人一样的陪伴，身边是孜孜不倦教诲我的老师和友善互助的同学；每一次公开、公平、公正的评优、评奖、评助工作背后，是老师们在不辞辛劳地付出，是激发着我努力向上的动力；生活中遇到困难和挫折，老师和同学也总会第一时间站在身边，给予我疏导和关心，老师们把学生的每一件小事都当成自己的大事来处理，让我倍感温暖。"谁言寸草心，报得三春晖。"在未来的日子里，我会秉承母校"诚信、务实、精技、立业"的校训，踏踏实实地走好每一步，志存高远，努力成为对社会有用的优秀人才，以此回报国家和母校的培育之恩！

师长点评：陈宝同学自强不息，表现优异，思想进步，热心集体事务和公益事业，对学习、对生活充满激情和用心，学习成绩连年来保持全年级第一并取得初级会计职称证，是一名综合素质高、品学兼优的优秀大学生。

四川托普信息技术职业学院经济管理系主任　李安华副教授

服务三农,我的梦想终将成功

成都农业科技职业学院 张 慧

张慧,女,汉族,1995年8月出生,中共党员,成都农业科技职业学院现代农业分院2014级植物保护专业学生。在校期间,曾获得国家奖学金、国家励志奖学金、学院一等奖学金、十佳学生干部和优秀学生等称号。

今日之我非昔日之我,亦非明日之我。

——约·霍姆《道格拉斯》

我出生在农村,父母都是质朴的农民,在父母的悉心教导下,我明白了纯朴做人的道理。曾经的我也有过不听话、爱折腾的时候,在经过高考的洗礼之后,我开始了人生第一次最认真的思考。踏进大学校园,我有了坚定的人生目标。

改 变

心若改变,态度随之改变;态度改变,习惯随之改变;习惯改变,性格随之改变;性格改变,人生亦会随之改变。身边总会有老一辈的人跟我说,"你要好好读书,走出农村,丢掉锄头"。话语简朴,但意义深刻。我深知,未来的路,没有铺好的,只能自己闯,那么,我唯有改变现状!在大学校园里,我争取担任了班级学习委员,并成为分院学生会宣传部干事,认真学习,积极做事。

身为学习委员的我以身作则,努力提高自身的专业知识水平,曾两次获得学院奖学金。同时,我努力培养自己的组织能力与执行能力,做好老师与同学之间的"桥梁"工作,反映同学们的意见与问题,帮助老师进行学习安排,并

配合其他班委的工作,带动全班的积极性,共同建设良好的学风班风。

而作为宣传部干事,我努力服务同学,锻炼自我,在学生干部的带领下开展、参与各项活动,学习各种技能。我积极参加应用文写作培训,掌握写作技巧,并开始撰写系列活动、会议的新闻稿,还自学新闻媒体的使用,成功建立了分院官方微信公众平台。这些活动和技能在让我获得奖项的同时也为日后工作的顺利开展奠定了基础。

大二时,我通过之前的努力和积累顺利成为分院学生会宣传部部长,并担任助理班主任。其间,我参加学院青年马克思主义者大学生骨干培养工程,并顺利结业。身边总有人问:你身兼多职能顾得过来吗?可是人们不是常说,心有多大,舞台就有多大吗?

大学稍纵即逝,每个人都应该珍惜眼前的时光,不去抱怨曾经的不公,不去构想不切实际的未来,我选择了这个学校,这个专业,我就会做好一切思想准备和心理准备,在农业这一行当闯出自己的一片新天地。

服 务

2015和2016年的暑假,我积极参加了暑期"三下乡"社会实践活动。2016年暑假,由中国农业大学农学院发起的全国农学院发展专家咨询会暨作物学科发展高峰论坛,倡导成立"中国大学农学院协同发展联盟",共同实施"全国万名农科学子联合实践行动",形成了稼穑培根计划——全国农学院助力脱贫攻坚工程。为响应该行动,也为推动当代涉农专业大学生的积极性与主动性,学院现代农业分院参与实施此次实践行动。在2名老师和8名学生干部的组织下,我们学校成立了"田园之梦"社会实践团,来到广安市武胜县万隆镇飞来石村开展以"聚焦三农问题,推进四川贫困县精准扶贫"为主题的社会实践。我荣幸地担任团队宣传员。

广安市武胜县位于川渝边界,邻接重庆,天气暴热,平均日温38度左右,活动期间,更是滴雨未下。当地住处没有空调、没有风扇,高温使我们只能弃床直接睡地上。带过去解暑的药,不到两天就用光了。当地还没有通自来水,晚上洗澡都成了大问题。条件的恶劣让我们的扶贫服务工作显得更有价值与意义。

"轻轻地我走了,正如我轻轻地来……"在飞来石村村委会会议室,当地的小朋友们正大声地朗诵着这首诗。我们活动的重要内容是关爱留守儿童。活动期间,每天上午8:00—11:00,我们一起给当地小朋友们进行一对一的作业辅导，还开展了很多课余活动。小朋友们年龄相差很大，小的只有3岁，大的15岁，这给我们志愿者的工作带来了一定的困难，但我们丝毫未懈怠。在这短短几天里，小朋友们不一定能学到很多知识，但是，我们能够给予他们陪伴，增添他们的假期快乐。感动和难忘出现在最后一堂课。小朋友们写信给我们志愿者，信中的感谢和不舍，让我们倍感欣慰。

活动的另一个重要内容是开展扶贫服务。我们顶着烈日，走到田间地头，给当地村民们讲解农作物耕种科学知识，就农业病虫害、农资产品鉴别、食品安全知识等问题进行农业知识宣传和指导，为农民增产增收做出贡献。晚上回到住处，我们及时记录当天的活动，整理新闻稿，并向中青网和学院报送"三下乡"的相关实时信息。我写的《一场特殊的"见面"》被中国青年报选登报道。

我们在实践中通过活动磨砺品行，树立社会责任感和感恩奉献意识，取得了较好的成绩，并得到了社会各界的认可。我们的服务团队荣获2016年成都市大中专学生志愿者暑期文化科技卫生"三下乡"社会实践活动活动优秀团队。

成　长

人生就是一部剧本，编剧、导演和主演都是自己。成长，意味着一个人的思想更加丰富，心灵更加充实，能力不断增加，意志更加坚强，个性更加圆润。每一个人都有属于自己通往成功的路，就看你愿不愿意去成长。

从事农业工作是非常艰辛的事业，我们要在一行，爱一行，敬一行。大学给予了我很多很多，是我人生中一段重要的历程。通过在农院对科学发展农业知识学习，我深刻地领悟到"亲农、事农、兴农、敬业、勤业、创业"的学院文化精神并努力践行，我将不断进取，不断成长，服务三农，造福人民。我坚信，我的梦想终将成功！

师长点评：张慧，一名思想上进、成绩优异的学生，在校内身兼数职，工作出色，多次参加社会实践活动，尤其在2016年暑期"三下乡"志愿服务中，她积极践行学院文化精神，学以致用，展现出较高的社会组织能力和强烈的社会责任感。她的志愿事迹被中国青年报、中青网、今日武胜等媒体报道，所在的"科技惠农、青春奉农"团队被共青团成都市委通报表扬，堪称当代农业类大学生的典范。

成都农业科技职业学院现代农业分院党总支书记　蒲晓辉副教授

勇于实践　勇攀高峰

宜宾职业技术学院　唐　攀

唐攀，男，汉族，出生于1993年9月，就读于宜宾职业技术学院现代制造工程系汽车运用技术专业，2014年9月入学。在校期间获得的奖项有：国家奖学金、国家励志奖学金、全国高职院校技能大赛"汽车空调"项目一等奖、四川省高职院校技能大赛"汽车检测"项目三等奖、四川省优秀大学毕业生。

自2014年9月入学以来，我严格遵守学院的规章制度，在思想上积极要求进步，学习上刻苦努力，生活上继承了中华民族的传统美德，勤俭节约、尊老爱幼。三年的校园生活让我收获了专业知识和做人的道理。

热爱专业，刻苦历练志存高远

我自踏入大学校园那一刻就总是保持谦虚和严谨的学习态度，坚定的理想信念加上满腔的热情，成为我实现人生目标的无穷动力。课堂上我总是坐在教室的最前面全神贯注地听老师讲课，争取把自己的课堂效率提到最高。课下我及时地复习和预习，找出自己存在的问题，并带着问题去听课和学习。对于重点难点，我能够及时地向老师、同学请教，当堂解决，这样新旧知识合理地联系起来，形成紧密的知识网。对于各学科的课程实训，我主动担任领导小组组长，尽心尽力地把该组成员带领好，及时地解决组内成员遇到的难题，尽量使大家都能有所收获，同时这也锻炼了我的组织能力和协调能力。在我的带领下，我们的小组活动每次都能取得优秀的成绩，得到了专业课老师们的一致认可。

大二学年，专业课程明显增多，且专业性比较强，课程难度加大，我不骄不躁，稳扎稳打，本着"一步一个脚印"的态度对待学习。特别是在实际操作过程中，我能够将理论结合实际，在学校组织的实训过程中，表现突出，并且积极参加每一次专题讲座，进一步激发自己对汽车运用技术专业的浓厚兴趣和对汽车事业的美好憧憬。

品学兼优，带领同学齐头并进

大一期间，由于综合成绩居专业第一，我在自主学习的同时还经常主动帮助在学习上有困难的同学。尤其是在期中和期末的时候，我主动为同学总结各科文化知识，耐心地为他们讲解，一直讲到他们会为止。我经常利用空余时间到图书馆进行温习、进修，同时也带动了班上的学习氛围。因此，班上积极学习、成绩优秀的同学明显增多了，班级的整体综合成绩也得到了明显的提高。在学习专业课程的同时，我也不忘记其他知识的学习。课余，我利用图书馆的丰富资源，涉猎多方知识，从而相对地拓宽了自己的见识。特别是计算机方面。原本对计算机一窍不通的我，利用课余时间从图书馆借来相关的范本，自己慢慢捉摸学习，在2015年3月全国计算机等级考试中，我获得了全国计算机等级考试一级合格证书。同时，我还获得2014—2015年度国家励志奖学金、2015—2016年度国家奖学金，被评为省优秀毕业生等。

勤奋好学，磨炼技能屡获佳绩

在校期间，我认真钻研专业知识，初步确立了完善的知识框架，为以后的工作和学习奠定了扎实的基础。我多次代表系队参加校内外各项专业比赛并获奖，相继获得了全国高等职业院校技能大赛"汽车空调检测与维修"项一等奖以及四川省高职院校技能大赛"汽车检测与维修"项三等奖。此后，我在2015年7月30日获得中级维修电工技能等级证书，同年我还获得了中级焊工技能等级证书和中级工具钳工技能等级证书。2016年9月，我又获得了汽车高级维修工技能等级证书等执业证书。

积极向上，服务他人成果显著

在生活方面，我勤俭节约，艰苦朴素，与老师、同学关系融洽。我还经常热心地帮助同学们解决生活和学习上的困难，为同学提供和谐的生活空间。所以一直以来我与同学的关系非常融洽，在班级管理上起到了很好的榜样作用。对于教室、寝室的卫生，我始终能够以身作则、主动承担卫生任务，并尽自己最大的努力把它做得更好，2015年我所在的寝室被评为学院"文明寝室"。我的家庭状况虽然比较贫困，但是我一直没有自卑过，我认为贫穷并不是获得别人同情的基础，而是自己奋发向上的动力。所以在生活方面遇到重大挫折时，我依然乐观地对待生活，我深信，没有过不了的坎，没有脚走不过的路。进入宜宾职业技术学院的两年，我收获了许多锻炼的机会，从实践中不断吸取成功的经验和失败的教训。与刚进大学校门时相比，今天的我更能沉着、冷静地面对问题、分析问题和解决问题。

我很珍惜这来之不易的大学机会。除了努力学习之外，我还从各方面提高自己、完善自己。我也一直在努力争取锻炼自己的机会，使自己德、智、体、美、劳等全面发展。良好的人品与性格是一个优秀人才所必备的条件，在时代和环境的不断改变中，我逐渐形成了自己的人生观和价值观，我知道，机会的把握和才干是获得成功的关键。信心在面对挑战时给予我希望；恒心使我即使在挫败时亦能坚持理想；决心则是我克服苦难不断前进的内在动力。在过去的两年中，我一步一个脚印地发展自我，提高自我，思想、学习、工作各方面的突出表现使我成长为一个受到广大师生称赞的优秀学生。在各个方面取得的成绩，都将会成为我明天前进的动力。在顽强的信念和积极向上的精神驱使下，我取得了优异的成绩，我坚信艰苦磨砺是造就人才的良好环境，荣誉赞美是促使前进的马达。在我身上，体现出来的正是当代莘莘学子的英姿和风采。总之，在大学两年中我从未骄傲自满，我珍惜在奋斗中得到的经验和挑战的机会。正是因为这些，我得以健康成长，不断成熟，从而走向成功。

过去并不代表未来，勤奋才是真实的内涵。在取得各方面成绩的同时，我也谨记："没有最好，只有更好！"进入宜宾职业技术学院，是我人生中一个极为重要的阶段。在这三年中，我在各个方面都获得了巨大的进步，综合素质得到了很大的提高。今后我要更加严格地要求自己，以求有更好的表现。"路漫漫其修远兮，吾将上下而求索。"在未来的生活中，我将以百倍的信心和万分的努力去迎接更大的挑战，用辛勤的汗水和默默的耕耘谱写美好的明天！

　　师长点评：唐攀同学在校期间学习勤奋，成绩突出，表现优秀，获得国家奖学金，参加全国高职院校技能大赛"汽车空调检测与维修"赛项一等奖，在学生中传递了积极的能量，被评为四川省优秀大学毕业生。

宜宾职业技术学院现代制造工程系主任　李恩田副教授

追梦而行，奔跑在青春的路上

四川职业技术学院 彭 舒

彭舒，女，汉族，1996年6月出生，中共党员，四川职业技术学院电子电气工程系2014级电气自动化专业学生。曾获国家奖学金、国家励志奖学金、学院二等奖学金、全国高职高专发明杯创新创业二等奖、四川省大学生综合素质A级证书、2017年四川省优秀大学毕业生、学院"学生党员示范岗"等称号。

筑梦人生

当你决定学习，应该先买一本参考书；当你决定跑步，应该先准备一双跑鞋；当你决定拍电影，应该先了解一下电影的制作。如果不肯迈出第一步，梦想就会遥遥无期。

2014年9月，我背起行囊踏入四川职业技术学院，成为电子电气工程系2014级电气自动化专业的一名学生。我来自一个不出名的小镇，父母教育我要知荣辱、明礼仪、会感恩，这成为我学习生活中的动力源泉。

自入学以来，我就给自己定下了坚定的学习目标。我始终坚持以严谨的态度和刻苦的精神，认真对待学习，努力提高自己的学习能力。入学不久，我就向党组织递交了入党申请书，参与党校培训，积极追求进步，努力向党组织靠拢。

为了拓展自己的眼界、丰富自己的人生，在系上党、团总支的大力支持下，我牵头组织建立了学生党员义工服务团队——"全员加速"，并担任队长。为了增强大学生的实践能力和创造能力，发扬他们助人为乐的优良品质，我们积极开展"结对帮扶"活动，每名成员联系一名困难学生，相互帮助学习；我们设立了"学生党员责任区"，在学校公共区域长期负责安全秩序、环境卫生、植绿护绿等管理工作；我们组织开展了主题教育活动，大力倡导和践行社会主义核心价值观；我们开展了爱老敬老和关爱留守儿童社会实践活动，利用暑假深入农村、社区、街道等开展科技服务等多种形式的社会实践活动,并得到社会的广泛认可和赞誉,2015年我们还荣获四川职业技术学院首届"学生党员优秀服务团队"称号。

有所付出,有所收获。我先后荣获军训先进个人、党校第十九届入党积极分子培训班优秀干部和学院学生党员示范岗的荣誉称号,我的专业成绩从年级第一到学院三好学生和学院二等奖学金。这一路虽然经历坎坷,但我也追寻到了黎明的曙光。

追梦而行

如果决意去做一件事情,就不要再问自己和别人值不值得,心甘情愿才能理所应当,理所应当才会义无反顾。

从大一开始,我就报名参加了学生社团和学生会。大一时担任系组织部干事,大二时担任电子电气工程系团总支学生会主席、班级团支部书记、16级电气1班班主任助理以及电子电气工程系学生党员服务团队队长等。

大二时我的生活=学生工作+学习。对于一个工科系学生来说,想要学好英语好像是一件难于登天的事情,但我还是买了英语四级资料,从那时起我的课程表就再没有空隙。

勤奋换来了收获。我的学习成绩稳居班级一二,分别获得国家奖学金、国家励志奖学金、学院二等奖学金、第十届全国发明杯大学生创新创业大赛二等奖等奖项。在此期间我还荣获三好学生、优秀学生干部、优秀共青团干部、暑期社会实践先进个人、四川省优秀毕业生等称号,并通过了全国公共英语四级、普通话二级甲等的考试,同时也获得了四川省大学生综合素质A级证书。我所在的系也被评为学生工作先进系。

我深深地相信,努力奋斗的价值和梦想的伟大,就在于奔跑在青春的路上,我将追梦而行。

师长点评:小小女孩爱做梦。该同学敢于做梦,品德尽善,成绩争一,专科升本,全面发展;该同学勇于追梦,闻鸡起舞,只争朝夕,持之以恒,永不放弃;该同学善于成梦,国家奖学金、励志奖学金、优秀干部、创新创业大赛奖、A级证书、党员示范岗。好一个做梦,追梦,成梦的个人梦。

四川职业技术学院　聂彩林教授

与青春共创新

乐山职业技术学院　赵星月

赵星月，女，汉族，1997年9月出生，中共预备党员，乐山职业技术学院财经管理系2015级工程造价专业学生。曾获全国挑战杯创新创业大赛三等奖、中国创翼青年创新创业大赛"创翼之星"、第三届四川省创青春创业计划竞赛二等奖、学院优秀学生干部。

法国作家巴尔扎克在《人间喜剧》中写道："拼上拥有的一切，为你的信仰与永恒。"大学时光，是我们一生中最美好的年华，值得我们拼上一切去奋斗创新，只有这样，我们才能为这美丽的年华锦上添花，留下最绚丽的回忆，最扎实的脚印！

最美风景在路上

高中学习阶段第一次听说创新创业这个词语时，我的脑子里对这个词语只有个懵懂的认识。在我来到乐山学习后，我从学姐学长那里又一次听到了这个词语。幸运的是我参与了这一场创新之旅，在无数次创新比赛中我都有着不同的体验和感受，有了不同的进步，看到了不同的风景。我在青春路途中感受到了创新创业带来的魅力。

青春与时代共进

今年4月，我和我的团队一起参加了四川省创青春创新创业大赛，在此之前我已经准备了半年。从深入开展市场调研，收集资料到整理分析，我们经历了无数个难眠的夜晚，修改了无数次我们的展示资料。最后我们终于上台，向全省百余所高校展示我们的项目，向无数位行业专家解释我们的项目、创新点。这些过程中的难度可想而知。但是，我们战胜了这些困难，挑战了这些难度，最后成功地站上了舞台，我也第一次见识到了自己的潜力有多么大。我和我的团队获得了四川省创青春青年创新创业大赛银奖，这是对我们辛勤付出的汗水最好的回馈。

作为一系团委副书记，我深知，自己身上肩负着带领全系同学共同进步的责任。参与了这次比赛后，我回到自己的系部，指导我系创新创业俱乐部开展创新创业课外培训课程，开展了三次创新创业沙龙和两期丛林论坛，并邀请创业成功的学长和成功的企业家重回校园，和同学们交流他们的创新创业经验。

彩虹人生，成就明天

在省赛中获得银奖是一个很不错的成绩，但是对于爱挑战的我而言，我期待更大更具挑战力的赛场和舞台。于是，我再一次踏上了追逐创新创业的新征程——报名参加全国挑战杯创新创业大赛。为了我们的项目能在这个汇集了全国千余所高校的比赛中脱颖而出，我带领我的团队去学习更多的创新创业知识，向创业成功的企业取经。最终，我们的项目在这场残酷的比赛中取得了全国三等奖的好成绩。从省赛到国赛，我自己的心得体会颇多，回到学校后，我迫不及待地想要把我的参赛心得与同学们分享。于是我带领我系创新创业俱乐部深入到每个班级里进行创新创业政策宣讲，为有想法的同学提供了解政策的机会，为不懂的同学进行普及，更将我自己在比赛中体会到的东西告诉他们，希望让每个财经学子树立创新创业意识，与时俱进，做时代的弄潮儿。难以想象一种脱离了社会实际经历以及市场发展潮流的思想如何能在当前竞争激烈的创业大军中有一席立足之地？思路决定出路，落伍就会被时代所抛弃，为了不被抛弃，只能不断学习时代的新思潮。

共时代，同进步

在拥有了省赛国赛的比赛经历后，我发觉自己建立起了创新创业的思维和意识并爱上了创新创业的过程，我渴望可以参加更多创新创业的活动。今年八月，我再一次参加了中国创翼大赛，带上我的项目去和其他项目一比高下，带上我的思想和其他创业者进行交流和碰撞。最后，我在比赛中获得了"中国创翼之星"的荣誉称号。

看过的风景渐多，经历的风雨渐多，心中的领会就渐多，而身上的责任感让我感受到，有必要让整个系的学生都出去看看这些不同的风景。我组织和带领我系创新创业俱乐部成员到成都参加扶贫基金会主办的创新创业人才交流会，其中有三名同学获得基金会认可，获得创业精英及创业先锋称号。这是学院、系部的荣誉，更是对我个人创新创业能力提升的最好嘉奖。与此同时，我还带领我系团学社为我系莘莘学子创造创新创业的实践机会，用我们的力量为全系学子营造一种紧跟时代，不甘落伍的氛围。

这几年，为了使创新创业活动在我系学生中可以得到最全面的普及和覆盖，我做出了很多的努力，从团学社工作重心的转移再到选送创业项目参加省赛国赛，在我们的努力下，创新创业意识与能力培养已经初见成效。这样的成果是辛苦且不易的。

参加了众多的比赛后回到学校，我也不愿意就此停下。我积极组织本系部的同学参加系部院级的创新创业大赛，最后院"互联网＋"总决赛现场的12个决赛项目中，我系荣获2个一等奖和2个二等奖；我还组织我系同学参加了乐山市第二届"翼支付"大学生创新创业大赛，在决赛的9个项目中，我系荣获亚军1项、季军3项。这些比赛和活动让我不断成长，从参与者到系部的组织者，我收获了很多，也让自己的能力得到了肯定。从一个听说创新创业的菜鸟，到今天的了解创新创业，推广创新创业，它见证了我的一路蜕变，一路成长，我也感谢它培育了我永远不服输的精神，更带给我如此之多的创新创业收获。比赛只是一个载体，荣誉仅仅是见证，一个比赛中重要的是收获的那些感动与经验。我庆幸并感激自己踏上了这样一条路。创新创业，我一直在路上。

百花齐放共进步

从创新创业中，我收获到了美丽的风景和宝贵的人生阅历，同时也启迪我在其他方面更应该将这份意识践行到日常系部的工作。这一年我一手创办了我系第一个弘扬传统文化的社团——释嘉汉服社，带着让传统文化以全新的方式出现在汉族同胞面前的理想，我开始着手操持汉服社的招新和推广。其中我与我社另外一位社长一起，受邀参加了乐山市汉服游街活动，推动我系的汉服社推广迈出至关重要的一步。将自我兴趣升华到自我事业需要巨大的勇气，而这份勇气来自创新创业中那些实践给我的锻炼。作为系部团委副书记，我身上肩负的责任更重，需要引导系部学生的思想走向，更需要指导各个部门的具体工作，衔接与院级的工作。烦琐的事情很多，需要极大的精力和耐心，而我都能够处理得得心应手，游刃有余。这得益于创新创业中对项目无数次细节修改而练就的耐心和细心。

从创新创业到指导团委日常工作再到社团的工作开展，我之所以能兼顾三个方面，一方面是自己的能力能够胜任，更重要的是，我始终珍惜来自创新创业这条路上的风雨收获，愿意为之奋斗。我坚信，没有无故出现的苦难，也没有凭空出现的幸运，我与青春共创新。

师长点评：赵星月同学政治立场坚定，志存高远，学习努力，成绩优秀；严格要求自己，遵纪守法；工作积极认真，有较强组织管理能力。她积极参与大学生双创工作，带领团队积极开展市场调研，精心准备，参加全国、省、市创新创业大赛，取得优异成绩。

乐山职业技术学院财经管理系副主任　易新忠副教授

展开双翅,迎风飞翔

雅安职业技术学院　肖　遥

肖遥,女,汉族,1996年8月出生,中共党员,雅安职业技术学院教育系普通专科学前教育2014级学生。曾获国家奖学金、国家励志奖学金、四川省"助学·筑梦·铸人"征文比赛三等奖、四川省大学生综合素质A级证书、四川省优秀大学毕业生等。

命中注定,它必须飞越那座高山之巅。因为它是一只雄鹰,这样的飞行命中注定。

——题记

专科,大三,正在实习中。

这个点,孩子们都已经被家长接走了,我独自望着窗外,看着车水马龙的大街,熙熙攘攘的人群,思绪不禁飘向了远方。

初到雅安,车子缓缓驶进车站,窗外来往密集的人、淅淅沥沥的雨、富有时代感的建筑物就这样映入了我的眼帘。或许是因为心有不甘,身边的种种事物在我眼中成了一面面猎猎作响的旗帜,层层呼啸而来:肖遥,你真的甘心吗?还记得你侃侃而谈的梦想吗?

在若干个日日夜夜的迷茫后,我在西康码头阵阵涌出的喷泉里,找到了方向。

初生之犊,寸积铢累

小鹰刚刚出生的时候,只能靠母亲的喂食得以存活。所以它必须得赶紧成长起来,只有这样,才不会被残酷的"鹰界"生存法则所淘汰。

既来之则安之，这是我进入大学以后对自己说的最多的一句话。由高中过渡到大学，我清醒地认识到高中与大学学习方式方法的不同，为此，我必须改掉高中"两耳不闻窗外事"的学习习惯，迅速转换角色，适应大学生活。我为自己制订了详细且有执行力的目标计划表，从小到大，由少到多，密密麻麻。我知道，那一个个跃然纸上的文字，是我一个个跳动的梦想。

　　我爱上了讲台，我珍惜每一次上台展示自己的机会。从班上竞选班长到系上竞选学生会干事，从院广播站播音员到院主持人大赛，每一个舞台都有我的足迹。因为我明白，路不仅要走得多，还要走得稳。

　　后来，我加入了"Enjoy Losing Face"，从在大街上发宣传单到超市里做食品促销，从在培训机构担任助教到自己能够独立地完成一堂课的教学，其中的每一步都有我洒下的汗与泪。因为我懂得，只有丰富了自己，才能由内而外地散发阅历与气质。多少次地废寝忘食，多少次累得身体超负荷，但还是玩笑般地自诩"抗压小魔女"，而后咬牙坚持下来，因为我相信，额头上的汗水比眼角的泪水来得更为弥足珍贵。

　　一切的一切都是为了发现自己更多的外延，发现自己身上更多的可能性。因为我清楚地知道，大学生活的真正主体只有你自己。

　　从那以后，高考失利的阴霾仿佛从我心中消失，头顶上空的是万里晴空。

　　我凭着敏锐的嗅觉努力适应着身边的一切，一步一步，小心翼翼地成长。

羽翼渐丰，跃跃飞翔

　　"我是一只鹰"，我努力地告诫我自己，"我必须学会飞"。据说，一只小鹰出生六七天后，母鹰为了防止它学会爬行，就会对它进行残酷的训练，让它必须学会飞翔。因为爬行对鹰来说是耻辱，而飞翔则是高贵和勇敢的象征。

　　我从小立志成为一名优秀的人民教师。我多想用我那赤诚的爱唤醒孩子的迷惘，哺育孩子的自信，点燃孩子的激情，催发孩子的征帆，为着这个梦想，我一直在努力，一直。看着大一进校时写的目标清单一一实现，我更加清楚地明白，持之以恒的努力是在增添我梦想的砝码。就像鹰，是挣扎使它们的翅膀得到了供血，伤口在短时间内便可痊愈，而痊愈后的翅膀将坚硬如铁，更具力量。

　　作为一只鹰，是不应该恐惧悬崖和黑暗的。大一一进校，我便立志要专升本。因为我明白，这是自己唯一的一条出路，我别无选择。所以，在这场自我的战役中，我只能赢，不能输。于是，从高考失利后的怯弱、不自信到自主向上学习，从学生会干事到学生会副主席，从从前的不敢抬头到如今勇敢代表学院参赛，从一名默默的无名小卒到院"三好学生"和"优秀干部"，更到如今的"省优大"和"国奖"获得者，我一直在不断成长，跃跃飞翔。

从这以后，自习室里度过的那些光阴，舞台上不断练习的身影，都将我内心自卑胆小的阴影照射得无影无踪，留下的全是自信向上的美好印记。

随着时间的累积，我的羽翼渐渐丰满，跃跃欲试，我是多么想飞上蓝天啊。

雄鹰展翅，翱翔九天

它必须飞越那座高山之巅。因为它是一只雄鹰，这样的飞行命中注定。

是的，因为我别无选择。我没有名牌大学做场面支撑，没有优异的家庭背景，没有强大的人际关系网，唯有一颗向上拼搏的心和咬紧牙关向前冲的劲儿。我知道专升本这条路异常艰辛。在这条路上，我脚踏实地，布满荆棘的路很陡，路途遥远；我仰望星空，布满星空的夜很美，星星耀眼明亮。但心和脚都在路上，总有一天，定会走到属于我的远方。

大一那年，凭着一股东跑西撞的劲儿，我可以独自完成一堂培训课的教学；我可以大方地站在讲台上进行自我演讲；我可以独自完成一个活动的文案策划。大二那年，我清楚了方向，按照自己的规划，我可以站在灯光下主持一场盛大的学院晚会；我能完成在千人的舞台前的激情朗诵；我可以协调完成一个独立社团组织的整体运行。大三这年，我对自己的未来趋势一目了然，我可以完成一个班级的教学工作和班级的事务管理；我可以独自完成园长交代的教学和招生咨询任务；我可以和形形色色的家长侃侃而谈。

它突然在挣扎中展开了双翅，盘旋出一条漂亮的弧线，向上飞起。它会飞了！它骄傲地在蓝天中挥动着自己的翅膀，这样的飞翔，是它期盼已久的吧。

蓝天，真的很美！

"遥遥老师！六点了，下班了。"

同事的提醒打断了我的思绪，窗外依旧车水马龙，临近下班，马路上的车子仿佛更多了。我猛地惊醒，看了看墙上的钟，已经六点一刻了。

"好的，我换了衣服就走。"

走出教室的那一刻，我知道，自己仍在路上，一直都在。

师长点评：爱学出勤奋，勤奋出天才。多才多艺，舞蹈主持歌咏贤；勤勉好学，敏于事而慎于言；不甘后人，择善而思齐焉；志存高远，厚积薄发把梦圆。

雅安职业技术学院　李晓林

志存高远，振翅高飞

四川商务职业学院　李行婷

李行婷，女，汉族，1995年8月出生，四川商务职业学院会计系会计（五年制高职班）专业2014级学生。曾获国家奖学金、新道用友杯会计竞赛二等奖，被授予优秀共青团员等荣誉称号。

每个人都有着自己的梦想，我也不例外。从踏入大学校园的那一刻，我就告诉自己，要充实地过好每一天，并为自己定下了奋斗的目标，坚定信念，扎实走好每一步。

夯实基础，扬帆起航

大学期间，我在专业知识的学习上，有着积极向上的态度，认真面对每一件事，脚踏实地地走好每一步。首先，在会计知识的学习方面，我除了抓住课堂学习外，还不断加强实践操作，将专业知识有效地运用到实践中。并且，在学好专业的同时，我广泛涉猎其他方面的知识。我相信笨鸟先飞的道理，在别人休息时，我努力弥补自己的不足，并不懈努力。在校的学习经历使我逐渐成熟，同时培养了我坚韧不拔、一丝不苟、认真务实的性格，我也因此对人生有了更多的追求和信心。

最终，通过学习上的勤奋努力，我取得了会计从业资格证、初级会计职称证书等，目前正在努力考取注册会计师。

感恩之心,保驾护航

因为家庭变故,我的生身父母早年去世,是养父母精心照顾,抚养我长大成人的。虽然我小的时候没有更好的学习条件,但我的养母会尽量给我最好的,她耐心的教导,和对我无微不至的关怀,都让我无比感动和感恩,我很庆幸能有如此伟大的母亲。母亲对我的影响是最大的,并且我从没觉得缺少什么,正是她无私的精神感染了我,让我学会了感恩。

在校时,老师和同学在学习、生活方面也给予了我很多的帮助,让我在学习之外不需顾虑太多,也让我感受到了家的温暖。现在的我不但从未有过任何抱怨,也未曾感受到丝毫的孤单,反而在内心深处感受到了满满的爱。因此,我也以一颗感恩的心来回馈生活。我利用每年的寒假参加春运志愿活动,帮助更多的人,为老、幼、病、残、孕做好志愿者服务,使更多的人安全踏上回家的旅程。志愿活动使我不仅在沟通、组织能力方面有所收获,更使我收获了那份帮助人的快乐感,让我内心感到无比踏实。

有句话说得好:有限的生命因为奉献而变得永恒。所以我付诸实际行动,时常会去敬老院看望慰问那些孤寡老人,帮助他们洗洗刷刷,搬个小凳子陪他们在树下唠唠嗑,听他们讲过去的故事。我们每次去他们都唤我们的小名,感觉他们就是我们的爷爷奶奶,是那么的温暖。"长知识,增才干,做贡献",积极参加各种活动,尽力帮助他人,让我也受益颇多。

投身实践,展翅飞翔

大学以来,我积极参加各项技能培训,不断提高自己的创新和专业综合能力。为了锻炼自己的专业技能,我报名参加了"新道用友杯"会计技能大赛,对业务分工的处理有更为明确的认识。我连续一学期都和小伙伴在培训室不断练习。我们中途遇到过很多难题,但在专业老师的耐心教导和我们的不断钻研下都一一攻克。终于功夫不负有心人,我们经过不断的练习,最终获得了"新道用友杯"会计技能大赛二等奖。通过比赛,我不仅巩固了理论知识,也学习到了实验技能和知识。

在学习之余,我还会参加各种活动,不放过任何一个展示自己的机会。我参加过职业规划大赛的演讲,它赋予我激情,使我的思维更灵活,也让我对未来有了明确的认识和规划,让我清楚自己的定位,该如何正确让它发挥作用。我的大学生活是充满色彩的,人生充满感动,让我在学习之余放松心情,而后有更多的激情和活力投入学习,以达到事半功倍的效果。

  成绩属于过去,未来还需开拓。一路奋斗,一路感恩,一路收获。我从未停下脚步,不断前进再前进。我热爱会计专业,作为一名会计专业的学生,我会志存高远,将目光放眼未来,立志成为一名注册会计师,为我国会计事业发展贡献一分力量,为理想努力奋斗。

师长点评:李行婷同学温婉不失坚韧,谦逊不失自信。她虽是孤儿,但性格积极乐观,学习勤奋、刻苦,具有永不言弃的精神。她渴望获取知识让自己出类拔萃,心怀感恩,用自己的实际行动诠释着商院精神。

四川商务职业学院副院长 张军

奋力拼搏，走向成功之路

四川司法警官职业学院　曹　莉

曹莉，女，汉族，1994年出生，四川司法警官职业学院法学系二中队社区管理与服务专业2014级学生。曾获国家奖学金，2016年全国大学生军事课教学展示比赛女子组团队赛一等奖，2016年四川省大学生综合素质A级证书，2015年四川省高等职业院校第五届大学生田径运动会女子组实心球第五名及女子组400米第七名，学院优秀学生干部，学院三等奖学金，记个人三等功。

我来自一个普通的农村家庭，我于2016年8月12日代表四川参加全国军事教学展示比赛，荣获女子组团队赛一等奖，荣获总团体二等奖，为四川以及学院取得了荣誉，回想走过的路，我一路前行，一路感慨。

萌　芽

在毫无准备的情况下，我走进了警院的大门。

一开始，各种的不习惯扑面而来。是选择堕落，还是选择改变，教官的一番话语让我陷入了沉思。庆幸的是我看到了教官的优秀，万幸的是我选择了后者。我的改变也就从那一刻在心里埋下了萌芽的种子。

军训结束，班上开始竞选区队长这一职务，我勇敢地迈出了自己的第一步。但是，由于口头表达能力还有所欠缺，我落选了。

尝试到了勇敢的滋味，我没有特别难过的感觉，反而觉得自己的警校生活有了一个好的开始和铺垫。我开始学着调整自己的心态，更大胆地去尝试各种事物，勇敢地接受一切。

入 选

2016年7月暑假时,我接到学校的通知,立刻返回学校参加全国军事教学展示比赛选手选拔。

总共有20多名同学参与选拔集训。教练从最基础的知识开始教我们,大家都处于同样的起跑线上。此时,我认识了一种新型的运动项目——定向越野。这需要我们克服时间短促和零基础的困难。训练过程中,只要有疑问,我便主动向教练请教。在体能恢复方面,我严格地要求自己。每当跑到最痛苦的时候,我总在心里提醒自己:咬咬牙再坚持一下,千万不能轻易放弃!并把每一场的训练都当作真正的比赛来对待。

功夫不负有心人,我终于成功地坚持到了最后的训练。

在确定最终人员名单后,我更是全身心地投入这艰苦而又漫长的训练中。通过一次次的针对性训练,我在增长知识和见识的同时,我在胆量和意志力方面也得到了较好的锻炼。在随后的一个多月的强化训练中,我全力配合教练组工作,面临过划伤和迷路等重重考验,也克服了日晒雨淋和伤痛困扰等问题。此外,我还始终坚持科学训练,严格训练,大运动量训练,组织和协调全队队员积极展开训练,每天带头完成训练任务,细心钻研,并最终担任了女队队长一职。

成 功

2016年8月12日至13日,2016年全国大学生军事课教学展示比赛在江苏警官学院举行。比赛由教育部主办,江苏省教育厅承办,这是一项重要的军事教学竞赛活动。

比赛期间,来自全国15个省市的15所高校共计120名领队、教练员和大学生参加了此次比赛。在15所参赛队伍中,除了我校以外,其余参赛队伍均是"985""211"重点高校和著名高校。其中,中国矿业大学、中南大学以及安徽工业大学这三所高校派出的参赛队员都是经过严格训练的专业选手。面对如此强大的对手,我们认真调整好心态,没有表现出一丝怯意。在比赛途中,我们凭着平时的训练经验和沉着冷静的心态,根据比赛情况及时进行调整,从而取得了最终的胜利。

当站上领奖台的那一刻，我一度不敢相信此情此景的真实性。非常庆幸自己可以参加此次比赛，很感谢自己有这么一个蜕变的过程，它磨炼了我的意志，培养了我们的团队意识和团队协作能力。

你想要改变，必会经历成长；你选择阳光，生活必定温暖，我将努力前行！

师长点评：曹莉同学在校表现优秀，学习上专心致志，成绩优异，积极参与学校各项活动；工作上，认真负责，努力完成好每一项任务，热心为同学服务；积极参加各类竞赛，获得2016年全国大学生军事课教学展示比赛女子组团体一等奖，四川省大学生综合素质A级等荣誉。作为一名高职学生，该生积极自信、乐观向上，具有较强的吃苦精神和探索创新意识，是一名优秀的警院大学生。

四川司法警官职业学院法学系二中队中队长　柏玲玲

少当志存高远

广安职业技术学院　肖　磊

　　肖磊，男，汉族，1995年12月出生，中共党员，广安职业技术学院建筑与城市规划系工程造价专业2014级学生。曾获得国家励志奖学金、学院技能大赛四等水准测量一等奖、四川省优秀大学毕业生、学院三好学生、十佳学生、优秀学生干部、优秀青年志愿者，在学院党员示范岗中被评为成长成才进步岗等。

　　人生就像一条河流，只要找到了正确的入口和方向，一路向前，肯定会迎来胜利的曙光。既然选择了远方，便只顾风雨兼程。我怀着这样的信念，脚踏实地地挥洒汗水，满心虔诚地迎接希望，踏入了大学的征程。

　　"我不去想是否能够成功，既然选择了远方，便只顾风雨兼程。"这是我在大学追逐梦想的路途中最喜欢的一句话。我始终坚信，只要坚持不懈地努力，就能收获梦想的果实。我一路走来，风雨兼程，历练出的是成长，磨砺出的是品行，坚持不懈的是信念，永不放弃的是追求。

一颗红心永向党

　　大学期间是我们形成人生观、价值观、世界观的重要时期。进入大学伊始，我就学习了马列主义、毛泽东思想、邓小平理论及"三个代表"重要思想，希望通过学习提高自身的政治素养。在日常学习生活中，我热爱祖国，积极拥护中国共产党的领导、拥护党的方针政策，关注国家的时事要闻，积极向党组织靠拢，对党有了更为深刻的认识。大一上学期，我向党组织递交了入党申请书，同年12月我便被列为入党积极分子，经过两年考察，我终于成为一名共产党员。

勤奋好学，不复韶华

"宝剑锋从磨砺出，梅花香自苦寒来。"作为一名当代大学生，我深知学习的重要性。课堂上，我认真听讲，仔细做笔记，紧跟老师思路，抓住知识要点；课后，我独立完成作业，不断地问自己"为什么"，从思考中理析课程重点和难点。我所学的建筑工程类专业相比其他专业而言，课程较多，也相对较难，但是我并未降低对自己的要求。鲁迅曾说过："时间就像海绵里的水，只要你愿意挤，总还是有的。"因此，我更加珍惜宝贵的学习时间。正因我付出了更多的努力，所以我得到的收获也更多。三年来，我的成绩一直排名班级第一。除了注重理论知识学习，我还勤于实践，志在学到过硬本领，做到学有所长、学以致用。在校期间，我多次参加各类专业技能比赛，曾荣获四等水准测量一等奖、园林修剪二等奖。比赛的经历，让我认识到了不足并加以完善，在提升自我能力的同时也让我体验到一种前所未有的充实感、快乐感。刚进校园，我只知道埋头苦学，与人交流较少，经过竞赛，我深深地意识到团队的重要性。正因如此，一群志同道合的青年便聚在了一起。他们曾有过欢笑，有过泪水；有过争执，有过摩擦；有过精彩，有过失落；有过彷徨，有过喜悦。时光如沙，从指尖悄然溜走，那些美好的记忆已在我们心中烙上了青春的痕迹。

天道酬勤！一分耕耘，一分收获。经过三年的努力学习，我获得国家励志奖学金一次，西南建工奖学金一次，同时也取得了计算机国家一级证书、SYB创业培训合格证书。我时刻谨记，谦虚使人进步，这些成绩不是我炫耀的资本，而只是对自己过往努力的证明。我坚信，每一份付出终会结出硕果，每一个理想终将插上翅膀。

不经一番工作苦，怎得佳绩在跟前。从大一的团总支学生会学习部干事、建筑协会策划部部长，到大二的团总支学生会主席，我一直体验着身兼数职的辛苦，工作学习双兼顾的不易。作为学生干部，我工作勤勤恳恳，办事踏踏实实。担任团总支学生会主席期间，我尽职尽责，不以工作轻小而大意，不以成绩丰大而骄傲。我始终坚信，成功人与普通人的区别在于对细节的把握与拿捏，正因为我工作细心，也逐步得到了师生们的认可。在团总支学生会的共同努力下，我系被评为学院"先进团总支"。在班级中，我担任纪律委员，及时向班导师反映同学们的学习出勤及就寝情况，并团结同学共同营造良好的学习氛围。在大家的共同努力下，2016年度我所在的班级被学院评为"先进班集体"。

实践促成长，公益暖人心

当代大学生除了学习与工作之外，还需要走出校园，去关注社会，体验人生。在寒暑假生活中，我在工地实习了建筑安装工程的相关工作，深刻地感受到赚钱的辛苦及生活的不易。2016年7月，我参加了暑期社会实践志愿服务活动，我顶着炎炎夏日，在广安市各街道、小区做一名文明劝导员，为建设文明、美丽的小平故里贡献自己的力量。2016年8月，我作为一名志愿者参加了广安华蓥山旅游文化节，在院团委的带领下，我们接待了来自全国各地的游客及嘉宾。在校期间，我还参加了全国第九届残奥会暨第六届特奥会志愿服务活动，被评为"优秀青年志愿者"，并连续两年荣获广安职业技术学院"优秀青年志愿者"称号。

一路走来，我想我也将继续坚持，微笑地走向我的未来。我想以这样一句话和大家共勉：做好自己，寻找差距，努力学习，快乐生活，善待朋友，实现梦想。这样的过程似乎是完美的，但途中自然有很多的痛苦，失落还有迷茫，我想，那时的我们更需要学会坚持与等待，学会微笑与宽容，学会睿智与沉稳，学会倾听并做出自己的判断。言语之外，我更希望渐行渐远的美好韶光里，自己和朋友们都能真正地行动起来，把最美的笑容留给自己，也留给每位学弟学妹……

人生无彩排，每一天都是现场直播。相信在未来的日子里，我会更加坚定自己的目标和追求，继续坚持不懈地奋斗，追逐最初的梦想，我一直在路上！

师长点评：肖磊同学在政治上要求进步，能严格要求自己，为人诚实、正直，尊敬师长，团结同学。他在大学期间担任系、班级学生干部，工作勤勤恳恳，尽职尽责，是老师的得力帮手，得到了师生的一致好评；学习刻苦，能够较好地处理工作与学习之间的关系，理论知识与实践技能掌握扎实；积极参加各类活动，表现较为突出。综上所述，肖磊同学是一名全面发展的优秀大学生，起到了较好的模范带头作用。

广安职业技术学院土木工程学院院长　李柱凯教授

逆境磨砺，不忘前行

四川信息职业技术学院　陈　国

陈国，男，汉族，生于1994年10月，四川信息职业技术学院机电工程系机械设计与制造专业2014级学生，曾任学院学生会学习部部长一职。在校期间曾获国家励志奖学金，学院一等奖学金2次，三好学生，第三届"创青春"创新创业大赛全国铜奖，全国应用型人才综合技能大赛三等奖，第七届全国机械创新大赛省三等奖。

逆境岁月，启迪人生

我在踏进大学前，其实还经历了一些痛苦的岁月。

我从小父母离异，至今未曾见过母亲，父亲在外务工，挑起家庭的重担。即使家庭环境如此，我也没有放弃生活，也没有太多的怨言，只是勇敢地面对现实。小学我寄读在叔叔家，懂事爱做家务。初中我独自在县城求学，到了新环境，我因内向、胆小、自闭而受尽欺负，但我依然坚强，并逐渐改变自己，打开心结，广交朋友，慢慢变得活泼开朗。

高中时期，我选择了艺体，学习体育需要一年四季每天训练，衣服总被汗水湿透，但我也依然坚持。不料，我体考失利，未达本科线，于是我心灰意冷，无心复习，所以高考也失败了。于是，我开始迷茫，不知该何去何从。心里萌发了不再读书的想法，开始去外地工作。在外打工，我人生地不熟，还被无良老板压榨欺负，我忍无可忍便奋起抗争，结果工资也被以各种理由克扣，所剩无几。所幸父亲工作之地不远，无奈之下，我投奔父亲，做起了另一份工作。

2014年8月22日，我收到一份录取通知书，虽说是一所专科院校，但也使我心中明亮起来，让我突然有了前进的方向。虽然生活有时抛弃了我，但我依然坚持着,坚强着。人生在成功之前,总要经历一些挫折与困难,不要轻言放弃,一定会有更好的人生等着你。我要抓住机会,哪怕是逆风前行,也永不放手。

历经磨砺,自我成长

当我踏入大学校门时,我就对自己说,不能辜负家人,更不能辜负自己,要让自己的大学时光有意义,不要白白浪费了这宝贵的机会,要坚持努力下去。于是,我加入了学院学生会的学习部,在学习部里我积极表现,什么工作或活动都是跑在第一个。交给我的任务,我也认真地完成。期末考试前,我着手策划一个关于诚信考试活动的策划书。因为我从来没写过策划书,也没什么经验可谈,策划书的格式是什么,怎么通过策划书表达自己的想法,怎样体现主题,怎样在策划书里规划出具体的活动流程等,都是我未曾有过的经历。但我没有退缩,利用休息时间上网搜索资料,四处向学长学姐们请教。最终策划书初步成形了,但我觉得这样还不够,于是我不断地修改策划书,尽可能地把每个细节做到完美,力争写出一份优秀的策划书。

那时正值深冬,天气非常寒冷,晚上我吃完饭就赶回寝室写策划书。天气太冷,室友们都陆续上床在被窝里玩手机,我还在电脑前继续写着策划书,不知不觉已经很晚了,室友的呼噜声在我的耳边响起,我搓了搓冰冷的手,把写好的策划书保存好,不一会儿就睡着了。

当我把策划书递交部长时,部长看了以后非常惊讶,说没想到一个新生能把策划书写得比他们都漂亮。最后,学习部按照我的策划书开展了诚信考试活动,活动也取得了圆满成功,得到了学校师生的一致好评。鉴于我在院学生会认真工作的态度以及优异的表现,我在大二时成功地竞选上学习部部长一职。

书山有路勤为径,学海无涯苦作舟。大学时,我学的是数控技术专业,因为有过一段曲折的经历,所以我在学习上也是倍加努力。在寝室里,室友们都在打游戏,我却在一旁看书学习。功夫不负有心人,我的期末考试总成绩排名全班第一。后来,我就读的系要组建一个创新实验班,创新实验班的专业是机械设计与制造,我积极地报了名。经过层层选拔,我最终被录取了。

创新实验班与其他班不同,所修课程特别多,每个同学都比较优秀,我虽在原班成绩是名列第一,但在创新班就只是中等偏上的成绩。但我不满足于此,暗自下决心,要力争上游。于是,我在学习上更加地努力,不玩游戏,很少休息，几乎所有的课余时间都泡在图书馆里学习。就这样，我一直努力着，坚持着。在整个大学期间，我每学年的成绩都位列本专业第一。

在创新实验班里，每学期系上的老师都会申报项目让我们去选择。这些项目是一个复杂零件的编程加工，需要对专业软件进行深度学习，更需要创意发明设计的实践。在做项目时，可以学到很多课堂上学不到的东西。

做项目课要用到很多我们在课堂上没学过的知识和技能，这就需要我们自学。我所做的项目是关于创新创意设计及制作方面的，并且还要将设计的产品手工制作出来。一个项目是由一个团队共同完成的，我在团队里主要负责的是设计及制作。在设计过程中，我们遇到了很多困难，但我没有放弃，不断地修改设计方案，不知道经历了多少次修改，多少次付出，最终才完成三维模型设计。

三维模型建立完成后，我们开始手工制作实物。加工实物时，我格外地投入，材料切割，零件加工、打磨、钻孔、攻丝、组装于等手工流程，都是由我负责完成的。实物加工出来，功能齐全，外观精致，赢得了专业指导老师的一致赞赏。

在大学里，我付出了很多，但也得到了前所未有的成长，没了过去的迷茫，却有了坚持的方向，哪怕遇到挫折，也不轻言放弃。历经磨砺，终究是会有回报的，自我的成长是难能可贵的，这些都证明，我的坚持是对的。我也相信，"不历经风雨，不会见彩虹"。

宝剑砺出，梅花香来

宝剑锋从磨砺出，梅花香自苦寒来。经过各种磨砺，我也渐渐成长了，经过不断地坚持，也开始有了收获。

在大学期间，我除了担任学院学生会学习部部长一职，还获得了2014年秋季新生田径运动会上获得男子4×100m第三名、2015年春季机电工程系"汉字听写大赛"获二等奖、2015年春季机电工程系"最强大脑"活动获二等奖、第三届"创青春"创新创业大赛获全国铜奖、全国应用型人才综合技能大赛获三等奖、第三届"创青春"四川青年创新创业大赛获金奖、第七届全国机械创新大赛省获三等奖等多项奖项。我不仅拥有两个实用新型专利，还获得了2014—2015学年度国家励志奖学金、2014—2015学年度学院一等奖学金、2015—2016学年度国家奖学金、2015—2016学年度学院一等奖学金，荣获

2015—2016学年度学院"三好学生"。2016年春节期间,我参与家乡的春运志愿者服务,并获得"优秀志愿者"称号。2016年7月,我参加了2016年"创青春"四川省大学生创业训练营活动,表现优秀,并获得结业证书。

获得这些成果,我要感谢大学老师的支持与鼓励,也要感谢自己的坚持不懈。吃别人所不能吃的苦,忍别人所不能忍的气,做别人所不能做的事,就能享受别人所不能享受的一切。排除所有困难,终究会赢得成功。成功从来都属于希望与坚持,只要心中有希望,不断坚持前行,就会越来越靠近成功,最终达到成功。

坚定信念,勇往前行

都说不经历风雨,怎能见彩虹。在经历了各种风风雨雨后,我也慢慢实现了自己的人生价值,也有了自己的信念,那就是坚持不懈。我现在已经大三了,我会参加专升本考试,继续自己的求学路。以后的人生旅途还很长,我会依然拼搏并且努力着,坚定信念,坚持努力,继续向更高的地方前行。更精彩的未来在向我招手,我要心怀希望,把握每一次机会,只要努力耕耘,就会有所收获。我时时告诫自己不骄不躁,始终以乐观向上的态度朝着目标奋斗下去,方能成就未来。临渊羡鱼,莫若退而结网。有梦便去追,为自己的青春插上翅膀,理想便会自由翱翔。

师长点评:陈国同学在思想上积极上进,勇于批评与自我批评;在担任学习部长及其他工作时,认真负责,细心谨慎,会一丝不苟地完成上级分配的任务;在学习上,他勤奋努力,学习态度端正,学习目标明确,分析能力强,成绩优异,连续两年获得学院一等奖学金及2015—2016学年度国家奖学金;在生活上,他勤俭节约,团结同学,尊敬师长,有较好的人际关系。

四川信息职业技术学院机电工程系数控技术教研室主任　钟如全教授

不羁的年龄更需要拼搏

四川文化产业职业学院　王惠璇

王惠璇，女，汉族，1995年3月出生，中共党员，四川文化产业职业学院文化传播学院网络舆情分析专业2014级学生。自入学以来，先后获得国家奖学金、国家励志奖学金等。

所谓天才人物指的就是具有毅力的人、勤奋的人、入迷的人和忘我的人。

——萧伯纳

三年的大学生活让我明白，大学只是人生中一个重要的驿站，完善丰富多彩的人生之路，还要靠自己的实际行动。在大学的学习过程中，我渐渐明白，大学是自学成才的关键时期，如何度过这三年的光阴是我们能否成功的关键。记得曾在一本书里看到这样一句话："即使你考上清华北大，吃喝玩乐四年以后，你依然是个庸才，甚至是蠢材！就算你上了一所专科学校，只要奋勇拼搏，你依然是块闪亮的金子！怨天尤人只是懒惰者的消极退缩、停滞不前的借口！"现在回过头来想想，真的很庆幸当初的自己能够朝着制定的目标一直坚持不懈地走下去。

我们都渴望在深情对话中激活青春，在思想交锋中张扬个性！但前提是我们需要看清前方的道路，找到自己的目标，并朝着自己的目标坚定不移地走下去。但这种坚持需要勇气，果敢，需要一双敏锐的眼睛，需要我们把握每一次的机遇和挑战。因此，在大学里，我们应当把磨难当成一种财富，用自强、自立的精神改变自己的命运。

在学习中，氛围和坚持是很奇妙的东西，它可以使你在某些不经意的时候督促自己进步。在大学的三年里，我们寝室四人连续拿了三年的专业前四，每一次排名我们都稳居前四，若不是我们在这种良好的氛围中互相督促，我想大概又会是不一样的结果。学习就是这样，首先氛围会督促你将这种学习状态变成一种习惯，成为习惯后的下一阶段便是自己的坚持和自律。当然，大学应该是充满激情的阶段，在这个不羁的年龄里，学习是作为一个大学生的第一要务，但培养自己的其他技能，实现综合素质的全面优质发展，也是一个大学生应该有的目标。大学就是这样一个宽敞的舞台，在这个舞台上，我们可以放飞理想，可以拥抱自由，可以展现我们自己的才华！

谈到自己的目标，我记得在刚进大学加入学生会时，我曾为自己定下一个竞选学生会主席的目标，也许是因为从小不服输的性格，虽然在过程中曾有失望和动摇，但我很庆幸自己在各种考验下并没有放弃，并在最终如愿当选。记得那个时候有位学姐说过："人要敢想，才会有成功的可能。"这句话对我的影响很大。

那时候的自己总是对于想要把握的东西缺乏自信，连制定目标都会举棋不定，但我始终没有忘记，要一步一步踏实地实现自己的每一个小目标。在每一次活动的策划中，虽然可能遇上团学工作和课程的冲突，会熬夜加班，但这样努力的经历、丰富的两年学生干部历程真的让我改变了很多，让我深刻理解了团结的含义。雷锋曾说过，一朵鲜花打扮不出美丽的春天，众人先进才能移山填海。单个人的能力、思想、方法是有限的，但是一个团队的力量和智慧却是无穷的。

对于团结的认识，不仅仅是在学校的团学工作中，更是两次参加学院组织的暑期社会实践后有了更深刻的感悟。现代大学生，大多是在书本知识中成长起来的，对我国的国情、民情知之甚少，而社会的复杂程度，远不是仅凭读几本书，听几次讲座，看几条新闻就能了解的。通过社会实践，大学生能以现实主义的眼睛，以人文关怀的深度，去观察、体验这个我们既熟悉又陌生的社会。还记得第一次的暑期社会实践中，我通过了各种选拔和培训，终于如愿作为一名志愿者，和十几名同学一起奔赴资阳乐至，在那里，我第一次感受到了作为一名志愿者的责任和使命。虽然都是懵懵懂懂跟随队长的安排，但这当中的感受让尚处在大一阶段的我受益匪浅，是这段经历让我在以后的很多困难中坚持了下来。

在第二次的参与中，作为一个准大三的学姐，我们奔赴资阳市安岳县针对留守儿童开展暑期夏令营活动，从实践方案的制定到组建好我们的团队，再到队员一起奔赴往返，到最终完成我们的成果，一步步一天天，相较于第一次的成长和经验，我明白了要带领大家去做成一件事，首先自己要成竹在胸，有了比较完整的想法，队员们才有可能信服你，与你一起完成任务。同时，沟通也是一个不容忽视的问题，队员之间相互交流彼此的看法，大家在一个开放自由的合作氛围中各抒己见，不断地改善我们的活动，使我们的行动向着更有效的方向发展。作为领队，我还需要协调好外部与内部的关系，带领队员适应不同的新形势。我们每天从镇上走到村里为孩子们上课，夏日的烈日炎炎，雨天教室内淅淅沥沥地漏雨，尽管辛苦，志愿者们也有不同程度的身体不适，但我们依旧没有放弃，相互鼓励，以一个集体的力量坚持下去。作为一个学生团队，虽然我们缺乏相应的系统性知识和丰富的经验，但是我们大家共同努力，一起讨论，一起做事，一起总结，一起面对困难，实事求是，求真务实，同样能把最真实的成果展现在大众面前，让留守儿童感受到来自社会的关爱和温暖。

这些宝贵的经历让我明白了，没有平坦无阻的旅程，当然也没有一帆风顺的工作，工作中难免困难丛生，阻碍不断，所以作为一个学生干部，必须要有不怕吃苦，不怕辛苦，想方设法克服万难，勇往直前的精神。两年的学生干部生活使我发现，我已不再是那个弱不禁风，轻易放弃的小女生了，成长的经历已经磨炼出我坚持不懈的品格、吃苦耐劳的坚毅品质。

或许这就是团学给予我的舞台，这个舞台督促我完成了更多的成长和锻炼，我在这个舞台里收获的一切都将是值得我人生道路上珍惜的宝贵财富。那么，在大学这个驿站中，勤工俭学无疑也是一个发挥自我、展现自我才华的舞台。

有的人生在富裕的家庭，衣食无忧，而有的人却生活在贫困的山区，从小就历经磨难。虽然没法选择出身，但我们可以用自强、自立的奋斗精神来改变自己的命运。在大学这个重要的阶段，我觉得应当让自己学会自立。在大二的课程开始变得轻松时，我找到了自己真正意义上的第一份兼职——电影院售票员。

学生生活从小学到大学共有16年，很多大学生出了校门都是眼高手低，以为拥有了一个大学本科的学历就应该找一份很不错的工作或是很高的职位，但经验现在已经成为许多公司用人的首选条件，因为它代表一个人能很快地适应环境和进入独立工作状态，而这也正是我们大学生所欠缺的。在校期间，兼职的经历和锻炼，能够帮助以后即将进入社会的我们更快地适应社会。在兼职的过程中，我对人际关系及自我表达能力感受颇深。良好的人际关系是保持愉快心境的灵丹妙药。因此，在大学里，我们不仅仅是要学习好各种专业理论的知识，还要锻炼各种能力，多参加对自己有益的社会实践，为将来在社会上立足打下坚实的基础。

从这份兼职开始，我便开始自己利用兼职的工资承担生活及零花费用。很多时候，我白天上课，晚上做兼职，加上团学的各种工作，每天忙得像个陀螺一样转个不停。自己有时候也想要偷懒，像其他室友一样，每天睡到自然醒，但我一直坚信着这么一句话：每天能看到太阳升起才能证明自己活着。

记得当课程、团学工作以及兼职挤在一起时，很多时候同学会问我，是怎么忙得过来的。当时的自己只能模糊地回答说习惯了。现在想想，如果你有坚定的信念和认真负责的态度，那么所有的问题都将迎刃而解。我有时累了也会想，或许两三点的熬夜对于今后的自己是一种很好的锻炼。我曾给自己写下过这样一句话：很喜欢现在拼搏的你，以后的自己一定会喜欢你的。我想，这句话也许就是自己一直坚持的动力吧。

转眼大学时光马上就要结束，回忆我的大学生活，我收获了很多很多，在各个方面都获得了巨大的进步。它对于我来说，不仅仅是演绎了一场多彩的"幕"剧，更重要的是让我在学习专业知识的同时经历了无数的考验、挑战和历练。感谢大学生活让我在思想境界、知识水平、工作能力等方面都迈上了一个新台阶。我即将挥手告别我美好的大学生活。我知道，离开大学校园并不意味着学习生涯的结束，相反，它为我开启了另一扇求学的大门。即将步入社会大学的我，依然会孜孜不倦地学习，我将整装待发，以饱满的热情、坚定的信心、高度的责任感去迎接新的挑战，攀登新的高峰。

师长点评：该生在校期间，思想积极上进，能够高标准要求自己，严格遵守校规校纪，尊敬师长，乐于助人，有较强的集体荣誉感。学习认真努力，专业知识扎实，成绩名列前茅。积极参加校内外各种社会实践活动，综合素质表现优秀。

四川文化产业职业学院文化传播学院党总支副书记　舒畅副教授

梦想在风中飞扬

四川财经职业学院 高 雅

高雅，女，汉族，出生于 1996 年 8 月，中共党员，于 2014 年 9 月进入四川财经职业学院工商管理系市场营销专业学习。在校期间，荣获 2014—2015 年度国家励志奖学金，2015—2016 年度国家奖学金；获学院优秀团员、优秀团干、三好学生标兵荣誉称号；获 2015 年度中国大学生自强之星提名奖。作为南边文艺签约作家，多篇散文、诗歌公开发表于《龙泉驿创作》《龙泉开发报》《南边文艺》等刊物。

君子固穷。我更愿意与你分享荣光与喜悦，却不愿意敞开我的伤口、将自己的苦难暴露。然而，铭记昨天，也是激励明天的进取。所以，我坦然翻开发黄的书页，放下、前行。

一箪食，一瓢饮

1996 年，我出生在一个贫困的山村，一个四面是山，看不到霓虹，听不到汽车鸣笛的地方。这静谧源于落后、无知与无奈。唯一能知悉外界声音的是邻居的一台老式黑白电视机，那是我的第一个愿望：多么希望我家也能有这样一台稀罕物件，一件让我可以一睹外面精彩，却不至于被它的主人白眼以视的珍宝。看着电视里那精彩的世界，"走出去！"——一个探索的声音开始在我的内心萌动。

上幼儿园的时候，年幼的我并不知道"精神病"的含义，更理解不了这三个字的沉重，只知道自己是"疯子"的女儿。为此，我承受了无数的冷眼与嘲笑、委屈与不堪。最终，精神时好时坏的母亲永远离开了我们的家。我终于摘掉了"疯子女儿"的帽子，却失去了这世上唯一的母亲。是的，14 年来，我也始终没能再见着她一面，只能与年过半百的老父以及小我三岁的妹妹相依为命。

父亲虽然活得很艰难，却很有骨气。他从不向人伸手，即使再贫苦也不愿意要村上的补贴。凭着起早贪黑的毅力，父亲终于在一个下午搬回洗衣机、电视机，还有可以吃冰的稀罕物件——冰箱。我永远记得，在电视刚搬回来的那个晚上，我们守着电视看了整整一个晚上，尽情地享受着努力付出后的收获，那是多么喜悦啊！天道酬勤！父亲用他倔强的脊梁与布满老茧的双手为我在风中竖起了一面飞扬的旗帜。

穷且益坚，不坠青云之志

生活并不因为你的顿悟就会施舍怜悯，我总会在现实的困窘中茫然失措。小学时，我总是迟到。每次面对班主任的询问，我总是三缄其口。我只是低着头、沉默着，红着脸不停揉搓自己的衣角，却不敢看她一眼。我怕，我怕她看到我眼里的窘迫——我要如何告诉她，我必须忙于家务、帮父亲撑起这个没有女主人的贫苦家庭！在油菜地里拔草是我的基本功课；用因草房漏雨打湿的柴火煮饭，想方设法点燃那口总容易熄火的老锅是我必须攻克的难题……这些都拖住了我上课的步伐。小小的我、敏感自卑的我要怎样开口形容我内心的自卑与窘迫，还有自己因为贫穷而无法与同学们打成一片的孤独与无助？被忽视、被否定、被排斥，让我开始怨天尤人。

生存，还是毁灭？面对困境，年少的我还不懂这选择的意义，也缺乏正确选择的智慧。于是，我开始叛逆，开始做一些引人注目、"了不起"的事情：扯前排女同学的小辫子，上课讲小话，用刀子将课本划得稀巴烂。我发泄着我的愤怒、渴求着他人的关心。终于，年轻的班主任发现了我。她给了我一本书，一本字典。她说，书本也有生命，也会疼。学会珍惜，尝试多认些字，说不定你以后可以成为一名大作家，就不会被人瞧不起了！她的话像暗夜里的一道光，照亮了我前行的路，曾经模糊的那面旗帜再一次迎风展开：努力吧，有梦，就可以追逐。

我开始喜欢上班主任的课，喜欢上语文，喜欢上了写作。我开始竭尽所能，省吃俭用地攒下每一块钱买书学习。我还记得，自己终于攒够了钱买了第一本书并在上面写上自己名字时的欣喜若狂。渐渐地，我开始用文字吐露心迹。文字是我的好朋友，我的知己，我的伴侣，是夜深时唯一能驱散我的心中孤独和恐惧的利器。

知识改变命运。年少懵懂的我尚不明白这句话的真谛，却迎着天道酬勤的那杆大旗，奔着天真的作家梦开始奋起。

可是，命运再一次对我恶作剧。初三那年，妹妹正好六年级。父亲掰着指头数了又数，皱巴巴的块票在小饭桌上依然零落。他急得一夜皱纹爬满脸庞，还是无力解决两个女儿的学杂费与生活费。我渴望，我渴望知识与更高的学府，那是我魂牵梦萦的地方；我更不忍，不忍父亲的操劳与衰弱。我无力做出取舍，只能追随自己那颗深爱家人的心，做出放弃中考、进入职业高中学习技能的决定，以便更快地走出社会、独立谋生。读书让我不再任性，我已明白，替父分忧是我义不容辞的责任。

遗憾的是，我始终不能对父亲，对老师表达我内心的声音——我希望自己能读普高，大学进入中文系深造，学习自己梦寐以求的汉语言文学专业。但是，能有书读已然是一件奢侈的事情，我又如何狠得下心直视父亲日渐佝偻的脊梁。

我想，身为父亲的女儿，一个还在念书的女儿，除了拿出好的成绩和高尚的品行来报答父亲之外，别无他法。于是，阅读、写作，学习、练习，成了我每天的全部。我的生活很简单，总是忙着奔向教室与自习室；我的生活很充实，因为有着书本和文字的陪伴。我努力地仰望星空，脚踏实地地前进——虽然蜗牛的躯壳那么沉重、脚步那么缓慢，可它是除了雄鹰以外唯一能登上金字塔顶端的动物啊！我也很幸福，因为我能想象到父亲看到我取得优秀成绩时脸上满盈的笑意，妹妹也为有我这样一个姐姐而感到骄傲和自豪。

生命总是无常。我以为，没有爷爷奶奶就已经很遗憾了，但上天又让我的母亲离开了。我以为，没有母亲就够可惜了，但还不够，一场意外又把我的父亲带走了。从此，16岁的我和13岁的妹妹成了真正的孤儿。

生活不相信眼泪，痛苦不够时间缅怀，我必须咬牙扛起父亲落下的担子，用稚嫩的双肩替妹妹撑起一片天空。无父无母的我们寄人篱下，承受着仰人鼻息的无奈痛苦，更面临着衣食无着、随时可能中断学业的巨大恐惧。我已记不清自己是如何熬过那段最艰难的岁月——为赚学杂费夜里还在倒班，为省钱买学习用品一天只啃3个馒头；用废弃的矿泉水瓶去居民家接饮用水度日；住在一个月租100块的单间里忍受暑期的炎热和寒假的冰凉……我已不想历数我的困难窘迫，只有弱者才对自己的伤疤喋喋不休。我只记得在沮丧绝望的时候，是书本始终给予我坚持的勇气，是对知识的渴求让我不甘心对残酷的命运屈服。不知谁曾说过，困难与折磨对于人来说，是一把打向坯料的锤，打掉的应是脆弱的铁屑，锻成的将是锋利的钢刀。旗帜还在风中飞扬，迎着老师期待的眼神、同学关心的目光，我知道：学不可以已。

直挂云帆济沧海

苦心人，天不负。终于，凭着不懈的努力，我进入了大学校园。这绝不是终点，而是开端。在窗明几净的教室里、在书盈四壁的阅览室里，我如饥似渴地吸取知识的养分，争分夺秒地获取心灵的富足。课余，我和同学们到敬老院看望老人、嘘寒问暖；我到省图书馆做志愿者，帮助更多的人享受畅游书海的乐趣；我去到甘肃会宁，为中国红十字人道救助事业奉献一份余力。我在大学的每一天都充实而快乐，理想的旗帜在忙碌中愈加鲜艳分明。

因贫困造成的差距只能用书籍和成绩来缩短。我深知自身的缺陷和不足，我努力创造佳绩、用心灵抒写文字，以志愿者身份积极服务社会、回馈社会。诚如古人所言：勤能补拙是良训，一分辛苦一分才。通过自己勤勤恳恳的学习和孜孜不倦的实践，我收获了一份又一份的荣光：在校期间，荣获2014—2015年度国家励志奖学金，2015—2016年度国家奖学金；获学院优秀团员、优秀团干、三好学生标兵荣誉称号；获2015年度中国大学生自强之星提名奖。我还多次在《龙泉驿创作》《南边文艺》等刊物上公开发表文章。梦想，在汗水的挥洒下，又离我近了一步！

我始终认为，贫困不算什么，因为你还有爱你的亲人，期冀你的师长和朋友。他们一直在那里，不离不弃，掌心化雪、温暖寒冬。

我不奢望自己成为一名大英雄，但希望自己至少不要做一个自卑肤浅、有灵魂缺陷的人。我会始终学习，始终进步，和优秀的人交朋友。

莫言曾说：贫困有时是成功的催化剂。命运也让我始终告诫自己：不要因为出身自暴自弃、否定自己，不要埋怨。你应该感谢父母给了你健全的肢体和独立的人格。我们应该学会珍惜每天早晨的空气，每一次来之不易的微笑。生活永远不会毁掉你，贫困也不能，除了你自己。所以，让我们迎着梦想的方向大胆奔跑吧，你可以成为自己的光！

师长点评：历经百折而坚忍不拔，东山之志始末不渝。不一样的经历，培养了高雅同学坚强勇敢的品格与吃苦耐劳的精神。她思想积极、乐观进取；成绩优秀、文学才能突出；她有高度的责任感和奉献精神，积极参与志愿者服务。用她自己的话说就是:"她在别人的帮助下成长,她要用奉献回报这种帮助"。

四川财经职业学院学工部部长　罗潇副教授

过往一切,皆为序章

四川城市职业学院　朱星宇

朱星宇,男,汉族,1994年11月出生,中共党员,四川城市职业学院汽车与信息工程学院汽车运用与维修专业2014级学生。在校期间,曾任汽车与信息工程学院团总支副书记,获一等奖学金、四川省大学生综合素质A级证书、第十届Honda节能竞技大赛FUNTEC最佳设计技术创新成就奖、国家励志奖学金、国家奖学金。

对于漫漫人生来说,大学生活或许就如一曲人生乐章中的一个音符,虽然微小,但如果没有它,这首曲子就变得断裂和不完整了。我以亲身经历为证,如此形容它的重要性并不为过。工作方面,我由初入大学的特别不自信,做事总是缩手缩脚,到现在完全可以独当一面;学习方面,我从"胡子眉毛一把抓"的盲目,转变为懂得以提高效率和抓好重点为方向;在生活上,我由杂乱无序,转变为不急不躁,做事井井有条。其中的所有收获,都掺杂着无数的汗水与辛勤的付出,以及老师和同学们真诚的帮助和支持。四年大学生活转瞬即逝,此时我的回忆如潮水一般涌来,我想,我一定会珍惜我在这里的每一分收获,并将之作为我一生的养料,迎着太阳,茁壮成长。

踏入象牙塔　但问耕耘

"盛年不重来,一日难再晨,及时当勉励,岁月不待人。"大学是人生成长的重要阶段,刚踏入大学这座梦的象牙塔时,我便明确了目标:要在大学中不断学习,不断尝试,成就不一样的自我;通过提高思想道德水平,提升自己的内涵素质,形成正确的人生观、价值观和世界观;通过大学丰富的课余生活,全面提升自己的综合能力,积攒人生最宝贵的财富。

为了达到既定的目标,从大一开始,我便刻苦学习,始终以"用别人休息的时间多学一点"为准则来要求自己。课堂上,我认认真真地听好每一堂课,虚心向老师请教自己没听懂的知识;课后,我广泛涉猎其他学科知识,积极参加学校组织的各种课外活动,以求开阔自己的视野,丰富自己的实践经验。我想,在这个知识、信息爆炸的时代,要想获得成功,需要我们广大青年学子了解各个领域的知识,以渊博的学识来武装自己的头脑,以精深的技艺来改造我们的世界。

一个人如果品格低下,那么他能力越强,技术越高,越能干坏事,破坏力越强。因此,在提升自己知识和能力的同时,我更加注重自己道德品质的提升。工作中,我踏实认真,勤勉务实,成绩突出,得到了老师和同学们的认同;生活中,我严以律己,宽以待人,尊敬师长,力所能及地帮助困难同学。为了提升自己的思想道德修养,我积极向党组织靠拢,入学时就递交了入党申请书,参加了党校入党积极分子培训班,积极学习身边优秀党员的先进事迹,领会党的思想和精神,不断反省自己的不足,进行自我批评,逐渐以党的先进思想来武装自己,以共产党员的标准来要求自己,最终光荣地成为一名中国共产党员。

沉舟侧畔千帆过　病树前头万木春

我始终相信适者生存的道理,大浪淘沙、沧海横流,方显英雄本色。从大一开始,我就非常注重自己的能力培养,积极参加学院组织的各种活动,利用活动的平台锻炼自己各方面的能力。2015年9月,在汽车与信息工程学院团总支换届选举中,我通过演讲、答辩等环节,层层闯关,成功竞选成为学院团总支副书记。为了更好地服务同学,提升自己,我在工作中大胆创新、锐意进取,对原有的团总支架构进行了优化组合,重新构建了团总支的工作模式,进一步提高了团队凝聚力、战斗力。在我的带领下,我们团总支组织成功举办了迎新晚会、演讲比赛、足球赛、篮球赛、红歌合唱赛、汽车装配大赛等系列活动。这些活动的组织工作有条不紊,活动内容和形式丰富多彩,活动的开展有声有色,突发情况也能及时有效地得到解决,这些都得到了老师和同学们的肯定。担任团总支工作期间,我更加明白了学团组织的根本任务是为同学们服务,作为学生干部,我们必须树立大局意识和团结协作意识,做到谋定而后动,充分发挥团队的力量,互相帮助、互相协调,才能保证每项活动的效果和

目的的达成。

采得百花终成蜜　为校争光为我荣

由于我在学习上刻苦努力，工作中兢兢业业，老师和同学一致推选我参加学校节能车队的筹建工作，我成功组织节能车队参加了日本本田汽车公司在我国举办的一年一度的汽车节能竞技大赛。

可以毫不夸张地说，那个时候节能车的所有领域都是一片空白，没有人员，没有技术经验，一切都是从零开始。刚开始筹备节能车队的时候，没有队员，我便四处招人，通过辅导老师介绍，同学推荐，逐渐凑齐了队员；没有技术，我便到以前参加过这类比赛的学校去取经。那时候，在指导老师和队员的共同努力之下，我们开始一步步研究并攻克节能赛车研发制造的难题，大家在争论、权衡、妥协中反反复复，只为做到精益求精。酷暑难耐的夏天，我们的身影不断地穿梭于寝室、车房、食堂和加工厂。无论清晨还是傍晚，我们都在通风不良、室温高达40度的车房里，将一颗一颗螺丝拧紧，一块一块铝件焊接好，在全体队员的共同努力下，图纸上的赛车慢慢变成了真真实实的、满载梦想的战车。我们坚信，即使是不成熟的尝试，也胜于胎死腹中的策略。哪知天有不测风云，在赛车即将运往广州参赛的前一天，车子突然出现了意外情况，于是全体队员通宵达旦在车房调试赛车，检查车子的每一个细节，当太阳冉冉升起时，我们终于完成了赛车的调试，赛车被及时运往了参赛地——广州。

2016年10月30日，我校节能车队在广东国际赛车节能竞技大赛中荣获了FUNTEC最佳设计技术创新成就奖。我们带着荣誉，回到了学校，满心欢喜，辛勤的汗水终于结出了丰硕的果实。这是我们第一次将学到的知识用于实践的结晶，它成了我们人生中美好的回忆，虽然这仅仅是我们美好人生的一个序章，但它给了我无限的勇气和信心。

雄关漫道真如铁　而今迈步从头越

有着积极乐观生活态度的人往往会把生活中的困难和挫折当作是生活的磨炼，而消极悲观的人却把它视作绊脚石。而我坚信，只有不断地付出，才会有无尽的收获。人生不仅只有春种秋收，也可以是今天耕耘，明天就有收获。只要你愿意付出，一切皆有可能！虽然我大学的生活已接近尾声，但回想起过去三年的奋斗历程，我幸运地抓住了每一次机会并付出了切实的努力，最终取得了一些成绩。如今我即将离开校园，开始踏上新的征程，但我不迷茫、不害怕，我始终坚信，自己的命运应该紧紧掌握在自己的手里，"会当击水三千里，自信人生二百年"，即使前路漫漫，荆棘遍地，我也有信心迈步从头越。一路上的失落是我成长的见证，一路上的成就是我前进的动力，过往的一切，皆为我前进路途中的序章，我将不忘初心，继续前行！

师长点评：朱星宇同学用积极向上的心态承接阳光和雨露，用求真务实的态度积淀知识和素养，用刻苦努力的精神获取知识和技能，用开放进取的行动来面对大学和社会，这就是一个高职学生的成长阶梯。

四川城市职业学院汽车与信息工程学院常务副院长　杨乐清副教授

让青春无悔

四川现代职业学院　钟庆芳

钟庆芳，女，汉族，1995年12月出生，四川现代职业学院旅游系2014级旅游管理专业学生。曾获四川省导游服务技能大赛三等奖、校导游风采大赛一等奖、校级优秀学生干部，大三学年综合测评排名全年级第一。

奥斯特洛夫斯基说过："生活赋予我们的一种巨大的和无限高贵的礼品，这就是青春：充满着力量，充满着期待，充满着求知和斗争的志向，充满着希望、信心的青春。"是的，正因为我青春，所以更应知道一个人的成功不是偶然，而是一滴滴汗水与一次次坚持所铸造的结果。

机会需要自己牢牢抓住，不是每个人都有上大学的机会。很幸运，我的努力和父母的支持让我成为一名大学生。虽然我的家庭为此付出了很多，但是我明白，这是个竞争的时代，知识的时代，所以我必须这么做。在读高中时，老师也许这样说过："高中辛苦三年，大学就轻松了。"在你准备进去大学时，学长学姐们也许这样说过："大学很自由，你想怎么玩就怎么玩。"但是我知道，别人的人生我无法控制，但我可以掌握自己的方向。如果盲目从众随大流，那最后的结果就是毕业即失业，只有坚持不懈的努力，才能成就美好的未来。

自我定位，找准方向

有时候你空有一腔热血，却无处流。究其原因，是你没有方向罢了。刚进大学，很多人都会感到迷茫，无法适应大学相对自由的生活状态。这时就会出现两极分化的情况，或放纵自己，懒散度日，颓废生活；或坚持自己，选定方向，重新起航。而我，也是这茫茫大海中的迷失者，但最终我找到了前进的方向，开启美好的大学生活。在这个过程中，我的辅导员就像一盏灯塔，是她告诉我专业的各种相关知识，激励鼓舞着我。从学习到生活，她尽心尽力地照顾每一个学生，就像对自己的孩子那样。最终，在老师同学的鼓励和帮助下，我为自己选定了旅行社导游这条路。这个过程让我感受到了与志同道合者一起奋斗努力的快乐。

天道酬勤，脚踏实地

在选择了旅行社导游这个方向后，我了解到考取导游证难度很大，要经过笔试和口试两个环节。即使这样，也不能挡住我的脚步和决心。我和其他报名的同学参加了培训班，每周末去上课，其他课余时间大都是泡在图书馆。回到寝室我们也没有闲着，相互帮助学习。说实话，每个人都有惰性，长时间做某一件事，难免会觉得枯燥，这就是考验我们定力和意志力的时候。一个月过去了，两个月过去了，我们都坚持了下来。转眼就到了考试前夕，这时候我们不管自己是否能考过，都要去拼一把。无论准备得如何，都要鼓励自己，让自己充满信心，告诉自己"一切都准备好了，完全没问题"。笔试结束后，我不知道结果如何，但依然要积极地准备口试，那个时期是最煎熬的，我的内心既忐忑又紧张。笔试成绩公布后，有人笑有人哭，有的刚好过分数线，有的就差一分，反思自己之前为什么没再多努力一点。分数线是149分，我考了200多分，我想这就是回报，是我脚踏实地坚持努力的回报。初步的成功让我信心倍增。口试的准备时间非常紧迫，我不停地调整状态，鼓励自己继续努力，就这样，我坚持下来考完了口试。结局是圆满的，我成功地拿到了导游证。这次的成长历程让我收获颇多。我至少会觉得自己连这么难的考试都过了，以后还怕什么呢？这次经历对我有很大的影响，让我更加坚信，天道酬勤，只要脚踏实地坚持付出，就会有回报。

面对挑战，愈挫愈勇

大学不像高中，只要埋头努力学习考个高分就行。在大学里除了提高学习能力，我们更要提升自己的表达能力、组织能力、沟通协调能力、应变能力等。所以我迎来了新的挑战——参加学院举办的导游风采大赛。经过笔试和口试，我获得了学校第一名，但我知道，自己的讲解仍有不足的地方。非常荣幸的是,我能代表学院去参加省级的比赛。这个机会来之不易,从开始准备到比赛前夕,我一直有导师的陪伴与指导。我反复地修改导游词,一次又一次地试讲,却总感觉发挥不到位,因为一个人表达的情感、说话的语气不是一朝一夕就能改变的。在这个过程中,我感到自己有太多不足的地方,一度想要放弃,但是老师们依然耐心指导我,同学们也一直鼓励我,我终于重拾信心,最后在省级比赛中取得了第三名的成绩。虽然我的成绩不是很理想,但在这次经历中和老师同学一起努力的感受以及所获得的经验弥足珍贵。除了参加专业的比赛,我也选修了一门茶艺课,并参加学校中华茶艺技能大赛,获得了最佳创意奖。平时我也积极参加学院组织的其他活动,比如五四合唱、团体操比赛、运动会啦啦操、学校组织的入学教育带队工作等。多参加活动可以提高自己的各方面能力,每个人都是在挫折和历练中成长的,只有不断挑战,才能发现更好的自己。

努力工作,自我提升

大学的生活除了学习,还有很多在工作中提升自己的机会,比如积极参加社团或学生会等。大一时我参加了系部的文体部及学院的公寓管理委员会,在班上也担任了生活委员一职。工作对我来说是一种难得的锻炼、学习的机会。在工作中,我们会遇到各种需要应急处理的情况,考验着我们的应变能力和沟通协调能力。在大二上学期,我院与环球国际旅行社成立了环球国际旅游学院,也称为旅行社经营综合实训室。这对于我们专业的学生来说,是个难得的锻炼机会。我立刻决定去参加面试,并幸运地被选为预备店长。在课堂中老师教的是基础理论,在实训室里就是真正实践过程。第一次接触公司的正规流程,第一次在前台接待客人,第一次给客人讲行程,这些都是全新的体验。刚开始我手忙脚乱,做得不是很好,在一次次的改进中,我能熟练地接待客人,完成相关业务的介绍和手续的办理。工作中,跟比自己优秀的前辈学习交流,能培养自己的团队意识、竞争意识、组织能力、表达能力和沟通协调能力。这些只有在实践中才能有机会得到锻炼。所以我一直认为,应该在学习的同时寻找工作的机会,并在工作中提升自己。

心若向阳，未来闪亮

提升自己的思想，端正自己的学习态度，积极参加各种活动，严格要求自己的生活作息，"让优秀成为一种习惯"是我一直以来所追求的目标。在我看来，优秀没有具体标准。只要不断地学习，提升自己，每天都在进步，就是积极的、优秀的。古话说"修身齐家治国平天下"，想做大事者，第一步就是提升自己。未来是光明的、美好的、闪亮的。我的梦想或者目标就在前方，但路途蜿蜒曲折，充满坎坷，我将用什么方法，怀着什么心态，经历多少困难，走多少弯路才能到达前方呢？坚韧的毅力，具体的规划，满满的自信都是必不可少的，但最重要的是坚持乐观进取的心态。

吃得苦中苦，方为人上人。对于一个人来说，最美好的回忆就是你付出努力的一个个瞬间。我一定会不断地鞭策自己，时时给自己正能量，充分发挥自己的优点，反思改正自己的缺点，争取在激烈的竞争环境中把握自己，成就梦想。只有立足于今天，才能在今后的学习、工作和生活中，不断地完善自己，提高自己。现在的成绩只是对于自己一直以来努力坚持的认可，但是只有将这一时的成功放在自我激励的位置上，才能在以后生活中获得更长久的成功。同时，还要时时告诫自己不骄不躁，始终以乐观向上的态度朝着目标奋斗下去，方能成就闪亮的未来。

师长点评： 在青春的盛宴中奋斗，她插上了梦想的翅膀。心怀感恩，即便是在冬日，她也是大雪纷飞里遇见的暖阳。挥斥方遒，愈挫愈勇，祈盼春风十里，当是懂得了人生路漫漫，昂首向前的大智慧、大情怀。

四川现代职业学院商务系、旅游系党支部书记、副主任　李杰

人生进行曲——奋斗

四川三河职业学院　王　瑞

王瑞，男，汉族，四川三河职业学院机械系汽车整形技术专业2014级学生。曾荣获第九届Honda中国节能车竞技大赛团体二等奖、四川省"风向标杯"汽车检测与维修技能大赛团体三等奖、国家奖学金、四川省大学生综合素质A级证书、四川省优秀大学毕业生称号。

以执着为念，耐住磨砺；以梦想为向，不畏前行；以奋斗为翼，翱翔苍穹。

——题记

曾经，由于家里的生活条件不好，我无法享受富足安逸的生活，但如今，我却学会了如何面对艰苦。对于生活的艰辛，我从无怨言，并学会了苦中作乐，在磨砺中提升自我。就是这样的家庭环境培养了我坚韧的性格和冷静的头脑，为我顺利进入大学以及在大学期间的优秀表现打下了基础。艰辛困难的生活教会了我如何耐住艰苦，绚丽多彩的大学生活则打开了我通往美好明天的另一扇门。在大学，我乐于在各种各样的活动中找寻自己的爱好和理想，而我最大的收获便是领悟了奋斗无止境，学路永无涯，我知道，我一直在路上，从未停止前进。

磨砺——让剑更锋利

宝剑锋从磨砺出。我是大山的儿子，我的家乡地处边远而又落后的山区。放眼望去，那里峰峦叠嶂，贫瘠的山脉绵延不断，几乎没有一点现代化的气息。而我，就出生在这样一个贫困的农村家庭，我的爸妈都是普普通通的农民，家里仅靠着那一亩三分地勉强解决温饱问题。生活的重担，压得我们喘不过气来。因此，当大多数同龄人还在父母怀里撒娇的时候，我就已经学会了许多的生活技能，并且拥有了比同龄人更成熟、更坚强的心。我每天砍柴做饭、种地喂猪，同时还要照顾生病的奶奶，还在少年的我早早地体会到了人生的辛酸苦楚。

人生如海，磨砺作舟，泛舟于海，方见海之壮阔。还记得2014年的那个夏天，通过高考，我考上了四川三河职业学院并拿到校方寄来的录取通知书。这时的我内心无比挣扎，犹豫不决，我深知家庭经济压力之大，内心却又渴望能进入大学学习！我曾无数次幻想大学生活的美妙，但当我真的触及时，才发现这对我来说是一种极大的奢侈。最终，对求学的极度渴望战胜了我内心的胆怯与犹豫。带上爸妈好不容易筹齐的学费，我毅然决然地走进了大学。那时，我就暗暗下定决心，一定要刻苦学习，一定要做出成绩来！为了梦想，我坚持不懈并付出了十二分的努力。

或许有的人会抱怨自己贫穷的出身，但在我看来，贫穷并不可怕，可怕的是没有梦想。只有经历足够的磨难才能创造出世间最美的乐章，也只有经历困难后越挫越勇，坚定不移地朝着自己的奋斗目标走下去，才能最终实现自己的梦想！

苦寒——使梅花飘香

梅花香自苦寒来。大学五彩斑斓的生活就像一盘磁石，深深地将我吸引。在良好的学习环境里，我为自己定下了长远的目标，并为之不断奋斗。开学伊始，我积极参加大学军训活动，磨炼自己的心志。当烈日高照时，我们站在烈日下训练，尽管汗流浃背，但我从未想过放弃。因为我知道，这样的烈日，爸妈不知经历过多少，我这短短半个月时间又算得了什么？军训结束，我因为表现优秀荣获"军训优秀学员"称号，但我知道，新的挑战才刚刚开始。

人生如山，奋斗为径，循径登山，方知山之雄伟。在大学里，我努力学习专业技能知识，刚开始时不得要领，收效甚微，后来通过孜孜不倦的学习，我最终掌握了学习要领。学习使我感到前所未有的充实与愉悦，在这个过程里我收获了许多。我成功考取了计算机一级证书、中级汽车维修证、中级汽车美容证，并连续两年在学年末成绩名列专业第一。

在生活中我还学会了劳逸结合，我积极参与校内外组织的各项活动，2015

年11月加入三河之鹰车队,并利用暑期参与制作第九届Honda中国节能车竞技大赛的赛车。在此期间,我和队友们不畏酷暑,冒着四十多度的高温奋战了两个多月,熬过了一个又一个不眠之夜,从赛车的类型选定、细节的探讨、问题的解决、赛车的制作以及无数测试到最后完成,我们13个队员齐心协力,互帮互助,在实践中不断探索创新。终于,功夫不负有心人,我们的赛车在第九届中国节能车竞赛中荣获二等奖,这让我们全体队员欣喜不已,激动万分,真是一路汗水一路收获!

学习的经历,让我深深体会到人生的精彩就在于挑战与奋斗。2016年4月,我报名参加了四川省"风向标杯"汽车维修技能大赛,通过层层选拔,我荣幸地代表学院进入省级比赛。当时学院的仪器设备还不是很齐全,我只能在网上查阅资料,到企业实践学习,不断研究理论知识,克服诸多困难。最终,我荣获四川省"风向标杯"汽车维修技能大赛三等奖。我深知这样的成绩来之不易,这是对我勤奋学习的肯定,同时也督促着我向更好的未来迈进。

追梦——永远在路上

奋斗,让我真正体验到了人生的价值。梦想,让我从未迷失前行的方向。大学期间,我一直保持积极向上的心态,时刻以高标准要求自己,妥善处理好学习与工作的关系,争取做到全面发展。

人生如歌,坚持是曲,和曲而歌,方感歌之动听。工作上,我担任班级学习委员,协助辅导员管理班上大小事务,总能起到模范带头作用;同时我作为学生会的部长,积极组织并参加部门各项活动,能较好地安排、处理各项事务。一个个精彩策划的呈现,一次次激烈比赛的成功举办,让我在不断成长的同时也先后获得校级先进个人、优秀干事、优秀学生干部等荣誉。在社团,我是汽车爱好者协会创始人兼会长、会计协会副会长,工作一直兢兢业业,业绩突出,获校级优秀社员、优秀社团干部等荣誉。我相信,只有不断完善充实自己,才能实现梦想,放飞梦想!有了梦想的指引,在未来的日子里,我一定会珍惜时间,勤奋努力,全面提升自身的综合素质,尽自己最大的力量投身社会主义现代化建设,实现自己的人生价值。

人生之美丽,展现在它的进取之中。正如大树之伟岸,展现在它负势竞上、高耸入云的蓬勃生机中;如雄鹰之无畏,展现在它搏风击雨、无惧无畏的自由翱翔中;像江河之壮阔,展现在它波状起伏、一泻千里的滚滚奔流中。既然选择了远方，便只顾风雨兼程。我只愿以奋斗为雨露，以执着为阳光，去酿造一个秋天的美梦。

　　鲜花感恩雨露，因为雨露滋润它成长；雄鹰感恩蓝天，因为蓝天让它展翅飞翔，而我则要借此机会说出自己发自内心的感激之言。感谢三河职业技术学院给我们这群充满梦想的学子如此殷切的鼓励和期望，感谢那些在我遇到困难和挫折时，第一时间出现在我身边的老师和同学，这个温暖而又积极向上的集体，让我感受到了家一样的温暖，这将是激励我前进的永恒动力！

师长点评：王瑞同学在校表现突出，求知欲强，思路开阔，勤奋刻苦，学习成绩优异。尊敬师长，团结同学，诚信友善。作为班级干部，他是辅导员和任课老师的得力助手，积极参加各类活动并取得较好成绩，是一个品学兼优的好学生。海阔凭鱼跃，天高任鸟飞，望在新形势下不忘初心，坚守情怀，勇往直前，努力奋斗，为建设更强大繁荣的祖国做贡献。

四川三河职业学院机械系主任、高级工程师　王汝光

天道酬勤 青春在奋斗中绽放

四川卫生康复职业学院 何丽萍

何莉萍，女，汉族，1995年10月出生，四川卫生康复职业学院康复系康复治疗技术专业2014级学生。在校期间先后获得校级甲等奖学金、国家奖学金、国家励志奖学金；曾获四川省高校太极拳比赛第一名、学院康复技能大赛三等奖；被评为"自贡市优秀共青团员"。

羽翼丰满，方能振翅高飞

虽然自小家境清贫，但家庭带给我的却从来不是自卑，从来不是绝望。因为父亲总说，"吃别人所不能吃的苦，忍别人所不能忍的气，做别人所不能做的事，就能成为别人做不成的那样优秀的人"。父母用他们质朴的语言告诉我：无论做什么，都要凭借着自己的努力去奋斗，去改变。我相信，泪水是酸的，汗水是咸的，奋斗的生命才是最美的！是随波逐流，还是激流勇进；是自怨自艾，还是奋发向上。不同的人有不同的选择，不同的选择则会有不同的人生。

在迈入学院大门的那一刻，我憧憬的不是无拘无束的大学生活，不是浪漫美好的校园恋情，我期待的是三年过后学有所成，父亲能不那么辛苦，母亲能开心地笑。入学教育的第一课，辅导员告诉我们：大学的生活真的和想象中的一样，不是靠像高中一样严苛的教条来迫使自己学习，它考验的是一个人的毅力与恒心。只有抱定"勤学、修德、明辨、笃实"的信念，才能不让光阴虚度，不让青春无悔！

于是在大一，本有资格申请助学金的我将机会留给了其他同学，因为我为自己明确的第一个目标便是——国家奖学金。我要凭借自己的奋斗，靠自己的能力去获得这份殊荣。我相信天道酬勤，我有一个梦想，那就是总有一天我要靠自身的努力支撑起我那个小小的家。

书山有路勤为径

医学这门学科博大精深，沉浸在知识浩瀚海洋中的我觉得课堂所学仍然"吃不饱"，要想看到远处的风景，汲取更丰富的营养，还要学会自己探寻。于是图书馆成了我大学生活最重要的一隅，只要一没课，我就去那里坐坐，翻开新上架的书，越看越痴迷，时常忘记了吃饭的时间。书籍对我来说亦师亦友，亦如黄山谷说的"三日不读书，便觉语言无味，面目可憎"。在大学里我深有体会。书籍充实着我的思维，提升了我的智慧，我渴望如海绵一般从书籍中汲取成长的养分。

当然，追逐梦想的过程中也有困难，也会动摇。别的同学在闲暇时间看电影、聊八卦的时候，自己在读书；别的同学去旅游、逛街的时候，自己在泡图书馆……长久下来，自己的心也会开始动摇，遇到冥思苦想也解决不了的难题时，真的会有些垂头丧气。但是每当这个时候，辅导员总在一边激励着我，电话一头的父母支持着我，叫我不要放弃最初的追求与目标，坚持就会做到。

功夫不负有心人，我在学业上取得了优异的成绩。校级甲等奖学金、国家奖学金接踵而至，我也顺理成章成为同学眼中的"学霸"。我总认为"一花独放不是春，百花齐放春满园"，作为一个学生干部，我不仅自己努力学习，还带动身边的同学一起学习。面对在学习上有困难的同学，我总会耐心讲解，并毫无保留地给大家分享行之有效的记忆方法和学习技巧。期末复习时，往往不是我一个人去自习，而是宿舍一群人一起去学习，我带动了整个寝室及班级的优良学风。良好的学习氛围不仅让我自己的学业有成，也让我与周围同学共同进步。

普里尼说"在希望与失望的决斗中，如果你用勇气与坚决的双手紧握着，胜利必属于希望"，每每想到从书籍中采撷下的这些美好的句子，一股继续奋斗的激情就又被重新点燃。那时候我明白了，成功从来都是属于信念与坚持。

巾帼不让须眉

有那么一段时间让我永远难以忘怀：每天晚自习下课后，操场的某一个固定的角落总有我一个人在练习太极拳。一开始我是为了比赛而练习，可是慢慢地这变成了一种习惯,后来我发现,太极成了我生活中必不可少的一部分。在强身健体的同时,它就像春雨一般,滋润了我友谊的小苗,大家留意到的再也不是我一个人的身影,而是一群人的矫健身姿,也许并不是我改变了大家的爱好,而是太极拳本身吸引了每一个爱好体育的伙伴,我们共同享受着像湖面一般宁静的心境,练习着行云流水般的各招各式。

在参加四川高校武术套路比赛时,我看到来自省内各学校参赛选手矫健身姿时会默默思考,作为今后时代进步的接班人,我们皆当有此气魄。而未来作为一名康复治疗师,对于让身边的同事或患者形成良好的运动意识,我们真的义不容辞。

当我终于站在第一名的领奖台上时,我感受最深的竟不是刚开始跟随老师学习太极时的"魔鬼式训练",也不是每晚练习太极的艰辛,而是我更加深刻地认识到这项运动带给自己身心的影响。众所周知,当代大学生的运动量极其不足,体魄并不像老一辈那般强健,比赛后我努力在班上带动同学们多参与运动锻炼,形成良好的运动氛围。正如《黄帝内经》所说,"上工治未病",最好的医者可以帮助人们认识到:预防重于质量,拥有强健的体魄最为重要。

运动同时也锻炼了我自身的协调能力,《医宗金鉴》中说"夫法之所施,使患者不知其苦,方称手法也"。作为一名康复专业的医学生,我深知理论知识与手法操作技术在将来工作中的重要性。在学院组织的康复专业技能大赛中我还积极组织系内同学报名参与操作比赛,扎实自身操作水平,并同自己班同学一起获得团体三等奖。

感恩回馈社会

在担任康复社团策划组组长期间,我积极参加了诸多活动。从社团的建立、学术交流会的开展到参与社会调研,我仿佛看到了康复发展,今后人人享有康复的希望。在雅安芦山县"灾后灾区康复之路"社会实践的路上,在参加社区康复调研与社区义诊的途中,当为老人及残疾人做推拿、宣教的时候,我感受最深的是:我的梦想不只是支撑起一个小小的家,一个医学生的社会责任感与奉献的使命感时刻召唤着我。

社区调研后,我对实践中遇到的疾病进行了种类分类、病情分析,在老师的指导下我编写了社区康复调研报告,同时总结了一些康复能够介入的各类疾病的生活技巧以及预防措施。随后,我们又为社区老人开展了多次健康教育讲座，让社区老人知道更多疾病预防知识的同时又增强了康复意识。

王国维先生讲求学问的三种境界：一是"昨夜西风凋碧树，独上高楼望尽天涯路"；二是"衣带渐宽终不悔，为伊消得人憔悴"；三是"众里寻他千百度，蓦然回首，那人却在灯火阑珊处"。我想有了立志、坚持、收获这三重经历，我的大学不曾虚度。

学医之路漫长而艰辛，但我永远不忘，是党和国家好的政策激励了我，是学校教育成就了我。我将时刻铭记"大仁求学，大医济人"的校训，在未来的人生道路上不忘初心、持之以恒、奋斗不止。

师长点评：志存高远，风好正是扬帆时；天道酬勤，不待扬鞭自奋蹄。孝心可嘉，毅力可赞。互助进步，学业表率。饮水思源，大气襟怀。大仁求学，青春出彩。

四川卫生康复职业学院副院长　黄昌平副教授

怀揣梦想，扬帆远航

川南幼儿师范高等专科学校　曹　婷

曹婷，女，汉族，1996年5月出生，川南幼儿师范高等专科学校初等教育系初等教育专业2014级学生。在校期间曾获国家励志奖学金、校级一等奖学金、全国英语竞赛D类二等奖、2015—2016"三好学生"等荣誉称号。

独立——海棠不惜胭脂色，独立蒙蒙细雨中

我知道，人生不是一帆风顺的，每个人都要历经无数磨难，就算陷入绝境，也不要放弃。我相信，每一个困难都是命运对你的一次锤炼，逃避了命运的锤炼，就彻底远离了自己的梦想。我也知道，每一分收获的背后都有一段孤独的时光，正如王国维在《人间词话》中谈到的人生三境界，其一便是"独上高楼，望尽天涯路"。生命的追索始于独立，大学的生活亦是如此，唯有经过那孤独的洗礼，方可扶摇而上。而我也要迈开坚毅的步伐，去细细品味这生活的苦与乐，从中不断地磨炼自己，完善自己，提升自己。

一个女孩子第一次离家外出读书，父母总有诸多的不放心。从未离开父母的我，也有许多不舍。车站送别后，望着他们远去的背影，我的心里如同打碎了调料瓶，五味杂陈。我看见父亲的腰变得更弯了，远远望去，如同一张疲惫了的弓，再也没有年轻时的挺拔；母亲也已是头发花白，弯腰驼背，走路时步履蹒跚。那一刻，我突然明白了他们为我成长和幸福吃过的苦，受过的累。我在心中暗暗发誓：一定要让自己变得优秀，才能无愧于他们对我的付出。

初入校园，我便强烈感受到"书到用时方恨少，事非经过不知难"的道理。作为师范生的我们不仅要具备的教师的基本素质，同时还应让自己成为一个综合素质优秀的人才。对于想要成为教师的我而言，要学的东西实在太多，而自己知道的东西又太少了。有人说，教给学生一杯水，教师应该有一桶水。

这话固然有道理,但一桶水如不添加,也有用尽的时候。"问渠哪得清如许,为有源头活水来""是固教然后知困,学然后知不足也",想到父母的殷切期盼,看到教学楼上"学高为师,身正为范"八个大字,我时常鞭策自己:努力做一名合格的师范生,在大学里不断地丰富知识、提高技能。

天才是百分之一的灵感加上百分之九十九的汗水,更何况我并不是所谓的天才,因此,我只有通过自己的努力才能走出属于自己的"康庄大道"。于是,每天伴着晨光与群星,我穿梭于图书馆和教学楼之间。我深知普通话对于一名师范生的重要,我就利用早自习的时间努力练习普通话;英语虽然是我的强项,但是每次考试之前我也会花时间做阅读、练听力以保证考试能够取得好的成绩;考计算机证书之前,我并没有接触太多的办公软件,所以,我花了很多时间去操作练习。我知道,学习不止于眼前,于是又报考了汉语言文学专业的自考本科,规划好考试科目,合理安排时间。

我知道,成功不能一蹴而就,对于现在碰上的困难,唯有努力去克服,才会拥有困难之后花团锦簇的奖杯,热情洋溢的掌声,此起彼伏的赞美……

自立——千淘万漉虽辛苦,吹尽狂沙始到金

"为伊消得人憔悴,衣带渐宽终不悔",成功的花,人们只惊羡她现时的明艳,却忘了当初她的芽,浸透了奋斗的泪泉,洒遍了牺牲的血雨!为了远方的道路,我亦在不断挑战自我。

我本是一个喜欢安静,不善言辞的人,但想到毕业之后的我将成为一名教师,站上讲台给学生讲课,我努力地让自己变得开朗活泼起来。我经历了人生中第一次面试——学校学生会干事的选拔,紧张是难免的。从笔试、演讲到面试,每一环节我都精心准备。付出总是有回报的,我成功地竞选为校学生会自律部副部长。在学生会工作的日子里,我结识了许多新朋友,不再把自己封闭在个人的小天地,而是与学生会的同学一起参加双选会、"五四"青年歌手大赛、运动会以及迎接新生等志愿者服务。在这个过程中,我深切地体会到"众人拾柴火焰高"的道理。

良好的开头是成功的一半,有了第一次的面试,成为校园广播站英语栏目的播音员以及校园艺术团演讲队成员就显得那么顺理成章。由于英语口语较为突出,我第一次在系上参与"国庆诗与歌"的双语主持,我清晰地记得那一次主持活动的时候,自己紧张得说话时话筒都忘记放在嘴边,字音也有不对的地

方,站在台上的我显得有点不知所措。但是,我深知,我们前进的道路上,挫折和失败都是在所难免。所有人在一生中都会经历失败,就连那些伟大的科学家也一样,我们只不过是看到了他们的成果,而忽略了他们的失败而已。失败既是对成功的否定,又是走向成功的基础,如果你能敢于面对失败,就一定能够尝到成功的喜悦。于是我不断总结经验,慢慢地开始掌握了一些临场应变的技巧,对于一些突发的小状况,我也能应付自如,后来主持"道德讲堂"等活动时也顺利了很多。

过去两年的大学生活,我感觉无比充实,一次又一次的备考,一场又一场的活动,一次又一次的失败带给我的是一次又一次的成长。班导师曾经送给我们这样一句话:"如果现在的忙是为了让自己以后成长得更好,那么现在的我宁愿再忙一点!"他的这一句话激励着我不断向上,"笋因落箨方成竹,鱼为奔波始化龙",一次次的蜕变,终将使我羽化成蝶。

成熟——年年岁岁花相似,岁岁年年人不同

"蓦然回首,那人却在灯火阑珊处",时光变换,父母丝发间增添了几缕白,而曾经懵懂的我更加自信了。

见习的时候,我走上讲台,内心无比激动。看着那些活泼好动的小学生,我心中最柔软的部分被深切地打动了,不禁再次思索:当我以后走上讲台,我是否有能力去驾驭整个课堂?我是否有足够多的知识去教授他们?我是否能够很好地诠释"学高为师,身正为范"?

然而,现在的我不会再彷徨,也不会再犹豫,几年的大学生活让我愈发成熟和自信。回首过往,披星戴月换来的是国家励志奖学金、四川省大学生综合素质A级证书、两次"校级三好学生"等荣誉。在老师的帮助下,我于《北方杂志》发表了《渡边淳一作品中性爱、自然、饮食的和谐美》一文;而我也积极参加各项活动,一方面锻炼自己的胆量,让自己在台上不再怯场,另一方面也锻炼了自己的口才,增强了随机应变的能力,让我无论在舞台还是讲台上都能侃侃而谈。

几年的大学生活,我最应该感谢的是陪伴和鼓励我的老师和同学。老师的鼓励,总会让想要退缩的我打起精神,勇往直前;同学们的关心,总会让身居异乡的我,心里感到很温暖。学校多姿多彩的活动也让我的课余生活变得丰富起来。毕业前夕"国家奖学金"的殊荣,无疑是对我即将过去的大学生活最好

的肯定。我知道，这仅仅是另一个开始，等待我的将会是新的挑战。然而，我不会再迷茫，更不会再害怕，我有足够的信心，怀揣着我的梦想，去扬帆，远航！

师长点评：曹婷同学思想端正，尊敬师长，友善待人；学习刻苦努力，多方涉猎文学书籍，努力提升人文素养；利用课余时间，发挥所长，积极参加播音、主持等活动；担任班长，尽职尽责，胆大心细，敢于尝试，敢于挑战，协助处理班级事务，能力得以提升；愿其扬帆起航，到达梦想花开之处。

川南幼儿师范高等专科学校初等教育系党总支副书记　郑利兵副教授

厚积薄发　铸就天使梦

四川护理职业学院　余　潇

余潇，女，汉族，出生于 1997 年 6 月，于 2015 年就读于四川护理职业学院护理系护理专业。先后荣获"学习标兵"和"优秀共青团员"等称号，获得四川省英语写作大赛高职组一等奖，考取护士执业资格证书和高级营养师等多项职业证书。

"紫罗兰会把芬芳留在那踩扁它的脚踝上。"生命的力量是什么？我想或许是雨后新笋，是石中嫩芽。无论世人为之解释出多少富含深蕴的词汇，但我认为终究抵不过两个字——奇迹。当我们航行在这无垠看不到边际的大海上时，总会因风平浪静而暗自庆幸，因狂风暴雨而措手不及，而这每一段经历所留下的痕迹都将成为你前进的标示。生活给你压力，那便还它奇迹。博观而约取，厚积而薄发便是我始终坚定的信念。

萌芽——春枝初发

每个成功者都有一个开始，而我的开始源自儿时的一段经历。还记得那是一个寒冷萧瑟的冬季，宽敞明亮的医院大厅里是我和奶奶俩依偎前行的身影，而那时的奶奶还拥有另一个身份——癌症晚期患者。父母因繁忙的工作无法每日守候在奶奶身旁，所有的期盼和责任都承载在小小的我身上。而那时的我又能帮到家里什么呢？至今为止，我的脑海里依稀是奶奶癌痛时的虚弱模样和她最后离世时对家人的无限留恋。然而，在我们全家人还未从悲伤中抽离出来时，不幸和悲痛接踵而至。时隔不久，爷爷也被诊断为癌症，天生倔强的他并不愿意在医院度过他人生的最后时光，那时他最常说的一句话便是"只要留在家里天天能见到你们，就算明天阎王带我走，我也没有遗憾"。每每我不经意看见他背上因长期卧床而破损溃烂的皮肤时总忍不住红了眼眶,而爷爷依旧像健康时那样握握我的手让我别担心。那是我第一次那么讨厌他的倔强脾气,倔强的让人心疼。记得他以前承诺过要陪我长大嫁人,可他最后还是和奶奶走了,留下他最爱的小孙女。

时间不曾止步,悲痛也总会过去。我仍然不敢回想自己是如何度过那段煎熬的日子的,那段经历似一双冰冷彻骨的双手,总是在不经意间拉扯我,唤醒我,让我认清现实。我知道人不该堕落,生活总要向前看,那是我第一次认真地思考起自己的未来。那时稚嫩的我并不是一个优秀的好学生,也称不上是一个听话的乖女儿,有时甚至还会招惹一些小麻烦,而当我真正开始思考这个问题时,我感到恐慌,因为我竟然没有答案。

生活不是等待风暴过去,而是学会在雨中翩翩起舞。刚经历过悲痛的我就像一夜之间长成的大树,折断了自己的残枝烂叶,焕然新生。坚定的信念告诉我,我想成为一名白衣战士——护士!我愿将其当作自己的天职,不同于医生的治病救人,更在于呵护照料。父亲曾告诉我,有梦便要勇敢去追,有想法就要敢于实践,所以我便义无反顾地去做了,从此展开了我人生的新旅程。

厚积——涅槃重生

传说,提灯女神南丁格尔曾听到上帝对她说,要她成为护士,所以才选择了这条道路;那么我便是听到了来自前辈的呼唤,才决定点亮圣灯,接受这份使命。我庆幸我的选择,让我能够如此贴近生命,聆听生命。

如愿成为一名护理专业学生后,我时刻坚守医学生誓言,健康所系,性命相托。拥有积极向上的人生观、价值观和世界观,善学覃思,明确自己的人生规划,有目标有阶段地学习创造。入学起,我给自己上的第一课便是摆正自己的心态,拥有端正的学习态度,这才是开始的基础。

我喜欢我的专业,热爱我的课堂。都说万事开头难,但我足够坚定努力,课堂上老师的谆谆教诲我都铭记在心,对于不懂的知识点,我会抓住所有空闲时间向老师询问,对于做得不好的技能操作我会不断地重复练习,而最后的收获告诉我,一切都是值得的。坚持是一个痛苦而又孤独的过程,很多同学质疑我,笑话我,说我太过努力,活得太累,而我总是习惯笑笑告诉她们说,我坚持的是我的梦想,是我的信仰,这本就是一件难得而又快乐的事。我的起点不高,那我就要比别人更加努力,别人在前面走,那我便在后面跑。

境遇与出身不决定成败。我生活在普通家庭，也经历过很多重大家庭变故，但我并不自卑，"英雄不问出处"，我要成为我们家的"英雄"。时间证明了一切，经过努力，我每一学期都名列全班第一，连续两年获校一等奖学金，以优异的个人表现和较强的工作能力屡次获"优秀学生干部""三好学生"等荣誉称号，并考取了"优秀技能证书"。但我始终明白，优秀只是暂时的，想要不断取得进步得到升华，需要的是反思和挫折。

学习没有终点，也不存在结束。作为一名中专学生的我，明白自身现有的知识是有限的，医学的博大精深难以参透，而我渴望汲取更多更广的知识来丰富自己，我坚信每一个看似低的起点，都是通往更高峰的必经之路。中专毕业后，我毅然决然参加了高考，因为空白的高中经历，让我不得不打起十二万分精神来准备，人之所以平凡，在于无法超越自己，而我则不甘平凡。备考期间我加强复习，每天只有三四个小时的睡眠承受着各种压力和困难的我咬牙坚持，最终收获喜报。2015年，我以优异的高考成绩被我院录取，成为一名全日制大专自考本科生，直到现在我还能清晰回想起自己当时的激动与自豪。

新的开始也是心的沉淀。大学的生活瑰丽多彩，但我仍然不忘自己的理想与抱负，努力学习。我深知医疗行业的重要性，每个人的生命可贵也只有一次，不断充实自己的学识和拓宽知识面成为我的一种责任。我一如既往如饥似渴地徜徉在知识的海洋，全面提升自己。在保证学习的前提下，我还担任了团支部书记、纪律委员、资助委员等多项职务，认真履职，获得老师及同学的认可，还成功开展了多项班级工作，这些经历培养了我多方面的能力，也让我变得更加自信沉稳。凭借突出表现，我在第一学年的综合考核中获得名列护理系第一名的优异成绩，并获"学习标兵""优秀共青团员"等荣誉称号。凡事预则立，不预则废。在老师的鼓励与指导下，我参加了2016年四川省"联盟杯"英语写作大赛，更加让我惊喜的是，我竟然荣获高职组一等奖。这让英语基础一直很薄弱的我明白，没有什么事是不可能的，就看你敢不敢去拼搏与牺牲！

我乐于尝试新鲜事物，并且敢于去挑战自我，享受新的体验。在假期我经常利用空闲时间参加社区服务和青年志愿者活动，为需要帮助的人奉献自己的一份爱心，让每个生命都得到关爱。我依然记得特殊教育学校里那些孩子们的眼神是多么单纯干净，惹人怜爱，这让我想要呼吁社会更加关注公益活动，关爱特殊群体。小时候的我也算是个会唱歌跳舞的女孩，来到大学后我也经常参加学院文娱活动和体育比赛，让我在疲惫紧张的学习生活中能够得到充分的放松。同时我加入了校礼仪队及校健美操队，这树立了我的团队意识并培养了我的外在气质。

做人一定要坚定，我始终不忘成为高级技能型人才的远大目标并将之付诸行动。我在考取护士执业资格证书的基础上，又考取了高级营养师、养老护理员等多项职业证书。迪斯雷利说，"成功的奥秘在于目标的坚定"。而我也一直沿着自己描绘的广阔蓝图稳步前行。我知道，想要励志成为高级技能型人才，就需要随时提高自己的能力，丰富自己的专业技术水平，了解最新最前沿的医疗信息，知不足而补之，坚持执着追求和不断分析，才是走向成功的不败之法。

薄发——振翅欲飞

从平庸变得优秀，从迷茫变得坚定，坚持与自律给我带来的改变是显而易见的，更让我一辈子都受用。每个人都拥有无穷的潜能，当你未激发它时，谁也无法得知它的魔力，而当你真正敢于去突破自我时，你会发现，"心有多大，舞台就有多大"，世界就在你眼前。

锻造自己的过程是痛苦的，而"苦到极处回甘，冰到极处回温"。我始终坚信，要有遥远的梦想和最朴素的生活，即使天寒地冻，卧雪眠霜，我也甘之如饴。人生总是很累也存在逆境，而我们要学会的是在有限的青春岁月里，遇山开路，遇水架桥，实现我们人生的价值。学无止境，我始终乐于不断向上攀登，去追逐天际绚烂的云彩，吟唱绝美的诗歌。

人生最精彩的不是实现梦想的一瞬间，而是坚持梦想的整个过程。时光荏苒如白驹过隙，我即将告别校园，告别良师益友，走向我热爱并将为之付出一切的护士岗位，我必将永怀热情与尊重，坚守人道主义，终身纯洁，忠贞职守，以维护全人类健康为己任，为医疗卫生事业的发展奉献绵薄之力。

师长点评：余潇同学，积极上进，勤学善思，专业知识扎实。任团支部书记，工作积极认真负责，组织、协调、沟通能力强。在我系综合考评中名列第一，获得"学习标兵""优秀团员""优秀学生干部"等称号，是一名德才兼备的优秀学生。

四川护理职业学院护理系党支部副书记　黄萍副教授

以梦为马，莫负韶华

四川西南航空职业学院　陈美如

陈美如，女，汉族，1997年2月出生，2015年入读于四川西南航空职业学院空乘学院空中乘务专业，曾获国家奖学金、"外研社杯"全国英语写作大赛全国三等奖、"高教社杯"英语口语技能大赛四川省三等奖、四川省大学生综合素质A级证书、2016年世界航线发展大会优秀志愿者。

人的一生会经历很多看似如何也解决不了的难题，稀薄的金钱、被计划的人生、再三尝试的失败、无法到达的远方……但是哈维尔曾这样说：我们坚持一件事情，并不是因为这样做了会有效果，而是坚信，这样做是对的。

2015年6月23日，我决定开启我人生的新篇章。

那天晚上，高考成绩出来了。因为数学发挥失常，我与本科擦肩而过，知道成绩后的父母异常的安静，没有责骂，没有安慰，有的只是沉默。此时的我却说不出什么。我默默地回到房间，躺在床上回想这十八年来，我在追求些什么。这时我才发现，自己就像一只无头苍蝇一样到处乱撞，没有方向，没有目标，连自己想要的是什么都不知道。我突然觉得自己特别失败。对于我的人生，我从来都没有自己的规划与目标，每一步都走在父母为我铺好的阳光大道上。我知道家里人会想方设法让我去读本科院校，但我没有这样做。因为我不想让我的生活按部就班，我想要我的人生我做主！于是我选择了专科，选择了西航。我为自己做的第一个决定就是在西航开启我人生的新篇章。

烈日炎炎的九月，我提着大包小包来到了成都金堂，来到了我的大学——四川西南航空职业学院。美不胜收的校园环境让我对即将到来的大学生活饱含憧憬。同时，长达一个月的军训也如期而至。不到一周，高强度的军事化训练让我的脚伤复发了。可我没想过要放弃，我就想看看，我自己做的决定，会不会比以前更好。于是我努力坚持，哪怕每天脚踝都肿得看不出来了我也还是在坚持。同学们和教官把这一切都看在眼里，他们并没有劝我停止训练，而是对我细心的照顾和不断的鼓励，这一切都让我变得更加坚强。所以，在军训汇报表演那天，我和他们一起踏着正步走过主席台的那一刻，我笑着告诉自己："我做到了！"

严格的军训结束之后，我正式进入了在西航的大学生活。随之而来的是让我兴奋不已的校园歌手大赛。我从小对音乐就有着很大的热情，可能是因为从小学习钢琴的原因，我的乐感特别好。于是母亲帮我请了声乐老师教我唱歌，可高三的时候由于学业压力太大只好放弃了。现在，我终于又有机会重拾那份对音乐久久不能忘怀的热爱。通过歌声来表达我的感情让我觉得幸福，它给我力量让我对生活一直充满希望，就像我当时的参赛歌曲唱的那样，"我们是彼此有形的翅膀，学着更坚强"。

在歌手大赛上的表现让我渐渐被一些老师和同学们熟知，但真正让我收到满满称赞的是我一直引以为傲的——英语。在年底，我代表学校去参加了"外研社杯"全国高职高专英语写作大赛。这是我们学校第一次参赛，经验不足，所以我只能进行全方位的准备。从古代到现代，从中国到外国，从传统到高新，各个领域都需要去了解、去学习。每天下午在办公室写三个小时作文的日子虽然枯燥但很充实。不辛勤耕耘，怎会硕果累累。终于，功夫不负有心人，我在四川赛区的比赛中获得了特等奖之后，又代表四川去往北京参加了全国总决赛。第一次去首都是靠我自己的努力挣来的，不花家里钱，我真的特别骄傲。全国赛的题型比之前的要难，这需要我花更多的时间和精力去准备。各省高手齐聚一堂，同场竞技，所以比赛时的氛围特别紧张。两周后，比赛结果出来了，我得了三等奖。其实刚知道结果时我有一点失望，但老师们同学们都来安慰我，说这是我第一次参赛，已经很棒了。后来我转念一想，确实，我尽力了，就没有什么好后悔的。比起伤心，我更应该反思，现在的自己犹如井底之蛙，正所谓人外有人，山外有山，需要我学习的还有太多太多。

临近期末，一个突如其来的问题让我犹豫不决——要不要加入ICC班？ICC是我们学校成立的一个全新的班级，ICC＝International Cabin Crew，国际空乘。这对于我来说是个很好的机会，也更适合我，但同时我又是一个特别害怕环境改变的人，陌生的环境让我很容易感到恐慌。就在我手足无措的时候，我亲爱的爷爷永远地离开了我。但他生前的最后一句话让我又再一次为自己的人生做了一回主。他说："你要学会做一个大人了，不能再意气用事，不能再情绪化。你的人生掌握在你自己的手里，你要活出自己的样子。"于是在大学第一学期的期末，我离开了熟悉的同学和室友，怀着忐忑的心情，带着爷爷对我的嘱托和期望，来到了一个全新的班级——ICC。幸运的是，我很快就适应了。在新的班级里我收获了新的朋友，也遇到了我最爱的辅导员，臧 sir。他是一个特别挑剔的人。在我第一次见到他的班会上，他说了这样一句话："你们是 ICC 的学生，什么都必须做到最好，因为你们是全校的精英班，精英就要有精英的样子。来到 ICC 是一个新的开始，希望你能有新的目标。"但他又是一个特别心软的人，他每天都像妈妈一样关心、照顾着我们。即使受一点点小伤都会被他骂很久，我们参加比赛获奖了，他会像炫耀自家孩子一样骄傲地和其他老师分享喜讯。他就是这样一个看似严厉实则温暖的人，每天都在为我们忙碌，为我们担心。

大一下学期，在辅导员的推荐下，我再次代表学校参加了"高教社杯"英语口语技能大赛。口语大赛和作文大赛有着很大区别，口语大赛不仅仅考验发音，还对记忆能力、逻辑能力、组织能力和反应能力都有着很高的要求。短时间内的匆忙准备和第一次参加口语比赛的生疏让我稍微有点信心不足，但辅导员的鼓励让我变得无所畏惧。他说："自信、微笑、从容、大方，做到这几点就好。"最终，我获得了四川省三等奖。这次我不再像以前一样会因为比赛的成绩而难过了。因为我已经明白，努力过就不后悔。没去努力过，连后悔的资格都没有。

又是阳光明媚的九月，我有幸成为在成都举办的第 22 届世界航线发展大会的一名志愿者。美轮美奂的航空展厅、西装革履的各国友人简直让我大开眼界。通过世航会，我第一次真真切切地感受到，原来我这么多年来所学习的英语，不只是用来比赛和考试，它能让我和别人沟通，让我帮助别人，让我知道努力不是徒劳。我五岁的时候就被母亲送去学剑桥英语了；五岁就学音标，对于一个孩子来说，太难。很难想象一个五岁的孩子每个周二和周五晚上都要学英语到八点半有多痛苦，每天放了学还要回去听磁带做录音作业有多心酸。可能是那个时候打下的基础，也可能是我确实有一点天赋。对英语，我一直有着强烈的兴趣和热情。我学单词从来不死记硬背，语法一听就明白是什么意思。但是我并不想炫耀这些，光这些哪够？词汇量还需要自己去拓展，口语能力还是需要自己去提升，还要随时了解国外的文化和新鲜的词句。想学好一门语言，哪有那么容易？

准备四级的时候我每天睡觉前都不听音乐改听新闻听力，英语演讲比赛前几天晚上我说梦话都在背演讲稿，看美剧看国外的电影我都坚持看双语字幕，好记住哪些才是地道的表达。是的，我真的是这样做的。直到现在我回想起当时在世航会的忙碌，好像都能听到自己大口大口的喘气声。但是我真的为我自己感到自豪。这种自豪不是吹捧，而是对自己的肯定，是对之前一直坚持的自己的一种肯定。

当学校宣布我获得了国家奖学金的时候,我并没有像想象中一样欣喜若狂、兴高采烈,取而代之的是感慨万千,热泪盈眶。从2015年到2016年,一年多的改变与坚持,奖学金是对此最好的证明与鼓励。这一年多来,我有很多时候不被人理解,有很多时候想要放弃,有很多时候也想放纵自己去过轻松一点的生活,但我还是坚持下来了。一个人自习、一个人练题、一个人准备比赛的日子,虽然孤单但不寂寞,因为我知道,在我的身后有无数爱我的人正陪着我,只有坚持,才不会辜负他们对我的爱;只有坚持,才能实现对爷爷的承诺;只有坚持,才能活出我自己的人生。

生活中确实充满了太多的坎坷与挫折,同时也伴随着挑战,正如罗曼·罗兰所说,"这世界上只有一种英雄主义,就是在认清生活的真相之后,依然热爱生活"。是的,努力不一定会成功,但在追逐梦想的过程中,你会找到一个更好的自己,一个沉默努力、充实安静的自己,你会因为自己所做的事而感到满足和幸福。这就够了,不是吗?

有一天你会明白,有些路,注定是要一个人走的。

但别害怕。你要相信,爱你的人都在终点指引你到来。

愿你以梦为马,莫负韶华!

师长点评:这是一个特别懂事的孩子,工作认真负责、学习勤奋努力、待人真诚善良、歌声优美动人。她频频代表学校参赛,为学校争得荣誉。但她从不自高自大,永远保持着一颗谦虚的心。她是空乘学院的骄傲,是西航的骄傲。

四川西南航空职业学院空中乘务学院副主任、讲师 李德均

扬帆已经起航，梦想就在前方

成都工贸职业技术学院　乐思敏

乐思敏，女，汉族，1996年10月出生，成都工贸职业技术学院汽车工程系汽车技术服务与营销专业2015级学生。在校期间学习刻苦认真，被选入学院汽车营销集训队，多次代表学院参加各级比赛，并荣获2016四川省高职院校"风向标"杯汽车营销技能大赛一等奖、2016全国高职院校"一汽大众"杯汽车营销技能大赛二等奖，同时积极参加各项学生活动，获得学院卓越学生奖、学院"优秀共青团员"等荣誉称号。

2015年9月，怀着对未来的美好憧憬，我踏进了成都工贸职业技术学院的校门，开启了多姿多彩的大学生活。在这里，有对我谆谆教诲的师长，有真诚可爱的朋友，更有工精于技、德馨为师的技师底蕴；在这里，我开始了自己的逐梦之旅。

理论武装头脑，思想引领行动

"少年强则国强，少年智则国智。"作为年轻一代，我们肩负着实现中华民族伟大复兴的中国梦的使命，任重而道远。这需要我们有坚定的信仰，有正确的人生观、价值观和世界观。所以，在思想上，我锐意进取，积极向党组织靠拢。大一时，我便主动向党组织递交了入党申请书。党校培训期间，我认真学习党的有关理论知识，顺利获得了党校结业证书。虽然我现在还是一名共青团员，但我始终以党员的标准严格要求自己，定期进行自我反省，及时找到自己的不足并加以改正。

在日常生活中，我从身边的点滴做起，积极提高自身素质和修养，服务同学，服务社会。我工作态度端正、认真负责，充分发挥学生干部的模范带头作用，努力营造班级的良好学习氛围，有时还会协助老师组织一些班级活动，增进同学们之间的感情。一年的尽心尽职让我得到了老师和同学的认可，我荣获了学院"优秀共青团员"的称号。

非学无以广才，非志无以成学

在求学的道路上，我始终坚信"天道酬勤""一分耕耘，一分收获"，本着刻苦勤奋的原则，脚踏实地地做事。

自从上大学以来，我就特别注重理论和实践的结合。无论是理论课还是实践课，都积极思考，遇到疑难及时向同学或老师请教，直到弄懂为止。对专业性的知识更是刻苦钻研，一丝不苟。所以我的学习成绩和综合测评在年级中名列前茅。此外，我还通过自学参加考试取得了二手车鉴定评估师四级证书。

但是我不满足于此，总希望能有更多的机会锻炼自己。系部将要组建一支汽车营销集训队的消息，使我精神为之一振。我知道我一直等待的机会来临了，我毫不犹豫地报了名。严苛的选拔甚至让我一度想要放弃，可这也让我更加明白，这次机会千载难逢，只有抓住它，才能把我在工贸学院的旅程带向更美好的远方，才能成就更美好的自己。经历了一次次的忐忑不安，一次次的自我鼓励，最终，我凭借自己良好的语言表达能力和亲和力，以及过人的专业素养入选了集训队。

进入集训队后，我发现队里藏龙卧虎，队员们各个身有特长，对此，我只能更加严格地要求自己，不管严寒还是酷日，只要有时间，我就待在集训空间，或者在老师的指导下努力学习，或者和队员们探讨问题，或者自己一个人刻苦训练。"功夫不负有心人"，我的专业知识以及实践能力突飞猛进，我还被选入省赛参赛队。作为学院汽车营销集训队的第一批队员，我们团队在专业上"零基础"，对比赛是"零经验"，这对我们来说是前所未有的挑战。但是我们无所畏惧，心中有梦，追求卓越，坚信成功就在前方。

我投入了更加刻苦的训练里，把所有的时间都拿来苦练技能，丝毫不敢懈怠，希望自己的每一分努力都能使胜利多一份保障。比赛如期而至。在备赛室，我们才得知自己和主办方参赛队在一组比赛。这意味着我们处于客场的劣势，而对方参赛的两个女孩子表现出来的落落大方与自信，更使我压力倍增。好不容易平复好心情，我走进竞赛场，看到评委老师一脸严肃，我的内心又紧张起来，全身都在微微地颤抖。这时，队友轻轻握了一下我的手，给了我一个坚定的眼神，让我明白我不是一个人在战斗。我顿时安心不少，深吸几口气，开始投入比赛。随着比赛的进行，我渐入佳境，和队友并肩合作，每个环节都有条不紊地完成。当最后一项为客户答疑完成时，我看到评委老师带着微笑点了点头，我悬着的一颗心终于落下了。皇天不负有心人，最终我们获得了全省一等奖，这也意味着我们将代表四川省去参加全国大赛！这对于我们来说是莫大的荣誉与鼓励！

都说"只有经过地狱般的折磨，才有征服天堂的力量；只有流过血的手指，才能弹出世间的绝唱"。确实如此，经过更加艰苦的备赛，我怀揣着梦想与期望，来到了全国高职院校汽车营销技能大赛现场，这里有来自全国32个省的60多支参赛队。国赛的要求更加严格，评委老师、记者、观摩老师……拥挤的人群凸显出比赛的宏大。尽管如此，经过省赛的洗礼，我已经能够淡定从容地面对了。比赛是探索的过程，是付出的过程，更是收获的过程。经过艰难的比拼，我和我的同伴取得了全国二等奖的佳绩。

荣誉是属于昨天的，我将把此作为新的起点，努力拼搏，不负众望，为学院赢得更多的荣誉，为自己创造更加辉煌的未来。

心怀感恩之心，服务回馈社会

我来自农村，家庭并不富裕，加上母亲身患肿瘤，生活更加拮据，学费和生活费都是我求学路上的拦路虎。学院了解了这一情况后，为我落实助学政策，还安排了勤工助学岗位，解决了我的后顾之忧，使我能全身心地投入学习。

"滴水之恩，涌泉相报"，我一直都希望能用自己的力量来回馈学院对我的帮助。所以在得知学院为"2016世界技能大赛选拔赛"招募志愿者的时候，我积极报名。经过系统的培训，我被分到了"路引"组，主要是负责赛场上的"指路"工作。烈日下，穿着志愿者服装的我，微笑注视着从身边走过的每一名选手。每当有选手向我询问道路时，我总会认真地回答，有时甚至直接把咨询者送到"目的地"，让他们有宾至如归的感觉。从参赛选手到志愿者这一角色转换，我体会到志愿工作的不易。志愿工作的经历也将是我人生中最宝贵的财富。

我的"感恩"行为不仅仅局限于学校内，我还多次参加志愿服务活动。"百善孝为先"，我和伙伴们经常去看望敬老院的孤寡老人。这些老人虽然衣食无忧,但他们大多孤独寂寞。在那里,我陪老人们聊天、谈心、耐心、仔细地给老人们擦脸、喂饭,还在窗台上为他们种花,改善他们的居住环境与心情。当有老人过生日时,我们为他们带去贴心的小礼物,和他们一起分享生日蛋糕,竭尽所能使他们感受到温暖。每当我们离开敬老院时,他们就拉着我们的手跟着走到门口,嘴里一直念着:记得常来,我一直在这儿。

我相信爱可以改变一切,我会把我的"感恩行动"一直持续下去,哪怕我毕业了,走上了工作岗位,也不会停止。我希望用自己微薄的力量,使更多的人感受到社会的温暖与美好。

兴趣着色生活,爱好添姿人生

"愿你能够朝九晚五,也能够浪迹天涯。"才刚刚20岁的我也有着自己的文艺情怀,繁忙的工作学习之余,我还会享受生活的乐趣。积极乐观的心态和开朗的性格使我善交益友,认识了一群爱好独立音乐的伙伴。我们经常一起看演出,我还积极地参与到他们筹备演出的工作中。在此之前,我从来都不知道一个活动到底应该怎么来开展,可现在我已经能够熟练地写出一份活动策划书了。我还积极参加学院的文体活动,学院运动会开幕式表演、系部迎新晚会都留下了我的身影。这些经历使我施展了自己的才能,发掘了自己的潜力,不知不觉中,我褪去了稚气,丰满了羽翼,我相信,未来不管遇到什么困难,我都能展翅遨游。

为梦插上翅膀,乘梦扬帆起航

"已往不可谏,未来犹可追。理想其未远,折翼而腾飞。"转眼大学时光已过去三分之一,我可以很骄傲地说,这一年我没有虚度,我收获颇多,我可以没有任何遗憾地对大一时光说再见了。但是大学的旅程才刚刚开始,这里还有我的梦,还有我要探寻的意义。我愿意继续做一个追梦人,努力向前,用汗水浇灌青春,志存高远,全面发展;我会怀抱乐趣与热情,把握工匠精神的精髓,用心活、用心干、用心经营、用心诠释人生;我会戒骄戒躁,沉着理性,力争以更出色的成绩感恩社会。

师长点评：该生思想素质高，专业能力强，发愤图强，技能有专攻。参加省赛、国赛和社会公益活动，成绩优异，充分展示了当代大学生良好的精神风貌和综合素质。望志存高远，追求卓越，用行动践行三观，用感恩回报社会，用积极向上的状态谱写未来人生之路。

成都工贸职业技术学院汽车工程系主任助理　陈耀君

后 记

《追梦·逐梦——2016年四川省国家奖学金获奖学生风采录》终于结稿付梓。

本书从104所省内地方属高校1441名国家奖学金获奖学生中遴选出100名学生，通过他们在大学期间的学习、生活故事，以他们自己的视角和语言，展现当代大学生的风采，进一步宣传国家奖助政策体系，加强大学生的思想政治教育，鼓励广大青年学生奋发有为，争做中国特色社会主义事业的建设者和接班人。

本书在编写过程中得到了财政厅教科文处、教育厅财务管理处等单位的大力支持和帮助；各高校在稿件组织、初审等方面做了大量的工作。四川大学出版社有限责任公司克服时间短、任务重等困难，保证了本书如期出版。在此，对他们表示深深的敬意和衷心的感谢。

为了便于阅读和保存，本书收录了2015—2016学年度国家奖学金获奖学生名单。由于编辑工作量大、时间仓促，书中难免存有不尽如人意之处，敬请读者见谅。

本书编委会
2018年5月